Bankbetriebliches Wissensmanagement

Schriften des Instituts für Unternehmensführung der Georg-August-Universität Göttingen

Herausgegeben von Günther Schanz

Band 8

PETER LANG
Frankfurt am Main · Berlin · Bern · Bruxelles · New York · Oxford · Wien

Alexander Westenbaum

Bankbetriebliches Wissensmanagement

Entwicklung, Akquisition und Transfer der Unternehmensressource Wissen in Kreditinstituten

PETER LANG
Europäischer Verlag der Wissenschaften

Bibliografische Information Der Deutschen Bibliothek
Die Deutsche Bibliothek verzeichnet diese Publikation in der Deutschen Nationalbibliografie; detaillierte bibliografische Daten sind im Internet über <http://dnb.ddb.de> abrufbar.

Zugl.: Göttingen, Univ., Diss., 2002

D 7
ISSN 1431-8385
ISBN 3-631-50517-5

www.peterlang.de

Geleitwort des Herausgebers

Nicht ohne Berechtigung wird **Wissen** heute als eine besonders wertvolle Unternehmensressource betrachtet – vielleicht sogar als die wertvollste überhaupt. Geradezu selbstverständlich erblickt man darin einen an Bedeutung gar nicht hoch genug einzuschätzenden Produktionsfaktor, dessen mehr oder weniger gekonnter Einsatz wettbewerbsentscheidend ist.

Sieht man einmal davon ab, dass im traditionellen betriebswirtschaftlichen System der Produktionsfaktoren – etwa in Gestalt des dispositiven Faktors, aber natürlich auch als menschliche Arbeitsleistung – die Wissensressource zumindest implizit sehr wohl Berücksichtigung findet, ist ihr Bedeutungszuwachs unverkennbar. Es überrascht daher auch nicht, dass **Wissensmanagement** in Theorie und Praxis starke Beachtung findet.

Bankbetriebliches Wissensmanagement, mit dem sich die vorliegende Studie befasst, weist einige Besonderheiten auf. Alexander Westenbaum charakterisiert Kreditinstitute zunächst als **wissensintensive Unternehmen** in dem Sinn, dass die von ihnen erbrachten Dienstleistungen eine hohe Beratungs- und Schulungsintensität aufweisen und die gesamte Wertschöpfungskette beträchtliche Prozessintelligenz erfordert. Was Banken von vielen anderen Unternehmen und Branchen deutlich abhebt, ist jedoch etwas Anderes: Hier müssen aus einer Reihe von Gründen **Wissensbarrieren**, so genannte Chinese Walls, errichtet werden.

Aufgeteilt in die Bereiche Wissensentwicklung, Wissensakquisition und Wissenstransfer geht der Verfasser verschiedenen personalwirtschaftlich-organisatorischen, unternehmensstrategischen und kommunikativen Problemen nach. Dies geschieht durchweg in einer Weise, von der sich auch Praktiker angesprochen fühlen können. Die klare Sprache, der er sich dabei durchgehend bedient, sollte dem entgegenkommen.

Die Studie, von der ich mir eine freundliche Aufnahme erhoffe, erscheint als Band 8 der „Schriften des Instituts für Unternehmensführung der Georg-August-Universität Göttingen" – als nunmehr bereits dritter Beitrag der Reihe übrigens, der sich gezielt mit Fragen des Wissensmanagements befasst.

Göttingen-Esebeck, im Dezember 2002 *Günther Schanz*

Vorwort

Die vorliegende Arbeit entstand während meiner Tätigkeit als wissenschaftlicher Mitarbeiter am Institut für Unternehmensführung der Georg-August-Universität Göttingen. Sie wurde im Dezember 2002 von der Wirtschaftswissenschaftlichen Fakultät als Dissertation angenommen.

Es ist mir eine angenehme Pflicht, zunächst meinem akademischen Lehrer und Doktorvater Herrn Prof. Dr. Günther Schanz zu danken, der mir über die wissenschaftliche Betreuung dieser Studie hinaus die Möglichkeit gab, meine Kenntnisse zu betriebswirtschaftlichen Fragestellungen durch die Mitwirkung in unterschiedlichsten Tätigkeitsfeldern und Projekten stetig fortzuentwickeln. Ebenso gilt mein Dank Herrn Prof. Dr. Wolfgang Benner für die freundliche und wohlwollende Übernahme des Zweitgutachtens. Für die spontane Bereitschaft zur Übernahme des volkswirtschaftlichen Prüfungsteils in meinem Rigorosum bedanke ich mich bei Herrn Prof. Dr. Wolfgang König.

Weiterhin möchte ich mich bei meinen Kolleginnen und Kollegen am Institut für Unternehmensführung für die vielfältige Anteilnahme und Unterstützung sowie für die insgesamt sehr angenehme Arbeitsatmosphäre bedanken. Namentlich hervorheben möchte ich Herrn Dr. Falk Berster, Frau Dr. Marion Brehm, Frau Dipl.-Psych. Anne-Kartin Grewe, Frau Dipl.-Kfr. Katja Hahn sowie Herrn Dipl.-Hdl. Jens Huchthausen, die sich allesamt in geduldiger und fachkundiger Manier mit etlichen Seiten des Rohtextes auseinander gesetzt haben. Gedankt sei ebenso Frau Dagmar Schulz für manch aufmunterndes Gespräch insbesondere in der Endphase der Dissertation.

Stellvertretend für all meine Kontakt- und Gesprächspartner in Banken, Landesbanken, Sparkassen und Verbänden, durch deren Kooperation an manchen Stellen der Arbeit ein aktueller Praxisbezug verdeutlicht werden konnte, möchte ich Frau Sabine Koch von der deutschen Sparkassenakademie namentlich erwähnen. In Bezug auf orthographische, grammatikalische und insbesondere semantische Feinheiten war mir Herr Thomas Stern, M. A., eine wichtige Hilfe.

Schließlich gilt mein herzlicher Dank meinen lieben Eltern, Ellen und Hans-Hermann Westenbaum, ohne deren Unterstützung all dies wohl nicht möglich gewesen wäre.

Göttingen-Elliehausen, im Dezember 2002 *Alexander Westenbaum*

Eine Investition in Wissen
bringt immer noch die besten Zinsen

Benjamin Franklin

Inhaltsverzeichnis

Abbildungsverzeichnis

Abkürzungsverzeichnis

Abb.	Abbildung
ABN AMRO	Algemene Bank Nederland – Amsterdam Rotterdam
Abs.	Abschnitt
AC	Assessment Center
AG	Aktien Gesellschaft
AIESEC	Association International des Étudiants en Science Économique et Commercial
a. M.	am Main
Anh.	Anhang
AOL	American Online
Aufl.	Auflage
BAFin	Bundesanstalt für Finanzdienstleistungsaufsicht
BAKred	Bundesaufsichtsamt für das Kreditwesen
BAV	Bundesaufsichtsamt für das Versicherungswesen
BAWe	Bundesaufsichtsamt für den Wertpapierhandel
Bd.	Band
bearb.	bearbeitet(e)
BetrVG	Betriebsverfassungsgesetz
BfG	Bank für Gemeinwesen AG
bspw.	beispielsweise
BW-Bank	Baden-Württembergische Bank AG
bzw.	beziehungsweise
ca.	circa
CBR	Case Based Reasoning
CBT	Computer Based Training
CD	Compact Disc
CEO	Chief Executive Officer
CIO	Chief Information Officer
CKO	Chief Knowledge Officer
COC	Communities of Practice
CSFB	Credit Suisse First Boston
DBU	Deutsche Bank University
DBW	Die Betriebswirtschaft
d. h.	das heißt
DLJ	Donaldson, Lufkin & Jenrette
DM	Deutsche Mark
Dr.	Doktor
DSGV	Deutscher Sparkassen- und Giroverband
durchges.	durchgesehene

DZ-Bank	Deutsche Zentral-Genossenschaftsbank AG
E-Business	Electronic Business
EDIFACT	Electronic Data Interchange for Administration, Commerce and Transport
EDV	Elektronische Datenverarbeitung
Efiport	Educational Financial Portal
EG	Europäische Gemeinschaft
E-Learning	Electronic Learning
engl.	englisch
erg.	ergänzte
erw.	erweiterte
et al.	et alii
etc.	et cetera
f.	folgende
FAZ	Frankfurter Allgemeine Zeitung
ff.	fortfolgende
FinDAG	Finanzdienstleistungsaufsichtsgesetz
GAAP	Generally Accepted Accounting Principals
gem.	gemäß
ggf.	gegebenenfalls
GmbH	Gesellschaft mit beschränkter Haftung
GroMiKV	Großkredit- und Millionenkreditverordnung
GwG	Geldwäschegesetz
H.	Heft
HBCI	Home Banking Computer Interface
HBR	Harvard Business Review
HfB	Hochschule für Bankwirtschaft
HGB	Handelsgesetzbuch
HNWI	High Networth Individuals
Hrsg.	Herausgeber
HWB	Handwörterbuch der Betriebswirtschaftlehre
HWF	Handwörterbuch des Bank- und Finanzwesens
HWFü	Handwörterbuch der Führung
HWO	Handwörterbuch der Organisation
HWP	Handwörterbuch des Personalwesens
HWPlan	Handwörterbuch der Planung
IAS	International Accounting Standards
IBM	International Business Machines
i. d. R.	in der Regel
IFBG	Institut für betriebswirtschaftliche Geldwirtschaft
i. H. v.	in Höhe von

ING	Internationale Nederlanden Group
insb.	insbesondere
IT	Informations-Technologie
i. V. m.	in Verbindung mit
Jg.	Jahrgang
KWG	Gesetz über das Kreditwesen
LB	Landesbank
LFB	Liquiditätsmäßig-finanzieller Bereich
Ltd.	Limited
M. A.	Magister Artium
M&A	Mergers and Acquisitions
Mrd.	Milliarden
Nachw.	Nachweis
neubearb.	neubearbeitete
o. Jg.	ohne Jahrgang
OMS	Organizational Memory-Systeme
o. S.	ohne Seite(n)
o. V.	ohne Verfasser
p. a.	pro anno
PC	Personal Computer
PDA	Personal Digital Assistant
PIN	Persönliche Identifikationsnummer
POS	Point of Sale
RechKredV	Verordnung über die Rechnungslegung von Kreditinstituten
ROI	Return on Investment
ROM	Read Only Memory
R+V	Raiffeisen und Volksbanken
S.	Seite
SB	Selbstbedienung
SCHUFA	Schutzgemeinschaft für allgemeine Kreditsicherung
SEB	Skandinaviska Enskilda Banken
SEC	Securities and Exchange Commission
SGE	Strategische Geschäftseinheit(en)
SGF	Strategische(s) Geschäftsfeld(er)
sog.	sogenannte(n)
Sp.	Spalte
S.W.I.F.T.	Society for Worldwide Interbank Financial Telecommunication
s-win	Sparkassen-Finanzgruppe, Wissen im Netz
SWOT	Strengths, Weaknesses, Opportunities, Threats
TAN	Transaktionsnummer
TV	Television
u.	und

u. a.	unter anderem
u. ä.	und ähnliche(s)
u. a. m.	und andere mehr
u. v. a. m.	und viele andere mehr
überarb.	überarbeitete
unwes.	unwesentlich
US	United States
verb.	verbesserte
vgl.	vergleiche
vollst.	vollständig
VW	Volkswagen
WestLB	Westdeutsche Landesbank
WiSt	Wirtschaftswissenschaftliches Studium
WpHG	Wertpapierhandelsgesetz
z. B.	zum Beispiel
ZfB	Zeitschrift für Betriebswirtschaft
zfo	Zeitschrift Führung + Organisation
ZPO	Zentrales Projektoffice
z. T.	zum Teil

1. Einleitung

Eine Bank kann als Dienstleistungsbetrieb bezeichnet werden, der einzelne oder alle Problemstellungen im gesamtwirtschaftlichen Geldkreislauf überwinden hilft.[1] Dieser gesamtwirtschaftliche Geldkreislauf – und infolgedessen jedes einzelne Kreditinstitut – ist derzeit einer Vielzahl von zum Teil tiefgreifenden Veränderungen ausgesetzt. So treten neben den so genannten Non- und Near-Banks vor allem auch die Direktbanken in den Wettbewerb ein.[2] Zusätzliche Konkurrenz durch ausländische Institute entsteht aufgrund der Internationalisierung und Deregulierung der Finanzmärkte, ein Prozess, der mit der Einführung der einheitlichen europäischen Währung im Jahr 2002 zusätzlich beschleunigt wurde.[3] Angesichts der ohnehin schon zu verzeichnenden Marktsättigung kann demnach insgesamt von einem **intensivierten Wettbewerb** im Bankensektor gesprochen werden.[4] Als Folge dieser Wettbewerbsintensivierung war und ist eine zunehmende Ertragsorientierung der Kreditinstitute zu verzeichnen.[5]

Ebenfalls von Bedeutung ist der **Technikwandel**. Durch einen verstärkten Einsatz der Mikroelektronik im Rahmen des sog. Electronic Banking ergeben sich für die einzelnen Kreditinstitute einschneidende Neuerungen vor allem im Kontakt mit den Kunden (z. B. beim Online- bzw. Internet-Banking) aber auch in den bankinternen Geschäftsabläufen.[6] Im Rahmen der notwendigen Rekonfiguration der innerbetrieblichen Abläufe orientiert sich die Bankorganisation an Prozessen bzw. Wertschöpfungsketten, wobei die Institute zunehmend bemüht

---

1 Vgl. Benner, Intermediation, S. 150. Von einer detaillierteren Eingrenzung des Bankbegriffs soll in dieser Arbeit Abstand genommen werden. Vgl. diesbezüglich beispielsweise Büschgen, Bankbetriebslehre, S. 11 ff. oder Süchting/Paul, Bankmanagement, S. 3 ff. Die Begriffe **Bank**, **Bankbetrieb** und **Kreditinstitut** werden im Folgenden synonym verwendet.

2 **Near Banks** sind sog. „banknahe“ Finanzinstitute, wie z. B. Versicherungsunternehmen. **Non Banks** sind beispielsweise Warenhäuser, die durch die Herausgabe von eigenen Kreditkarten in Konkurrenz zu den Banken treten können. Vgl. dazu Büschgen, Bankbetriebslehre, S.130.

3 Unter **Deregulierung** versteht man einen Abbau von hoheitlichen bzw. rechtlichen Restriktionen. Vgl. Mattes, Securitization, Sp. 1706.

4 Ein Indiz für die oben angesprochene Marktsättigung ist die bundesweite Filialdichte des deutschen Bankenmarktes. Vgl. Gloystein, Filialorganisation, S. 147.

5 In diesem Zusammenhang sei insbesondere auf die Überlegungen von H. SCHIERENBECK zur sog. Marktzinsmethode verwiesen. Vgl. Schierenbeck, Bankmanagement, S. 43 ff. sowie Abs. 3.3.3. dieser Studie.

6 Eine Darstellung der Entwicklungslinien des **Electronic Banking** findet sich in Abs. 5.2.1.

sind, auf unprofitable und überflüssige Bearbeitungsschritte zu verzichten.[7] Diese Aspekte des technisch-organisatorischen Bereichs von Banken erfordern im Verbund mit der spezifizierten bankbetrieblichen Produktpalette eine ausgeprägte Qualifikation der Mitarbeiter in fachlicher und auch sozialer Hinsicht.

Weiterhin ist der gesellschaftliche **Wertewandel** zu berücksichtigen. Werte können als innere Steuerungsgrößen bezeichnet werden, die das Verhalten von Individuen oder Gruppen beeinflussen und lenken.[8] Unter dem Wertewandel ist die Herausbildung „neuer" Werte oder die Veränderung der Intensität bereits vorhandener Wertorientierungen zu verstehen.[9] In Bezug auf den Bankenbereich ist dieser Wertewandel zum einen bei der Bankkundschaft zu konstatieren. Hier ergeben sich aus neuen Lebens- und Arbeitsumständen der Kunden gestiegene Erwartungen an die Kreditinstitute hinsichtlich der dargebotenen Produktpalette sowie der bankbetrieblichen Serviceleistungen. Einhergehend mit der zunehmenden Konkurrenzsituation im Bankenmarkt ist ein verändertes Loyalitätsverhalten der Kunden gegenüber „ihrer" Bank zu verzeichnen.[10] Zum anderen ist auch bei den Bankmitarbeitern eine Veränderung der Wertvorstellungen zu beobachten.[11] Es ist erkennbar, dass die Mitarbeiter der Kreditinstitute beispielsweise nach der Sicherheit ihres Arbeitsplatzes, nach Selbstverwirklichung innerhalb des Unternehmens oder nach zusätzlichen Freiräumen für Familien- oder Freizeitplanung streben. Es gilt, diese Wertvorstellungen der Mitarbeiter etwa bei der Arbeitsgestaltung oder auch bei individuellen Laufbahn- und Karriereverläufen zu berücksichtigen.[12]

Alle drei genannten Einflussfaktoren – der intensivierte Wettbewerb, der Einzug der EDV in den Bankbetrieb und der zu beobachtende Wertewandel sowohl bei Bankkunden als auch bei Bankmitarbeitern – sind Indikatoren für die ausgesprochene **Komplexität und Dynamik des Bankensektors.**[13] Um sich angesichts dieser organisationalen Rahmenbedingungen behaupten zu können, ist eine fortwährende Anpassung der Banken an die Veränderungen erforderlich, wobei – und dies ist die Sichtweise, welche mittels dieser Studie popularisiert werden soll – der Faktor 'Wissen' stets eine zentrale Rolle spielt.

---

7 Zur Prozessorientierung von Banken vgl. bspw. Rinker/Tegeder, Geschäftsprozessoptimierung, S. 654 ff.

8 Vgl. Schanz, Personalwirtschaftslehre, S. 229.

9 Vgl. Rosenstiel, Wertewandel, Sp. 2175.

10 In diesem Zusammenhang kann auf die sog. **Theorie der Bankloyalität** verwiesen werden, welche in Abs. 2.3.2. der vorliegenden Studie näher thematisiert werden wird.

11 Vgl. hierzu bspw. Meier, Planung, S. 27 f.

12 Vgl. hierzu Berthel, Karriereanreize, S. 489 f. sowie die Abschnitte 3.3. und 4.1. dieser Arbeit.

13 Zur Umweltkomplexität und Umweltdynamik vgl. Schanz, Organisationsgestaltung, S. 360 ff.

So gilt es im Wettbewerb mit Konkurrenzunternehmen, das Wissen um ertragsträchtige Kundensegmente oder attraktive Marktnischen auf aktuellem Stand zu halten, ständig weiter zu entwickeln und auszubauen. Hinsichtlich der bankbetrieblichen Informations- und Kommunikationstechnologie sind innovative Vertriebskanäle zur Bankkundschaft bereitzustellen, die über einen schlichten Austausch von Informationen hinaus die Aufbereitung, die Speicherung und den Transfer von komplexem bankbetrieblichen Wissen ermöglichen.[14] Und schließlich spielt das Wissen darüber eine entscheidende Rolle, wie diese Vertriebskanäle sowie die neu zu konzipierenden Bankprodukte ausgestaltet sein müssen, damit sie den aktuellen Präferenzen der Bankkundschaft Genüge leisten. Insgesamt handelt es sich für die Banken demnach beim Faktor 'Wissen' um diejenige Unternehmensressource, die einen entscheidenden Einfluss auf den langfristigen Erfolg der einzelnen Institute haben kann. Damit ist zu konstatieren, dass neben der zunehmend zu verzeichnenden Ertragsorientierung derzeit und zukünftig vor allem eine verstärkte **Wissensorientierung** der Kreditinstitute von Nöten ist.

Abb. 1: Ziele des bankbetrieblichen Wissensmanagements[15]

Welchen Zielen dient das Wissensmanagement in Ihrem Hause in erster Linie?	
Qualifikation der Mitarbeiter	83 %
Rationalisierung / Kostensenkung	53 %
Analyse des Kundenverhaltens	47 %
Steigerung der Innovationsfähigkeit	44 %
Konkurrenzanalyse	18 %

Viele Kreditinstitute haben, wie der Blick auf eine aktuelle empirische Erhebung zeigt, die Notwendigkeit einer Wissensorientierung erkannt und bereits einzelne der oben angedeuteten Maßnahmen des bankbetrieblichen Wissensmanagements in praxi umgesetzt. Wie die Abbildung 1 verdeutlicht, verfolgen die Banken mit der Einführung und Umsetzung des Wissensmanagements ver-

[14] Dass sich hinter dem Begriff des **Wissenstransfers** (wesentlich) mehr verbirgt als der Austausch von Informationen soll in Kapitel 5 gezeigt werden.

[15] Quelle der Abb. 1: Geringfügig modifiziert nach Franke, Wissensmanagement, S. 177.

schiedene strategische, organisationsstrukturelle sowie personalwirtschaftliche Zielsetzungen.[16]

Zu den **Zielen des bankbetrieblichen Wissensmanagements** sind vor allem die Qualifikation der Mitarbeiter sowie Rationalisierungs- und Kostensenkungsaspekte zu zählen. Ferner wird der Analyse von Kunden und Mitkonkurrenten sowie der Innovationsfähigkeit der Kreditinstitute ein hohes Gewicht beigemessen. Einige dieser verschiedenen Zielsetzungen sollen im Verlauf dieser Studie unter Berücksichtigung der genannten Gewichtungen aufgegriffen und ausführlich thematisiert werden.

Die vorliegende Arbeit ist primär verhaltenstheoretisch ausgerichtet.[17] Ausgehend von einem **methodologischen Individualismus** wird dabei der wirtschaftende Mensch in den Mittelpunkt der Betrachtung gerückt.[18] Für das hier zu verfolgende Forschungsanliegen ist damit der Bankmitarbeiter als Träger der Ressource 'Wissen' angesprochen. Somit bezieht sich eine Vielzahl der Einzelaktivitäten des bankbetrieblichen Wissensmanagements auf das Individuum 'Bankmitarbeiter', auf seine Fähigkeit und seine Bereitschaft zur Aufnahme, zur Verarbeitung und zur Weitergabe bankbetrieblich relevanten Wissens. Dies bedeutet jedoch nicht, dass eine ganzheitliche, übergeordnete Betrachtungsweise auszuschließen ist.[19] Allerdings sollte zum Beispiel bei Ausführungen zur Gestaltung und Anreicherung der bankbetrieblichen Wissensbasis gegenwärtig sein, dass es sich hierbei letztlich um die Führung und Entwicklung von individuellen Wissensträgern als Bestandteile dieser Wissensbasis handelt.

Ausgehend von diesen Basisüberlegungen werden im Verlauf dieser Studie vor allem die Wissensentwicklung, die Wissensakquisition und der Wissenstransfer als **Kernprozesse des bankbetrieblichen Wissensmanagements** dargestellt und eingehend analysiert. Weitere Themenbereiche, die für das bankbetriebliche Wissensmanagement durchaus als wichtig, nicht aber als zentrale Gesichtspunkte klassifiziert wurden, sind den genannten Kernprozessen zu- bzw. untergeordnet. So finden sich beispielsweise die Themenstichworte 'Wissensziele' und 'Wissenskultur' im Abschnitt zur Bedeutung der Unternehmenskultur bei der Wissensakquisition (Abs. 4.3.3.) wieder, die Implementierung des Wissensmanagements durch besondere Koordinatorenstellen wird im Rahmen von strukturellen Regelungen in Abs. 3.2.2. behandelt.

---

16 Die Daten entstammen einer Erhebung, die im August/September 2001 unter 57 deutschen Kreditinstituten durchgeführt wurde. Mehrfachnennungen waren möglich. Vgl. Franke, Wissensmanagement, S. 177 ff.

17 Vgl. hierzu grundlegend Schanz, Grundlagen, S. 1 ff.

18 Vgl. Schanz, Methodologie, S. 94.

19 Vgl. bspw. Justus, Wissenstransfer, S. 18 und 102 ff.

Um dem oben skizzierten Forschungsinteresse Folge leisten zu können erscheint es sinnvoll, sich zunächst den **Grundlagen des bankbetrieblichen Wissensmanagements** zu widmen. Diesbezüglich erfolgt in Kapitel 2 eine grundlegende Eingrenzung des Wissensbegriffs sowie eine Darstellung verschiedener Ausprägungsformen des Wissens (Abs. 2.1.). Danach werden in Unterabschnitt 2.2. mit dem Bausteinmodell des Wissensmanagements und dem Modell der Wissensspirale zwei Konzepte zum Umgang mit der Unternehmensressource 'Wissen' präsentiert, denen in der einschlägigen Literatur viel Aufmerksamkeit zuteil wird. Da in beiden Konzepten in integrativer Weise personalwirtschaftliche, unternehmensstrategische und auch technologische Gesichtspunkte des organisationalen Wissensmanagements berücksichtigt werden, liefern sie dem weiteren, viele unterschiedliche Einzelaspekte aufgreifenden Argumentationsverlauf dieser Studie eine breite, tragfähige Basis.

Zum Abschluss des zweiten Kapitels steht die Frage nach den Besonderheiten eines speziell auf Kreditinstitute ausgerichteten Wissensmanagements im Mittelpunkt der Betrachtung. Nachdem in diesen einführenden Passagen bereits mit einigen Stichworten auf die Relevanz und die Aktualität der Themenstellung aufmerksam gemacht worden ist, liefert der Unterabschnitt 2.3. eine detaillierte Begründung für die Notwendigkeit eines spezifischen bankbetrieblichen Wissensmanagements. Dies geschieht einerseits mit Blick auf die hervorgehobene Rolle der Banken in der Wissensgesellschaft und andererseits durch die Charakterisierung der Kreditinstitute als besonders wissenssensitive Unternehmen, in denen ein verantwortungsvoller und vertraulicher Umgang mit dem Faktor 'Wissen' geboten ist. Schließlich erfolgt eine Darstellung und Analyse der bankbetrieblichen Wissensbasis, auf deren Erweiterung und Ausgestaltung sich letztlich alle der in den Folgeabschnitten darzustellenden Gestaltungsbereiche des bankbetrieblichen Wissensmanagements beziehen.

Kapitel 3 beschäftigt sich mit der **Wissensentwicklung in Kreditinstituten**, dem ersten der drei Kernprozesse des bankbetrieblichen Wissensmanagements. Ziel der bankbetrieblichen Wissensentwicklung ist es, die innerhalb des Unternehmens vorhandenen Wissensressourcen zu lokalisieren und durch ausgewählte Gestaltungsmaßnahmen im Sinne einer Anreicherung der bankbetrieblichen Wissensbasis fortzuentwickeln. Einführend wird die Wissensentwicklung als ein Prozess des organisationalen Lernens vorgestellt (Abs. 3.1.). Zunächst werden die Bestimmungsfaktoren des organisationalen Lernens in Banken beschrieben, zu denen vor allem die Veränderungen in der Umwelt der Wissensbasis, die Veränderung der Verfügbarkeit von Wissensträgern oder Wissensressourcen und schließlich die Veränderung des relevanten Wissen selbst zu zählen sind. Anschließend werden die Transformationsprozesse der bankbetrieblichen Wissensbasis präsentiert und als Formen des organisationalen Lernens interpretiert. In Abschnitt 3.2. werden verschiedene Lernbarrieren dargestellt und analysiert, welche die Entwicklung des Wissens in Banken gegebenenfalls stören oder gar verhindern können. Des Weiteren ist auf bestimmte organisationsstrukturelle Gestaltungsalternativen aufmerksam zu machen, mittels derer die angesprochenen Lernbarrieren überwunden bzw. abgebaut werden können.

Im nächsten Unterabschnitt (Abs. 3.3.) werden einzelne personalwirtschaftliche Gestaltungsinstrumente der bankbetrieblichen Wissensentwicklung präsentiert. In diesem Zusammenhang ist zunächst einzugrenzen, welche Qualifikationen und Anforderungen der Bankmitarbeiter derzeit und vor allem zukünftig von besonderer Relevanz sind. Danach werden zum einen die bankinternen Möglichkeiten zum Aufbau und zur Entwicklung des erforderlichen Wissens dargestellt. Zum anderen wird – auch unter Zuhilfenahme einiger Beispiele aus der Bankenpraxis – aufgezeigt, auf welche Weise das bankbetrieblich relevante Wissen mittels externer Institutionen im Rahmen der überbetrieblichen Weiterbildung entwickelt werden kann. Den Schlusspunkt dieses Abschnitts bildet eine Darstellung der Anreizsysteme von Kreditinstituten, die bei einer adäquaten Ausrichtung und Umsetzung den Prozess der Wissensentwicklung nachhaltig unterstützen können.

Mit der **bankbetrieblichen Wissensakquisition** wird in Kapitel 4 der zweite Kernprozess des bankbetrieblichen Wissensmanagements erörtert. Geht es bei der Wissensentwicklung um die Aus- und Weiterbildung der bankinternen Wissensressourcen, so wird mit der Wissensakquisition der Zugewinn externen Wissens betrachtet. Dieser Zugewinn externen Wissens kann beispielsweise durch die Einstellung und Eingliederung von neuen Mitarbeitern erfolgen (Abs. 4.1.). Somit werden, wie bereits zum Abschluss von Kapitel 3, im ersten Unterabschnitt des vierten Kapitels wiederum vornehmlich personalwirtschaftliche Aspekte des bankbetrieblichen Wissensmanagements dargelegt. In diesem Zusammenhang wird im Einzelnen zu klären sein, auf welche Weise bankexterne Wissensträger von den Kreditinstituten angesprochen werden können und mit welchen spezifischen Personalauswahlverfahren das relevante Wissen selektiert werden kann. Schließlich werden besondere Personaleingliederungsprogramme benannt, mit deren Hilfe die akquirierten Wissensträger in das Unternehmen – und folglich die gewünschten Wissensbestandteile in die organisationale Wissensbasis – integriert werden können.

Eine weitere Möglichkeit zur Wissensakquisition bietet sich den Kreditinstituten durch strategische Entscheidungen über die Zusammenarbeit oder den Zusammenschluss mit anderen Unternehmen (Abs. 4.2.). Im Zuge der bereits angesprochenen Neupositionierung einzelner Institute im Bankenmarkt und der Restrukturierung bankinterner Geschäftsabläufe ist es in letzter Zeit immer häufiger zu beobachten, dass Kreditinstitute durch die Kooperation mit strategischen Partnern oder durch einen gezielten Zukauf anderer Unternehmen bzw.

Unternehmensteile Wettbewerbsstellungen ausbauen oder in neue Marktsegmente vordringen wollen. Bei diesen strategischen Optionen handelt es sich aus der Perspektive des Wissensmanagements letztlich um die Identifikation und Akquisition externer Wissensressourcen. In diesem Zusammenhang wird zunächst zu klären sein, welche Rolle die Wissensakquisition bei den Analyse- und Entscheidungsprozessen des strategischen Bankmanagements spielen kann. Anschließend werden anhand einiger Fallbeispiele verschiedene Möglichkeiten der Wissensakquisition und -integration durch bankbetriebliche Unternehmenszusammenschlüsse dargestellt. Zum Abschluss des vierten Kapitels wird die Notwendigkeit der Integration des akquirierten externen Wissens durch einen Blick auf die besondere Rolle der Organisationskulturen bei Unternehmenszusammenschlüssen von Kreditinstituten hervorgehoben.

Das fünfte Kapitel befasst sich mit dem **Wissenstransfer in Banken**. In einem einführenden Abschnitt wird der bankbetriebliche Wissenstransfer zunächst in einer kommunikationstheoretischer Betrachtungsweise erörtert (Abs. 5.1.). Der Prozess des bankbetrieblichen Wissenstransfers soll hier anhand mehrerer kommunikationstheoretischer Modelle dargestellt werden, bevor geprüft werden kann, inwieweit eine soziale Präsenz von Bankmitarbeitern bei Kommunikationsprozessen innerhalb der Kreditinstitute, insbesondere jedoch im Kontakt mit den Bankkunden, notwendig ist und welche Arten von Kommunikationskanälen sich in diesem Zusammenhang anbieten.

Die grundlegenden kommunikationstheoretischen Erkenntnisse des einleitenden Unterabschnitts können als Vorüberlegungen für die in Abschnitt 5.2. zu thematisierenden Gestaltungsvarianten der bankbetrieblichen Informations- und Kommunikationstechnologie angesehen werden. Insbesondere im Bankensektor ergeben sich durch den Einsatz der modernen Computertechnologie einschneidende Umbrüche in den Vertriebssystemen sowie bei den internen Geschäftsprozessen. Zum einen wird diesbezüglich kritisch zu prüfen sein, ob komplexes bankbetriebliches Wissen auf elektronischem Wege, bspw. mittels Homebanking, verarbeitet und transferiert werden kann. Zum anderen wird der bankinterne Wissenstransfer am Beispiel des Einsatzes so genannter wissensbasierter Systeme im Rahmen der bankbetrieblichen Kreditwürdigkeitsprüfung analysiert.

Mit dem Insiderwissen wird zum Abschluss des fünften Kapitels – und zugleich zum Abschluss der Gesamtbetrachtung des bankbetrieblichen Wissensmanagements – ein Sonderproblem des Wissenstransfers in Kreditinstituten aufgegriffen und näher thematisiert (Abs. 5.3.). Beim Insiderwissen gilt es nicht, den Wissensfluß durch das Beseitigen von Wissensbarrieren zu ermöglichen oder zu beschleunigen. Vielmehr werden im Rahmen der Insiderregulierung bewusst Wissensbarrieren implementiert, um auf diese Weise bestimmte Vertraulichkeitsbereiche innerhalb der Kreditinstitute voneinander abzutrennen. Nach einer einführenden Begriffseingrenzung zum bankbetrieblichen Insiderwissen werden verschiedene Ausprägungsformen dieser speziellen – auch „Chinese Walls" genannten – Wissensbarrieren vorgestellt und untersucht. Schließlich wird die bankbetriebliche Compliance-Organisation behandelt, die über die rechtlichen Bestimmungen zum Umgang mit dem Insiderwissen und den damit in Verbindung stehenden strukturellen Regulierungsmaßnahmen der Chinese Walls hinaus eine insgesamt an ethischen Grundsätzen ausgerichtete Geschäftstätigkeit der Kreditinstitute gewährleisten soll.

Die Arbeit wird durch eine Schlussbetrachtung abgerundet, in der zunächst die wichtigsten Ergebnisse zusammengefasst werden. Darüber hinaus sollen einige Teilaspekte des bankbetrieblichen Wissensmanagements, die im Hauptteil dieser Studie nicht berücksichtigt werden konnten, in knapper Art und Weise dargelegt werden. Dies betrifft vor allem das Problemfeld der Bewertung des Faktors 'Wissen' in Kreditinstituten. Abschließend werden im Rahmen eines Ausblicks mögliche weitere Entwicklungslinien des bankbetrieblichen Wissensmanagements aufgezeigt.

2. Grundlagen des bankbetrieblichen Wissensmanagements

Bevor im Verlauf dieser Arbeit auf die einzelnen Maßnahmen und Gestaltungsoptionen eines speziell auf Banken ausgerichteten Wissensmanagements eingegangen werden kann erscheint es angebracht, einzuführend einige grundlegende Begriffe zum Wissen und zum Wissensmanagement anzusprechen. Dabei ist es nicht das Hauptanliegen der folgenden Abschnitte, umfassende Ausführungen zum Wissensbegriff oder zu den in der Managementliteratur mannigfach vorhandenen Konzepten und Modellen des Wissensmanagements zu präsentieren. Vielmehr soll der Leser zunächst in möglichst knapper Form über die Vielschichtigkeit und den Facettenreichtum des Wissens informiert werden (Abs. 2.1.). Dies geschieht unter anderem durch die Darstellung von so genannten dichotomischen Wissensklassifikationen. Anschließend sind in Abschnitt 2.2., stellvertretend für weitere Ansätze, mit dem Bausteinmodell des Wissensmanagements und dem Modell der Wissensspirale zwei wesentliche Konzepte zum Umgang mit dem Faktor 'Wissen' in Unternehmen zu erörtern, die in integrativer Weise personalwirtschaftliche, unternehmensstrategische und auch technologiebezogene Aspekte des Wissensmanagements zu berücksichtigen in der Lage sind.

In Abschnitt 2.3. ist darzulegen, warum die Einführung und Umsetzung des Wissensmanagements gerade in der Bankenbranche als notwendig und lohnenswert angesehen werden kann. In diesem Zusammenhang wird zunächst auf die verschiedenen gesamtwirtschaftlichen Funktionen sowie auf die besonders exponierte Stellung der Kreditinstitute in der öffentlichen Wahrnehmung hingewiesen. Des Weiteren werden die Banken den so genannten wissensintensiven Unternehmen zugeordnet und darüber hinaus als besonders wissenssensitive Organisationen charakterisiert. Diese Wissenssensitivität der Kreditinstitute wird in erster Linie anhand der hochgradigen Erklärungsbedürftigkeit und der Vertrauensempfindlichkeit von Bankleistungen erläutert. Schließlich werden die Komponenten und Merkmale der bankbetrieblichen Wissensbasis thematisiert. Hierbei sind die verschiedenen Schichten der Wissensbasis sowie die einen Transfer des Wissens blockierenden sog. Wissens- bzw. Lernbarrieren von besonderem Interesse.

2.1. Begriff und Erscheinungsformen von Wissen

2.1.1. Zeichen, Daten, Information und Wissen

Das menschliche Wissen und die Voraussetzungen menschlicher Erkenntnis sind traditionell Gegenstand der **allgemeinen Erkenntnislehre**, welche ihrerseits wiederum einen Zweig der Philosophie darstellt.[1] Bereits die Philosophen der griechischen Antike beschäftigten sich mit dem Streben nach menschlicher Erkenntnis und dem Wahrheitsgehalt des Wissens. Schon hier finden sich Anmerkungen über die Komplexität und Besonderheit des Phänomens 'Wissen', die insbesondere auch für den Untersuchungsgang der vorliegenden Arbeit von einer nicht unerheblichen Bedeutung sind. So stellte bereits PLATON fest, dass gegebenenfalls mit Ausprägungsformen des Wissens zu rechen sei, „die sich nicht auf direkte Weise mitteilen und deswegen auch gar nicht unmittelbar einem textfähigen Gebilde von der Art der Aussage zuordnen lassen."[2] Dies ist ein erster Hinweis darauf, dass das Wissen – aus noch näher darzulegenden Gründen – oftmals nur mit erheblichem Aufwand, in manchen Fällen möglicherweise überhaupt nicht, explizierbar oder transferierbar ist.

In neuerer Zeit hält die Auseinandersetzung mit dem Wissen neben der Philosophie verstärkt auch in anderen Disziplinen Einzug, so beispielsweise in der Soziologie, in der Psychologie und nicht zuletzt auch in der Betriebswirtschaftslehre, wobei zahlreiche unterschiedliche Wissensdefinitionen zugrunde gelegt werden.[3] Zum Zwecke einer ersten Annäherung an eine spezifische Wissensterminologie werden zuweilen die Begriffe **Zeichen, Daten, Information** und **Wissen** in eine hierarchische Anordnung gebracht. In dieser Begriffshierarchie, die in Abb. 2 schematisch dargestellt ist, befinden sich die Zeichen auf der untersten Ebene. Hierunter können unter anderem Buchstaben und Ziffern sowie Sonderzeichen gefasst werden, die in ihrer Gesamtheit den sog. Zeichenvorrat darstellen.[4] Unter Daten sind undifferenzierte Beobachtungen oder Fakten zu verstehen, die (zunächst) in keinem übergeordneten Zusammenhang stehen. Sie setzen sich aus einzelnen oder mehreren Zeichen zusammen.

---

1 Vgl. Schanz, Grundfragen, Sp. 2189.

2 Wieland, Platon, S. 11.

3 Eine umfassende Auseinandersetzung mit dem Wissensbegriff in unterschiedlichen wissenschaftlichen Disziplinen findet sich beispielsweise bei Albrecht, Unternehmensressource, S. 31 ff.

4 Vgl. Rehäuser/Krcmar, Wissensmanagement, S. 3 f.

Abb. 2: Zeichen, Daten, Information und Wissen[5]

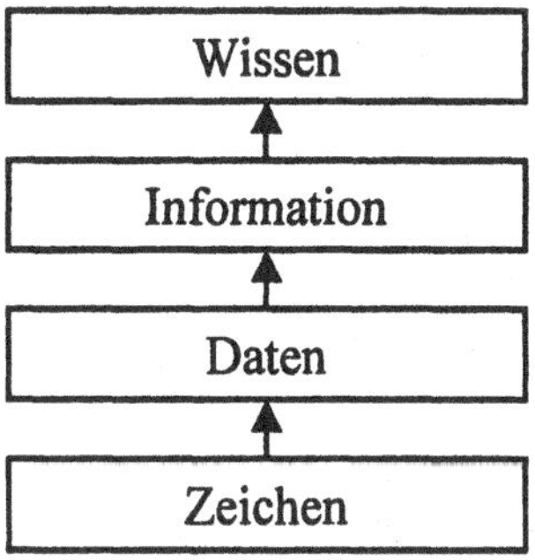

Von Informationen wird dann gesprochen, wenn Datenmengen in einen Problemkontext gestellt werden und sie somit eine personen- und situationsabhängige Bedeutung erhalten.[6] Eine Information kann folglich auch als eine „aus Syntax und Semantik zusammengefügte sachliche Mitteilung"[7] bezeichnet werden. Informationen dienen im Allgemeinen der Auskunft oder der Aufklärung und liefern im Besonderen Aussagen, die den Erkenntnisstand über ein Objekt oder eine Problemsituation verbessern.[8] Eine Vielzahl oder Anhäufung dieser Informationen, die einem bestimmten Zweck bzw. der Erfüllung einer spezifischen Aufgabenstellung dienen, bildet als oberste Hierarchiestufe das Wissen.[9] Wissen ist demnach eine „**zweckorientierte Vernetzung von Information.**"[10]

Die soeben dargelegte Begriffshierarchie erscheint zunächst recht eingängig und gut nachvollziehbar, jedoch ist diese Sichtweise mit zweierlei Problemen behaftet. Zum einen werden einige der genannten Begriffe in der betriebswirtschaftlichen Literatur, in der Unternehmenspraxis oder im Sprachgebrauch des Alltags oftmals gleichbedeutend oder in einer anderen als der oben dargestellten, nicht immer überschneidungsfreien terminologischen Beziehung verwendet. So werden beispielsweise die Begriffe 'Daten' und 'Information' und daran

5 Quelle der Abb. 2: Rehhäuser/Krcmar, Wissensmanagement, S. 3.
6 Vgl. Zahn, Informationstechnologie, S. 377.
7 Albrecht, Unternehmensressource, S. 44.
8 Vgl. Berthel, Informationsbedarf, Sp. 873.
9 Vgl. bspw. Steinmüller, Informationstechnologie, S. 233 und S. 236.
10 Rehäuser/Krcmar, Wissensmanagement, S. 5.

anschließend die 'Datenverarbeitung' und die 'Informationsverarbeitung' mancherorts synonym gesetzt.[11]

Auch über die Unterscheidung zwischen Information und Wissen gibt es uneinheitliche Darlegungen. Teilweise wird diese Begriffsbeziehung den obigen Ausführungen entgegengesetzt interpretiert, indem gesagt wird, Informationen seien zweckorientiertes Wissen.[12] Diese Begriffsauslegung erscheint allerdings unter anderem deswegen etwas unglücklich, da Informationen nicht von vornherein zweckorientiert sind und sie erst durch die Bewertung, die Verknüpfung mit anderen Sachverhalten und letztlich die zweckbezogene Verwendung durch einen Informationsempfänger einen bestimmten Wert oder Nutzen erlangen.[13] Demnach kann das Wissen zunächst als eine eigene und in der Begriffshierarchie gegenüber Zeichen, Daten und Informationen höherrangige Kategorie angesehen werden.[14]

Das zweite Problem der hierarchischen Anordnung der zugrunde liegenden Begriffe ergibt sich bei dem Versuch, **Intuitionen** oder **Vorahnungen** als Formen des Wissens in diese Systematik einzuordnen. Intuitive Handlungsweisen beruhen nämlich nicht unbedingt auf Informationen, die der Mensch bestehenden kognitiven Strukturen zuweist, sondern sie entstammen möglicherweise der unbewussten spontanen Verknüpfung derartiger Strukturen. Damit ist das Wissen also nicht in jedem Fall eine „höhere Entwicklungsstufe“ von Daten oder Informationen, da sich die angesprochenen Ausprägungsformen des Wissens nicht bzw. nur schwer durch Informationen repräsentieren lassen.[15] Darüber hinaus ist die Erfassung und Sammlung von Daten, die Aufbereitung und Verarbeitung von Informationen sowie die zweckorientierte Verknüpfung dieser Informationen zum Wissen in der Regel mit denkenden und handelnden Individuen verbunden. Dabei fließen in den Prozess der Erkenntnisgewinnung beispielsweise individuell unterschiedlich ausgeprägte theoretische Erwartungen oder Vermutungen etwa in Form von (implizitem) Hintergrundwissen ein.[16]

Es bedarf demnach insgesamt eines relativ **weit gefassten Wissensverständnisses**, welches nicht nur interpretierte Informationen, sondern gleichzeitig auch stark kontext- oder personenspezifische Wissenskomponenten berücksichtigt, wie etwa Meinungen oder Überzeugungen, und dies – so eine zunächst möglicherweise etwas überraschend anmutende Beifügung – ohne Rücksicht auf de-

---

11 Vgl. Erichson/Hammann, Informationen, S. 325.

12 Vgl. bspw. Wittmann, Unternehmung, S. 14 oder Berthel, Informationsbedarf, Sp. 872.

13 Vgl. Albrecht, Unternehmensressource, S. 44.

14 Vgl. Zahn, Informationstechnologie, S. 377 f.

15 Vgl. Baumard, Knowledge, S. 19.

16 Vgl. dazu Schanz, Erkennen, S. 4 f. Zum Begriff des **Hintergrundwissens** vgl. Popper, Erkenntnis, S. 33 ff.

ren Wahrheitsgehalt. Einem solchen erweiterten Wissensverständnis kann man sich dadurch annähern, indem das Wissen als diejenige Information bezeichnet wird, die eine Verbindung mit dem Menschen, mit seinen Vorstellungen und mit seinem Engagement – also einen **subjektiven Bezug** – aufweist.[17] In einer etwas umfassenderen Formulierung klassifiziert D. BELL das Wissen in diesem Zusammenhang als „Sammlung in sich geordneter Aussagen über Fakten oder Ideen, die ein vernünftiges Urteil oder ein experimentelles Ergebnis zum Ausdruck bringen und anderen durch irgendein Kommunikationsmedium in systematischer Form übermittelt werden."[18] Mit dieser Begriffsauslegung ist über den subjektiven Bezug des Wissens hinaus auf das Ergebnis der Wissensübermittlung und -verarbeitung hingewiesen, das sich in neuen Urteilen oder in der neuen, modifizierten Darstellung älterer Sachverhalte äußert.[19]

Möchte man nun diese personen- und situationsbezogenen Charaktereigenschaften des Wissens isolieren und ausblenden, so erscheint es notwendig, den **„kognitiven Kern allen Wissens"**[20] unabhängig von seiner wissenschaftlichen Qualität, seinem Träger oder dem spezifischen Kontext zu identifizieren. H. F. SPINNER versteht unter diesem kognitiven Kern die im Wissen enthaltene Information in Form von Feststellungen oder Mitteilungen, die das Bestehen oder Nichtbestehen irgendwelcher Sachverhalte behaupten, „gleichgültig ob zutreffend („wahr") oder nicht, argumentativ vertretbar („rational") oder nicht, verbalisiert (als sprachförmige „Aussage") oder visualisiert, artikuliert („explizit") oder stillschweigend angenommen."[21] Der Wahrheitswert oder sonstige Zusatzqualifizierungen der Wissensannahmen oder -aussagen werden in dieser Betrachtungsweise nicht berücksichtigt. Der Nukleus des Wissens besteht also aus der „reinen" Information, unabhängig von gestellten Güteanforderungen oder Anwendungs- und Gestaltungsproblemen.[22] Somit wird auch auf diese Weise nochmals darauf hingewiesen, dass das Wissen zumeist mehr umfasst, gehaltvoller ist und tiefer gründet als die „reine" Information bzw. als die Begriffskategorien 'Zeichen', 'Daten' oder 'Informationen'.[23]

---

17 Vgl. bspw. Pfiffner/Stadelmann, Kopfarbeiter, S. 140 oder Nonaka/Takeuchi, Organisation, S. 71.

18 Bell, Gesellschaft, S. 180. Im Original kursiv.

19 Vgl. Bell, Gesellschaft, S. 180.

20 Spinner, Wissensordnung, S. 25, Hervorhebung nicht im Original.

21 Spinner, Wissensordnung, S. 25.

22 Vgl. Schüppel, Lernbarrieren, S. 62.

23 Vgl. Davenport/Prusak, Praxisbuch, S. 31.

2.1.2. Dichotomische Wissensklassifikationen

Für ein weiterführendes Verständnis des Wissensbegriffs ist es hilfreich, auf verschiedene Arten bzw. Ausprägungsformen des Wissens hinzuweisen und näher einzugehen. Dies geschieht in der Literatur zum Wissensmanagement oftmals unter Zuhilfenahme so genannter Wissensdichotomien, Begriffspaaren also, die das Wissen aus jeweils zwei bestimmten Perspektiven beleuchten und somit seine spezifischen Eigenheiten und Facetten besonders hervorheben.[24] Aus der Vielzahl der möglichen unterschiedlichen Wissensdichotomien werden in den folgenden Ausführungen diejenigen eingehender betrachtet, die in Bezug auf das Wissensmanagement in der Bankenbranche eine besondere Aussagekraft besitzen. Dies sind:

- relevantes und irrelevantes Wissen
- statisches und dynamisches Wissen
- internes und externes Wissen
- individuelles und kollektives Wissen
- sowie implizites und explizites Wissen.

Bezüglich der ersten vorzustellenden Wissensdichotomie, dem **relevanten und irrelevanten Wissen**, wird man zu der zunächst recht trivial anmutenden Auffassung gelangen können, dass für eine spezifische Aufgabenstellung oder für eine besondere Position oder Funktion innerhalb eines Unternehmens lediglich das dafür relevante Wissen benötigt wird, das irrelevante Wissen hingegen nicht. Allerdings ergeben sich aus dieser leicht nachvollziehbaren Feststellung zwei grundlegende Problembereiche. Zum einen ist es oftmals vergleichsweise schwierig und zeitaufwendig, eben dieses relevante Wissen aus der Fülle der innerhalb und außerhalb des jeweiligen Aufgaben- oder Funktionsbereichs verfügbaren Informations- und Wissensbeständen herauszukristallisieren.[25] Die Vielzahl möglicher Informationsquellen, wie z. B. Fachliteratur, Arbeitsanweisungen, Geschäfts- oder Konferenzberichte, E-Mails, Kostenrechnungsprogramme, Datenbanksysteme u. v. a. m., erschweren die Trennung von relevantem und irrelevantem Wissen.[26]

---

[24] Eine Übersicht mit insgesamt 40 dieser Wissensdichotomien findet sich bei Romhardt, Wissensperspektive, S. 27 ff.

[25] Vgl. Lehner, Memory, S. 8 f.

[26] Vgl. Probst/Raub/Romhardt, Wissen, S. 104 und S. 376.

Zum anderen besteht das Problem, dass das Wissen i. d. R. einem mehr oder weniger stark ausgeprägten Alterungsprozess unterliegt. Somit kann sich relevantes Wissen nach einer bestimmten Zeitspanne, aber ebenso bei der Veränderung anderer Variablen, in irrelevantes Wissen verwandeln.[27] Hinsichtlich der Veralterung von Wissensbeständen wird mancherorts das Schlagwort der **„Halbwertszeit des Wissens"** ins Spiel gebracht, welches in Anlehnung an den Begriff aus der Kernphysik darauf aufmerksam machen soll, dass nach Ablauf eines gewissen Zeitintervalls die Hälfte des ursprünglich vorhandenen Wissens quasi „verfallen" ist, sich also in irrelevantes Wissen verwandelt hat.[28] Demzufolge ist es nicht nur notwendig, irrelevantes von relevantem Wissen zu trennen, sondern Letzteres ggf. auch einer fortwährenden Aktualitätskontrolle zu unterziehen.

Die Unterscheidung zwischen **statischem und dynamischem Wissen**, als zweitem anzusprechendem Begriffspaar, ist mit der vorgenannten Wissensdichotomie thematisch eng verknüpft. Statischem Wissen kann eine grundlegende Bedeutung und damit eine längerfristige Relevanz zugesprochen werden, wohingegen das dynamische Wissen ständigen Veränderungsprozessen ausgesetzt ist.[29] Einerseits bezieht sich diese Veränderlichkeit des Wissens im organisationalen Kontext beispielsweise auf Dienstanweisungen oder Handbücher, deren Inhalte als nicht mehr aktuell anzusehen sind. Andererseits ist aber auch das personengebundene Fach- und Erfahrungswissen von Mitarbeitern gemeint, das infolge von sich wandelnden betrieblichen Strukturen und Geschäftsabläufen stetigen Aktualisierungsprozessen unterworfen wird. Das Erfordernis der Anpassung des persönlichen Wissens von Organisationsmitgliedern spiegelt sich bspw. im individuellen Lernen, Verstehen oder Vergessen bestimmter Sachverhalte wider.[30] Folglich handelt es sich bei der Identifikation und Selektion von aktuellem, für einen spezifischen Aufgabenbereich relevantem Wissen nicht nur um eine technisch-organisatorische Problemstellung, sondern darüber hinaus in vielen Fällen ebenso um eine Aufgabe personalwirtschaftlicher Natur.[31]

Für den Bankenbereich kann in Bezug auf die Wissenskategorien „relevantes und irrelevantes" sowie „statisches und dynamisches Wissens" festgestellt werden, dass der Identifikation von aktuellem, relevantem Wissen in Kreditinstituten eine besonders große Bedeutung zukommt. Die Banken müssen sich, wie bereits in der Einleitung dieser Arbeit angedeutet, in einem ausgesprochen komplexen und dynamischen Wettbewerbsumfeld behaupten, in dem das aktu-

---

27 Vgl. Schanz/Thobe/Westenbaum, Grundlagen, S. 6.

28 Vgl. Schanz, Personalwirtschaftslehre, S. 472.

29 Vgl. Sveiby, Wissenskapital, S. 57.

30 Vgl. Sveiby, Wissenskapital, S. 57.

31 Vgl. hierzu insb. die Abschnitte 3.3. und 4.1. Der Begriff '**Wissensidentifikation**' wird im Folgeabschnitt 2.2.1. näher dargestellt.

elle Wissen um Refinanzierungsmöglichkeiten, Wertpapiervolatilitäten oder um ertragsreiche Kundensegmente einen wesentlichen unternehmerischen Erfolgsfaktor darstellen kann.[32] Wie im weiteren Argumentationsverlauf noch darzulegen sein wird, sind die Kreditinstitute den sog. wissensintensive Unternehmen zuzuordnen, in denen große Mengen an Daten und Informationen in möglichst kurzer Zeit ausgewählt, geprüft und „verarbeitet" werden sollen.[33] Darüber hinaus können die Banken als wissenssensitive Unternehmen charakterisiert werden, in denen die Identifikation, Selektion und Weitergabe von relevantem Wissen bestimmten Vertraulichkeitsregeln unterworfen sind.[34]

Während bei der Suche nach relevantem organisationalem Wissen die Frage im Vordergrund steht, *welches* Wissen für einen bestimmten Bereich erforderlich ist, geht es beim Begriffspaar '**internes und externes Wissen**' darum zu ergründen, *wo* sich dieses Wissen befindet. Betrachtet man beispielsweise eine Arbeitsgruppe oder ein Projektteam, so kann das dort benötigte Wissen innerhalb oder außerhalb der betreffenden Einheiten vorhanden sein.[35] Dieser Gedanke lässt sich auf bestimmte Abteilungen, Geschäftsbereiche oder sogar auf die Gesamtorganisation ausweiten. Im letztgenannten Fall kann von unternehmensinternen oder unternehmensexternen Wissensressourcen gesprochen werden.

Sollte sich im Rahmen einer Wissensidentifikation herausstellen, dass das erforderliche Wissen innerhalb eines Teams oder innerhalb des gesamten Unternehmen nicht – bzw. nicht in ausreichendem Maße – verfügbar ist, besteht zum einen die Möglichkeit, das intern vorhandene Wissen durch gezielte Maßnahmen bis zu einem gewünschten Niveau fortzuentwickeln. Diese Wissensentwicklung kann durch unterschiedliche organisationsstrukturelle oder personalwirtschaftliche Gestaltungsoptionen innerhalb des Unternehmens oder unter Zuhilfenahme externer Weiterbildungs-Institutionen vorangetrieben werden.[36] Zum anderen kann das benötigte Wissen ebenso durch die Akquisition unternehmensexterner Wissensressourcen beschafft werden. Dies geschieht beispielsweise durch die Einstellung und Eingliederung neuer Mitarbeiter als Träger des relevanten Wissens oder durch die Akquisition und Integration von wissensintensiven Unternehmen oder Unternehmensteilen.[37]

Die zuletzt genannten Handlungsoptionen der Akquisition unternehmensexternen Wissens verweisen auf die nächste zu präsentierende Wissensdichotomie, das **individuelle und kollektive Wissen**. Beim individuellen Wissen handelt es

32 Vgl. Breuer, Wissensmanagement, Sp. 2305.
33 Vgl. Abs. 2.3.2.
34 Vgl. hierzu die Abschnitte 2.3.2. und 5.3.
35 Vgl. Schanz/Thobe/Westenbaum, Grundlagen, S. 6.
36 Vgl. hierzu ausführlich Kapitel 3.
37 Vgl. hierzu ausführlich Kapitel 4.

sich um das private Wissen eines einzelnen Individuums, das für andere nicht (ohne weiteres) zugänglich ist.[38] Dies betrifft beispielsweise die oben genannte Einstellung eines neuen Mitarbeiters als Träger von individuellem Wissen. Demgegenüber setzt sich das kollektive Wissen aus mehreren individuellen Wissensbeständen zusammen, wobei gesagt werden kann, dass das kollektive Wissen „mehr als die Summe des Wissens einer Anzahl von Individuen darstellt."[39] Beim kollektiven Wissen handelt es sich folglich um ein sog. emergentes Phänomen, bei dem Qualitäten erkennbar sind, die nicht den einzelnen Bestandteilen zukommen, sondern die aus der Kombination der verschiedenen Elemente (in diesem Fall der individuellen Wissensbestände) resultieren.[40]

In einer Wirtschaftsorganisation sind kollektive Wissensbestände beispielsweise in Arbeitgruppen, Abteilungen oder in einzelnen Geschäftsbereichen vorhanden. Wenn innerhalb eines Arbeitsbereichs oder in einer Projektbesprechung ein Experte anderen Mitarbeitern sein persönliches Wissen zugänglich macht, kann von einer **Kollektivierung individuellen Wissens** gesprochen werden.[41] Wie anhand des oben angeführten Beispiels der Akquisition von Unternehmen oder Unternehmensteilen bereits angedeutet wurde, ist neben der Hinzugewinnung individuellen Wissens durch Personaleinstellungen ebenso die Gewinnung kollektiven unternehmensexternen Wissens möglich. Dass sich die Integration dieser kollektiven Wissensbestände als besonders diffiziler und herausfordernder Teilbereich des bankbetrieblichen Wissensmanagements erweisen kann, wird noch ausführlich darzulegen sein.[42]

Betrachtet man die Gesamtheit der individuellen und kollektiven Wissensbestände eines Unternehmens, so können diese gedanklich zur so genannten **organisationalen Wissensbasis** zusammengefasst werden.[43] Wie bereits in der Einleitung erwähnt, beziehen sich sämtliche Handlungsfelder und Gestaltungsoptionen des Wissensmanagements auf die Anreicherung und die Erweiterung dieser organisationalen Wissensbasis.[44] Die einzelnen Veränderungsprozesse innerhalb der Wissensbasis können wiederum als **organisationales Lernen** interpretiert werden.[45] Ebenso wie beim Beziehungsverhältnis zwischen individu-

---

[38] Vgl. Rehäuser/Krcmar, Wissensmanagement, S. 7.
[39] Probst/Raub/Romhardt, Wissen, S. 43.
[40] Vgl. Schanz, Personalwirtschaftslehre, S. 75 f. sowie Abs. 2.2.2. dieser Arbeit.
[41] Vgl. Rehäuser/Krcmar, Wissensmanagement, S. 7.
[42] Vgl. dazu Abs. 4.2.
[43] Vgl. Probst/Raub/Romhardt, Wissen, S. 46. sowie den Abs. 2.3.3.
[44] Vgl. Abs. 3.1.
[45] Vgl. Pautzke, Wissensbasis, S. 106. Die Lernprozesse innerhalb der organisationalen Wissensbasis, verschiedene Barrieren, die diese Lernprozesse blockieren können sowie Gestaltungsmaßnahmen organisationsstruktureller und personalwirtschaftlicher Art, die Lernbarrieren überwinden und den Ausbau der organisationalen Wissensbasis vorantreiben können, werden in Kapitel 3 dieser Studie ausführlich zu thematisieren sein.

ellem und kollektivem Wissen, kann auch in Bezug auf das organisationale Lernen konstatiert werden, dass darunter i. d. R. mehr als die Summe der individuellen Lernprozesse der beteiligten Organisationsmitglieder zu verstehen ist.[46]

Auf die zum Abschluss dieses Unterabschnitts zu erörternde Wissensdichotomie wird im Verlauf dieser Studie aufgrund seiner besonderen Bedeutung für das organisationale – und im Speziellen für das bankbetriebliche – Wissensmanagement mehrfach zurückgegriffen werden. Es handelt sich um das Begriffspaar '**explizites und implizites Wissen**'. Explizites Wissen ist vergleichsweise einfach zu kodifizieren und zu artikulieren bzw. in formale, systematische Sprache zu überführen.[47] Das explizite Wissen ist im organisationalen Kontext beispielsweise in Handbüchern, Dienstanweisungen, Rundschreiben oder in besonderen betrieblichen Verfahrensregeln, wie etwa spezifischen Kostenkalkulations- oder Buchführungsprinzipien, von Relevanz. Es kann festgestellt werden, dass die Existenz sowie die Verfügbarkeit derartiger Wissensressourcen für den längerfristigen Erfolg eines Unternehmens außerordentlich bedeutsam sind.[48]

Im Zusammenhang mit dem impliziten Wissen – englisch: „tacit knowledge" – wird regelmäßig auf die philosophisch-analytischen Arbeiten von M. POLANYI Bezug genommen. Er betrachtet die menschliche Erkenntnis ausgehend von der These, dass *„wir mehr wissen, als wir zu sagen wissen."*[49] Mit dieser Formulierung wird darauf hingewiesen, dass es sich beim impliziten Wissen um solche Wissensbestandteile handelt, die nicht ohne weiteres zu artikulieren, zu dokumentieren oder zu verbalisieren sind, da sie mit recht schwer erfassbaren Faktoren, wie bspw. persönlichen Überzeugungen und Wertesystemen, eng verknüpft sind.[50] Die Besonderheiten von implizitem Wissen sind in vielen Situationen menschlichen Handelns gegenwärtig, so zum Beispiel bei den nicht-explizierbaren Fähigkeiten wissenschaftlich oder künstlerisch hoch begabter Personen, bei Analyseprozessen von erfahrenen Diagnostikern oder bei der Ausübung bestimmter athletischer oder technischer Geschicklichkeiten.[51] In diesen beispielhaft genannten Fällen dürfte es den handelnden Individuen besonders schwer fallen – gegebenenfalls ist es ihnen gar unmöglich – zu artikulieren, auf welche Weise sie eine besondere Leistung vollbracht haben oder wie sie zu einer bestimmten Schlussfolgerung gelangt sind.

46 Vgl. Probst/Büchel, Lernen, S. 19. sowie Abs. 2.2.2. dieser Arbeit.
47 Vgl. Nonaka, Innovationsmanagement, S. 249.
48 Vgl. Schanz, Personalwirtschaftslehre, S. 141.
49 Polanyi, Wissen, S. 14.
50 Vgl. Nonaka/Takeuchi, Organisation, S. 8.
51 Vgl. Polanyi, Wissen, S. 16.

In Wirtschaftsorganisationen ist das implizite Wissen beispielsweise bei einem Meister zu beobachten, der seit längerer Zeit eine Spezialmaschine bedient und mittlerweile in der Lage ist, deren leiseste Geräusche zu interpretieren und entsprechende Maßnahmen einzuleiten.[52] Ebenso können bestimmte unternehmerische Entscheidungen, die zumindest teilweise auf der Intuition und dem sog. **„Fingerspitzengefühl" von Managern** beruhen, dem impliziten Wissen zugeordnet werden.[53] Dieses unternehmensrelevante implizite Wissen ist besonders schwer zu identifizieren, zu speichern oder zu transferieren und kann, falls dies überhaupt vollständig möglich sein sollte, allenfalls durch Beobachtung, Imitation oder durch „learning by doing" weitergegeben werden.[54] Demzufolge handelt es sich beim impliziten Wissen um eine besonders wertvolle unternehmerische Ressource. Die Bedeutung der Unternehmensressource 'implizites Wissen' tritt vor allem dann deutlich zu Tage, wenn Träger dieses Wissens das Unternehmen verlassen und es anschließend ausgesprochene Schwierigkeiten bereitet, diese Wissensträger adäquat zu ersetzen.[55]

Bereits an dieser Stelle kann gesagt werden, dass das bankbetriebliche Wissensmanagement insbesondere beim Umgang mit dem impliziten Wissen vor besondere Herausforderungen gestellt wird. Neben der Identifikation des impliziten Wissens gilt es vor allem, bestimmte Maßnahmen und Verfahren zur Übertragung dieser wertvollen Wissensressourcen innerhalb des Unternehmens zu entwickeln und zu implementieren. Ferner bedarf es spezifischer Anreizmechanismen, die hoch qualifizierten Wissensträger zum Verbleib im Unternehmen sowie zur Weitergabe ihres Wissens zu animieren.[56] Und schließlich kann ebenso in Betracht gezogen werden, derartige Wissensträger im Rahmen einer Wissensakquisition von außerhalb des Unternehmens an- bzw. abzuwerben.[57]

2.2. Integrative Modelle des Wissensmanagements

2.2.1. Das Bausteinmodell des Wissensmanagements

Ähnlich wie beim Wissensbegriff existieren auch in Bezug auf das Wissensmanagement eine Reihe verschiedener Sichtweisen und Ansätze. Bei den in der Literatur vorzufindenden Wissensmanagement-Konzeptionen kann grundsätzlich zwischen dem humanorientierten und dem technologieorientierten Ansatz

52 Vgl. Probst/Raub/Romhadt, Wissen, S. 195.
53 Vgl. Schanz, Manager, S. 73 ff. sowie die Abschnitte 3.1.1. und 5.2.3. dieser Studie.
54 Vgl. Schanz, Erfolgsfaktor, S. 107.
55 Vgl. Schanz, Personalwirtschaftslehre, S. 142.
56 Vgl. Abs. 3.3.3.
57 Vgl. hierzu ausführlich Abs. 4.1.

unterschieden werden.[58] Der humanorientierte Ansatz des Wissensmanagements identifiziert das Individuum als Träger des organisationalen Wissens, „dessen Potenziale nicht voll ausgeschöpft werden und dessen kognitive Fähigkeiten durch das Wissensmanagement unterstützt werden sollen.“[59] Beim technologieorientierten Ansatz stehen hingegen Systeme der Informationsverarbeitung und Datenbankentwicklung, beispielsweise zur Beschleunigung oder zur Verbesserung des organisationalen Wissenstransfers, im Mittelpunkt der Betrachtung.

Im Folgenden sollen unter dem Begriff 'Wissensmanagement' grundsätzlich alle Maßnahmen zur Gestaltung und Anreicherung der organisationalen Wissensbasis verstanden werden.[60] Da bei den Ausführungen zum bankbetrieblichen Wissensmanagement u. a. personalwirtschaftliche, unternehmensstrategische und technologische Gesichtspunkte erörtert werden sollen, sind sowohl Aspekte des humanorientierten als auch des technologieorientierten Ansatzes des Wissensmanagements zu berücksichtigt. Bei einer derartigen, viele einzelne Teilbereiche umfassenden Konzeption kann von einer **integrativen Sichtweise des Wissensmanagements** gesprochen werden.[61] Zwei bedeutende Konzepte von Vertretern dieser integrativen Sichtweise sind im Folgenden ausführlicher zu betrachten. Es handelt sich dabei einerseits um das Bausteinmodell das Wissensmanagements sowie andererseits um das Modell der Wissensspirale.

Das Bausteinmodell des Wissensmanagements nach G. PROBST, S. RAUB und K. ROMHARDT stellt ein pragmatisches Konzept dar, mit dessen Hilfe Führungskräfte das organisationale Wissen durch eine gezielte gestaltende Einflussnahme lenken und entwickeln können.[62] Das Modell besteht aus insgesamt acht einzelnen Bausteinen, die jeweils unterschiedliche Interventionsfelder für Maßnahmen des organisationalen Wissensmanagements darstellen. Mit Hilfe dieser Bausteine lassen sich die einzelnen Aktivitäten des Wissensmanagements strukturiert hervorheben, bisher vernachlässigte Problemfelder identifizieren sowie Maßnahmen zur Anreicherung und Erweiterung der organisationalen Wissensbasis zielgerichtet durchführen. Zunächst sollen sechs dieser Bausteine einer eingehenderen Betrachtung unterzogen werden, die als **Kernprozesse des Wissensmanagements** bezeichnet werden können.[63] Diese Kernprozesse bilden die verschiedenen Aktivitäten des operativen Wissensmanagements ab, wobei hier-

58 Vgl. Schüppel, Lernbarrieren, S. 187 ff.
59 Lehner, Memory, S. 232. Im Original in alter Rechtschreibung.
60 Einzelne Komponenten und Merkmale der organisationalen Wissensbasis werden in Abs. 2.3.3. dieser Arbeit dargestellt.
61 Vgl. hierzu Lehner, Memory, S. 233.
62 Vgl. Probst/Raub/Romhardt, Wissen, S. 51.
63 Vgl. Probst/Raub/Romhardt, Wissen, S. 53.

unter all jene Tätigkeiten und Maßnahmen zu verstehen sind, die direkt gestaltend auf die organisationale Wissensbasis Einfluss nehmen.[64]

Abb. 3: Die Bausteine des Wissensmanagements[65]

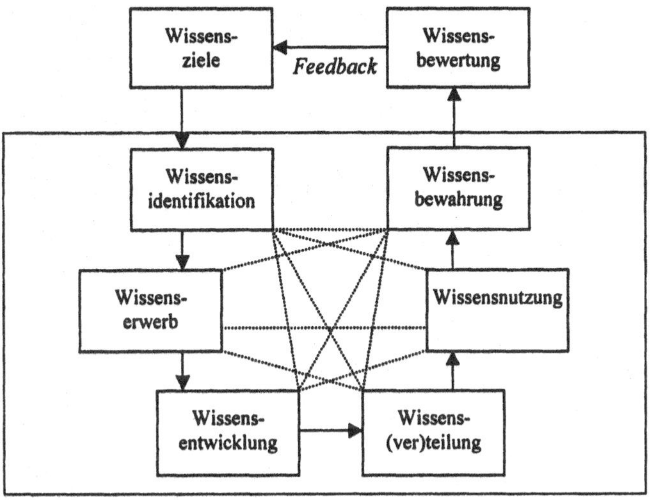

Wie die Abbildung 3 verdeutlicht, handelt es sich im Einzelnen um die Kernprozesse 'Wissensidentifikation', 'Wissenserwerb', 'Wissensentwicklung', 'Wissens(ver)teilung', 'Wissensnutzung' und 'Wissensbewahrung'. Zwischen diesen Kernprozessen existieren teilweise enge Beziehungsverhältnisse, so dass eine Intervention in einem einzelnen Baustein stets Auswirkungen auf andere Teilprozesse des Wissensmanagements nach sich ziehen wird. Dieses Beziehungsgeflecht wird in der Abb. durch die perforierten Verbindungslinien zwischen den Kernbausteinen veranschaulicht. Beim organisationalen Wissensmanagement handelt es sich demnach nicht nur um eine punktuelle, isolierte Förderung

64 Das begriffliche Pendant zum operativen Wissensmanagement, das **strategische Wissensmanagement**, kann somit eher den Bausteinen 'Wissensziele' und 'Wissensbewertung' zugeordnet werden. Dies wird in dieser Arbeit u. a. in Abs. 4.2. mit Bezug auf die Wissensakquisition der Kreditinstitute dargelegt. Einige Anmerkungen zur Wissensbewertung finden sich in der Schlussbetrachtung. Zur Unterscheidung der Begriffe 'strategisches' und 'operatives' Wissensmanagement vgl. bspw. Albrecht, Unternehmensressource, S. 102 ff.

65 Quelle der Abb. 3: Probst/Raub/Romhardt, Wissen, S. 58.

und Weiterentwicklung von Fertigkeiten und Kenntnissen, sondern um einen ganzheitlichen, integrativen Gestaltungsansatz.[66]

Der erste Baustein des Wissensmanagements, der nun folgend charakterisiert werden soll, ist die **Wissensidentifikation**. Bei der Wissensidentifikation geht es um die Beschreibung und Analyse des wissensbezogenen Umfeldes von Unternehmen, wobei zum einen das unternehmensinterne Wissen, also die organisationale Wissensbasis, und zum anderen das unternehmensexterne Wissen betrachtet wird. Mit dem Wortspiel „Wenn Ihr Unternehmen wüsste, was es alles weiß"[67] wird auf das nicht identifizierte interne Wissenspotenzial eines Unternehmens und damit auf die Notwendigkeit hingewiesen, das wertvolle Wissen der Mitarbeiter – insbesondere solches impliziter Art – zu identifizieren, ggf. weiterzuentwickeln und im Sinne der bestehenden Unternehmensziele einer zweckorientierten Verwendung zuzuführen.

Aufgrund von **mangelnder Wissenstransparenz** innerhalb der organisationalen Wissensbasis kann es zu ineffizientem Arbeiten kommen. So ist es z. B. vorstellbar, dass Marktstudien in verschiedenen Arbeitsgruppen oder Unterabteilungen eines Unternehmens zum gleichen Thema erstellt werden, ohne dass diese Einheiten Kenntnis darüber erhalten.[68] Die Transparenz der intern vorhandenen Wissensstrukturen kann im Rahmen der Wissensidentifikation beispielsweise durch verschiedene Wissens- bzw. Kompetenzkarten gesteigert werden. Derartige Wissenskarten geben unter Zuhilfenahme moderner Dokumentations- oder Speichersysteme Auskunft darüber, an welcher Stelle einer Organisation bestimmte Wissensressourcen oder Wissensträger zu finden sind.[69] Es ist allerdings darauf hinzuweisen, dass es aus unternehmenspolitischen oder

---

66 Vgl. Probst/Raub/Romhardt, Wissen, S. 57 ff. Es finden sich in der Literatur eine ganze Reihe weiterer Ansätze zu Teilprozessen des Wissensmanagements, die sich oftmals einer dem Bausteinmodell recht ähnlichen Terminologie bedienen. So verwenden beispielsweise DAVENPORT und PRUSAK die Begriffe **Wissensgenerierung, Wissenskodifizierung** und **-koordinierung** sowie Wissenstransfer. Vgl. Davenport/Prusak, Praxisbuch, S. 115 ff. DELLA SCHIAVA und REES sprechen von einem Prozess des **Gewinnens**, des **Austauschens** und des **Reflektierens von organisationalem Wissen**. Vgl. della Schiava/Rees, Wissensmanagement, S. 127. GÜLDENBERG bezieht sich u. a. auf die **Wissensspeicherung**, vor allem aber auf das **Wissenscontrolling**. Vgl. Güldenberg, Wissenscontrolling, S. 217 ff. Eine beurteilende Übersicht über einige der vorhandenen Konzeptionen und Begrifflichkeiten findet sich bei North, Unternehmensführung, S. 167. In der vorliegenden Studie werden aus den einleitend dargestellten Gründen die **Wissensentwicklung**, die **Wissensakquisition** und der **Wissenstransfer** als Kernprozesse eines speziell auf Banken ausgerichteten Wissensmanagements identifiziert. Vgl. dazu die Hauptkapitel 3, 4 und 5.

67 Davenport/Prusak, Praxisbuch, im Titel des Buchs.

68 Vgl. Probst/Raub/Romhardt, Wissen, S. 103.

69 Vgl. Reinmann-Rothmeiner/Mandl, Umgang, S. 22.

aus rechtlichen Gründen möglicherweise nicht erwünscht bzw. erlaubt ist, bestimmte Bestandteile der organisationalen Wissensbasis übermäßig transparent zu gestalten.[70] Weiterhin könnte der Aufwand zur Identifikation der verborgenen Wissensressourcen im Verhältnis zu dem zu erwartenden Ergebnis als zu hoch eingeschätzt werden. Insgesamt ist es demnach als sinnvoll anzusehen, nicht eine vollkommene, sondern eine angemessene Wissenstransparenz in Unternehmen anzustreben.[71]

Auch das **unternehmensexterne Wissen** sollte im Rahmen der Wissensidentifikation erfasst und analysiert werden, damit nicht intern Lösungen für Probleme erarbeitet werden, die möglicherweise kostengünstiger durch die Akquisition unternehmensexternen Wissens bewältigt werden können. Das relevante Wissen kann zum Beispiel Unternehmensverbänden, Archiven, Fachzeitschriften, externen Datenbanken sowie dem Internet entstammen. Zur Unterstützung im Rahmen der Identifikation und Analyse der verschiedenen potenziell zur Auswahl stehenden unternehmensexternen Wissensressourcen kann auf die Hilfestellungen von Unternehmensberatern, Marktforschungsinstituten oder auch Wissensbrokern zurückgegriffen werden. Wissensbroker können einen Überblick über spezifische Wissensbereiche geben und Dienstleistungen, wie bspw. die Vermittlung von Kooperationspartnern oder Partnerrecherchen, anbieten.[72]

Nicht nur Kunden und Lieferanten, sondern auch Kooperationspartner oder gar Konkurrenzunternehmen stellen ein bedeutsames, jedoch oftmals unausgeschöpftes Wissenspotenzial dar. Die externen Wissensressourcen können im Rahmen des **Wissenserwerbs**, dem zweiten zu betrachtenden Kernprozess des Wissensmanagements, vom Unternehmen erschlossen und in die organisationale Wissensbasis eingebracht werden.[73] Wie im Vorabschnitt bereits angesprochen, bieten sich als Möglichkeiten des Wisserwerbs beispielsweise die Anwerbung – bei Konkurrenzsituationen: die Abwerbung – von Experten, den so genannten 'High Potentials', oder die Akquisition von besonders innovativen Unternehmen bzw. Unternehmensteilen an.[74] Darüber hinaus kann externes Wissen durch den Erwerb von sog. Wissensprodukten, wie z. B. Computersoftware, Patenten oder Konstruktionsplänen, akquiriert werden.[75]

---

70 Unter der in dieser Arbeit zu behandelnden Thematik ist hierbei insbesondere auf den Problemkreis des **Insiderwissens** zu verweisen. Vgl. hierzu ausführlich Abs. 5.3.

71 Vgl. Probst/Raub/Romhardt, Wissen, S. 104.

72 Vgl. Probst/Raub/Romhardt, Wissen, S. 132.

73 Alternativ zum Begriff des Wissenserwerbs finden sich in der Literatur beispielsweise der Terminus '**Wissensgewinnung**' oder der in dieser Studie präferierte Begriff der **Wissensakquisition**. Vgl. della Schiava/Rees, Wissensmanagement, S. 127 und Davenport/Prusak, Praxisbuch, S. 116.

74 Vgl. hierzu ausführlich Kapitel 4.

75 Vgl. Probst/Raub/Romhardt, Wissen, S. 170 f.

Während sich der Wissenserwerb auf die Akquisition und Integration von bereits existierenden externen Wissensressourcen bezieht, umfasst die **Wissensentwicklung** alle Managementanstrengungen, die auf die Generierung von noch nicht vorhandenem Wissen innerhalb eines Unternehmens ausgerichtet sind.[76] Die Forschungs- und Entwicklungsabteilung einer Organisation kann als klassischer Bereich der unternehmensinternen Wissensentwicklung bezeichnet werden. Relevantes Wissen kann darüber hinaus jedoch ebenso in allen anderen Geschäftseinheiten und Abteilungen eines Unternehmens entstehen. Im Rahmen der unternehmensinternen Wissensentwicklung sollen Möglichkeiten zur Wissensaufnahme der Mitarbeiter durch technisch-organisatorische und personalwirtschaftliche Gestaltungsmaßnahmen geboten sowie das intuitive und kreative Denken aller Organisationsmitglieder gefördert werden. Die Förderung von Intuition und Kreativität kann als besonders herausfordernder Bereich der Wissensentwicklung bezeichnet werden, da kreative Prozesse allenfalls durch bestimmte organisationale Rahmenbedingungen begünstigt, jedoch kaum „per Anweisung" in Gang gesetzt werden können.[77]

Die beiden zuletzt beschriebenen Kernprozesse des organisationalen Wissensmanagements, der Wissenserwerb und die Wissensentwicklung, können als zentrale Handlungsfelder zum Aufbau von Kompetenz und Wissen in Unternehmen angesehen werden.[78] Eine wichtige Teilfunktion des Wissensmanagements besteht darin, das extern erworbene oder intern entwickelte Wissen denjenigen Organisationsmitgliedern zuzuführen, die es für die in ihren Aufgabenbereichen anfallenden Problemstellungen benötigen. Damit ist der nächste zu betrachtende Baustein des Wissensmanagements, die **Wissens(ver)teilung**, angesprochen.

Die zunächst recht ungewöhnlich erscheinende Begriffskonstruktion der (Ver)teilung von Wissen soll darauf aufmerksam machen, dass es sich bei diesem Kernprozess des Wissensmanagements nicht um einen bloßen Transport von bestimmten Wissensbestandteilen handelt, sondern dass das Wissen ein Gut ist, das oftmals nur durch persönliche Interaktion zwischen Individuen in sinnvoller Weise weitergegeben werden kann.[79] Unter der Wissens(ver)teilung ist

---

76 Vgl. Probst/Raub/Romhardt, Wissen, S. 179.

77 Vgl. hierzu ausführlich Goleman/Kaufman/Ray, Kreativität, S. 13 ff.

78 Vgl. Probst/Raub, Wissensmanagement, S. 163. Der Begriff der **Kompetenz** wird in dieser Arbeit als Bezeichnung für übergeordnete Qualifikationen im Rahmen der beruflichen Aus- und Weiterbildung verstanden. Vgl. dazu Sonntag/Schaper, Handlungskompetenz, S. 211 ff. Einen knappen Überblick über mögliche weitere Begriffsinterpretationen liefert Brehm, Kompetenz, S. 25 f. Der Kompetenzbegriff ist in dieser Arbeit insbesondere im Rahmen der Betrachtung von Konzepten und Instrumenten der **bankbetrieblichen Wissensentwicklung** von Interesse. Vgl. hierzu Abs. 3.3.

79 Vgl. Probst/Raub/Romhardt, Wissen, S. 224.

demnach sehr viel mehr zu verstehen als der Aufbau und die Bereitstellung von logistischen Systemen oder technischen Komponenten zur Übertragung des relevanten Wissens. Insbesondere beim Management des impliziten Wissens bedarf es über diese technologischen Aspekte des Wissenstransfers hinaus besonderer Arbeitskonstellationen oder Anreizsysteme, um auch diese wertvollen Wissensressourcen der Mitarbeiter übertragen und nutzen zu können.[80]

Durch die Wissens(ver)teilung ist es den Organisationsmitgliedern möglich, das Wissen für den produktiven Einsatz sowie für die Weiterentwicklung und Verfeinerung der organisationalen Wissensbestände zu nutzen.[81] Ein Problembereich dieser **Wissensnutzung** – als weiterem Kernprozess des organisationalen Wissensmanagements – ist darin zu sehen, dass sich Mitarbeiter oftmals über die Relevanz ihres Wissens für bestimmte betriebliche Aufgabenstellungen, die nicht direkt ihren eigenen Arbeitsbereich betreffen, nicht bewusst sind.[82] Folglich erscheint es angebracht, das Bewusstsein der Mitarbeiter für die besondere Bedeutung ihres eigenen Wissens zu fördern, um so zu einer effektiveren Wissensverteilung und Wissensnutzung gelangen zu können. Ferner kommt dem Wissensmanagement die Aufgabe zu, Kontexte zu schaffen, in denen das erarbeitete und verteilte Wissen auch tatsächlich aufgenommen und angewendet wird. Diesbezüglich ist einerseits an die Bereitstellung und die fortwährende Optimierung der betrieblichen Informations- und Kommunikationstechnologie zu denken.[83] Andererseits kann durch die Gestaltung des persönlichen Arbeitsumfelds der Mitarbeiter auf eine verbesserte Übertragung und Nutzung des unternehmensrelevanten Wissens hingewirkt werden.[84]

Das einmal erworbene und genutzte Wissen steht den Unternehmen nicht ohne Weiteres für die Bewältigung zukünftiger betrieblicher Aufgabenstellungen zur Verfügung. Häufig geht der organisationalen Wissensbasis infolge von Restrukturierungsprozessen oder durch Outsourcing Wissen unreflektiert und unwiderruflich verloren.[85] Es bedarf daher gezielter Maßnahmen zur **Wissensbewahrung**. Im Rahmen der Wissensbewahrung ist zunächst das bewahrungswürdige Wissen auszuwählen, danach, falls möglich, in angemessenen Speichermedien abzulegen und schließlich einer regelmäßigen Aktualitätskontrolle zu unterziehen. Somit können das Selektieren, das Speichern und das Aktualisieren des Wissens als Teilprozesse der Wissensbewahrung angesehen werden.[86] Ein besonderes Problem der Wissensbewahrung ergibt sich, wenn Experten als Träger

---

80 Vgl. Schanz/Thobe/Westenbaum, Grundlagen, S. 15.

81 Vgl. Probst/Raub, Wissensmanagement, S. 136.

82 Vgl. dazu Rüdiger/Vanini, Tacit, S. 473.

83 Vgl. hierzu ausführlich Kapitel 5.2.

84 Vgl. Probst/Raub/Romhardt, Wissen, S. 281.

85 Vgl. Probst/Raub/Romhardt, Wissen, S. 292.

86 Vgl. Probst/Raub/Romhardt, Wissen, S. 295.

wertvollen impliziten Wissens beabsichtigen, aus dem Unternehmen auszutreten.[87] In diesem Zusammenhang bedarf es spezifischer Maßnahmen und Instrumente, beispielsweise strukturierter Austrittgespräche, die eine Bewahrung des relevanten impliziten Wissens ermöglichen.[88]

Neben den oben beschriebenen sechs Kernprozessen des organisationalen Wissensmanagements existieren zwei weitere, so genannte pragmatischen Bausteine, die das Konzept zu einem Managementregelkreis ausbauen.[89] Es handelt sich um die Bausteine 'Wissensziele' und 'Wissensbewertung'. **Wissensziele** sind für die einzelnen Aktivitäten des operativen Wissensmanagements richtunggebend, wobei zwischen normativen, strategischen und operativen Wissenszielen unterschieden werden kann.[90] Normative Wissensziele beziehen sich auf die Schaffung einer wissensbewussten Unternehmenskultur. Vor allem die Führungskräfte sollen durch ihr Handeln auf eine Kultur des Wissens, Lernens und Vertrauens im Unternehmen hinwirken.[91] Strategische Wissensziele bestimmen die in der Zukunft anzustrebenden Fähigkeiten und Kenntnisse eines Unternehmens und definieren damit das organisationale Kernwissen. Ferner dienen sie der strategischen Lenkung der organisationalen Strukturen und Managementsysteme.

Strategische Wissensziele stellen demnach eine Ergänzung zur herkömmlichen strategischen Planung dar, wodurch den traditionellen Zielkategorien strategischer Planung, wie z. B. der Erweiterung von Markanteilen oder ROI-Wachstum, mit der systematischen Ausrichtung des Unternehmens auf den Aufbau und die bewusste Pflege ausgewählter, erfolgversprechender Wissensbestände eine zusätzliche Komponente hinzugefügt wird.[92] Aus den übergeordneten normativen und strategischen Zielen werden schließlich operative Wissensziele abgeleitet. Dadurch erfahren die bisher eher abstrakten Zielformulierungen auf den unterschiedlichen Geschäftsebenen eine Ergänzung und Konkretisierung, die beispielsweise durch die Vereinbarung bestimmter Qualifizierungsziele in

---

87 Vgl. Schanz, Personalwirtschaftslehre, S. 142.

88 Vgl. hierzu Abs. 3.3.3.

89 Es sei nochmals auf die Abb. 3, Seite 41, verwiesen, welche den Regelkreis des Wissensmanagements veranschaulicht.

90 Vgl. Probst/Raub/Romhardt, Wissen, S. 65 ff. und North, Unternehmensführung, S. 149 f.

91 Vgl. Probst/Raub/Romhardt, Wissen, S. 72 f. Eine ähnliche Funktion erfüllen **Wissensleitbilder**. Sie stellen eine explizite Formulierung der wissensorientierten Visionen und Ideale des Managements dar, mit deren Hilfe das Verhalten der Organisationsmitglieder beeinflusst werden kann. Vgl. hierzu Herbst, Erfolgsfaktor, S. 38 ff. sowie den Abs. 4.2.3. dieser Arbeit.

92 Vgl. Bullinger/Wörner/Prieto, Modelle, S. 18. sowie insb. Abs. 4.2.1. der vorliegenden Studie.

Zielvereinbarungsgesprächen zwischen Vorgesetzten und Mitarbeitern fixiert werden können.[93]

Die letzte zu betrachtende Komponente des Bausteinmodells ist die **Wissensbewertung**. In Bezug auf die Bewertung – oder auch: Evaluation – des organisationalen Wissens wurden in der Wissenschaft und Unternehmenspraxis zahlreiche Ansätze und Modelle entwickelt.[94] Das gemeinsame Ziel dieser Ansätze ist es, die aktuelle Wissensbasis eines Unternehmens zu untersuchen und zu beurteilen. Dabei geht es einerseits um die Sichtbarmachung von Veränderungen innerhalb der organisationalen Wissensbasis sowie andererseits um die Analyse und Interpretation dieser Veränderungen.[95] Gemeint ist somit nicht (ausschließlich) die Erfassung und Beurteilung des Wissen anhand monetärer Erfolgskategorien, sondern vor allem die Beantwortung der Frage, ob die organisationalen Wissensziele erreicht wurden oder nicht.[96]

Ein wesentliches Merkmal des soeben vorgestellten Bausteinmodells des Wissensmanagements ist seine Anwendungsorientierung. In anschaulicher Weise werden die verschiedenen Handlungs- und Gestaltungsfelder des organisationalen Wissensmanagements beschrieben und mögliche konkrete Verfahren zur Identifikation, zum Erwerb, zur Entwicklung oder zur (Ver)teilung des Wissens benannt. Durch diese Fokussierung auf konkrete Interventionsbereiche und -maßnahmen verzichtet das Bausteinmodell des Wissensmanagements ganz bewusst auf einen theoretisch fundierten Erklärungsansatz, der die einzelnen Veränderungsprozesse innerhalb der organisationalen Wissensbasis, wie zum Beispiel die Übertragung und Verarbeitung des impliziten Wissens, zu erfassen in der Lage wäre. Einen Beitrag zur Erklärung derartiger Veränderungen der organisationalen Wissensbasis bieten die japanischen Professoren I. NONAKA und H. TAKEUCHI, indem sie die Prozesse organisationalen Lernens in japanischen Unternehmen beschreiben und dabei Fragen der Umwandlung impliziten Wissens in explizites Wissen sowie der Verbreitung von Wissen im Unternehmen in den Mittelpunkt ihrer Untersuchung stellen.

---

93 Vgl. bspw. Schanz, Personalwirtschaftslehre, S. 690 ff.

94 Eine knappe Übersicht über diese Konzepte findet sich bei North/Probst/Romhardt, Ansätze, S. 158 ff. Vertiefende Einblicke in das Problemfeld der Wissensbewertung bieten Sveiby, Wissenskapital, S. 207 ff. und Edvinsson/Brüning, Aktivposten, S. 35 ff.

95 Vgl. Probst/Raub/Romhardt, Wissen, S. 324.

96 Vgl. hierzu auch die weiterführenden Anmerkungen in der Schlussbetrachtung dieser Studie.

2.2.2. Das Modell der Wissensspirale

Die Überlegungen von NONAKA/TAKEUCHI zum Umgang mit der Unternehmensressource 'Wissen' basieren grundsätzlich auf zwei verschiedenen Erklärungsperspektiven, den beiden sog. „Dimensionen der Wissensschaffung".[97] Einerseits wird die bereits erwähnte Wissensdichotomie 'implizites und explizites Wissen' einer eingehenden Analyse unterzogen, wobei die Hypothese zugrunde gelegt wird, dass „der Schlüssel zur Wissensschaffung in der Mobilisierung und Umwandlung von implizitem Wissen liegt."[98] Andererseits beschäftigt sich die zweite Erklärungsperspektive, die so genannte ontologische Dimension, mit dem Umstand, dass sich die Wissenserzeugung auf der Ebene von Individuen, Gruppen, Unternehmen oder durch die Interaktion zwischen mehreren Organisationen vollziehen kann.[99] Durch die Zusammenführung der beiden genannten Dimensionen der Wissensschaffung ergibt sich schließlich das Modell der Wissensspirale.

Betrachtet man zunächst die **ontologische Dimension**, so ist in Erinnerung zu rufen, dass es sich bei kollektiven organisationalen Wissensbeständen um emergente Phänomene handelt.[100] So kann die Wissensbasis einer Projektgruppe, einer Abteilung oder eines Unternehmens höherwertige Qualitäten aufweisen, als die Summe der einzelnen jeweils einbezogenen individuellen Wissensressourcen. Dasselbe gilt, wenn diese individuellen und kollektiven Wissensbestände angereichert und weiterentwickelt werden. Auch bei Lernvorgängen innerhalb einer Arbeitsgruppe sowie beim organisationalen Lernen sind Qualitäten erkennbar, die durch die Kombination verschiedener individueller oder gruppenbezogener Lernprozesse zustande kommen, jedoch nicht (unbedingt) in einzelnen dieser Prozesse erkennbar sind. Die Vorgänge der Wissensumwandlung in Unternehmen können demzufolge sehr wohl auf einer übergeordneten organisationalen Ebene betrachtetet und analysiert werde, letztlich sind diese Veränderungsprozesse jedoch auf das Vermögen und die Bereitschaft der Organisationsmitglieder zurückzuführen, ihr individuelles Wissen, ihre kreativen Fähigkeiten und Kompetenzen in die organisationalen Strukturen und Abläufe einzubringen.[101]

Bei der zweiten Erklärungsperspektive des Modells, der so genannten **epistemologischen Dimension**, werden das explizite und implizite Wissen näher betrachtet und analysiert. NONAKA und TAKEUCHI stellen diesbezüglich fest, dass

---

[97] Vgl. Nonaka/Takeuchi, Organisation, S. 69.
[98] Nonaka/Takeuchi, Organisation, S. 68.
[99] Vgl. Nonaka/Takeuchi, Organisation, S. 68.
[100] Vgl. hierzu nochmals Abs. 2.1.2.
[101] Vgl. Nonaka/Takeuchi, Organisation, S. 71.

in Japan ein dem westlichen Denken gegenüber abweichendes Wissensverständnis erkennbar ist. Ihren Beobachtungen zufolge wird Wissen in den westlichen Unternehmen u. a. aufgrund der dort tradierten Managementkonzepte oftmals als etwas Formales, Systematisches und demzufolge Explizites betrachtet.[102] Daher begreifen westliche Manager die Frage nach einem effizienten Umgang mit der Ressource 'Wissen' (nach wie vor) zumeist als ein technisch-organisatorisches bzw. logistisches Problem. Demgegenüber hat Wissen für viele japanische Manager einen eher impliziten, persönlichen Charakter, das neben dem in Worten und Zahlen Fassbaren auch subjektive Einsichten, Ahnungen und Intuition beinhaltet.[103] Dieses unterschiedliche Verständnis von Wissen ist, so die Autoren, tief in den Philosophien beider Kulturkreise verankert. Die westliche Philosophiegeschichte lässt sich seit der Antike als Suche nach „sicherem" bzw. begründbarem und erklärbarem Wissen beschreiben.[104] In der japanischen Geistesgeschichte hingegen existiert ein anderer Wissensansatz, der Buddhismus, Konfuzianismus sowie bedeutende westliche Philosophien miteinander verknüpft und sich mit dem „Streben nach Weisheit" charakterisieren lässt.[105]

Aufbauend auf diesen grundlegenden Erkenntnissen benennen NONAKA und TAKEUCHI **vier Formen der Wissensumwandlung**, welche die oben genannten Charaktereigenschaften des Wissens besonders berücksichtigen. Diese vier Formen (oder auch: Phasen) der Wissensumwandlung – Sozialisation, Externalisierung, Kombination und Internalisierung – werden in Unternehmen vorstellungsgemäß permanent durchlaufen und befinden sich in einem dynamischen Interaktionsprozess.[106] Die erste zu betrachtende Phase der Wissenserzeugung, die **Sozialisation**, betrifft die Umwandlung von implizitem Wissen in neues implizites Wissen.[107] Da das implizite Wissen nur mit Mühe (ggf. überhaupt nicht) artikuliert, dokumentiert oder verbalisiert werden kann, ist es in sinnvoller Weise durch Beobachtung, Nachahmung und Übung zwischen Individuen zu übertragen.[108] Ein typisches Beispiel aus der Unternehmenspraxis ist die Adaption von implizitem Erfahrungswissen durch einen Auszubildenden, der seinem

[102] Vgl. Nonaka/Takeuchi, Organisation, S. 18.
[103] Vgl. Nonaka/Takeuchi, Organisation, S. 18.
[104] Vgl. bspw. Justus, Wissenstransfer, S. 73 f. sowie Abs. 2.1.1. der vorliegenden Studie.
[105] Vgl. hierzu Nonaka/Takeuchi, Organisation, S. 40 ff. sowie Schanz, Erfolgsfaktor, S. 113 f.
[106] Vgl. Nonaka, Wissen, S. 98.
[107] Vgl. Nonaka, Wissen, S. 97.
[108] Vgl. Nonaka, Innovationsmanagement, S. 251.

Meister sprichwörtlich „über die Schulter schaut“ und sich somit dessen Geschicklichkeiten aneignet.[109]

Abb. 4: Vier Formen der Wissensumwandlung[110]

Sozialisation (von implizit zu implizit)	**Externalisierung** (von implizit zu explizit)
Internalisierung (von explizit zu implizit)	**Kombination** (von explizit zu explizit)

Wie aus Abb. 4 ersichtlich, beinhaltet die nächste Phase der Wissenserzeugung, die **Externalisierung**, eine Umwandlung von implizitem in explizites Wissen. Da die Übertragung von implizitem Wissen, wie bereits geschildert, mit besonderen Schwierigkeiten verbunden sein kann, ist die Externalisierung impliziten Wissens als wichtigster Teilbereich der Wissensschaffung in Unternehmen, als „essentieller Prozess“, zu bezeichnen.[111] Die Externalisierung impliziten Wissens kann insbesondere durch Metaphern und Analogien unterstützt werden. Durch die besondere Wahrnehmungsform von Metaphern und Analogien können bestimmte Sachverhalte oder Problemstellungen veranschaulicht werden, die bislang noch nicht dokumentiert oder artikuliert werden konnten.[112] Durch den Einsatz derartiger bildhafter Sprachwendungen können auch Personen mit unterschiedlichem Erfahrungshintergrund spezifische Aufgabenstellungen intuitiv durch ihre Vorstellungskraft erfassen und nachvollziehen.[113] Auf diese Weise kann zum Beispiel in Projektteams das implizite Wissen eines Experten ex-

---

[109] In Kreditinstituten ist ein derartiges, im Rahmen der Sozialisation zu übertragendes Wissen beispielsweise durch die Konzepte des **Coaching** oder **Mentoring** vermittelbar. Vgl. hierzu die Abschnitte 3.3.1. und 4.1.3.

[110] Quelle der Abb. 4: Nonaka/Takeuchi, Organisation, S. 85.

[111] Vgl. Nonaka/Takeuchi, Organisation, S. 77.

[112] Vgl. Nonaka, Company, S. 99 ff.

[113] Vgl. Nonaka, Innovationsmanagement, S. 252 f.

ternalisiert werden und somit in die kreativen Problemlösungsprozesse der Gruppe einfließen.[114]

In der Phase der **Kombination** werden verschiedene explizite Wissensbestände innerhalb eines Unternehmens verteilt und miteinander verbunden.[115] Dieser Austausch und die Kombination expliziten Wissens kann in Besprechungen, per Telefon und E-Mail oder in schriftlicher Form, durch Notizen, Briefe und Protokolle, vollzogen werden. Durch das Sortieren, Hinzufügen, Kombinieren und Klassifizieren von explizitem Wissen werden die bisherigen Wissensbestände eines Unternehmens überarbeitet und neu zusammengestellt, wodurch neues relevantes Wissen entsteht.[116] Beispielsweise kann die Kombination verschiedener Bereiche expliziten Wissens zur Entwicklung neuer Geschäftsideen, innovativer Verfahrenstechniken oder verbesserter Produkte und Dienstleistungen führen.[117]

Bei der **Internalisierung** handelt es sich um einen Prozess, bei dem die Organisationsmitglieder das neu geschaffene und verteilte explizite Wissen aufnehmen und es dazu verwenden, um „ihr eigenes stillschweigendes Wissen zu vertiefen, zu erweitern und neu zu ordnen."[118] Zur Förderung der Internalisierung expliziten Wissens können beispielsweise Dokumente, Handbücher oder Mitarbeitergespräche zweckdienlich sein.[119] Einerseits geht es bei der Internalisierung des organisationalen Wissen um die Aneignung bestimmter aufgabenbezogener Fähigkeiten und Kenntnisse, andererseits ist jedoch auch die Verinnerlichung der unternehmensspezifischen Werte und Normen gemeint. Dieser Verinnerlichung der Firmenphilosophie, -geschichte und -kultur wird in japanischen Großunternehmen insbesondere bei der systematischen sozialen Eingliederung neuer Mitarbeiter eine große Bedeutung beigemessen.[120]

Wie bereits erwähnt, werden die vier Phasen der Wissensumwandlung in Unternehmen fortwährend durchlaufen. Durch die stetige Sozialisiation, Externali-

---

114 Als Beispiel für den Einsatz einer derartigen bildhaften Sprachwendung innerhalb eines Projektteams kann die Metapher **Automobilevolution** angeführt werden. Durch die Vorgabe dieses Slogans gelang es den Ingenieuren und Designern des Automobilherstellers Honda Mitte der 1980er Jahre, das meist verkaufte Modell der Firma zu entwerfen. Mit der genannten Metapher wurde die Frage aufgeworfen, zu welcher Form sich ein Automobil angesichts des technologischen Fortschritts sowie angesichts der sich wandelnden Kundenwünsche zukünftig entwickeln wird. Vgl. Nonaka/Takeuchi, Organsation, S. 22 f. und Nonaka, Innovationsmanagement, S. 266 f.

115 Vgl. Nonaka/Takeuchi, Organisation, S. 81.

116 Vgl. Nonaka/Takeuchi, Organisation, S. 81.

117 Vgl. North, Unternehmensführung, S. 52.

118 Nonaka, Wissen, S. 98.

119 Vgl. Nonaka/Takeuchi, Organisation, S. 82 f.

120 Vgl. Lapke, Berufsbildung, S. 249.

sierung, Kombination und Internalisierung von implizitem und explizitem Wissen wird neues relevantes Wissen geschaffen und innerhalb des Unternehmens verteilt. Führt man diese epistemologische Dimension der Wissensschaffung mit der ontologischen zusammen, so ergibt sich das in Abb. 5 dargestellte Gesamtmodell der Wissensspirale.

Abb. 5: Die Wissensspirale[121]

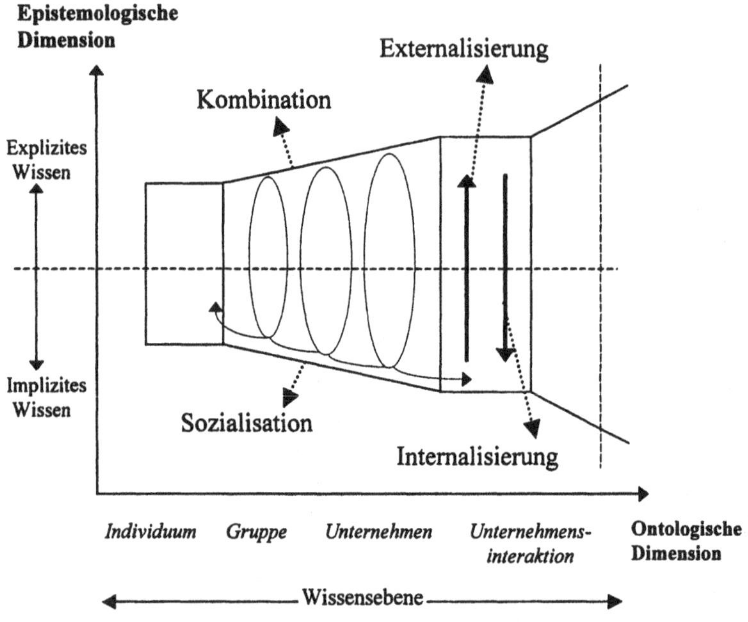

Wie erkennbar, kann das organisationale Wissen ausgehend von einzelnen Individuen immer höhere Entwicklungsstufen erreichen. Das individuelle implizite Wissen eines einzelnen Mitarbeiters wird durch die vier Formen der Wissensumwandlung mobilisiert und in höhere ontologische Schichten transportiert.[122] Die Wissensschaffung in Unternehmen kann demzufolge als ein Spiralprozess beschrieben werden, „der ausgehend von der individuellen Ebene immer mehr

[121] Quelle der Abb. 5: Nonaka/Takeuchi, Organisation, S. 87.
[122] Vgl. Nonaka/Takeuchi, Organisation, S. 86.

Interaktionsgemeinschaften erfasst und die Grenzen von Sektionen, Abteilungen, Divisionen und sogar Unternehmen überschreitet."[123]

Um den Prozess der Wissensschaffung in Unternehmen gemäß des oben beschriebenen Modells in Gang zu setzen, bedarf es nach NONAKA und TAKEUCHI verschiedener Voraussetzungen bzw. Rahmenbedingungen. Zunächst ist diesbezüglich auf die **Intention des Unternehmens** aufmerksam zu machen, die Wissensspirale anzutreiben und zu lenken. Diese Intention lässt sich als Streben des Unternehmens definieren, Visionen und Zielvorstellungen über das zukünftig benötigte organisationale Wissen zu entwickeln und diese durch konkrete Konzepte und geeignete Managementsysteme umzusetzen.[124] Ähnlich den im Vorabschnitt im Zusammenhang mit dem Bausteinmodell des Wissensmanagements beschriebenen normativen, strategischen und operativen Wissenszielen wird den Mitarbeitern auf diese Weise die Notwendigkeit einer organisationsweiten Wissensentwicklung und -verteilung verdeutlicht.[125]

Als weitere Voraussetzungen der Wissensschaffung in Unternehmen können **Autonomie, Fluktuation und kreatives Chaos** genannt werden. Im Rahmen der Autonomie kann es insbesondere bezüglich der Motivation Einzelner, Wissen zu generieren und weiterzuleiten als sinnvoll angesehen werden, den Organisationsmitgliedern möglichst weitreichende Freiheiten bei der Gestaltung und Durchführung ihrer Aufgaben und, soweit möglich, bei der Auswahl ihres Tätigkeitsgebietes zuzugestehen.[126] Mit Fluktuation ist das kontinuierliche Infragestellen und Überdenken bestehender organisationaler oder aufgabenspezifischer Grundannahmen gemeint, das durch eine bewusste Störung gewohnter Strukturen und Abläufe zum Dialog und somit letztlich zur Hervorbringung neuen Wissens führen soll.[127] Ähnlich verhält es sich mit dem sog. kreativen Chaos. „Chaotische Zustände", die in Unternehmen bspw. durch Fehlkalkulationen oder durch nicht vorhergesehene Veränderungen der Markverhältnisse entstehen, können auch absichtlich, zum Beispiel durch die Formulierung von ausgesprochen ehrgeizigen Zielvorgaben, ausgelöst werden.[128] Auch auf diese Weise sollen die Organisationsmitglieder zur Generierung neuen Wissens angespornt werden. Einschränkend kann jedoch hinzugefügt werden, dass die oben angesprochenen bewusst initiierten Störungen der betrieblichen Strukturen und Prozesse auch Ängste und infolgedessen Lern- bzw. Wissensblockaden hervorrufen können.[129]

---

123 Nonaka/Takeuchi, Organisation, S. 86. Im Original in alter Rechschreibung.
124 Vgl. Nonaka/Takeuchi, Organisation, S. 88.
125 Vgl. hierzu ebenso Abs. 4.2.3.
126 Vgl. Nonaka/Takeuchi, Organisation, S. 90.
127 Vgl. Nonaka/Takeuchi, Organisation, S. 93 f.
128 Vgl. Nonaka/Takeuchi, Organisation, S. 94.
129 Vgl. Schanz/Thobe/Westenbaum, Grundlagen, S. 27.

Eine weitere Vorbedingung der Wissensschaffung ist die **Redundanz**. Hierunter ist die Existenz von Wissensressourcen zu verstehen, die über das zur Lösung von aktuellen betrieblichen Problemstellungen unmittelbar notwendige Maß hinaus gehen.[130] Es werden also bewusst auch solche Daten und Informationen gesammelt, die möglicherweise erst zu einem späteren Zeitpunkt relevant werden. Auf diese Weise erhalten Unternehmen die notwendigen Ressourcen, um nach zukünftig bedeutenden Produkten oder Märkten zu suchen bzw. die derzeit bestehenden betrieblichen Abläufe kritisch zu hinterfragen.[131] Auf der Ebene von Arbeitsgruppen oder Projektteams kann diese Redundanz des Wissens beispielsweise dazu beitragen, die Vorschläge und Gedankengänge der Gruppenmitglieder besser verstehen und kreative Ideen der anderen in die eigene Gedankenwelt integrieren zu können.[132]

Die letzte Rahmenbedingung, die eine Aktivierung der Wissensspirale in Unternehmen begünstigen kann, ist die so genannte **Vielfalt des Wissens**. Diese Wissensvielfalt existiert beispielsweise dann, wenn zur Lösung bestimmter betrieblicher Problemstellungen Mitarbeiter aus möglichst unterschiedlichen Unternehmensbereichen miteinander interagieren und somit verschiedene Sichtweisen und Wissensressourcen in die kreativen Abstimmungsprozesse eingebracht werden.[133] Des Weiteren kann eine Wissensvielfalt dadurch gewährleistet werden, dass in Unternehmen möglicht viele unterschiedliche Wissensquellen bereitgestellt werden und darüber hinaus allen Mitarbeitern ein gleichberechtigter und flexibler Zugang zu diesen Wissensressourcen ermöglicht wird.[134]

Abschließend ist festzustellen, dass das Modell der Wissensspirale – aufbauend auf einem Japan-spezifischem Wissensverständnis – ein theoretisch fundiertes und innovatives Konzept des organisationalen Wissensmanagements darstellt. Durch die vier Formen der Wissensumwandlung sowie die unterschiedlichen Ebenen der Wissensverteilung wird insbesondere auf die Notwendigkeit verwiesen, das implizite Wissen eines Organisationsmitglieds als wertvolle Ressource zu begreifen und diese durch besondere, darauf abgestimmte Manage-

130 Vgl. Nonaka, Wissen, S. 100.

131 Vgl. Probst/Büchel, Lernen, S. 50.

132 Vgl. Honko, Innovationsfähigkeit, S. 1316.

133 Im Bereich der Kreditinstitute ist eine derartige Wissensvielfalt bei einer umfassenden Vermögensanlageberatung zu erkennen, bei der ein sog. **Relationship Manager** das Wissen von Mitarbeitern unterschiedlicher bankbetrieblicher Unternehmensbereiche zusammenführt und im Sinne einer kompetenten Kundenberatung umsetzt. Vgl. dazu Abs. 3.2.2.

134 Vgl. Nonaka/Takeuchi, Organisation, S. 98. Dass ein derartiger „gleichberechtigter Zugang" zu organisationalen Wissensressourcen in Banken durchaus gewissen Beschränkungen unterworfen sein kann zeigt u. a. der Abs. 5.3. dieser Arbeit.

mentanstrengungen den übrigen Mitarbeiter, Gruppen sowie der Gesamtorganisation zur Verfügung zu stellen. Auf diese Weise liefert das Modell der Wissensspirale wichtige Hinweise für den Umgang mit implizitem Wissen, die auch für die Ausgestaltung eines speziellen bankbetrieblichen Wissensmanagements von nicht unerheblicher Bedeutung sind.

2.3. Besonderheiten des Wissensmanagements in Banken

2.3.1. Die Rolle der Banken in der Wissensgesellschaft

Prinzipiell sind die oben dargestellten Konzepte und Modelle des Wissensmanagements auf alle Unternehmen anwendbar, unabhängig von deren Rechtsform, Größe oder Branchenzugehörigkeit. Dennoch verweisen die Autoren, auch unter Zuhilfenahme diverser Beispiele aus der Unternehmenspraxis, auf bestimmte Unternehmenstypen, in denen die Implementierung und Umsetzung des organisationalen Wissensmanagements als besonders sinnvoll angesehen wird.[135] Oftmals ist in diesem Zusammenhang von den sog. wissensbasierten Unternehmen die Rede, deren ökonomischer Erfolg in besonderem Maße auf ihren Umgang mit der Ressource 'Wissen' zurückgeführt werden kann. Beispielhaft werden hierbei zumeist Unternehmen aus den so genannten Zukunftsbranchen angeführt, welche sich grob dadurch kennzeichnen lassen, dass eine klassische industrielle Fertigung nicht (mehr) vorliegt.[136] Im Folgenden soll dargelegt werden, warum insbesondere auch die Banken zu denjenigen Unternehmen gezählt werden können, bei denen die Implementierung des organisationalen Wissensmanagements notwendig und nützlich erscheint. Zu diesem Zweck soll zunächst der Blick auf die organisationale Umwelt der Banken gerichtet werden.

Die **organisationale Umwelt eines Kreditinstituts** zeichnet sich, wie eingangs bereits betont wurde, durch eine hohe Komplexität und Dynamik aus. Dies betrifft beispielsweise die durch fortwährende Neuerungen gekennzeichnete Informations- und Kommunikationstechnologie von Banken, die vielfältigen Konkurrenzbeziehungen in einem sich ständig wandelnden Bankenmarkt oder die erhöhte Volatilität bedeutsamer gesamtwirtschaftlicher Maßgrößen wie Zinssätze oder Wechselkurse.[137] Im Folgenden soll das Hauptaugenmerk jedoch

---

135 Vgl. Sveiby, Wissenskapital, S. 22 ff.

136 Vgl. Kurtzke/Popp, Management-Tools, S. 21.

137 Vgl. Büschgen, Grundlagen, S. 17. Eine eingehendere Analyse der organisationalen Umwelt von Kreditinstituten findet sich unter dem Aspekt der Beeinflussung der bankbetrieblichen Wissensbasis im Abs. 3.1.1.

auf den soziopolitischen Bereich gelegt werden, womit die besondere gesellschaftliche Rolle der Banken angesprochen ist.

Eine derartige gesamtgesellschaftliche Betrachtungsweise ist aus der Perspektive des Wissensmanagements von einer nicht zu vernachlässigenden Bedeutung. Das Wissen ist nämlich nicht nur für einzelne betriebliche Prozesse, für ausgewählte Unternehmen oder Branchen eine überaus wichtige Ressource, vielmehr kann Wissen als zentrales soziopolitisches Thema und damit insgesamt als gesellschaftsbestimmender Faktor aufgefasst werden.[138] Wenn mancherorts von der nachindustriellen Gesellschaft die Rede ist, so wird damit zunächst die schrittweise Abkehr von einem althergebrachten Wirtschafts- und Gesellschaftsverständnis hervorgehoben.[139] Mit dem Schlagwort der **Wissensgesellschaft** wird schließlich auf direkte Weise auf die zunehmende gesellschaftliche Bedeutung des Faktors 'Wissen' Bezug genommen. Damit wird auf den in der Literatur zum Wissensmanagement vielfach ausgerufenen und in der Wirtschaftspraxis zu beobachtenden Umbau der Industriegesellschaft zu einer Informations- bzw. Wissensgesellschaft aufmerksam gemacht.[140]

Betrachtet man nunmehr die Rolle der Banken in der Wissensgesellschaft, so kann insbesondere auf ihre exponierte Stellung in der öffentlichen Wahrnehmung verwiesen werden.[141] Es sind hierbei spezifische Eigenschaften und Funktionen der Kreditinstitute, die ihre gesellschaftliche Rolle in besonderer Weise hervorheben und somit zu einer hochgradigen **Exponiertheit von Banken** führen. Zu nennen sind in diesem Zusammenhang beispielsweise die bereits angesprochene Bedeutung der Bankleistung sowie das Geld als bankbetriebliches Handelsobjekt. Aufgrund der Charaktereigenschaften des Geldes als besonders vertrauensempfindliches Gut wird die gesamtwirtschaftliche Rolle der Kreditinstitute, wie etwa auch die von Versicherungsunternehmen oder Finanzämtern, in der öffentlichen Wahrnehmung besonders kritisch gesehen.[142] Ferner kann auf die historische Bedeutung des Geldwesens, auf die vielfältigen Einflusspotenziale der Banken oder auf die Notwendigkeit zur Regulierung der Kreditwirtschaft verwiesen werden.[143]

---

138 Vgl. Pfiffner/Stadelmann, Kopfarbeiter, S. 55.

139 Vgl. hierzu Bell, Gesellschaft, S. 57 ff.

140 Vgl. beispielsweise Willke, Wissensmanagement, S. 19 ff.

141 Vgl. Börner, Öffentlichkeitsarbeit, S. 114 ff. sowie Büschgen, Bankmarketing, S. 266 ff. Es kann die Aufgabe der Öffentlichkeitsarbeit („**Public Relations**") einer Bank sein, die Exponiertheit des Instituts stückweise abzubauen. Vgl. Büschgen, Bankbetriebslehre, S. 692.

142 Vgl. Paul, Marketing, S. 1215 und Schuster, Wandel, S. 18. Zur **Vertrauensempfindlichkeit** von Bankleistungen vgl. insb. den Folgeabschnitt 2.3.2.

143 Vgl. Schuster, Wandel, S. 16.

Eine differenziertere Betrachtungsweise der öffentlichen Exponiertheit von Banken erlauben insbesondere die in Abb. 6 überblicksartig dargestellten **gesamtwirtschaftlichen bankbetrieblichen Funktionen.** So kann zum Beispiel gesagt werden, dass jedweder Absatz von Gütern in einer Volkswirtschaft ohne das durch die Banken bereitgestellte Zahlungsverkehrsnetz kaum denkbar wäre.[144] Ebenso tragen die Banken – teils direkt, oftmals eher indirekt – unter anderem durch die Mittlerrolle bei staatlichen Förderinitiativen oder bei Vorgaben der (in Deutschland unabhängigen) Zentralbank zur Stabilisierung der Wirtschaft bei.[145] Ebenso spielt die Geldschöpfung, die durch Geldbewegung zwischen Nichtbanken und Banken entsteht, eine wichtige gesamtwirtschaftliche Rolle.[146]

Abb. 6: Die gesamtwirtschaftlichen Funktionen der Banken[147]

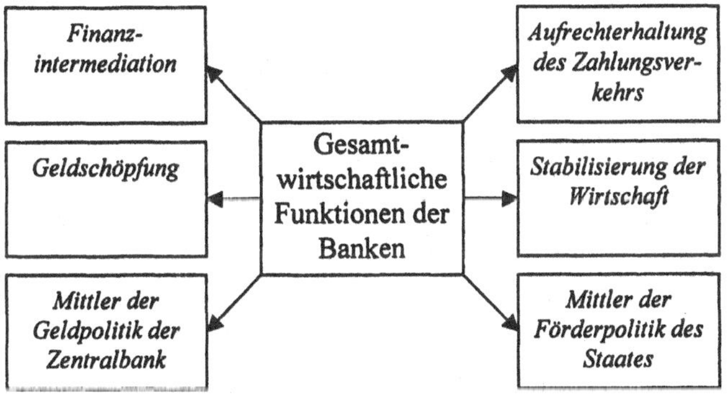

Die (nach wie vor) wohl wichtigste gesamtwirtschaftliche Funktion der Banken ist jedoch die der **Finanzintermediation.** Die grundlegende Leistung der Kreditinstitute als Intermediäre am Finanzmarkt besteht darin, einerseits Finanzmittel von Geldgebern mit der Zusage der späteren Rückzahlung als Anlageleistung entgegenzunehmen, andererseits Geldnehmern die benötigten Geldeinhei-

---

144 Vgl. Eilenberger, Bankbetriebswirtschaftslehre, S. 28.

145 Vgl. Palm/Grosch, Notenbank, Sp. 1464 ff. Auf eine differenzierte Betrachtung der Zuständigkeiten von Deutscher Bundesbank und **Europäischer Zentralbank** im Rahmen der Europäischen Währungsunion wird an dieser Stelle verzichtet. Vgl. hierzu bspw. Welteke, Bundesbank, S. 15 ff. oder Alexander/Bohl, Finanzsystem, S. 457 f.

146 Vgl. hierzu insbesondere Jarchow, Politik, S. 11 ff.

147 Quelle der Abb. 6: Leicht modifiziert nach Schuster, Wandel, S. 18.

ten als Finanzierungsleistung – ebenfalls verbunden mit einem Rückzahlungsversprechen – zur Verfügung zu stellen.[148]

Dieser Vorgang lässt sich auch als **Transformationsleistung** beschreiben, wobei grundsätzlich Finanztitel so umgestaltet werden, dass sie den Präferenzen der Nachfrageseite besser entsprechen.[149] Im Einzelnen können zu diesen Transformationsleistungen die Losgrößen-, die Fristen- und die Risikotransformation gezählt werden.[150] Bei der Losgrößentransformation vollziehen die Finanzintermediäre quantitative Anpassungsprozesse zum Ausgleich der Interessen von Kapitalnachfragern und -anbietern, während die Fristentransformation einen Ausgleich bezüglich der zeitlichen Überlassungsdauer der Anlage- und Finanzierungsleistungen umfasst.[151] Bei der Risikotransformation bezieht sich der Interessenausgleich der Finanzintermediäre auf divergierende Risikovorstellungen der Kontraktpartner, wobei sich die Banken beispielsweise der Risikoreduktion oder der Risikoaufspaltung bedienen.[152]

Die Existenz von Finanzintermediären – und damit die Existenz von Banken – wird in der ökonomischen Theorie oftmals mit den in der Wirtschaftspraxis zu beobachtenden **Marktunvollkommenheiten** begründet. Unter diesen Marktunvollkommenheiten sind beispielsweise Transaktionskosten sowie eine asymmetrische Informationsverteilung zwischen den verschiedenen Wirtschaftssubjekten zu verstehen.[153] Würden diese Marktunvollkommenheiten (wie etwa in der neoklassischen Wirtschaftstheorie unter der Annahme eines vollkommenen Geld- und Kapitalmarktes unterstellt) nicht existieren, gäbe es – so der Umkehrschluss – keine Notwendigkeit zur Finanzintermediation.[154]

Mit den genannten **Transaktionskosten** ist die auf R. H. COASE zurückführbare und von O. E. WILLIAMSON ausgebaute und weiterentwickelte Transaktionskostentheorie angesprochen.[155] Untersucht werden im Rahmen dieser Theorie einerseits die zwischen Individuen (oder auch zwischen Individuenmehrheiten) stattfindenden Transaktionen in Form der Übertragung von Verfügungsrechten,

---

[148] Vgl. Bitz, Finanzdienstleistungen, S. 15.

[149] Vgl. Benner, Intermediation, S. 154 f. Neben den Banken gehören beispielsweise auch Bausparkassen oder Versicherungsunternehmen zu den Finanzintermediären. Zu den **Finanzintermediären im weiteren Sinne** können auch Anbieter von Kapitalvermittlungsleistungen, also z. B. Börsen oder Wertpapiermakler, gezählt werden. Vgl. Gerke/Pfeufer, Finanzintermediation, Sp. 728.

[150] Vgl. Benner, Bereich, S. 354.

[151] Vgl. Büschgen, Bankbetriebslehre, S. 39.

[152] Vgl. Langer/Weber, Finanzintermediäre, S. 203 f.

[153] Vgl. diesbezüglich den folgenden Abs. 2.3.2.

[154] Vgl. Gerke/Pfeufer, Finanzintermediation, Sp. 728.

[155] Vgl. grundlegend Coase, Nature, S. 386 ff. sowie Williamson, Institutionen, S. 21 ff.

andererseits die aus diesen Transaktionen resultierenden Kosten.[156] Hierzu können zum Beispiel Such-, Anbahnungs-, Verhandlungs- oder Vertragsabschlusskosten gezählt werden.[157] Würde es die Intermediationsleistung von Banken nicht geben, so müssten sich die Wirtschaftssubjekte ihre Vertragspartner selbstständig suchen, wodurch sich die soeben genannten Kosten ergeben würden. Demzufolge tragen die Banken als Finanzintermediäre grundsätzlich zur Reduktion der Transaktionskosten bei.

Eine für den Bankensektor nicht unbedeutende Kostenkategorie stellen die **Informationskosten** als spezielle Form der Transaktionskosten dar. Gemeint sind Kosten, die für die Beschaffung von Informationen bspw. bezüglich der erwarteten Rückzahlungsfähigkeit eines Geldnehmers, der Zahlungsmoral während der Laufzeit eines Finanzkontraktes oder der tatsächlichen Rückzahlungsfähigkeit bzw. -willigkeit am Vertragsende anfallen können.[158] Diese Kosten der Anbahnung, Beurteilung und Überwachung von Finanzbeziehungen werden durch die Funktion der Banken als Finanzintermediäre gesenkt. Durch das Sammeln, Bewerten und Verarbeiten von Informationen über Kapitalnachfrager durch die Banken ist für die Kapitalanbieter letztlich lediglich die Bonität des Finanzintermediärs selbst von Bedeutung, wobei diese durch staatliche Regulierungs- und Kontrollinstanzen weitgehend gewährleistet wird.[159] Somit kann gesagt werden, dass zu den Aufgaben der Finanzintermediäre neben der Losgrößen-, der Fristen- und der Risikotransformation auch die **Informationstransformation** gezählt werden kann.[160]

Am Finanzmarkt existieren neben den Banken Institutionen, welche sich auf die oben beschriebenen Informationsleistungen spezialisiert haben. Zu nennen sind in diesem Zusammenhang beispielsweise Börsendienste, Rating-Agenturen oder Evidenzzentralen, die allesamt zu den Finanzintermediären in weiterem Sinne gezählt werden können.[161] Die Banken kooperieren in zunehmendem Maße mit diesen auch als **Informationsintermediären** zu bezeichnenden Organisationen, da ein direkter Kontakt der Banken zu ihren Kunden – und damit eine direkte Möglichkeit zur Informationstransformation – aufgrund der fortschreitenden technologischen Entwicklung im Finanzsektor, wie zum Beispiel beim Homebanking, oftmals nicht mehr gegeben ist.[162]

---

156 Es geht bei der Analyse der Transaktionskosten nicht so sehr um die genaue Erfassung derselben. Vielmehr werden die Transaktionskosten als eine Art „didaktisches Hilfsmittel“ betrachtet. Vgl. Schmidt, Organisationstheorie, Sp. 1856.

157 Vgl. Albach, Transaktionen, S. 1160 f.

158 Vgl. Langer/Weber, Finanzintermediäre, S. 209.

159 Vgl. Gerke/Pfeufer, Finanzintermediation, Sp. 733.

160 Vgl. Gerke/Pfeufer, Finanzintermediation, Sp. 733.

161 Vgl. Bitz, Finanzdienstleistungen, S. 27.

162 Vgl. Reus, Bankenmärkte, S. 77.

Durch einen zunehmend zu verzeichnenden Funktionswandel, der als **Disintermediation** bezeichnet werden kann, verliert die Finanzintermediation als ursprüngliche Transformationsfunktion der Banken nach und nach an Bedeutung.[163] Ein Grund hierfür ist in der am Finanzmarkt zu beobachtenden Tendenz zur Securitization, d. h. zur „Substitution traditioneller Buchforderungen durch die Emission handelbarer Wertpapiere“[164] zu suchen. Größere Unternehmen sind damit vermehrt in der Lage, einen direkten Zugang zum Kapitalmarkt auch ohne die Einbeziehung eines Kreditinstituts zu erlangen.[165] Diese Auswirkungen der Disintermediation auf den Finanz- und Kapitalmarkt haben die Kreditinstitute dazu veranlasst, eine Gewichtsverlagerung bezüglich der von ihnen vorzugsweise belegten Geschäftsbereiche anzustreben. So ist beispielsweise erkennbar, dass sich das Geschäft der deutschen Universalbanken tendenziell vom Commercial Banking hin zum nunmehr als ertragsbringender eingestuften Investment Banking verlagert.[166]

Die auf das amerikanische Trennbankensystem zurückzuführende Terminologie 'Commercial Banking' und 'Investment Banking' setzt sich zunehmend auch im deutschen Bankensektor durch. So ist unter **Commercial Banking** das traditionelle Einlagen- und Kreditgeschäft sowie das Zahlungsverkehrsgeschäft einer Bank zu verstehen.[167] Demgegenüber versteht man unter **Investment Banking** das Wertpapieremissionsgeschäft, den Handel mit Wertschriften, die Durchführung von Geldmarktgeschäften, die Aufschlüsselung und Umgruppierung einzelner Finanztransaktionen im Rahmen des sog. 'Financial Engeneering' sowie 'Mergers & Acquisitions', also die Akquisition, die Fusion oder die Beteiligung von Unternehmungen.[168] Einerseits ist für die Bewältigung der in obiger Aufzählung angedeuteten vielfältigen Einzelaufgaben eines Kreditinstituts im Bereich des Investment Banking eine hinreichende Größe bzw. Marktstellung von einer nicht zu unterschätzenden Bedeutung. Andererseits sind mit diesem Funktionswandel der Banken insbesondere auch steigende Anforderungen an das hierzu erforderliche Wissen verbunden.[169]

Im Zusammenhang mit dem Ausbau der Marktstellungen einzelner Institute oder Institutsgruppen im Rahmen der Disintermediation sowie im Zusammenhang mit der oben beschriebenen gesellschaftlichen Exponiertheit der Kreditin-

---

163 Zum Begriff der Disintermediation vgl. bspw. Breuer, Wissensmanagement, Sp. 2306.

164 Schierenbeck/Hölscher, BankAssurance, S. 662.

165 Vgl. Gerke/Pfeufer, Finanzintermediation, Sp. 733.

166 Vgl. Süchting/Paul, Bankmanagement, S. 56.

167 Vgl. Langer/Weber, Finanzintermediäre, S. 205.

168 Vgl. Schuster, Investment, S. 355 ff. Einzelne Aspekte des Investment Banking werden in Abs. 4.2.2. dieser Studie unter dem Aspekt der Wissensakquisition ausführlicher betrachtet.

169 Vgl. Mattes, Securitization, Sp. 1707.

stitute ist auf ein Problem hinzuweisen, das mancherorts als **Macht der Banken** tituliert wird. Unter der Macht der Banken wird prinzipiell „die Möglichkeit von Banken verstanden, Entscheidungsprozesse des Staates, von Parteien, sonstigen gesellschaftlichen Gruppen, von Kunden oder Kundengruppen zum eigenen oder zum Vorteil eines Dritten zu beeinflussen."[170] Betrachtet man beispielsweise das Kunde-Bank-Verhältnis, so besteht die grundsätzliche Gefahr, dass die Vertragsbedingungen der Bankgeschäfte durch Ausnutzung von Wissensvorsprüngen tendenziell eher zum Vorteil des Instituts und damit zum Nachteil des Kontraktpartners ausgestaltet werden.[171] In gesamtgesellschaftlicher Sichtweise bezieht sich die Kritik an der Macht der Banken vor allem auf deren Anteilsbesitz an anderen Unternehmen, auf das so genannte Vollmachtstimmrecht sowie auf die Präsenz von Bankmanagern in Aufsichtsräten großer Unternehmen.[172]

Für die **Rolle der Banken in der Wissensgesellschaft** ist das eben Gesagte vor allem hinsichtlich der Regulations- und Kontrollmechanismen der deutschen Bankenaufsicht von Bedeutung. Hierbei stellt die Bundesanstalt für Finanzdienstleistungsaufsicht (BAFin) in Zusammenarbeit mit der Deutschen Bundesbank beispielsweise sicher, dass Risikopositionen einer Bank mit hinreichend Eigenkapital unterlegt, dass Kredite an einen einzigen Kapitalnehmer nur bis zu einer bestimmten Relation zum Eigenkapital der Bank gewährt, dass Mindeststandards in Bezug auf die Liquidität der Banken eingehalten, dass bestimmte Aspekte oder Funktionen bei der Organisationsgestaltung einer Bank berücksichtigt, und dass umfangreiche statistische Meldungen an die Aufsichtsbehörde geleistet werden.[173] Insgesamt findet in diesen Regulationsvorschriften „das staatliche Misstrauen gegen ein freies Spiel der Finanzmarktkräfte deutlichen Ausdruck".[174]

In diesen (hier nur rudimentär angedeuteten) Vorschriften der Bankenaufsicht lassen sich einige Aspekte ausmachen, die, wie beispielsweise bei der Anzeige- und Meldepflicht der Banken, mit der Aufbereitung und Weitergabe von bank-

---

170 Mühlhaupt, Macht, S. 467.

171 Vgl. Hellwig, Bedeutung, S. 16 f. Die **Informations- bzw. Wissensasymmetrie** zwischen den Bankkunden und den Kreditinstituten ist Gegenstand des folgenden Abschnitts 2.3.2.

172 Vgl. hierzu ausführlich Mühlhaupt, Macht, S. 467 ff. Eine umfassende empirische Untersuchung insbesondere der **personellen Verflechtungen bei deutschen Großbanken** liefert Pfeiffer, Verflechtungen, S. 11 ff.

173 Vgl. Sprißler/Kemmer, Rechnungswesen, S. 1359 f. Das **BAFin** wurde am 01.05.2002 im Sinne des Gesetztes über die Bundesanstalt für Finanzdienstleistungsaufsicht (FinDAG) durch die Zusammenlegung der bis dahin eigenständigen Bundesaufsichtsämter für das Kreditwesen (BAKred), das Versicherungswesen (BAV) und den Wertpapierhandel (BAWe) gegründet. Vgl. dazu auch Abs. 5.3.1.

174 Terberger-Stoy, Bankenaufsicht, Sp. 217.

betrieblich relevantem Wissen verbunden sind. Zieht man neuere Elemente der Bankenaufsicht hinzu, wie etwa das 1995 in Kraft getretene Wertpapierhandelsgesetz (WpHG), so wird der **Bezug zum Wissensmanagement** noch deutlicher. Es lassen sich hier Vorschriften ausmachen, die jedem einzelnen Kreditinstitut einen besonders sensiblen und sorgsamen Umgang mit dem bankbetrieblichen Wissen auferlegen.[175] Dies betrifft beispielsweise die Regeln und Vorschriften für einzelne bankbetriebliche Geschäftsvorgänge, Prozesse oder bestimmte Funktionen und Bereiche von Banken. Anschließend an diese Anmerkungen zur Notwendigkeit eines sensiblen Umgangs mit dem bankbetrieblich relevanten Wissen sollen die Kreditinstitute im Folgenden als besonders wissenssensitive Unternehmen charakterisiert werden.

2.3.2. Banken als wissenssensitive Unternehmen

Unternehmen, bei denen die Implementierung eines betrieblichen Wissensmanagements als besonders empfehlenswert eingestuft wird, sind im vorangehenden Abschnitt als wissensbasierte Unternehmen bezeichnet worden. Ein Begriff, der mit dem des wissensbasierten Unternehmens terminologisch eng verwandt ist, ist der des **wissensintensiven Unternehmens**. Zu diesen wissensintensiven Unternehmen (engl.: „Knowledge-intensive firms"[176]) können beispielsweise Wirtschaftsprüfungsgesellschaften, Unternehmensberatungen oder Forschungslaboratorien gezählt werden.[177] Zum Zwecke einer Einordnung der Wissensintensität eines Unternehmens kann zwischen zwei Dimensionen unterschieden werden. Einerseits können die Erzeugnisse oder Dienstleistungen des Unternehmens mit einem hohen Bedarf an Wissen verbunden sein („Wissensintensität in der Leistung"), womit beispielsweise die Beratungs- und Schulungsintensität oder der Anteil der bereitzustellenden Dokumente und Produktinformationen gemeint ist.[178] Andererseits kann die Wertschöpfungskette (Beschaffung, Produktion und Absatz) als besonders wissensintensiv eingeschätzt werden („Wissensintensität in der Wertschöpfungskette").

Das sich so ergebende **Wissensintensitätsportfolio** (vgl. Abb. 7) teilt sich in vier verschiedene Bereiche auf: Im Feld A ist sowohl die Wissensintensität in der Wertschöpfungskette als auch in der Leitungserstellung gering. Beispielhaft

---

175 Dies gilt insbesondere für den Problemkreis des Insiderwissens in Banken, welcher in Abs. 5.3. thematisiert werden wird.

176 Starbuck, Learning, im Titel des Aufsatzes.

177 Vgl. North, Unternehmensführung, S. 25.

178 Vgl. Picot/Franck, Informationsmanagement, Sp. 888.

könnte hier ein Unternehmen der Bergbauindustrie zugeordnet werden.[179] Im Bereich B ist eine zunehmende Wissensintensität in der Leistung zu erkennen, wobei auch von einer hohen Produktintelligenz gesprochen werden kann. Eine solche Produktintelligenz kann etwa bei Softwareanwendungen oder bei Antiblockiersystemen in Kraftfahrzeugen unterstellt werden.[180] Die hohe Wissensintensität in der Wertschöpfungskette (Feld C) kann auch als Prozessintelligenz bezeichnet werden. Hier ist es der Prozess der Produkterstellung, welcher sich durch besonders innovative, wissensintensive Verfahrenstechniken auszeichnet.[181]

Abb. 7: Das Wissensintensitätsportfolio[182]

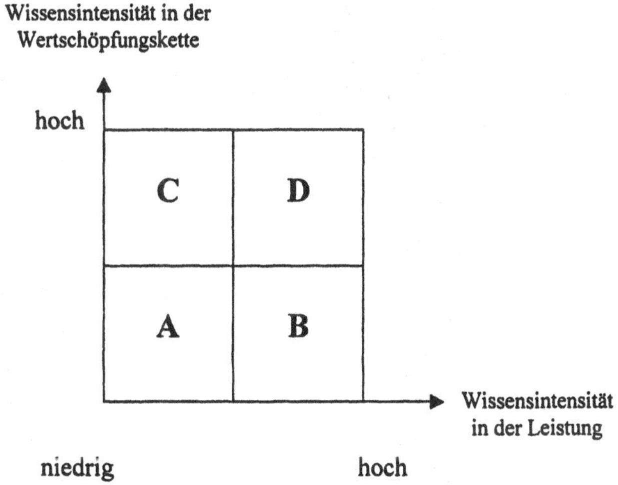

Im Feld D wird sowohl Produktintelligenz als auch Prozessintelligenz benötigt. Bei den hier anzusiedelnden hochgradig wissensintensiven Unternehmen spielt die Ressource 'Wissen' in sämtlichen betrieblichen Geschäftsfeldern und Funktionsbereichen nicht nur als Produktions-, sondern insbesondere auch als Wett-

179 Vgl. Picot/Franck, Informationsmanagement, Sp. 887.
180 Vgl. North, Unternehmensführung, S. 26.
181 Vgl. North, Unternehmensführung, S. 26.
182 Quelle der Abb. 7: Modifiziert nach Porter/Millar, advantage, S. 153, Picot/Franck, Informationsmanagement, Sp. 887 und North, Unternehmensführung, S. 27.

bewerbsfaktor eine zentrale Rolle.[183] Als Beispiele für derartige wissensintensive Unternehmen können Zeitungsverlage, Fluggesellschaften oder auch die Banken angeführt werden.[184]

Im Folgenden soll nun einerseits dargelegt werden, warum es gerechtfertigt erscheint, die Banken diesem Feld des Wissensintensitätsportfolios zuzuordnen. Andererseits wird gezeigt, warum die Banken in dieser Arbeit nicht nur als wissensintensive Unternehmen sondern darüber hinaus als **wissenssensitive Unternehmen** bezeichnet werden sollen. Die Darlegungen beziehen sich dabei auf die beiden genannten Dimensionen 'Produktintelligenz' und 'Prozessintelligenz'.

Zur Untersuchung der **Produktintelligenz von Banken** rückt die bankbetriebliche Leistung in den Mittelpunkt der Betrachtung.[185] Im Folgenden sollen die Bankleistungen zunächst anhand ihrer spezifischen Charaktereigenschaften näher dargestellt werden. Darauf aufbauend wird anschießend analysiert, warum die Bankleistungen insbesondere im Beziehungsverhältnis der Kreditinstitute zur Bankkundschaft als besonders wissenssensitiv zu bezeichnen sind. Mittels der Prinzipal-Agenten-Theorie wird in diesem Zusammenhang auf die grundsätzliche Informationsasymmetrie zwischen Bankkunden und Bankberatern sowie auf die Möglichkeit der Zurückhaltung relevanten Wissens seitens der Kundenberater aufmerksam gemacht. Ferner wird in knapper Form auf das Bankgeheimnis als weiteres Begründungselement der Wissenssensitivität von Bankleistungen hingewiesen und schließlich ist anhand der sog. Theorie der Bankloyalität darzulegen, warum es in besonderem Maße auf die Kompetenz und die Glaubwürdigkeit der Bankmitarbeiter bei der Erläuterung und beim Vertrieb von wissensintensiven und wissenssensitiven Bankprodukten ankommt.

Zum Zweck der grundlegenden Charakterisierung bankbetrieblicher Leistungen ist besonders auf vier spezifische Eigenschaften von Bankleistung zu verweisen.[186] Zum einen sind die Bankleistungen – wie andere Dienstleistungen auch – grundsätzlich abstrakt, also „unstofflich". Dies hat u. a. zur Folge, dass bankbetriebliche Leistungen nicht speicherbar, rechtlich nicht (bzw. kaum) schutzfähig und damit von Konkurrenzunternehmen relativ leicht imitierbar sind.[187] Zum anderen ist der Gegenstand der Bankleistung im Gegensatz zu anderen

---

183 Vgl. Rehäuser/Krcmar, Wissensmanagement, S. 33.

184 Vgl. Porter/Millar, advantage, S. 153.

185 Von einer detaillierten Darstellung des Bankleistungsbegriffs soll an dieser Stelle Abstand genommen werden. Vgl. hierzu bspw. ausführlich Büschgen, Bankbetriebslehre, S. 307 ff. oder Hein, Einführung, S. 19 ff.

186 Vgl. dazu Süchting/Paul, Bankmanagement, S. 620 f.

187 Vgl. Stein, Bankleistung, S. 555 f.

Dienstleistungen in der Regel nicht mit einem konkreten Produkt verknüpft (wie etwa bei einer Möbellieferung), sondern mit Geld.[188]

Beim **Geld als bankbetriebliches Leistungsobjekt** handelt es sich um ein universelles – oftmals nicht leicht zu durchschauendes und gleichsam sensibles – Instrument der individuellen Bedürfnisbefriedigung.[189] Diese Charaktereigenschaft des Geldes beeinflusst nicht nur, wie im vorangehenden Abschnitt bereits kurz erläutert, die öffentliche Wahrnehmung der Banken, sondern letztendlich jede Absatzbeziehung eines Kreditinstitutes zu seiner Bankkundschaft.[190] Des Weiteren werden Bankleistungen insbesondere durch Vertragselemente (z. B. allgemeine Geschäftsbedingungen oder Kreditverträge) geformt, und schließlich enthalten sie eine Zeitkomponente. Es entstehen oftmals langfristige Vertragsbeziehungen zwischen Bankkunden und den Kreditinstituten bei Einlage-, Kredit- oder Depotleistungen.

Diese genannten spezifischen Eigenschaften lassen sich zu den folgenden beiden wesentlichen Charakteristika von Bankleistungen zusammenfassen. Zum einen ergibt sich aus der Abstraktheit und aus der Verknüpfung mit verschiedenen Vertragselementen für die Kunden der Kreditinstitute eine besonders hohe **Erklärungsbedürftigkeit** der Bankleistungen, die bei einzelnen Bankprodukten unterschiedlich stark ausgeprägt sein kann. So ist zum Beispiel eine einfache Spareinlage tendenziell weniger erklärungsbedürftig (und damit weniger beratungsintensiv) als ein individuell abgestimmter Vermögensaufbauplan.[191] Insbesondere die so genannten innovativen Bankprodukte, also beispielsweise die Finanzderivate, rufen oftmals Verständnisschwierigkeiten seitens der Bankkundschaft hervor und sind damit in hohem Maße erklärungsbedürftig.[192] Zum anderen kann angesichts der oben angesprochenen Besonderheiten des Geldes als bankbetriebliches Leistungsobjekt sowie angesichts der i. d. R. langfristig angelegten Absatzbeziehungen zum Bankkunden von einer besonderen **Vertrauensempfindlichkeit** der Bankleistung gesprochen werden.[193]

Auf der Grundlage dieser beiden Eigenschaften, der Erklärungsbedürftigkeit sowie der Vertrauensempfindlichkeit von Bankleistungen, lässt sich nun die Beziehung zwischen den Bankkunden und den Kreditinstituten detaillierter analysieren. Aus der Kundenperspektive stellt sich die Vertragsbeziehung zu einer Bank von vornherein oftmals als wenig überschaubar dar und ist ggf. von Unsi-

188 Vgl. Süchting, Bankloyalität, S. 4.
189 Vgl. Schanz, Personalwirtschaftlehre, S. 573 ff.
190 Vgl. Paul, Marketing, S. 1215.
191 Vgl. Süchting/Paul, Bankmanagement, S. 621.
192 Vgl. Schuster, Wandel, S. 17.
193 Vgl. dazu Paul, Marketing, S. 1215.

cherheit und Misstrauen geprägt.[194] Dies liegt unter anderem daran, dass ein Bankkunde kaum in der Lage sein dürfte, sämtliche Alternativen und Konsequenzen beim Tätigen eines Bankgeschäftes zu prüfen und abzuwägen. Das Beziehungsverhältnis zwischen Bankkunden und Bankberatern ist folglich grundsätzlich durch eine **Wissensasymmetrie** gekennzeichnet, wobei die Kundenberater in der Regel einen Wissensvorsprung gegenüber der Bankkundschaft besitzen.[195]

Das so beschriebene Verhältnis zwischen Bankkunden und Bankmitarbeitern kann auch als **Prinzipal-Agenten-Beziehung** interpretiert werden.[196] Der dieser Beziehung zugrunde liegende Ansatz, die Agency-Theorie, ist der Neuen Institutionellen Ökonomik zuzurechnen und beschreibt grundsätzlich die Delegationsbeziehung zwischen einem Auftraggeber (Prinzipal) und einem Auftragnehmer (Agent).[197] Ein besonderes Augenmerk wird hierbei auf die oben bereits angedeutete asymmetrische Informationsverteilung der beteiligten Akteure sowie die daraus möglicherweise resultierenden Interessenkonflikte gelegt.[198]

Die Informationsasymmetrie kann in den beiden Ausprägungsformen 'Hidden Information' und 'Hidden Action' vorliegen. Mit Letzterem sind Aktivitäten des Agenten nach dem Zustandekommen einer Vertragsbeziehung gemeint, die vom Prinzipal nicht – oder zumindest nicht kostenlos – beobachtbar sind.[199] Unter Hidden Information ist ein Informations- bzw. Wissensvorsprung des Agenten gegenüber dem Prinzipal vor dem Zustandekommen einer vertraglichen Beziehung beider zu verstehen.[200] Durch **Hidden Information** ist eine potenzielle Möglichkeit zur (vorsätzlichen) Zurückhaltung von relevantem Wissen durch den Agenten gegenüber dem Prinzipal gegeben. Für die Banken spielt dies besonders in der oben beispielhaft beschriebenen Kundenberatung eine Rolle. So ist es vorstellbar, dass ein Bankberater (als Agent) seinem Kunden (als Prinzipal) bestimmte Informationen vorenthält. Dies könnte etwa eine Anlageempfehlung betreffen, die institutsfremde Produkte aufgrund geschäftspolitischer Weisungen von vornherein ausklammert.[201]

Betrachtet man die Delegationsbeziehung der Agency-Theorie darüber hinaus unter dem Aspekt der Vertrauensleistung zwischen den Beteiligten, kann der

---

194 Vgl. Süchting, Bankloyalität, S. 5.

195 Vgl. Vollmar, Online-Transaktionen, S. 180.

196 Vgl. bspw. Eilenberger, Bankbetriebswirtschaftslehre, S. 32.

197 Vgl. Schanz, Wissenschaftsprogramme, S. 139 f.

198 Vgl. Gerke, Agency-Theorie, Sp. 24 f.

199 Vgl. Perridon/Steiner, Finanzwirtschaft, S. 489.

200 Vgl. grundlegend Arrow, agency, S. 37 ff.

201 Ein weiterer Bereich der (vorsätzlichen) Wissenszurückhaltung bei Banken, der ebenfalls mit Hilfe der Agency-Theorie analysiert werden kann, ist der der **Insiderregulierung**. Vgl. hierzu ausführlich Abs. 5.3. dieser Arbeit.

Prinzipal als Vertrauensgeber und der Agent als Vertrauensnehmer bezeichnet werden.[202] Für eine bankbetriebliche Beratungsleistung bedeutet dies, dass der Bankkunde als Prinzipal und Vertrauensgeber, der Bankmitarbeiter hingegen als Agent und Vertrauensnehmer fungiert. Folgt ein Bankkunde etwa einem Anlagetipp seines Bankberaters, so vertraut er darauf, dass dieser die ihm übertragenen finanziellen Ressourcen zum Nutzen des Kunden bestmöglich verwendet. Gleichzeitig setzt sich der Bankkunde jedoch dem Risiko eines Vertrauensbruchs aus. Dies könnte sich in einer konkreten Beratungssituation beispielsweise in der Form äußern, dass der Bankberater dem Kunden eine bestimmte Geldanlage offeriert, wohl wissend, dass am Markt eine noch attraktivere Anlage zur Verfügung steht.

Ruft man in Erinnerung, dass dieses Beziehungsverhältnis zwischen Prinzipal und Agenten auf einer Informations- bzw. Wissensasymmetrie beruht, kann gesagt werden, dass das Vertrauen des Bankkunden gewissermaßen an Stelle des (dem Kunden nicht bekannten) Wissens den Ausschlag für das Eingehen einer vertraglichen Beziehung zum Bankmitarbeiter und damit zum Kreditinstitut gibt.[203] In dieser Betrachtungsweise kann das Vertrauen eines Kunden gegenüber seiner Bank auch als **Wissenssurrogat** oder als **'Quasi-Wissen'** interpretiert werden.[204]

Das soeben beschriebene Vertrauenselement der Bankleistung kommt insbesondere auch beim sog. **Bankgeheimnis** zum Ausdruck. Hierunter versteht man grundsätzlich die Verpflichtung der Banken, über kundenbezogene Daten, von denen sie im Rahmen ihrer geschäftlichen Tätigkeiten Kenntnis erlangt haben, Verschwiegenheit zu wahren.[205] Diese Verschwiegenheitspflicht der Banken beginnt in der Phase der Geschäftsanbahnung mit einem Kunden und bleibt grundsätzlich auch nach der Beendigung der vertraglichen Bindung bestehen.[206] Der Bankkunde vertraut also auf einen diskreten Umgang des Kreditinstituts mit den zur Verfügung gestellten personenbezogenen Daten. In diesem Zusammenhang kommt es für die Banken „in hohem Maße darauf an, in der Öffentlichkeit zu vermitteln, dass die über ihre Kunden gesammelten Daten in jeder Hinsicht sorgfältig und vor allem sicher verwaltet werden."[207] Dies ist ein (weiterer) Beleg für die Notwendigkeit eines besonders sorgsamen Umgangs mit

---

202 Vgl. Picot/Reichwald/Wigand, Unternehmung, S. 125.

203 Vertrauen kann somit als Mechanismus interpretiert werden, der zur **Reduktion von Entscheidungs- und Handlungskomplexität** beiträgt. Vgl. dazu Luhmann, Vertrauen, S. 23 ff.

204 Vgl. Vollmar, Online-Transaktionen, S. 181.

205 Vgl. Weber, Bankgeheimnis, S. 84.

206 Vgl. Storck, Bankgeheimnis, Sp. 176.

207 Börner, Öffentlichkeitsarbeit, S. 135. Im Original in alter Rechtschreibung.

dem Faktor 'Wissen' in Kreditinstituten und folglich für die hohe Wissenssensitivität der Bankleistung sowie der Banken insgesamt.

Aus der Sicht der Kreditinstitute stellt das Beziehungsverhältnis der Kunden zu den Bankberatern und damit zum jeweiligen Institut einen wesentlichen unternehmerischen Erfolgsfaktor dar. Die Banken sind diesbezüglich bestrebt, Kunden durch einen verstärkten Reputationsaufbau möglichst langfristig an ihr Institut zu binden.[208] In diesem Zusammenhang kann auf die von J. SÜCHTING entwickelte **Theorie der Bankloyalität** verwiesen werden, die das Kunden-Bank-Verhältnis aus verhaltenswissenschaftlicher Sicht zu ergründen versucht.[209] Die Bankloyalität, verstanden als „die Bereitschaft eines Wirtschaftssubjektes, dauerhaft die Leistungen eines bestimmten Kreditinstituts nachzufragen“[210], nimmt, so die Theorie, mit der Anzahl der getätigten Geschäftsvorfälle grundsätzlich zu und hängt in einem wesentlichen Maße vom „menschlichen Element“ der Beratungsleistung eines Bankmitarbeiters ab.[211]

Selbstverständlich spielen auch die Merkmale der Bankleistung selbst bei der Entscheidung eines Kunden für oder gegen einen Vertragsabschluss bei einem bestimmten Kreditinstitut eine nicht unwesentliche Rolle. Zu denken wäre beispielsweise an die Preisgestaltung oder an das Vertriebssystem der betreffenden Bank.[212] Zu Letzterem ist anzumerken, dass das Beziehungsmanagement – und damit auch das Konzept der Bankloyalität – bei solchen Bankleistungen an Bedeutung verliert, welche zunehmend im Rahmen von Electronic Banking an Selbstbedienungseinheiten bereitgestellt werden.[213] Dennoch ist festzustellen, dass der Aufbau und die langfristige Aufrechterhaltung der Geschäftsbeziehung zu einem Kunden in hohem Maße von der Arbeitsleistung der Bankmitarbeiter abhängig ist. Dabei geht es in dem hier darzulegenden Zusammenhang weniger um das ertrags- bzw. erfolgsorientierte Handeln der Bankbediensteten, als vielmehr um die kommunikativen und sozialen Fähigkeiten als verlässliche Elemente der bankbetrieblichen Beratungsleistung. Hierbei ist einerseits auf die **Kompetenz** (als Antwort auf das Merkmal der Erklärungsbedürftigkeit von Bankleistungen) und andererseits auf die **Glaubwürdigkeit** (als Antwort auf

---

208 Vgl. Süchting/Paul, Bankmanagement, S. 626.

209 Vgl. hierzu grundlegend Süchting, Absatzbeziehungen, S. 268 ff.

210 Süchting/Paul, Bankmanagement, S. 628, im Original in Fettdruck.

211 Vgl. Süchting/Paul, Bankmanagement, S. 626 ff. Kritische Anmerkungen zur Theorie der Bankloyalität finden sich beispielsweise bei Lohmann, Loyalität, S. 54 ff.

212 Eine verhaltenswissenschaftlich fundierte Analyse des Kundenverhaltens im Zusammenhang mit der Preisgestaltung von Banken liefert Rapp, Bankpreise, S. 79 ff.

213 Vgl. hierzu den Abs. 5.2. dieser Arbeit.

das Merkmal der Vertrauensempfindlichkeit von Bankleistungen) der bankbetrieblichen Kundenbetreuer zu verweisen.[214]

Nicht nur die Bankleistungen selbst weisen, wie vorangehend gezeigt wurde, einige Besonderheiten auf, die es als gerechtfertigt erscheinen lassen, Banken als besonders wissenssensitive Unternehmen zu charakterisieren. Auch die **Prozessintelligenz** – als zweite Dimension des oben dargestellten Wissensintensitätsportfolios – ist, wie zum Abschluss dieses Unterabschnitts dargelegt werden soll, von etwas anderer Natur, als dies üblicherweise bei den sog. wissensintensiven Unternehmen der Fall ist. Es ist insbesondere auf die bereits angesprochene 'Unstofflichkeit' und die damit verbundene mangelnde Lagerfähigkeit der Bankleistung zurückzuführen, dass eine Einteilung des bankbetrieblichen Wertschöpfungsprozesses in verschiedene Phasen, also beispielsweise in Fertigung und Absatz, nur schwerlich möglich ist.[215] Zwar lassen sich bei einzelnen Bankprodukten betriebliche Teilleistungen abgrenzen (z. B. die Kreditwürdigkeitsprüfung oder die Bestellung von Sicherheiten bei einem Bankkredit), die Übertragung des Konzepts der Kombination von Produktivfaktoren auf den Bankenbereich ist jedoch als wenig operational zu klassifizieren.[216]

Das Produktionsfaktorensystem nach E. GUTENBERG, bestehend aus Elementarfaktoren sowie dem dispositiven Faktor, ist auf die industriellen Produktionsprozesse ausgerichtet.[217] Der Prozess der bankbetrieblichen Leistungserstellung weist demgegenüber einige Besonderheiten auf, von denen im Folgenden zwei kurz hervorgehoben werden sollen.[218] Zum einen kann festgestellt werden, dass der Prozess der Wertschöpfung in Banken durch eine **hohe Personalintensität** sowie einen hohen Anteil an geistig-kreativer Arbeitsleistung gekennzeichnet ist. Zum anderen kommt der Ressource 'Wissen' aufgrund des informationsverarbeitenden Charakters bankinterner Geschäftsprozesse eine bedeutende Rolle als Produktivfaktor zu, während Betriebsmittel und Werkstoffe bei der bankbetrieblichen Leistungserstellung eher vernachlässigt werden können.

Um den Prozess der bankbetrieblichen Leistungserstellung besser abzubilden, kann mit H.-D. DEPPE dem System der betrieblichen Produktionsfaktoren der sog. **monetäre Faktor** hinzugefügt werden, welcher sich weiter untergliedern lässt in Leistungen mit Zahlungsqualität und Leistungen mit Haftungsqualität.[219] Mit Letzterem wird insbesondere die finanzielle Haftung als unabdingba-

---

214 Vgl. Süchting, Bankloyalität, S. 5. sowie die Abschnitte 3.3. und 5.1. der vorliegenden Studie.

215 Vgl. Büschgen, Bankbetriebslehre, S. 314.

216 Vgl. Büschgen, Bankbetriebslehre, S. 314 f.

217 Vgl. hierzu ausführlich Gutenberg, Produktion, S. 2 ff.

218 Vgl. dazu Büschgen, Grundlagen, S. 113 f.

219 Vgl. Deppe, Konzeption, S. 31 ff.

res Einsatzgut des betrieblichen Leistungsprozesses hervorgehoben.[220] Bezeichnet man diese finanzielle Haftung als eine „vertrauensschaffende ökonomische Leistung“[221], so ist im bankbetrieblichen Wertschöpfungsprozess – wie bereits bei der Bankleistung selbst – ein Vertrauenselement zu erkennen, welches auch im Hinblick auf die Prozessintelligenz von Banken den Begriff der Wissenssensitivität zu rechtfertigen scheint.

2.3.3. Komponenten und Merkmale der bankbetrieblichen Wissensbasis

Sämtliche Teilaktivitäten des Wissensmanagements, so wurde es in dieser Arbeit bereits formuliert, beziehen sich auf die Gestaltung und Anreicherung der organisationalen Wissensbasis.[222] Demzufolge kann die Wissensbasis von Unternehmen als **Objekt des Wissensmanagements** interpretiert werden.[223] Im Weiteren ist nun diese Wissensbasis hinsichtlich ihrer strukturellen Eigenschaften etwas genauer vorzustellen. In diesem Zusammenhang werden die einzelnen Schichten der organisationalen Wissensbasis näher betrachtet und analysiert sowie verschiedene Wissensbarrieren als spezifische Merkmale dieser Basis beschrieben, die die Übertragungsprozesse innerhalb der Wissensbasis beeinträchtigen oder sogar vollständig verhindern können. Schließlich wird darauf hinzuweisen sein, worin die Besonderheiten der organisationalen Wissensbasis eines Kreditinstituts zu sehen sind.

Die organisationale Wissensbasis wurde eingangs definiert als die Gesamtheit der individuellen und kollektiven Wissensbestände eines Unternehmens.[224] Bereits hiermit ist angedeutet, dass sich die Wissensbasis aus einer Vielzahl unterschiedlichster Komponenten bzw. Wissensbestandteile (gedanklich) zusammenfügt. Um diese Bestandteile besser erfassen zu können, bedient man sich in der deutschsprachigen Wissensmanagement-Literatur oftmals des **Schichtenmodells der organisationalen Wissensbasis** nach G. PAUTZKE.[225] Das Modell unterscheidet im Original zwischen insgesamt fünf verschiedenen Schichten der Wissensbasis eines Unternehmens, wobei die Wahrscheinlichkeit, dass das

---

220 Vgl. Liebau, Leistung, S. 5.

221 Deppe, Haftung, S. 199.

222 Vgl. hierzu nochmals die einleitenden Passagen des zweiten Kapitels sowie den Abs. 2.1.2. dieser Arbeit. Der Begriff '**organisationale Wissensbasis**' kann auf R. B. DUNCAN und A. WEISS zurückgeführt werden. Vgl. grundlegend Duncan/Weiss, Learning, S. 75 ff.

223 Vgl. Amelingmeyer, Wissensbasis, S. 15 f.

224 Vgl. Abs. 2.1.2.

225 Vgl. hierzu und im Folgenden Pautzke, Wissensbasis, S. 63 ff. Der Autor verwendet im Originaltext den Begriff 'organisatorische Wissensbasis'. Terminologisch treffender soll in dieser Arbeit (weiterhin) von der 'organisationalen Wissensbasis' gesprochen werden.

Wissen tatsächlich in organisationale Entscheidungsprozesse einfließt, von Schicht eins bis Schicht fünf kontinuierlich abnimmt.[226] Die fünfte Schicht, das sog. 'sonstige kosmische Wissen', ist im Rahmen dieser Arbeit von nur untergeordneter Relevanz und somit in den folgenden Ausführungen wie auch in der Abb. 8, die das Modell in leicht modifizierter Form darstellt, nicht mit erfasst.[227]

Abb. 8: Das Schichtenmodell der organisationalen Wissensbasis[228]

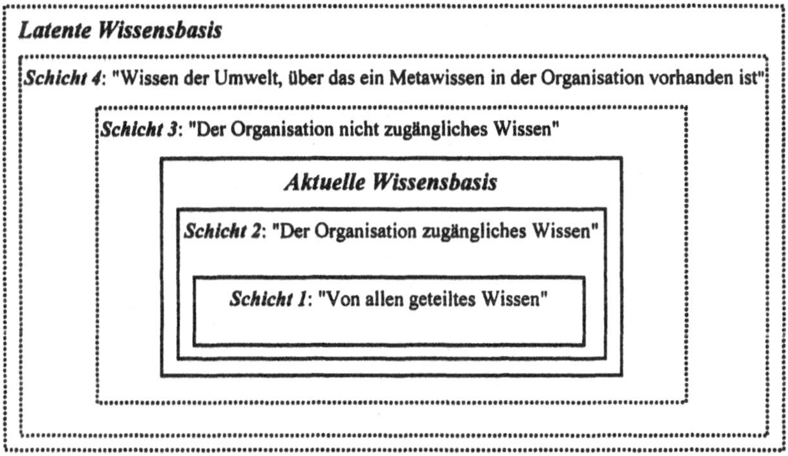

Die erste Schicht beinhaltet das von allen Organisationsmitgliedern geteilte Wissen, also solches Wissen, welches nicht an die Persönlichkeit eines einzelnen Individuums gebunden ist. Hierunter sind beispielsweise gemeinsame Wertvorstellungen und Normen zu verstehen, Sachverhalte also, die gemeinhin unter dem Begriff 'Organisationskultur' subsumiert werden.[229] Die zweite Schicht besteht aus einem dem Unternehmen zugänglichen individuellen Wissen, d. h. aus dem durch die Organisationsmitglieder bewusst zur Verfügung gestellten, unternehmensrelevanten Wissen. Diese beiden ersten Schichten bilden zusammen die **aktuelle organisationale Wissensbasis**, womit darauf auf-

226 Vgl. Romhardt, Wissensperspektive, S. 41.

227 Kritische Stellungnahmen zum Schichtenmodell von PAUTZKE liefern beispielsweise Wiegand, Prozesse, S. 233 ff. und Wahren, Unternehmen, S. 69 ff.

228 Quelle der Abb. 8: Modifiziert nach Pautzke, Wissensbasis, S. 79.

229 Organisationskulturelle Aspekte des bankbetrieblichen Wissensmanagements werden im Abs. 4.2.3. dieser Arbeit näher betrachtet.

merksam gemacht werden soll, dass dieses Wissen für die Organisationsmitglieder sofort und ohne größeren organisatorischen Aufwand erfassbar und zugänglich ist.

Neben diesen aktuell verfügbaren Wissensressourcen besteht die organisationale Wissensbasis zusätzlich, so die Modellannahme, aus der **latenten Wissensbasis**. Hierbei handelt es sich um das einer Organisation lediglich potenziell zugängliche Wissen. Die latente Wissensbasis besteht ihrerseits wiederum aus zwei unterschiedlichen Sichten, der dritten und der vierten Schicht des Modells. Die dritte Schicht umfasst das (aktuell) nicht zugängliche individuelle und kollektive Wissen von Organisationsmitgliedern. Ein möglicher Grund dafür, warum dieses Wissen der Organisation nicht zur Verfügung steht, ist, dass dies nicht erforderlich oder erwünscht ist. Beispielsweise sind die Kenntnisse eines Mitarbeiters aus seinem privaten Freizeitbereich aus Organisationssicht zumeist irrelevant.[230] Andererseits kann diese dritte Schicht aber durchaus auch solches Wissen beinhalten, das der Organisation prinzipiell von Nutzen wäre, aufgrund von Informations- und Kommunikationspathologien oder aufgrund von Wissensbarrieren jedoch nicht zur Verfügung steht.[231] Mit dem Hinweis auf diese dritte Schicht des Modells ist zugleich der in dieser Studie bereits angesprochene Umstand auf plausible Weise veranschaulicht, dass die aktuelle organisationale Wissensbasis nicht mit der Summe des individuellen Wissens der Unternehmensmitglieder identisch ist.[232]

Die Wissensressourcen der vierten Schicht des Modells sind – als weiterer Bestandteil der latenten Wissensbasis eines Unternehmens – ebenfalls lediglich potenziell zugänglich und nutzbar. Im Gegensatz zu Schicht 3 ist dieses Wissen jedoch nicht den Organisationsmitgliedern zuzuordnen, sondern es liegt außerhalb des organisationalen Zugriffsbereichs. Innerhalb der Organisation ist jedoch ein **Metawissen** über diese potenziellen Wissensressourcen vorhanden, d. h. es ist prinzipiell bekannt, wo und wie dieses möglicherweise zukünftig bedeutsame Wissen akquiriert werden könnte.[233] Damit ist das Wissen der vierten Schicht nicht Teil der aktuellen Wissensbasis, kann aber ggf. später beschafft werden und dann in organisationale Entscheidungsprozesse einfließen.[234]

---

230 Vgl. Lehner, Memory, S. 102.

231 Der Begriff der **Wissensbarrieren** wird im Verlauf dieses Abschnitts näher erläutert. Die **Informations- und Kommunikationspathologien** werden in dieser Arbeit im Sinne einer einheitlichen Begriffsverwendung den Wissens- und Lernbarrieren zu- bzw. untergeordnet. Vgl. hierzu bspw. Schüppel, Lernbarrieren, S. 34 ff. sowie Abs. 3.2.1. dieser Arbeit.

232 Vgl. Pautzke, Wissensbasis, S. 80.

233 Vgl. Kirsch, Wegweiser, S. 348.

234 Vgl. Pautzke, Wissensbasis, S. 81.

Für den **Bereich der Banken** können den Ausführungen zum Schichtenmodell die folgenden Überlegungen hinzugefügt werden. Zunächst einmal ist die aktuelle Wissensbasis von Banken für den Unternehmenserfolg im Vergleich zu Unternehmungen anderer Branchen von hervorgehobener Bedeutung, da dieser, wie bereits angedeutet wurde, in hohem Maße vom 'menschlichen Element' und vom Faktor 'Wissen' mit bestimmt wird.[235] Ziel des bankbetrieblichen Wissensmanagements – verstanden als die Gestaltung und Anreicherung der bankbetrieblichen Wissensbasis – ist es insbesondere, das in den personalintensiven Kreditinstituten mannigfach vorhandene individuelle und kollektive Wissen (Schicht 2 des Modells) zu identifizieren, zu entwickeln und den relevanten Geschäftsbereichen, Projektgruppen oder Aufgabenfeldern zuzuführen. Des Weiteren ist auf die Besonderheiten des 'von allen geteilten Wissens' (Schicht 1) der Banken zu verweisen. Insbesondere diese dem Begriff der Unternehmenskultur zuzuordnenden Werte und Normen sind es, die für Banken eine „unabdingbare und entscheidende Voraussetzung zur Realisierung einer geschäftspolitischen Konzeption“[236] darstellen. Dies dürfte nicht zuletzt auch im Hinblick auf die Außendarstellung von Kreditinstituten – es sei an die gesellschaftliche Exponiertheit der Banken erinnert – von besonderer Relevanz sein.[237]

Und schließlich spielen die Merkmale der Bankleistung sowie der Bankleistungserstellung, die im Verlauf dieser Arbeit zu der Charakterisierung der Kreditinstitute als besonders wissenssensitive Unternehmen geführt haben, eine besondere Rolle für die Ausgestaltung der bankbetrieblichen Wissensbasis. Betrachtet man beispielsweise (erneut) den Problemkreis des **Insiderwissens**, lässt sich dieses gedanklich in erster Linie der 'latenten Wissensbasis' von Banken zuordnen. Befindet sich das Insiderwissen innerhalb der Bank, jedoch außerhalb der aktuellen bankbetrieblichen Wissensbasis, so ist es in der Schicht 3 des Modells von PAUTZKE zu lokalisieren. In diesem Fall könnte es sich beispielsweise um einen Bankmitarbeiter handeln, dessen „der Organisation nicht zugängliches Wissen“ nicht etwa aus Unkenntnis über dessen Relevanz oder aufgrund von mangelnder Motivation zurückgehalten wird. Vielmehr sind es rechtliche, unternehmenspolitische oder ethische Restriktionen, die es dem Mitarbeiter untersagen, sein Insiderwissen in die aktuelle bankbetriebliche Wissensbasis einzubringen und es somit prinzipiell für alle Bankmitarbeiter unbeschränkt zur Verfügung zu stellen.

Gleiches gilt für Insiderwissen, welches außerhalb der Bank und damit außerhalb des unmittelbaren Zugriffsbereichs der Bankmitarbeiter zu finden ist. Über dieses Insiderwissen, das der Schicht 4 des Modells zuzuordnen ist, ist gemäß

---

235 Vgl. Abs. 2.3.2.
236 Büschgen, Grundlagen, S. 31.
237 Vgl. hierzu Abs. 4.2.3.

den obigen Überlegungen ein Metawissen innerhalb der Bank bekannt, d. h. die Bankmitarbeiter wissen prinzipiell, über welche Bezugsquellen sie Insiderinformation beziehen könnten.[238]

Ein mögliches Instrument zur Beschränkung von Insiderinformationen in Banken sind die sog. **Wissensbarrieren**. Die Wissensbarrieren sollen an dieser Stelle des Argumentationsstrangs zunächst jedoch in allgemeiner Art und noch nicht im Zusammenhang mit der bankbetrieblichen Insiderregulierung betrachtet werden.[239] In grundlegender Sichtweise stellen die Wissensbarrieren nicht etwa bewusst eingesetzte Instrumente zur Wissensregulierung dar, sondern sie sind Hindernisse, die einen gewünschten Wissenstransfer aufhalten oder umleiten. Folglich ist es eine wichtige Aufgabe des organisationalen Wissensmanagements, diese Barrieren zu lokalisieren und zu eliminieren, um somit den Wissenstransfer innerhalb der organisationalen Wissensbasis zu verbessern.

Im Folgenden sollen zunächst die **strukturellen Wissensbarrieren** betrachtet werden.[240] Hierunter sind Dysfunktionalitäten in der Wissensbasis eines Unternehmens zu verstehen, die sich durch die Zerlegung einer Gesamtaufgabe in verschiedene Einzeltätigkeiten, also durch die Arbeitsteilung in Organisationen, ergeben können.[241] Es kann dabei einerseits eine horizontale Arbeitsteilung ausgemacht werden, bei der die Differenzierung[242] zu verschiedenen betrieblichen Funktionen, wie z. B. Beschaffung, Produktion und Absatz führt. Andererseits existiert eine vertikale Arbeitsteilung, die mit der Unterscheidung zwischen ausführenden und anordnenden Tätigkeiten einher geht und somit die Hierarchie einer Organisation begründet.[243]

In Analogie dazu können die strukturellen Wissensbarrieren in funktionale und hierarchische Barrieren untergliedert werden. Demgemäß sind **funktionale Wissensbarrieren** solche, die aufgrund der horizontalen Arbeitsteilung in Organisationen bestehen. Zum einen kann der Transfer von Wissen hierbei aus räumlichen oder logistischen Gründen behindert werden. Dies ist beispielsweise für den Fall vorstellbar, dass in einer strukturell ausdifferenzierten Organisation

---

238 Detailliertere Ausführungen zur Insiderproblematik finden sich im Abs. 5.3. dieser Arbeit.

239 Vgl. diesbezüglich Abs. 5.3.2.

240 Gemäß LULLIES, BOLLINGER und WELTZ kann neben den strukturellen Wissensbarrieren weiterhin zwischen prozeduralen und politischen Barrieren des Wissenstransfers unterschieden werden. Vgl. Lullies/ Bollinger/Weltz, Wissenslogistik, S. 230 ff. In Abs. 3.2.1. der vorliegenden Untersuchung werden die **mikropolitischen Wissensbarrieren** im Zusammenhang mit der bankbetrieblichen Wissensentwicklung behandelt.

241 Vgl. Schüppel, Lernbarrieren, S. 113.

242 Die Begriffe 'Arbeitsteilung' und 'Differenzierung' werden in dieser Arbeit synonym verwendet.

243 Vgl. Schanz, Organisationsgestaltung, S. 11 f. sowie S. 68 ff.

das für einen Entscheidungsprozess relevante Wissen an verschiedenen Orten entwickelt und verwendet wird. Obgleich also gesagt werden kann, dass die mit der Zugehörigkeit zu unterschiedlichen Unternehmensbereichen verbundene organisatorische Distanz zwischen zwei oder mehreren Mitarbeitern den Wissensaustausch behindern kann, so lässt sich im Umkehrschluss nicht allgemeingültig behaupten, dass durch eine räumliche Nähe ein ungestörter Wissenstransfer in jedem Fall gewährleistet wäre.[244] Vielmehr gibt es noch einige weitere Aspekte der horizontalen Arbeitsteilung, die zur Ausbildung von funktionalen Wissensbarrieren beitragen können.

So sind es oftmals unterschiedliche Sichtweisen oder Interpretationsansätze, die zu funktionalen Wissensbarrieren zwischen zwei oder mehreren Abteilungen führen können. Hierzu ist in Erinnerung zu rufen, dass in dieser Studie die Personen- und Kontextgebundenheit als wesentliche Charakteristika der Unternehmensressource 'Wissen' herausgestellt wurden.[245] Insbesondere die Kontextgebundenheit kann in einzelnen Abteilungen zu einem bereichsspezifisch ausgeprägten, **funktional gebundenen Erfahrungswissen** führen. Durch die funktionale Bindung von organisationalem Wissen wird der Analysebereich zu einem bestimmten Projekt oder Problem in einem Unternehmen abteilungstypisch vorbestimmt. Auf diese Weise könnten zwei Abteilungen eines Unternehmens bei der Beurteilung desselben Sachverhaltes unter Umständen zu entgegengesetzten Handlungsempfehlungen gelangen.[246] Für den Bankenbereich wäre hier beispielsweise an die Abteilungen 'Kreditkunden' und 'Recht' zu denken, die geprägt von funktionalem Erfahrungswissen für oder gegen die Bereitstellung einer Kreditlinie für einen bonitätsschwachen Großkunden plädieren.

Diese soeben dargestellten Überlegungen lassen sich auch auf die Ebene eines einzelnen Mitarbeiters übertragen. Dazu ist auf den Umstand zu verweisen, dass aufgrund der horizontalen Arbeitsteilung in vielen Unternehmen und Branchen eine Tendenz zu hochgradig spezialisierten Tätigkeitsprofilen zu erkennen ist. Obwohl bei Konzepten zur betrieblichen Aus- und Weiterbildung vielfach auf die hervorgehobene Bedeutung der Interdisziplinarität verwiesen wird, ist dennoch die Herausbildung von Spezialqualifikationen häufig unumgänglich, wobei oftmals „ein tieferes Verständnis für die Herangehensweise und Perspektiven anderer durchaus verwandter Disziplinen ausgeblendet bleibt".[247]

War beim bereichstypischen Erfahrungswissen die Kontextgebundenheit von besonderer Bedeutung, so ist bei der Betrachtung des **individuenspezifischen Spezialwissens** das Charakteristikum der Personengebundenheit in den Vorder-

244 Vgl. Lullies/Bollinger/Welz, Wissenslogistik, S. 57.
245 Vgl. diesbezüglich den Abs. 2.1.1.
246 Vgl. hierzu Heideloff/Baitsch, Wissen, S 73 f.
247 Lullies/Bollinger/Weltz, Wissenslogistik, S. 230.

grund zu rücken. In Kreditinstituten ist dies etwa dann relevant, wenn ein Bankmitarbeiter bei einer komplexen Kundenberatung einen Spezialisten, beispielsweise einen Versicherungsfachmann, hinzuziehen muss. Hier besteht die Gefahr, dass der auf seinen Wissensbereich fokussierte Spezialist durch eine nicht adäquate – bspw. durch eine nicht in ausreichendem Maße kulante – Regelung das Verhältnis zwischen Bankberater und Bankkunde und damit ggf. das betreffende Einzelgeschäft oder gar die Absatzbeziehung insgesamt störend beeinflusst.[248]

Neben den funktionalen bilden die **hierarchischen Wissensbarrieren** die zweite Ausprägungsform der strukturellen Wissensbarrieren. Ähnlich den funktionalen Barrieren existiert hier zunächst die Gefahr, dass der Wissensfluss innerhalb der organisationalen Wissensbasis infolge einer ausgeprägten (in diesem Fall: vertikalen) Arbeitsteilung gestört wird. Hierzu kann angemerkt werden, dass sich die Bankorganisation aufgrund von Sicherheitsdenken und Risikovorsorge traditionell durch eine Vielzahl von Entscheidungs- und Hierarchiestufen – und somit durch potenzielle hierarchische Wissensbarrieren – auszeichnet.[249] Einige dieser Hierarchiestufen sind im Zuge von bankbetrieblichen Reorganisationsprozessen, die bspw. unter dem Schlagwort 'Lean Banking' in vielen Instituten initiiert wurden, entfallen.[250] Dennoch verbleibt, nicht zuletzt aufgrund der hohen Personalintensität des Bankenbereichs, eine große Zahl an personellen Über- und Unterordnungsverhältnissen.

Prinzipiell sind bei den hierarchischen Wissensbarrieren ähnliche strukturelle Dysfunktionalitäten auszumachen, wie bereits bei den funktionalen Barrieren. Auch hier kann der Wissenstransfer durch räumliche oder logistische Gegebenheiten behindert werden. Eine Besonderheit bei den hierarchischen Wissensbarrieren ist in den **individuellen Verhaltensmustern** der Organisationsmitglieder beim vertikalen Wissenstransfer zu suchen. So ist es beispielsweise vorstellbar, dass ein Mitarbeiter seinem Vorgesetzten bestimmtes Wissen vorenthält, weil er durch eine solche Wissensweitergabe sein eigenes berufliches Vorankommen gefährdet sieht.[251] Andererseits ist es auch möglich, dass der Wissenstransfer vom Vorgesetzten zum Untergebenen gestört ist. Diesbezüglich ist in Unternehmen oftmals zu beobachten, dass zwar fachliche, direkt aufgabenbezogene Informationen von Managementpositionen in nachgelagerte Hierarchiestufen gelangen, das Kontextwissen über Problemzusammenhänge sowie über die Ein-

[248] Vgl. Süchting/Paul, Bankmanagement, S. 707.
[249] Vgl. Gloystein, Filialorganisation, S. 156.
[250] Vgl. bspw. Endres, Lean Management, Sp. 1354.
[251] Vgl. Wilensky, Intelligence, S. 43.

ordnung der betreffenden Aufgabe in einen strategischen Gesamtrahmen wird jedoch in machen Fällen nicht vermittelt.[252]

Betrachtet man die soeben beschriebenen funktionalen und hierarchischen Wissensbarrieren gemeinsam, kann gesagt werden, dass die angesprochenen Dysfunktionalitäten insgesamt zu einer **Zersplitterung der organisationalen Wissensbasis** führen können.[253] Es bilden sich auf diese Weise isolierte, unverbundene „Wissensinseln" heraus, die – neben den verschiedenen oben beschriebenen Schichten des Wissens – ein zusätzliches Problem bei der Gestaltung und Anreicherung der organisationalen Wissensbasis darstellen. Neben dem Aufbau von Wissensnetzwerken, die in der Lage sind, Verbindungen zwischen den genannten Wissensinseln herzustellen, kann in diesem Zusammenhang insbesondere einer adäquaten – die genannten (sowie weitere mögliche) Dysfunktionalitäten berücksichtigende – Wissensentwicklung eine besondere Bedeutung zukommen.

---

[252] Vgl. Lullies/Bollinger/Weltz, Wissenslogistik, S. 66 f.

[253] Vgl. Probst/Raub/Romhardt, Wissen, S. 257.

3. Entwicklung der Unternehmensressource Wissen in Kreditinstituten

Als wesentliches Defizit im Umgang mit der Unternehmensressource 'Wissen' wird von vielen Autoren die unzureichende Nutzung und Entwicklung der in den Unternehmen bereits vorhandenen Wissensquellen und -ressourcen angemahnt. Mit Schlagworten wie „verborgenes Potenzial entdecken“[1] oder „immaterielle Unternehmenswerte aufspüren“[2] wird neben den Optimierungsmöglichkeiten von betrieblichen Datensicherungs- oder Informationsübertragungs-Systemen insbesondere auf die Mitarbeiter als Träger der internen Wissensressourcen verwiesen. Es gilt, diese personengebundenen Wissenspotenziale zu identifizieren und weiter zu entwickeln. Damit leistet die Wissensentwicklung – als ein Teilprozess des bankbetrieblichen Wissensmanagements – einen wesentlichen Beitrag zur Qualitätsverbesserung der (aktuellen) Wissensbasis der Kreditinstitute.

Veränderungs- bzw. Entwicklungsprozesse der organisationalen Wissensbasis können, wie im Verlauf dieser Arbeit bereits angedeutet wurde, als organisationales Lernen interpretiert werden.[3] Für das Auslösen von organisationalen Lernprozessen können unter anderem veränderte Umweltbedingungen, wie etwa technische Innovationen oder ein erhöhter Konkurrenzdruck, verantwortlich sein. Diese veränderten Umweltbedingungen werden im Folgenden als Bestimmungsfaktoren des organisationalen Lernens in Kreditinstituten näher dargestellt. Als Reaktion auf diese Bestimmungsfaktoren werden anschließend die Transformationsprozesse der bankbetrieblichen Wissensbasis als Formen des organisationalen Lernens interpretiert und unter anderem unter Zuhilfenahme verschiedener Lerntheorien untersucht. In Abschnitt 3.2. werden anschließend die so genannten Lernbarrieren erörtert, welche die bankbetriebliche Wissensentwicklung gegebenenfalls be- oder gar verhindern können. Neben einigen strukturellen Eingriffsmöglichkeiten sind es vor allem Gestaltungsoptionen personalwirtschaftlicher Art, die zur Überwindung dieser Wissens- bzw. Lernbarrieren beitragen können. Dieser personalwirtschaftlichen Ausrichtung der Wissensentwicklung in Kreditinstituten wird insbesondere in Abschnitt 3.3. Rechnung getragen.

---

1 Davenport/Prusak, Praxisbuch, im Untertitel des Buchs. Im Original in alter Rechtschreibung.

2 Sveiby, Wissenskapital, im Untertitel des Buchs.

3 Vgl. hierzu nochmals Abs. 2.1.2.

3.1. Bankbetriebliche Wissensentwicklung als Prozess organisationalen Lernens

3.1.1. Bestimmungsfaktoren des organisationalen Lernens in Banken

Die bankbetriebliche Wissensbasis wurde im vorangehenden Abschnitt zunächst anhand ihrer Komponenten und Merkmale dargestellt und analysiert. Insbesondere die modellhaften Vorstellungen über die unterschiedlichen Schichten der Wissensbasis sowie über die hierarchischen und funktionalen Wissensbarrieren suggerieren, dass es sich bei der Wissensbasis von Unternehmen um ein relativ statisches, wenig veränderliches Gebilde handelt. Tatsächlich unterliegt die organisationale Wissensbasis – und insbesondere, wie noch zu zeigen sein wird, die von Banken – einer Vielzahl von **Veränderungs- bzw. Transformationsprozessen**, die, so sie adäquat ausgerichtet und umgesetzt werden, im Sinne einer gezielten Wissensentwicklung zur Anreicherung der organisationalen Wissensbestände beitragen können.

Zu den wesentlichen Bestimmungsfaktoren, welche die dynamischen Prozesse innerhalb der Wissensbasis verursachen oder zumindest mit beeinflussen, sind vor allem die Veränderungen in der Umwelt der Wissensbasis, die Veränderung der Verfügbarkeit von Wissensträgern oder Wissensressourcen und schließlich die Veränderung des relevanten Wissens selbst, die Veränderung der Wissensinhalte also, zu zählen.[4] Bei dem ersten der genannten Bestimmungsfaktoren, der **Veränderung der Umwelt der organisationalen Wissensbasis**, sind für den Bankenbereich einerseits die eingangs bereits erwähnten technologischen Entwicklungen sowie andererseits rechtliche und (gesellschafts-)politische Aspekte von besonderer Bedeutung. Hinsichtlich des Technikwandels haben die Banken in Deutschland die Informations- und Kommunikationstechnologie bereits als besonders wichtigen Wettbewerbs- und Erfolgsfaktor ausgemacht und investieren in diesem Bereich derzeit jährlich insgesamt etwa 12 Mrd. Euro.[5] Dabei kann davon ausgegangen werden, dass diese Ausgaben angesichts des vorherrschenden Konkurrenzdrucks im Bankenmarkt sowie immer neuer Soft- und Hardwarelösungen für bankbetriebliche Geschäftsprozesse weiterhin überproportional ansteigen werden.

Beim **Einsatz der EDV in Kreditinstituten** kann grundsätzlich unterschieden werden zwischen dem Bereich der bankinternen Geschäftsabläufe, wie zum Beispiel die Abwicklung des Zahlungs- und Wertpapierverkehrs, und dem Electronic Banking an der Schnittstelle zur Bankkundschaft.[6] Zu Letzterem zäh-

---

[4] Vgl. Amelingmeyer, Wissensbasis, S. 83.
[5] Vgl. Moormann, Bankinformatik, S. 11.
[6] Vgl. Drewes/Drewes, Electronic banking, Sp. 491 u. Sp. 496.

len beispielsweise filialgebundene Kundenselbstbedienungseinrichtungen, wie etwa Geldausgabeautomaten oder Kontoauszugsdrucker, sowie das Homebanking in Form von Internet-Banking oder Telefon-Banking.[7] Für die Wissensbasis der Kreditinstitute spielen diese technologischen Entwicklungen insofern eine wichtige Rolle, als dass sie zum einen als Mittel zum Wissenstransfer – innerhalb des Instituts oder im Rahmen der Interaktion mit Bankkunden – fungieren, zum anderen ist das Wissen über die relevanten, aktuellen (und möglichst auch kostengünstigen) alternativen IT-Systeme in Bezug auf deren Beschaffung, Bedienung und Wartung notwendig.[8] Derartiges Wissen kann bspw., wie im Verlauf dieses Kapitels noch darzulegen sein wird, bankintern entwickelt oder aber in Form externen Expertenwissens akquiriert werden.[9]

Der zweite besonders zu berücksichtigende Bereich der Veränderung in der Umwelt der bankbetrieblichen Wissensbasis betrifft rechtliche und politische Aspekte. In diesem Zusammenhang kann zum einen auf die **Rechnungslegung der Kreditinstitute** hingewiesen werden. Die Rechnungslegungsvorschriften für Banken, die in Deutschland seit dem Jahr 1993 rechtsformunabhängig ausgestaltet sind, basieren auf zwei zentralen Rechtsgrundlagen, dem HGB sowie der Verordnung über die Rechnungslegung von Kreditinstituten (RechKredV).[10] Zu erwähnen sind beispielsweise die bankspezifischen Bestimmungen zum Jahresabschluss bzw. zu einzelnen Bewertungsvorschriften gemäß § 340 HGB.[11]

Mit der fortschreitenden Globalisierung der Kapitalmärkte sind neben diesen deutschen Bilanzierungsvorschriften verstärkt auch internationale Anforderungen der Rechnungslegung von Interesse. Diesbezüglich ist beispielsweise auf die amerikanischen „Generally Accepted Accounting Principals“ (US-GAAP) aufmerksam zu machen, deren Zugrundelegung eine zwingende Voraussetzung für die Zulassung zum Handel an einer US-amerikanischen Börse darstellt.[12] Erwähnt werden sollten ebenso die „International Accounting Standards“ (IAS), deren Verwendung die deutschen Banken seit dem Jahr 1998 unter bestimmten Voraussetzungen von der Erstellung eines Konzern-Abschlusses gemäß der HGB-Vorschriften entbindet.[13] Im Zusammenhang mit dem Wissensmanagement sind die – im Rahmen dieser Arbeit nur rudimentär angedeuteten – Rech-

---

7 Vgl. Arnoldt/Martin, Zahlungsverkehr, S. 601 ff.

8 Eine detailliertere Darstellung des Einsatzes der EDV in Kreditinstituten (sowie eine genauere Begriffsbestimmung des **Electronic Banking**) findet sich im Zusammenhang mit dem bankbetrieblichen **Wissenstransfer** in Abs. 5.2. dieser Arbeit.

9 Die Akquisition von **externem Expertenwissen** wird in Abs. 4.1. behandelt.

10 Vgl. Sprißler/Kemmer, Rechnungswesen, S. 1308. Eine ausführliche Darstellung zur externen Rechnungslegung der Banken findet sich bei Bieg, Rechnungslegung, S. 389 ff.

11 Vgl. hierzu bspw. Emmerich/Reus, Vorsorge, S. 3 ff.

12 Vgl. hierzu bspw. Sprißler/Kemmer, Rechnungswesen, S. 1312 ff.

13 Vgl. Prahl/Naumann, Anforderungen, S. 476.

nungslegungsvorschriften der Kreditinstitute in mehrfacher Hinsicht von Bedeutung. Einerseits ist die bankbetriebliche Wissensbasis fortwährend mit aktuellem Wissen über die sich verändernden nationalen oder internationalen Rechnungslegungsstandards anzureichern. Andererseits ist die Identifikation, die Aufbereitung sowie die Übertragung von bankbetrieblichem Wissen durch die diversen Vorschriften besonderen Regelungen unterworfen. Dies gilt nicht zuletzt bezüglich der Offenlegung des relevanten Wissens gegenüber externen Interessengruppen im Rahmen von bankbetrieblichen Jahresabschlüssen und Lageberichten.[14]

Wie bereits in Abs. 2.3.1. angedeutet, nehmen die Banken in der öffentlichen Wahrnehmung eine besonders exponierte Position ein. Aus diesem Grund ist es nicht verwunderlich, dass auch **gesellschaftliche und politische Begehrlichkeiten** zu den möglichen Bestimmungsfaktoren der Wissensbasis der Kreditinstitute zu zählen sind. So spielen beispielsweise die Vorschriften der bereits angesprochenen Insiderproblematik eine wichtige Rolle.[15] Ferner sind es Regelungen zur Bekämpfung von Wirtschaftskriminalität, die Einfluss auf die Verfügbarkeit und den Transfer von bankbetrieblich relevantem Wissen nehmen. Beispielhaft anzuführen sind in diesem Zusammenhang das im Jahr 1998 überarbeitete Geldwäschegesetz (GwG) sowie die sog. „Verlautbarung über Maßnahmen der Kreditinstitute zur Bekämpfung und Verhinderung der Geldwäsche" des Bundesaufsichtsamts für das Kreditwesen (BAKred).[16] Und schließlich sind ebenfalls Maßnahmen der Terrorismusbekämpfung zu nennen, wie die Überlegungen zur Lockerung oder gar zur Abschaffung des Bankgeheimnisses nach den Terror-Anschlägen in den Vereinigten Staaten von Amerika vom 11.09.2001 gezeigt haben.[17]

Nachdem die Veränderungen in der Umwelt der Kreditinstitute als mögliche Einflussfaktoren auf die Transformationsprozesse innerhalb der bankbetrieblichen Wissensbasis dargestellt wurden, soll nun ein Blick auf die **Veränderung der Verfügbarkeit von Wissensträgern oder Wissensressourcen** geworfen werden. Die Entscheidung darüber, welche Wissensquellen für bestimmte bankbetriebliche Fragestellungen genutzt werden sollen, hat eine unmittelbare oder mittelbare Auswirkung auf die Ausgestaltung der Wissensbasis der Kreditinstitute. Aus personalwirtschaftlicher Sicht ist hierbei an die im weiteren Verlauf dieses Kapitels noch näher darzulegenden Möglichkeiten der Entwicklung

---

[14] Vgl. bspw. Bieg, Bilanzpolitik, Sp. 346 ff.

[15] Vgl. dazu ausführlich den Abs. 5.3. dieser Arbeit.

[16] Vgl. bspw. Höche, Geldwäschebekämpfung, S. 618 ff. Das oben angesprochene BAKred ist inzwischen gem. des FinDAG vom 22.04.2002 zusammen mit dem BAWe und dem BAV in die Bundesanstalt für Finanzdienstleistungsaufsicht (BAFin) aufgegangen. Vgl. dazu auch die Abschnitte 2.3.1. und 5.3.1.

[17] Vgl. Heintzeler, Terrorismus, S. 14.

interner Wissensträger durch Maßnahmen der betrieblichen sowie überbetrieblichen Aus- und Weiterbildung zu denken. Ferner kann sich die Verfügbarkeit von personellen Wissensträgern mit dem Zugang oder Abgang derselben verändern.[18] Und schließlich spielen bei der Frage nach der Verfügbarkeit von Wissensressourcen auch organisatorische Gestaltungsmaßnahmen eine Rolle, wie beispielsweise Outsourcing, Job Rotation oder auch die Inanspruchnahme organisationsexterner Wissensquellen.

Aus der Vielzahl der von Banken angebotenen Einzelleistungen ist das Kreditgeschäft unter dem Aspekt der Auswahl und der Bereitstellung relevanter Wissensressourcen von hervorgehobener Bedeutung.[19] Anhand der **Kreditwürdigkeitsprüfung,** dem in diesem Zusammenhang besonders interessierenden Teilbereich des Kreditgeschäfts, soll im Folgenden beispielhaft in knapper Form aufgezeigt werden, wie vielfältig und veränderlich die potenziell zur Auswahl stehenden internen und externen Wissensquellen einer Bank sein können.[20] Bei der Kreditwürdigkeitsprüfung wird grundsätzlich der Frage nachgegangen, ob die Zahlungsfähigkeit bzw. die Zahlungsbereitschaft einer kreditnachfragenden Unternehmung oder Person zukünftig eher gesichert oder eher gefährdet erscheint.[21] Es besteht also seitens der Bank eine gewisse Unsicherheit über das künftige (Zahlungs-)Verhalten des Kreditnehmers.

Diese Unsicherheit hat ihren Ursprung in der im Verlauf dieser Arbeit im Zusammenhang mit der Prinzipal-Agent-Theorie bereits angesprochenen **Wissensasymmetrie** zwischen Bankkunden und Bankmitarbeitern.[22] Im Gegensatz zu der bereits erwähnten Beratungsleistung eines Kreditinstituts bezüglich alternativ zur Auswahl stehender Geldanlageformen, bei der, wie erinnerlich, der Bankberater als Agent einen Wissensvorsprung gegenüber dem Bankkunden als Prinzipal besitzt, wird dieses Verhältnis bei einem Kreditgeschäft umgekehrt. Im Fall einer Kreditvergabe kann der Kreditnehmer demzufolge als Agent und die Bank als Geldgeber bzw. als Prinzipal interpretiert werden. Es ist dem Kreditnehmer also grundsätzlich möglich, die geldgebende Bank durch Ausnutzung von Wissensvorsprüngen zu schädigen, beispielsweise indem die Kreditvaluta einem anderen als dem vereinbarten Verwendungszweck zugeführt wird.[23]

---

18 Vgl. Amelingmeyer, Wissensbasis, S. 93.

19 Vgl. Priewasser, Bankbetriebslehre, S. 128.

20 Die Kreditwürdigkeitsprüfung wird im Verlauf dieser Studie nochmals thematisiert. Im Abs. 5.2.3. wird analysiert, inwiefern die sog. „**wissensbasierten Systeme**" (als Komponenten der Informations- und Kommunikationstechnologie von Kreditinstituten) den Wissenstransfer bei der bankbetrieblichen Kreditwürdigkeitsprüfung optimieren können.

21 Vgl. Schierenbeck/Hölscher, BankAssurance, S. 431.

22 Vgl. hierzu Abs. 2.3.2.

23 Vgl. Süchting/Paul, Bankmanagement, S. 591.

Es liegt demnach im Interesse der Banken, bei einem Kreditgeschäft **möglichst genaue Informationen** über das zukünftig zu erwartende Zahlungsverhalten des Kreditkunden zu erlangen. Je nach Art und Volumen des zu prüfenden Kreditgeschäftes kommen hierbei entweder die individuelle Analyse eines einzelnen Kreditnehmers oder die großzahlige, standardisierte Prüfung von Krediten im Mengengeschäft in Betracht.[24] In letzterem Fall bedient man sich oftmals so genannter Bonitäts- oder Risikoklassen, welche auch bei der späteren Überwachung nach der erfolgten Kreditvergabe eine wichtige Rolle spielen.[25] Die relevanten Informationen bei der Kreditwürdigkeitsprüfung können die Banken, wie die Abb. 9 verdeutlicht, aus einer ganzen Reihe verschiedener in Betracht kommender Wissensquellen beziehen. Grundsätzlich kann dabei zwischen bankinternen und bankexternen Quellen unterschieden werden.

Abb. 9: Wissensquellen im Rahmen der Kreditwürdigkeitsprüfung[26]

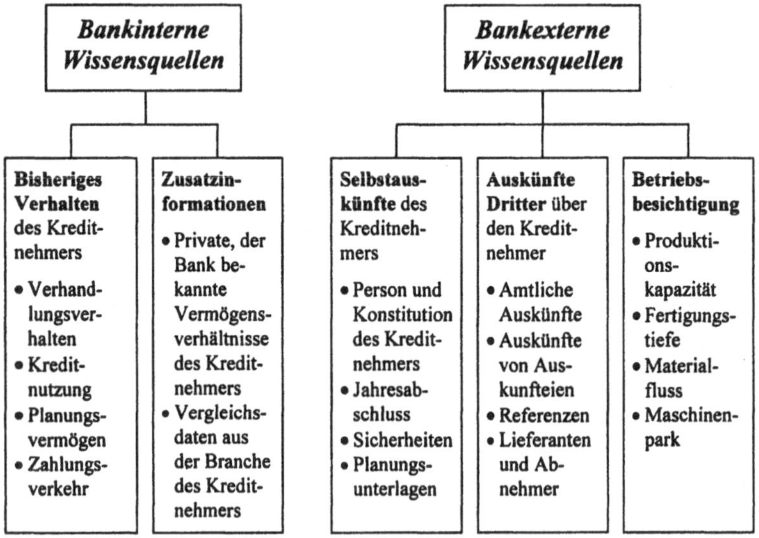

Zu den **bankinternen Wissensquellen** ist vor allem der persönliche Eindruck zu zählen, den der Kundenberater im Verlauf eines Kreditvergabegesprächs

---

24 Vgl. Hauschildt/Leker, Kreditwürdigkeitsprüfung, Sp. 1468.

25 Vgl. Büschgen, Grundlagen, S. 250.

26 Quelle der Abb. 9: Modifiziert nach Schierenbeck/Hölscher, BankAssurance, S. 437 und Hauschildt/Leker, Kreditwürdigkeitsprüfung, Sp. 1461 f.

oder im Verlauf einer bereits seit langem bestehenden Geschäftsbeziehung vom Kreditnachfrager gewinnen kann.[27] Diesbezüglich sind zum Zwecke der realistischen Einschätzung eines Kreditengagements insbesondere Fachwissen, Erfahrungswissen, Menschenkenntnis und Intuition seitens des Bankmitarbeiters von Vorteil.[28] Bei den **bankexternen Wissensquellen** kommen beispielsweise Auskünfte von Kreditinformationsanbietern (bspw. der SCHUFA)[29], Selbstauskünfte, wie etwa durch die Vorlage von Jahresabschlüssen, Investitionsplänen oder (geplanten) Produktionsprogrammen, und schließlich auch Betriebsbesichtigungen – beispielsweise in Form der Begutachtung von Altersstruktur und technischem Stand des Maschinenparks – in Frage.

Welch **schwierige und komplexe Problemstellungen** sich hinter dem in der Abb. 9 vergleichsweise überschaubar wirkenden Bereich der Informationsgewinnung im Rahmen einer bankbetrieblichen Kreditwürdigkeitsprüfung verbergen können, soll im Folgenden ein kurzer Blick auf den Betrugsfall der Firma „Flowtex" zeigen. Durch Betrügereien im Zusammenhang mit Bohrsystemen zur unterirdischen Kabelverlegung entstand, wie der Hauptangeklagte bei der Aufnahme des diesbezüglichen Gerichtsverfahrens im September 2001 in seinem Geständnis offenbarte, ein Gesamtschaden von etwa zwei Mrd. Euro.[30] Kreditbanken, Leasing- und Fondsgesellschaften wurden durch Bilanzmanipulationen, gefälschte Kontoauszüge sowie durch Falschangaben über einen teilweise real nicht existierenden Maschinenpark ebenso getäuscht wie Wirtschaftprüfungs-Gesellschaften und Rating-Agenturen.[31]

Dieses Praxisbeispiel zeigt, dass auch durch eine eingehende individuelle Kreditwürdigkeitsprüfung unter Hinzuziehung verschiedenster interner und externer Wissensquellen sowie Prüfinstanzen und -verfahren nicht zwingend gewährleistet ist, dass ein Kreditkunde seinen Zahlungsverpflichtungen auch tatsächlich nachkommt. Das Risiko einer missbräuchlichen Ausnutzung des Wissensvorsprungs durch einen Kreditnehmer kann demnach allenfalls minimiert, jedoch nicht gänzlich ausgeschlossen werden. Vielleicht, so lautete seinerzeit die resümierende Einschätzung eines maßgeblich involvierten Bankmanagers, „muss ein solcher Fall die Banken wieder auf die alten Kredittugenden zurück-

---

27 Vgl. Hartmann-Wendels/Pfingsten/Weber, Bankbetriebslehre, S. 152.

28 Vgl. Schierenbeck/Hölscher, BankAssurance, S. 439.

29 Neben der „Schutzgemeinschaft für allgemeine Kreditsicherung" (**SCHUFA**), die 1927 als Gesellschaft bürgerlichen Rechts gegründet wurde, haben sich in jüngster Zeit einige Mitbewerber etabliert (z. B. die „Informa-Gruppe" oder die „Creditreform"), die neben dem traditionellen Kreditinformationsbereich auch integrierte Konzepte wie „Scoring" oder „Database-Management" anbieten. Vgl. Stein, Herausforderungen, S. 554 f.

30 Vgl. o. V., Flowtex, S. 23.

31 Vgl. o. V., Geständnis, S. 31.

weisen: auf das Gefühl für Menschen – auf den Bauch.“[32] Dieses Zitat verdeutlicht, dass das Erfahrungswissen, das **implizite Wissen eines Bankmanagers,** welches sich in intuitiv richtigen oder mit Fingerspitzengefühl getroffenen Entscheidungen manifestiert, von einer nicht zu unterschätzenden Bedeutung ist – für die Bank im Allgemeinen und die bankbetriebliche Wissensbasis im Besonderen.[33]

Am Beispiel der bankbetrieblichen Kreditwürdigkeitsprüfung konnte aufgezeigt werden, dass zur Bewältigung einzelner Problemstellungen in Kreditinstituten ausgesprochen viele verschiedene Wissensquellen in Betracht kommen können. Ferner wurde deutlich, dass die unterschiedlichen, für einen bestimmten bankbetrieblichen Geschäftsvorfall relevanten Wissensbestände einer eingehenden Prüfung unterzogen werden sollten, da mit teilweise widersprüchlichen Informationen oder sogar – wie der kurze Blick auf das Praxisbeispiel der Firma „Fowtex“ gezeigt hat – mit gezielten Falschaussagen und -angaben gerechnet werden muss. Dieses **Sorgfaltsgebot in Bezug auf bankbetriebliches Wissen** sowie in Bezug auf die Quellen, denen dieses Wissen entstammt, gilt nicht nur für den Bereich der Kreditwürdigkeitsprüfung, sondern darüber hinaus ebenfalls für alle übrigen bankbetrieblichen Geschäftsfelder.

Nach den Veränderungen in der Umwelt der Wissensbasis und den Veränderungen in der Verfügbarkeit von Wissensträgern oder Wissensressourcen soll als letzter möglicher Bestimmungsfaktor der Transformationsprozesse innerhalb der bankbetrieblichen Wissensbasis die **Veränderung der Wissensinhalte** betrachtet werden. Hierzu ist zunächst in Erinnerung zu rufen, dass sich das für einen bestimmten Prozess oder für ein bestimmtes Projekt relevante Wissen aufgrund seiner Veralterung oder aufgrund der Veränderung anderer Variablen in irrelevantes Wissen verwandeln kann.[34] Es ist demnach erforderlich, im Rahmen der Wissensidentifikation permanent auf der Suche nach relevantem, aktuellem organisationalen Wissen zu sein.

Für den Bereich der Kreditinstitute kann festgestellt werden, dass das bankbetrieblich relevante Wissen **besonders vielfältigen** und **ausgeprägten Veränderungsprozessen** unterworfen ist. Dies ist zum einen mit der Tatsache begründbar, dass eine Vielzahl der bankbetrieblichen Geschäftstätigkeiten von stets auf aktuellem Stand gehaltenen Daten und Informationen abhängig ist. Zu denken wäre in diesem Zusammenhang bspw. an aktuelle Geldanlage- und Refinanzierungsmöglichkeiten, Wechselkursschwankungen oder Wertpapiervolatilitäten.

---

32 O. V., BW-Bank, S. 26. Im Original in alter Rechtschreibung. Die Aussage stammt von Frank Heintzeler, dem seinerzeit designierten Präsidenten des Bundesverbandes deutscher Banken. Vgl. auch o. V., Flowtex, S. 23.

33 Vgl. hierzu Schanz, Manager, S. 73 ff. sowie die Ausführungen in Abs. 3.3. dieser Arbeit.

34 Vgl. hierzu nochmals den Abs. 2.1.2.

Zum anderen ist das Wissen um die eigenen innovativen Bankprodukte und Geschäftsprozesse, die derzeitigen (sowie die zukünftigen) Bedürfnisse der Bankkundschaft oder die Kompetenzen der eigenen Mitarbeiter ein wesentlicher strategischer Erfolgsfaktor der Kreditinstitute.[35]

Ferner sei daran erinnert, dass insbesondere auch die Rahmenbedingungen des Banken- und Finanzmarktes durch dynamische Veränderungsprozesse gekennzeichnet sind.[36] So gilt es, das Wissen über Entwicklungen der bankbetrieblichen Informations- und Kommunikationstechnologie sowie über gesellschaftspolitische Tendenzen und rechtliche Regularien ständig auf aktuellem Stand zu halten. Diesbezüglich können die Einführung der einheitlichen Europäischen Währung 'Euro' im Jahr 2002 sowie die unter dem Stichwort 'Basel II' derzeit diskutierten und planmäßig im Jahr 2005 umzusetzenden Maßnahmen als tiefgreifende Veränderungsprozesse bezeichnet werden, die den einzelnen Kreditinstituten eine rechtzeitige Aneignung des dazu erforderlichen Wissens auferlegen.[37]

3.1.2. Transformationsprozesse der bankbetrieblichen Wissensbasis

Zum Abschluss des letzten Unterabschnitts wurden die Veränderungen des bankbetrieblichen Wissens, die Veränderungen der relevanten Wissensinhalte, charakterisiert. Eine mögliche (und aus der Sicht des Wissensmanagements durchaus anzustrebende) Reaktion auf diese Veränderungen besteht darin, sich das neue, aktualisierte Wissen auf individueller oder organisationaler Ebene anzueignen. Bei dieser Wissensaneignung kann von einem Vorgang des Lernens gesprochen werden. Ausgehend von dem dieser Studie zu Grunde liegenden methodologischen Individualismus[38] soll im Folgenden zunächst das individuelle Lernen näher betrachtet werden, bevor im weiteren Verlauf dieses Abschnitts die Transformationsprozesse der bankbetrieblichen Wissensbasis – unter Zuhilfenahme des bereits erläuterten Schichtenmodells – dargelegt, als Formen organisationalen Lernens interpretiert und hinsichtlich möglicher Gestaltungsmaßnahmen zur Wissensentwicklung in Banken analysiert werden.

Oftmals wird das individuelle Lernen beschrieben als ein „Vorgang, durch den eine Aktivität im Gefolge von Reaktionen des Organismus auf eine Umweltsi-

---

35 Vgl. Breuer, Wissensmanagement, Sp. 2305.

36 Vgl. Abs. 2.1.2.

37 Der Begriff **'Basel II'** wird in Abs. 3.3.2. unter dem Gesichtspunkt der Wissensentwicklung durch externe Institutionen erneut ausgegriffen und näher dargestellt.

38 Vgl. diesbezüglich die knappe methodologische Grundpositionierung in der Einleitung dieser Arbeit.

tuation entsteht oder verändert wird. Dies gilt jedoch nur, wenn sich die Art der Aktivitätsänderung nicht auf der Grundlage angeborener Reaktionstendenzen, von Reifung oder von zeitweiligen organismischen Zuständen (z. B. Ermüdung, Drogen usw.) erklären lässt."[39] Dieses Verständnis des Lernens ist den sog. **behavioristischen Lerntheorien** zuzuordnen, deren Grundschema in der Abbildung 10 dargestellt wird.[40] Die behavioristischen Lerntheorien beruhen auf der grundsätzlichen Annahme, dass ein äußerer Anreiz („Stimulus") eine Verhaltensreaktion („Response") eines Individuums hervorruft.[41] Die Anpassungsreaktion des Organismus auf neue oder sich verändernde Umweltbedingungen wird demnach als Lernen interpretiert.

Abb. 10: Grundschema behavioristischer Lerntheorien[42]

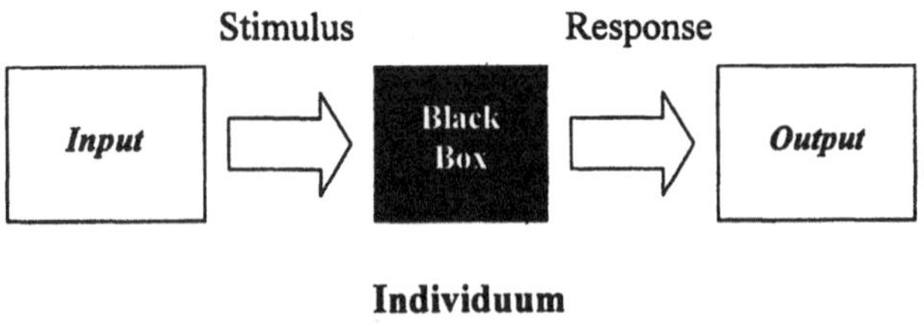

Betrachtet man allerdings, wie in den behavioristischen Lerntheorien üblich, lediglich das nach außen sichtbar werdende Verhalten eines Individuums, so ist der eigentliche Lernvorgang, also der zwischen Stimulus und Response ablaufende Prozess, bereits abgeschlossen. Der **Prozess des Lernens** selbst ist somit nicht beobachtbar, er findet gewissermaßen, wie in der Abbildung veranschaulicht, in einer „Black Box" statt.[43] Da es jedoch im Zusammenhang mit der Wissensentwicklung von besonderem Interesse ist, auf welche Art und Weise sich das individuelle Lernen vollzieht und wie dieses möglicherweise durch gezielte Maßnahmen unterstützt und begünstigt werden kann, ist eine etwas genauere Untersuchung der individuellen Lernprozesse innerhalb dieser Black Box zweckdienlich.

---

39 Hilgard/Bowler, Theorien, S. 16, im Original in alter Rechtschreibung.

40 Als **behavioristisch** wird eine Strömung der Psychologie bezeichnet, die sich um 1910 in den USA entwickelt hat und die ausschließlich das beobachtbare Verhalten von Lebewesen untersucht und interpretiert. Vgl. Steiner, Lerntheorien, Sp. 1265. Vgl. grundlegend hierzu bspw. Skinner, Verhaltenswissenschaft, S. 187 ff.

41 Vgl. Joerger, Lernpsychologie, S. 16.

42 Quelle der Abb. 10: Modifiziert nach Joerger, Lernpsychologie, S. 32 und Güldenberg, Wissenscontrolling, S. 79.

43 Vgl. bspw. Wiswede, Wirtschaftspsychologie, S. 54.

Lernen vollzieht sich bei näherer Betrachtung im Inneren des Menschen, genauer gesagt im **menschlichen Gehirn.**[44] Letztlich ist das individuelle Lernen auf die kognitiven Prozesse im Gehirn eines Individuums zurückzuführen, die wiederum auf der Bildung und Verstärkung synaptischer Verbindungen, auf neuronalen Verknüpfungen, beruhen.[45] Das Lernen kann dabei, wie bspw. auch Empfindungen, Wahrnehmungen, Bewusstsein oder Gedächtnisfähigkeit, als Emergenzleistung des Gehirns bezeichnet werden.[46]

Mit derartigen im Organismus des Menschen stattfindenden Prozessen beschäftigen sich unter anderem die **kognitiven Lerntheorien**. Im Gegensatz zur behavioristischen Sichtweise, bei der sich die Erklärungsansätze eher an physikalisch-physiologischen Reaktionen des Organismus auf bestimmte Reize orientieren, werden Umweltgegebenheiten und Anreizwirkungen bei den kognitiven Theorien vornehmlich danach beschrieben, wie das einzelne Individuum sie erlebt und empfindet.[47] Durch diese Betrachtungsweise können über die äußerlich beobachtbaren Verhaltensmuster oder motorischen Fertigkeiten hinaus auch so genannte höhere Lernprozesse, wie bspw. die Entwicklung von begrifflichem Wissen oder von Verfahrenswissen erfasst werden.[48]

Zu den oben angesprochenen Emergenzleistungen des menschlichen Gehirns ist auch die Motivation zu zählen. Unter Motivation versteht man im Allgemeinen einen „Sammelbegriff für vielerlei Prozesse und Effekte, deren gemeinsamer Kern darin besteht, dass ein Lebewesen sein Verhalten um der erwarteten Folgen willen auswählt und hinsichtlich Richtung und Energieaufwand steuert."[49] Von den vielfältigen möglichen Anwendungsbereichen der Motivationsforschung sind für das hier zu verfolgende Untersuchungsanliegen zwei Aspekte von besonderem Interesse. Beim ersten dieser beiden Aspekte handelt es sich um die sog. **Leistungsmotivation** eines Individuums.

Nach J. W. ATKINSON ist das leistungsorientierte Verhalten einer Person grundsätzlich abhängig von der individuellen Abwägung zwischen den aus der Handlung möglicherweise resultierenden **Erfolgs- und Misserfolgsempfindungen.**[50] Damit besteht die individuelle Leistungsmotivation einerseits aus dem Streben eines Menschen, eine Leistung erfolgreich zu vollbringen und mit Stolz auf diese zu reagieren sowie andererseits aus dem Bedürfnis, Misserfolg und die damit möglicherweise verbundenen Scham- oder Betroffenheitsempfindungen zu

44 Vgl. Güldenberg, Wissenscontrolling, S. 81.
45 Vgl. Schanz, Personalwirtschaftslehre, S. 80 f.
46 Vgl. Schanz, Manager, S. 42 sowie den Abs. 2.2.2. dieser Arbeit.
47 Vgl. Joerger, Lernpsychologie, S. 32.
48 Vgl. Steiner, Lerntheorien, Sp. 1264 f.
49 Heckhausen, Motivation, S. 10. Im Original in alter Rechtschreibung.
50 Vgl. Atkinson, Motivationsforschung, S. 391 ff.

vermeiden.[51] Übertragen auf die Arbeitswelt ist mit der Leistungsmotivation beispielsweise der Ansporn eines Mitarbeiters gemeint, die ihm organisationsseitig vorgegebenen Zielsetzungen zu erfüllen oder diese gar zu übertreffen.

Der zweite hervorzuhebende und im weiteren Verlauf dieses Kapitels besonders interessierende Aspekt ist die **Lernmotivation**, also das Bestreben eines Individuums, sich Wissen anzueignen.[52] Die innere Antriebskraft des Menschen, seine intellektuelle Neugier, sich mit unbekannten Dingen und Situationen auseinander zu setzen, kann dabei als grundlegende Voraussetzung des Lernens angesehen werden.[53] Dennoch gilt auch für den Bereich der Lernmotivation, dass das zielgerichtete Verhalten des Menschen (in diesem Fall die Aneignung von Wissen) insbesondere durch die zu erwartenden individuellen Erfolgs- oder Misserfolgsempfindungen bestimmt wird. Aus organisationaler Perspektive ergibt sich aus diesen beiden soeben dargelegten Aspekten der Motivationsforschung die prinzipielle Möglichkeit, sowohl auf die Leistungs- als auch auf die Lernmotivation von Mitarbeitern beispielsweise mittels einer dementsprechend ausgerichteten Personalführung oder durch die Ausgestaltung von betrieblichen Anreizsystemen positiv einzuwirken.[54]

Zu den ersten, die lerntheoretische Überlegungen auf Organisationen übertragen und angewendet haben, gehörten J. G. MARCH und J. P. OLSEN.[55] In Anlehnung an den behavioristischen Theoriesatz haben sie ein Konzept des **organisationalen Lernens** vorgelegt, das auf wechselseitigen Reaktionen zwischen Organisationen und sich verändernden Umweltzuständen beruht. Ausgehend von den individuellen Präferenzen und Perzeptionen der Organisationsmitglieder, die bspw. durch die Teilnahme an organisationalen Entscheidungsprozessen in das betriebliche Geschehen einfließen, werden die hieraus resultierenden Handlungen der Unternehmen[56] ihrerseits als Stimuli für die Organisationsumwelt interpretiert.[57] Diese sich verändernden Umweltbedingungen wirken wiederum über die individuellen Kognitionen und Problemwahrnehmungen der Organisationsmitglieder auf die Entscheidungen bzw. Handlungen der Unternehmen ein, so

---

51 Vgl. Atkinson, Motivationsforschung, S. 396.

52 Vgl. hierzu bspw. Schlag, Leistungsmotivation, S. 24. f.

53 Vgl. Joerger, Lernpsychologie, S. 19 sowie Schanz, Manager, S. 50 f.

54 Mögliche Ausgestaltungsformen von bankbetrieblichen Anreizsystemen werden in Abs. 3.3.3. dargestellt.

55 Vgl. March/Olsen, Ambiguity, S. 12 ff.

56 Es sei daran erinnert, dass aus methodologischen Überlegungen Organisationen im Prinzip weder selbstständig zu handeln noch zu lernen in der Lage sind. Deshalb soll vom **Quasiverhalten** von Organisationen gesprochen werden. Vgl. hierzu nochmals den Abs. 2.2.2.

57 Vgl. Schreyögg, Organisation, S. 529.

dass von einem andauernden organisationalen Lernprozess gesprochen werden kann.[58]

In Bezug auf den in dieser Studie darzustellenden Problemkontext kann das organisationale Lernen als ein Prozess der Veränderung und Entwicklung der Wissensbasis von Unternehmen verstanden werden, der die Verbesserung der Problemlösungs- und Handlungskompetenzen der einzelnen Organisationsmitglieder zum Ziel hat.[59] Anhand des an anderer Stelle dieser Arbeit bereits vorgestellten Schichtenmodells lassen sich verschiedene **Transformationsprozesse innerhalb der organisationalen Wissensbasis** aufzeigen, die als Ausprägungsformen des organisationalen Lernens anzusehen sind. Nach PAUTZKE können insgesamt fünf verschiedene Transformations- bzw. Lernprozesse innerhalb der Wissensbasis von Unternehmen identifiziert werden, von denen in der Abb. 11 aus Gründen der Übersichtlichkeit zunächst vier dargestellt sind.

Abb. 11: Transformationsprozesse der bankbetrieblichen Wissensbasis[60]

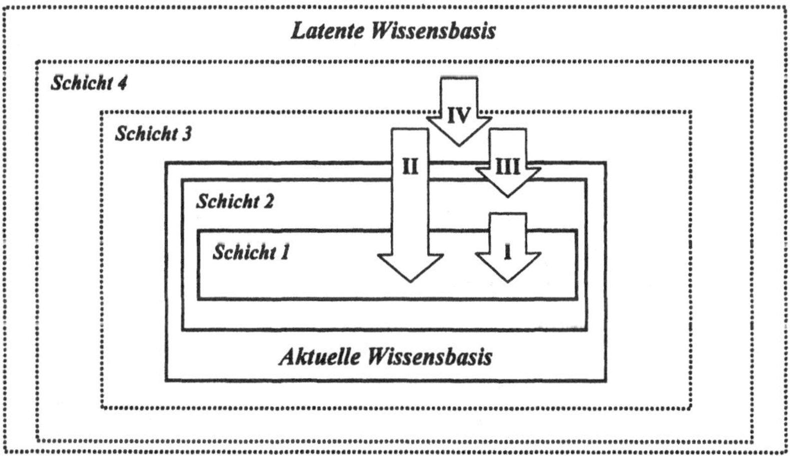

Der erste zu betrachtende Transformationsprozess bezieht sich auf die Übertragung des der Organisation zugänglichen individuellen Wissens (Schicht 2) in

[58] Vgl. Mach/Olsen, Learning, S. 149 f.
[59] Vgl. Probst/Büchel, Lernen, S. 17.
[60] Quelle der Abb. 11: Modifiziert nach Pautzke, Wissensbasis, S. 113. Die einzelnen Transformations- bzw. Lernprozesse sind mit römischen Ziffern bezeichnet.

solche Wissensbestandteile, die von allen geteilt werden (Schicht 1). Durch diesen Vorgang wird das individuelle Wissen eines Mitarbeiters für alle Organisationsmitglieder zugänglich gemacht und ist somit letztlich unabhängig vom ursprünglichen Wissensträger verfügbar.[61] Mit dieser Kollektivierung individuellen Wissens ist prinzipiell gewährleistet, dass der Organisation Wissensressourcen auch bei einem etwaigen Weggang des betreffenden Wissensträgers erhalten bleiben. Da es sich bei diesem ersten Lernprozess um einen Vorgang handelt, der innerhalb der aktuellen organisationalen Wissensbasis stattfindet, bleibt der Umfang des aktuellen organisationalen Wissens unverändert, die Redundanz nimmt hingegen zu.[62]

Dieser erste organsationale Lernprozess könnte beispielsweise durch eine **Formalisierung des individuellen Wissens** in Gang gesetzt werden, wobei neben Instrumenten der Verhaltensformalisierung, wie z. B. Aufgabenfolgeplänen oder Verhaltensanweisungen, vor allem auch die Wissensspeicherung und das Dokumenten-Management im Rahmen der modernen EDV-Technologie in Betracht zu ziehen sind.[63] Für den Bereich der Kreditinstitute ist hierbei allerdings zu beachten, dass aufgrund des erforderlichen kunden- und situationsspezifischen Einsatzes des Wissens eine über die elektronischen Speicherfunktionen herkömmlicher Datenbanksysteme hinausgehende Anwendungs-Konfiguration notwendig erscheint. Um dies gewährleisten zu können, ist vor allem an den Einsatz so genannter Organizational Memory-Systeme („OMS") zu denken, die in der Lage sind, einen Bankmitarbeiter – beispielsweise bei einer individuellen Kundenberatung – umfassend, schnell und flexibel zu unterstützen.[64]

Wie aus der Abb. 11 ersichtlich, bewirkt der zweite Transformationsprozess, dass das der Organisation bisher nicht zugängliche individuelle Wissen (Schicht 3) in ein von allen geteiltes Wissen (Schicht 1) überführt wird und somit zu einer **Ausweitung der aktuellen organisationalen Wissensbasis** beiträgt.[65] Ebenso führt der dritte Lernprozess zu einer Ausweitung der aktuellen Wissensbasis. Hierbei handelt es sich im Gegensatz zum Prozess II jedoch um eine Wandlung von latent vorhandenem Wissen in organisationsrelevantes individu-

---

61 Vgl. Pautzke, Wissensbasis, S. 114.

62 Vgl. Wiegand, Prozesse, S. 238. Zum Begriff der **Redundanz** vgl. nochmals Abs. 2.2.2. dieser Arbeit.

63 Weiterführende Anmerkungen zur Verhaltenformalisierung finden sich in Abs. 3.2.2.

64 Vgl. Lehner, Memory, S. 325. Das besondere Merkmal der OMS ist darin zu sehen, dass über die Speicherung des Wissens hinaus **menschliche Gedächtnisleistungen** nachempfunden und computertechnisch abgebildet werden sollen. Ob dieses in sinnvoller Weise umgesetzt und im Sinne einer Verbesserung des Wissenstransfers in Kreditinstituten angewendet werden kann, soll in Abs. 5.2. der vorliegenden Arbeit am Beispiel der sog. wissensbasierten Systeme (als Ausprägungsformen der OMS) dargestellt und kritisch hinterfragt werden.

65 Vgl. Pautzke, Wissensbasis, S. 114.

elles Wissen, das beispielsweise im Rahmen der Team- oder Projektarbeit für organisationale Entscheidungsprozesse herangezogen werden kann (Schicht 2).[66] Eine weitergehende Überführung dieser Wissenskomponenten in das von allen organisations-weit geteilte und abrufbare Wissen ist im Anschluss an den Lernvorgang III mittels einer erneuten Aktivierung des Transformationsprozesses I denkbar.

Ein weiterer Transformationsprozess der Wissensbasis von Unternehmen bezieht sich auf die Zuführung von **Wissen aus der organisationalen Umwelt**, über das in der Organisation ein Metawissen vorhanden ist (Schicht 4). Der Zugriff auf derartiges organisationsexternes Wissen kann, wie im vorangegangenen Abschnitt im Zusammenhang mit der bankbetrieblichen Kreditwürdigkeitsprüfung angedeutet, durch die Hinzuziehung externer Experten, beispielsweise Mitarbeitern von Unternehmensberatungs- oder Wirtschaftsprüfungs-Gesellschaften, vonstatten gehen. Ebenfalls denkbar ist eine Hinzugewinnung externen Wissens durch Personaleinstellungen oder Unternehmenszukäufe.[67] Sofern sich an diese Aneignung von externem Wissen Lernprozesse der oben dargestellten Ausprägungsformen I, II oder III anschließen, kann auch bei diesem Transformationsprozess IV von einem Vorgang des organisationalen Lernens gesprochen werden.[68]

3.2. Bankbetriebliche Lernbarrieren und Möglichkeiten ihrer Überwindung

3.2.1. Identifikation bankbetrieblicher Lernbarrieren

Um die soeben beschriebenen Transformations- bzw. Lernprozesse in Gang zu setzen oder unterstützend zu begleiten, sind eine ganze Reihe personalwirtschaftlicher sowie organisationsstruktureller Gestaltungsmaßnahmen vorstellbar. Bevor jedoch einzelne dieser Maßnahmen näher dargestellt und analysiert werden sollen, ist zunächst einmal daran zu denken, bestimmte Hemmnisse und Blockaden des individuellen wie auch des organisationalen Lernens zu identifizieren und schließlich möglichst abzubauen. In diesem Zusammenhang wurden im Verlauf dieser Arbeit bereits die sog. **strukturellen Wissensbarrieren** vor-

---

66 Vgl. Wiegand, Prozesse, S. 238.

67 Vgl. hierzu ausführlich Kapitel 4.

68 Vgl. Pautzke, Wissensbasis, S. 114. Neben den oben beschriebenen Transformationsprozessen enthält das Modell nach PAUTZKE noch einen (in der Abb. 11 nicht dargestellten) **fünften organisationalen Lernprozess**, der darin besteht, das aktuelle, organisationsweit verfügbare Wissen (Schicht 1) fort- bzw. weiterzuentwickeln. Vgl. dazu Pautzke, Wissensbasis, S. 114 u. 162 ff. sowie grundlegend Kirsch, Wegweiser, S. 348 ff.

gestellt, wobei zwischen hierarchischen und funktionalen Barrieren unterschieden wurde.[69] Die hierarchischen und funktionalen Wissensbarrieren führen zu einer Zersplitterung der organisationalen Wissensbasis und blockieren somit den Wissenstransfer und insbesondere die Wissensentwicklung. Demnach können die strukturellen Wissensbarrieren auch als Lernbarrieren interpretiert werden.[70]

Im Folgenden werden im Rahmen einer vertiefenden Darstellung möglicher Lernhemmnisse und Lernblockaden in Banken vor allem die motivationalen und die mikropolitischen Lernbarrieren betrachtet. Einführend soll jedoch zunächst darauf aufmerksam gemacht werden, dass im menschlichen Gehirn, von dem im Vorabschnitt bereits die Rede war, psychologisch-physiologische Prozesse ablaufen, die das individuelle Lernen nicht nur ermöglichen bzw. begünstigen, sondern gegebenenfalls auch behindern können. Die letztgenannten, das individuelle Lernen beeinträchtigenden und im Gehirn eines Menschen zu verortenden Prozesse sollen als **kognitive Lernbarrieren** bezeichnet werden.

Diese Ausprägungsform von Lernbarrieren beruht grundsätzlich auf einem interdependenten Entwicklungsprozess zwischen dem im menschlichen Gedächtnis bereits gespeicherten individuellen Erfahrungswissen sowie denjenigen Wissensbeständen, die durch unterschiedliche Lernprozesse neu hinzugewonnen werden sollen.[71] Der individuelle Wahrnehmungsprozess, dem in diesem Zusammenhang eine besondere Bedeutung zugesprochen wird, ist demzufolge durch das Psychogramm des Wahrnehmenden subjektiv vorgeprägt, oder, etwas einfacher ausgedrückt: „In jedem Wahrnehmungsvorgang ist eine Art Wissen um das Wahrgenommene bereits enthalten."[72]

Diese individuell unterschiedlich ausgeprägten **Wahrnehmungsprozesse** können auf verschiedene Arten kognitive Lernbarrieren hervorrufen. So ist es im Anschluss an das in dieser Arbeit bereits dargestellte Stimulus-Response-Modell[73] denkbar, dass die als Anreiz zum Lernen vorgesehenen Stimuli aufgrund der individuellen Wahrnehmung eines Mitarbeiters nicht als solche interpretiert oder von vornherein ignoriert werden. Dies ist insbesondere für den Fall zu vermuten, wenn ein direkter Zusammenhang zwischen dem Stimulus und dem vorliegenden Problemkontext nicht gegeben bzw. nicht (sofort) erkennbar ist.[74] Des Weiteren kann auf den Umstand verwiesen werden, dass es bei unzureichenden Grundkenntnissen oder einseitigen Erfahrungen bezüglich eines zu

---

69 Vgl. Abs. 2.3.3.
70 Vgl. Güldenberg, Lernbarrieren, S. 231.
71 Vgl. Schüppel, Lernbarrieren, S. 124.
72 Joerger, Lernpsychologie, S. 76.
73 Vgl. hierzu nochmals den Abs. 3.1.2., insbesondere die dortige Abb. 10.
74 Vgl. Sorg, Informationspathologien, S. 289.

erlernenden Sachbereichs zu einer geringen kognitiven Verarbeitungskapazität und daraus resultierend zu einer Informationsüberlastung kommen kann.[75] Personen, die bereits über spezifische Vorkenntnisse verfügen, sind demnach eher in der Lage, auch bei einem großen Informationsangebot besonders relevante Teilaspekte herauszufiltern, der individuelle Wahrnehmungsprozess fällt somit differenzierter aus.[76]

Für die **bankbetriebliche Wissensentwicklung** spielen die soeben skizzierten kognitiven Lernbarrieren in zweierlei Hinsicht eine wichtige Rolle. Zum einen könnte im Hinblick auf die individuell unterschiedlichen Wahrnehmungskapazitäten die Reichhaltigkeit (bzw. die kognitive Komplexität) des zu vermittelnden Wissens zielgruppenspezifisch dosiert werden.[77] Auf diese Weise würde dem Umstand Rechnung getragen, dass insbesondere in Banken von hochgradig spezialisierten Experten – bspw. in den Bereichen der Wertpapieranalyse oder des Auslandsgeschäfts – bis hin zu mit breit angelegtem Basiswissen ausgestatteten Generalisten außerordentlich vielschichtige Qualifikations- und Anforderungs-profile zu verzeichnen sind.[78] Zum anderen gilt es in Bezug auf die Stimulus-Response-Überlegungen, die Lernanreize adäquat auszuwählen und einzusetzen. Dies betrifft einerseits die Anreizwirkung der bei der Wissensvermittlung zur Anwendung kommenden didaktischen Hilfsmittel, wie etwa audiovisuelle Unterstützungsmaßnahmen, sowie andererseits die möglicherweise an einen Lernerfolg gekoppelten organisationalen Anreizmechanismen.[79]

Im Anschluss an die oben dargestellten kognitiven Lernbarrieren sollen nun Blockaden der Wissensentwicklung etwas näher betrachtet werden, die in der Motivation von Menschen begründet sind. Im Rahmen der Ausführungen dieses Kapitels wurde diesbezüglich bereits angedeutet, dass die Bereitschaft eines Individuums zur Aneignung von Wissen – die Lernmotivation also – wesentlich durch die aus dem Lernverhalten resultierenden Erfolgs- oder Misserfolgsempfindungen beeinflusst wird.[80] Anknüpfend an diese Erkenntnis soll im Folgenden vertiefend dargelegt werden, auf welche Weise die **motivationalen Lernbarrieren** diese Bereitschaft zur Wissensaneignung zu beeinträchtigen in der Lage sind. In diesem Zusammenhang ist neben der bereits angesprochenen Bereitschaft von Mitarbeitern zur Wissensaufnahme ebenso auf die Bereitschaft von Wissensträgern zur Weitergabe des relevanten Wissens aufmerksam zu machen.

---

75 Vgl. Scholl, Informationspathologien, S. 904.
76 Vgl. Joerger, Lernpsychologie, S. 76.
77 Vgl. Scholl, Informationspathologien, Sp. 904.
78 Vgl. Reinboth/Leonardi, Weiterbildung, Sp. 1974. Die **Qualifikations- und Anforderungsprofile** in Banken werden in Abs. 3.3. ausführlicher betrachtet.
79 Vgl. hierzu den Abs. 3.3.3.
80 Vgl. nochmals den Abs. 3.1.2.

Grundsätzlich ist von einer **Bereitschaft zur Aufnahme von Wissen** auszugehen, wenn ein Individuum erwartet, auf diese Weise seine persönlichen Ziele erreichen zu können bzw. seine individuellen Bedürfnisse zu befriedigen.[81] Demnach kann von einer motivationalen Lernbarriere dann gesprochen werden, wenn die Wahrscheinlichkeit, mit dem Lernverhalten eine erwünschte Gratifikation zu erlangen, subjektiv als sehr gering oder als nicht vorhanden eingeschätzt wird. Der Begriff der Gratifikation umfasst dabei sowohl monetäre als auch nicht-monetäre Aspekte.[82] Beispielsweise ist davon auszugehen, dass ein Bankmitarbeiter besonders dann zur Aufnahme und Anwendung von neuem Wissen bereit ist, wenn ihm dieses die Erfüllung einer spezifischen Aufgabenstellung ermöglicht oder erleichtert, und er somit in den Genuss der damit verbundenen Entgeltzahlung oder besonderen Bonifikationen kommen kann. Andererseits kann aber auch die Möglichkeit zu sozialen Kontakten innerhalb von Lerngruppen oder die Übermittlung von Lob und Anerkennung durch den Lehrenden die individuelle Lernbereitschaft steigern bzw. die motivationalen Lernbarrieren abbauen.[83]

Darüber hinaus ist die Motivation zur Adaption von Wissen auch an bestimmte individuelle Vergangenheitserfahrungen gekoppelt. Stellt sich beispielsweise mit den in der Vergangenheit gemachten Erfahrungen eines Menschen eine grundsätzliche **Zufriedenheit** mit den bislang vorherrschenden (Arbeits-)Bedingungen ein, so könnten die daraus resultierenden Bewahrungstendenzen das Aufgreifen neuer (Lern-)Stimuli gegebenenfalls verhindern.[84] Die Zufriedenheit mit der gegenwärtig vorherrschenden Situation würde somit als motivationale Lernbarriere die Aufnahme neuen Wissens beeinträchtigen. Dadurch könnten die Entwicklung neuer Ideen oder betrieblicher Innovationen blockiert werden, die insbesondere in dem durch eine hohe Komplexität und Dynamik gekennzeichneten Bankenmarkt zur Stärkung der Wettbewerbsposition der einzelnen Kreditinstitute von großem Nutzen sind.[85] Einschränkend bleibt allerdings anzumerken, dass der Umkehrschluss, also eine stark ausgeprägte Lernmotivation in Folge einer bestehenden Unzufriedenheit mit den vorherrschenden Arbeitsbedingungen, nicht zwingend gilt.[86]

---

81 Vgl. Justus, Wissenstransfer, S. 101.

82 Vgl. Schanz, Personalwirtschaftslehre, S. 148 sowie grundlegend Schanz, Grundlagen, S. 97 ff.

83 Vgl. Schlag, Leistungsmotivation, S. 18.

84 Vgl. Schüppel, Lernbarrieren, S. 130.

85 Vgl. Probst/Raub/Romhardt, Wissen, S. 182 f. Die Autoren bezeichnen derartige, auf individuenspezifischen Abwehrreaktionen gegenüber fremden und neuen Gedanken basierende Wissenshemmnisse treffend als **Innovationsbarrieren.**

86 Vgl. hierzu Schanz, Personalwirtschaftslehre, S. 154 ff.

Neben der Bereitschaft zur Wissensaufnahme ist auch die **Bereitschaft zur Weitergabe von Wissen** als eine weitere Spielart der motivationalen Lernbarrieren von besonderer Bedeutung für die bankbetriebliche Wissensentwicklung. Hierzu ist zunächst in Erinnerung zu rufen, dass das Wissen – insbesondere in seiner impliziten Ausprägungsform – oftmals eng an die Person des Wissensträgers gebunden ist. Die Bereitschaft zur Offenlegung und Weitergabe von Wissen ist damit unter anderem von den persönlichen Bedürfnissen und Interessen des Wissensträgers abhängig.[87] Erwartet ein Mitarbeiter beispielsweise, dass die Weitergabe seines Wissens zu zusätzlichen Abstimmungs- und Kommunikationsprozessen und damit zu einer Komplizierung und Belastung des eigenen Arbeitsbereiches führt, könnte er geneigt sein, dieses Wissen nicht preiszugeben.[88] Ebenfalls denkbar ist eine Wissenszurückhaltung aus Angst, hierdurch die eigene Stellung innerhalb der Organisation zu gefährden.[89]

Derartige Tendenzen der Wissenszurückhaltung lassen sich u. a. mit dem menschlichen Bestreben begründen, unangenehme oder nur schwer zu kontrollierende Situationen möglichst zu vermeiden. Nach C. ARGYRIS entwickeln Individuen bereits in früher Kindheit **Handlungsstrategien**, um Situationen, die als besonders peinlich oder gar bedrohlich empfunden werden, möglichst zu verhindern oder geschickt zu umgehen.[90] Zu den aus diesen Handlungsstrategien abgeleiteten Verhaltensmustern sind beispielsweise unvollständige oder vage Auskünfte, verzerrte Erklärungen oder auch gezielte Auslassungen zu zählen.[91] In Organisationen ist diese Verhaltensstrategie zum Beispiel in argumentativen Auseinandersetzungen zu beobachten, bei denen sich ein Diskussionspartner auf allgemein akzeptierte Grundpositionen zurückzieht und somit gezielt relevantes Wissen vorenthält.[92] Treten derartige Verhaltensstrategien in Unternehmen häufig und über längere Zeiträume auf, besteht die Gefahr, dass diese als so genannte „defensive Routinen" zu einem dauerhaften, das Lernen behindernden Element der organisationalen Wissensbasis werden.[93]

Ähnliche Verhaltensmuster sind in Kreditinstituten beispielsweise erkennbar, wenn Träger von sog. **Expertenwissen** miteinander interagieren. In Banken existiert eine Vielzahl unterschiedlicher Mitarbeiterprofile, die als Experten oder Spezialisten eines bestimmten Bereichs bezeichnet werden können. Dabei han-

---

87 Vgl. Justus, Wissenstransfer, S. 133.

88 Vgl. Lullies/Bollinger/Weltz, Wissenslogistik, S. 63 f.

89 Vgl. Probst/Raub/Romhardt, Wissen, S. 158.

90 Vgl. Argyris, Defenses, S. 12 ff. Der Autor bezeichnet den oben beschriebenen Handlungsmechanismus als **Skilled Incompetence**. In deutscher Übersetzung kann von „geschickter Unfähigkeit" gesprochen werden. Vgl. Probst/Büchel, Lernen, S. 75.

91 Vgl. Probst/Büchel, Lernen, S. 75.

92 Vgl. Schüppel, Lernbarrieren, S. 140.

93 Vgl. Argyris, Defenses, S. 25 ff.

delt es sich einerseits um Produktspezialisten, wie zum Beispiel im Kreditgeschäft, in der Anlageberatung sowie im Wertpapier- oder Auslandsgeschäft, und andererseits um Methodenspezialisten der EDV, Organisation, des Marketing oder Controlling.[94] Entstehen bei der kommunikativen Interaktion zwischen Spezialisten desselben Fachbereichs oder einer gemeinsamen Projektgruppe Meinungsverschiedenheiten, so ist eine Störung der gemeinschaftlichen Wissensentwicklung nicht auszuschließen.[95] Bei grundlegenden Differenzen findet ein Wissensaustausch zwischen den betroffenen Mitarbeitern oftmals nicht (mehr) statt, da Diskussionen tendenziell schnell beendet oder erst gar nicht begonnen werden.[96]

Die Bereitschaft zur Wissensweitergabe ist auch dann gefährdet, wenn **Spezialisten aus verschiedenen Funktionsbereichen** miteinander kommunizieren. Weil die beruflichen Denkkategorien unterschiedliche Teilaspekte des betrieblichen Geschehens abdecken, können Verständigungsschwierigkeiten auftreten und die Toleranzgrenze für Meinungsverschiedenheiten kann leichter überschritten werden.[97] In Banken könnte dies beispielsweise im Firmenkundengeschäft evident werden, wenn im Rahmen eines einzelnen Kundenbetreuungsprozesses eine ganze Reihe unterschiedlicher Bankleistungen in Anspruch genommen werden sollen. Dabei könnte es sich zum Beispiel ergeben, dass Produktspezialisten aus den Bereichen Electronic Banking, Wertpapiermanagement und Auslandsgeschäft mit den bankbetrieblichen Ressorts 'Recht' und 'Controlling' interagieren müssen, wobei es ggf. zu den oben beschriebenen Verständigungsschwierigkeiten kommen kann.[98]

Bei dieser funktionsübergreifenden Sichtweise der bankbetrieblichen Wissensentwicklung erscheint ein Abbau von Lernbarrieren als besonders erforderlich. Einerseits ist die reibungslose und schnelle Zusammenarbeit zwischen bankbetrieblichen Vertriebs- und Zentralstellen eine wichtige Voraussetzung für die kundenorientierte Servicequalität der Institute[99], andererseits kann ein lernwilliger Bankmitarbeiter von anders ausgebildeten oder auch von anders denkenden Kollegen der unterschiedlichen bankbetrieblichen Geschäftsfelder und Ressorts besonders profitieren.[100] Die Bereitschaft der Träger bankbetrieblichen Expertenwissens zum Meinungsaustausch bzw. zur Wissensübermittlung kann bei-

94 Vgl. Priewasser, Bankbetriebslehre, S. 327.
95 Vgl. hierzu grundlegend Festinger, Dissonanz, S. 177 ff.
96 Vgl. Scholl, Informationspathologien, Sp. 906.
97 Vgl. Scholl, Informationspathologien, Sp. 906.
98 Inwieweit ein bankbetrieblicher **Relationship-Manager** möglicherweise zu einem Abbau derartiger Koordinations- und Kommunikationsprobleme im Firmenkundengeschäft der Kreditinstitute beitragen kann, soll im folgenden Abs. 3.2.2. gezeigt werden.
99 Vgl. Kövesi-Grafinger/Schmoll, Wettbewerbsfaktor, S. 136.
100 Vgl. Scholl, Informationspathologien, Sp. 906.

spielsweise durch adäquate **Anreizsysteme** oder eine entsprechend ausgerichtete **Unternehmenskultur** der Banken unterstützt werden.[101]

Insbesondere bei den bankbetrieblichen Experten und Spezialisten kommen neben der oben beschriebenen motivational bedingten Wissenszurückhaltung ebenso (macht-)politische Erwägungen in Betracht, auf die zum Abschluss dieses Unterabschnitts in knapper Form aufmerksam gemacht werden soll. Bei den so genannten **mikropolitischen Barrieren**, der dritten und letzten anzusprechenden Ausprägungsform von bankbetrieblichen Lernbarrieren, geht es um die Versuche von Mitarbeitern, durch den gezielten Einsatz von Wissen oder auch durch eine bewusste Verweigerung der Wissensweitergabe, Einfluss und Macht innerhalb von betrieblichen Handlungskonstellationen zu erlangen.[102] Das Spektrum dieses auch als mikropolitisches Verhalten zu bezeichnenden Taktierens mit dem Faktor 'Wissen' reicht dabei von der Zurückhaltung relevanten Wissens über gezielte Indiskretionen bis hin zu einer übermäßig positiven Darstellung der eigenen Leistungen eines Mitarbeiters.[103] Ein Fallbeispiel aus der Bankenpraxis soll diesen Abschnitt beschließen und aufzeigen, welche Konsequenzen das machtpolitisch bedingte wissensbezogene Interagieren und Taktieren im Bankenbereich ggf. haben kann.

> „Als bekannt wurde, dass der neue Leiter für den Bereich Investmentbanking von einer kleineren Schweizer Privatbank überwechseln und sein Team mitbringen würde, machte sich Unmut unter den bisherigen Mitarbeitern breit. Einige der hoch qualifizierten Banker der renommierten Großbank glaubten, den Schweizer Kollegen in der Beratung von Unternehmen bei Fusionen, Übernahmen und Finanzierungsfragen weitaus überlegen zu sein und wollten mit ihnen daher nicht auf eine Stufe gestellt werden. Von dieser Argumentation überzeugten sie andere Mitarbeiter. Die Folge: Noch bevor das neu angeheuerte Team mit dem neuen Chef überhaupt seine Tätigkeit in der deutschen Bank aufgenommen hatte und sich bewähren konnte, wechselte eine Gruppe der besten Mitarbeiter zur Konkurrenz über.“[104]

---

101 Vgl. hierzu die Abschnitte 3.3.3. und 4.2.3.

102 Vgl. Lullies/Bollinger/Weltz, Wissenslogistik, S. 233.

103 Vgl. Schanz, Organisationsgestaltung, S. 33.

104 Probst/Knaese, Risikofaktor, S. 49. Im Original in alter Rechtschreibung und teilweise hervorgehoben.

3.2.2. Strukturelle Regelungen zur Überwindung von bankbetrieblichen Lernbarrieren

Der zum Abschluss des Vorabschnitts dargestellte Praxisfall verdeutlicht, dass die bankbetrieblichen Lernbarrieren nicht nur die Wissensentwicklung der Kreditinstitute beeinträchtigen, sondern ebenso Auswirkungen in weiteren Teilprozessen des bankbetrieblichen Wissensmanagements nach sich ziehen können. Der Weggang von hoch qualifizierten Bankmitarbeitern bedeutet für die Kreditinstitute i. d. R. einen Verlust von Expertenwissen und betrifft insbesondere den Teilbereich der bankbetrieblichen Wissensbewahrung. Offensichtlich liegen in dem dargelegten Praxisbeispiel aber auch Defizite in den Bereichen der Wissensakquisition und Wissensintegration vor.[105] Insgesamt erscheint die **Überwindung der bankbetrieblichen Lernbarrieren** demnach ein wesentlicher Teilaspekt der Wissensentwicklung in Kreditinstituten zu sein.

Aus der Vielzahl der im Zusammenhang mit dem Abbau bankbetrieblicher Lernbarrieren vorstellbaren einzelnen Gestaltungsmaßnahmen sollen im Folgenden zunächst die **strukturellen Regelungen** erörtert werden.[106] Die makrostrukturellen Gestaltungsvarianten der Kreditinstitute werden, wie nachfolgend darzulegen ist, von einigen Besonderheiten des Bankenmarktes geprägt und beeinflusst. Als Komponenten der bankbetrieblichen Lateralstruktur werden danach spezielle Verbindungspositionen und Koordinatorenstellen zur Überwindung von bankbetrieblichen Lernbarrieren dargestellt und analysiert. Und schließlich werden die Gestaltungsmöglichkeiten im Rahmen der bankbetrieblichen Mikrostruktur erörtert.

Zunächst einmal ist zu prüfen, welche **makrostrukturellen Gestaltungsalternativen** zur Überwindung der Wissens- und Lernbarrieren in Banken beitragen können. Im Rahmen von makrostrukturellen Weichenstellungen ist in Unternehmen zum einen darüber zu befinden, welche organisationalen Subsysteme zu bilden sind und zum anderen, wie groß diese Subsysteme sein sollen.[107] Erfolgt auf der zweiten Hierarchieebene eine Strukturierung nach dem Verrichtungsprinzip, so ergibt sich eine Funktionalorganisation, die beispielsweise die Teilbereiche Beschaffung, Produktion, Absatz und Finanzierung als organisationale Subsysteme umfassen kann.[108] Orientiert sich die makrostrukturelle Ausrich-

---

105 Vgl. hierzu ausführlich das Kapitel 4 dieser Arbeit.

106 Dem wohl wichtigsten Gestaltungsbereich zur Überwindung der bankbetrieblichen Lernbarrieren, der **Personalentwicklung**, ist der folgende Abschnitt 3.3. gewidmet. Auch wenn nicht uneingeschränkt gezielt beeinflussbar, so spielt auch die **Organisationskultur** eine besondere Rolle bei der Überwindung von Wissensbarrieren. Vgl. hierzu den Abs. 4.2.3.

107 Vgl. Schanz, Organisationsgestaltung, S. 110.

108 Vgl. Schanz, Organisation, Sp. 1466.

tung der Organisation am Objektprinzip oder am Marktprinzip, so ergibt sich eine Divisionalorganisation.[109]

Unterzieht man den Bankensektor einer eingehenderen Betrachtung, so fallen einige Besonderheiten auf, die auf die Bankorganisation in teilweise nicht unerheblichem Maße Einfluss nehmen. So existieren zum einen eine ganze Reihe von **rechtlichen Vorgaben**, die Aussagen über die Ausgestaltung der bankbetrieblichen Makrostruktur treffen. Zu nennen sind insbesondere die Regelungen des Kreditwesengesetzes (KWG) – hier finden sich u. a. spezielle Anforderungen für das Risikocontrolling, die EDV oder die Revision der Banken – sowie weitere Gesetzestexte, wie etwa das Geldwäschegesetz (GwG) oder das Wertpapierhandelsgesetz (WpHG).[110] Das WpHG beschäftigt sich schwerpunktmäßig mit dem Verbot von Insiderhandelsgeschäften und enthält detaillierte Regelungen und Vorschriften zur Verhinderung oder Sanktionierung derselben. In organisationsstruktureller Hinsicht hat dies in Kreditinstituten zu einer Etablierung von Compliance-Abteilungen geführt, die den gesetzestreuen Umgang mit dem bankbetrieblichen Insiderwissen gewährleisten und überwachen sollen.[111]

Neben diesen rechtlichen Bestimmungsfaktoren ist die Makrostruktur eines Kreditinstituts insbesondere von der Zugehörigkeit zu einer Institutsgruppe (z. B. Sparkassenorganisation), vom Umfang der dargebotenen Bankgeschäfte, von der geographischen Ausrichtung der Geschäftstätigkeit oder von den bevorzugten bankbetrieblichen Vertriebskanälen abhängig.[112] In Bezug auf die Vertriebskanäle der Kreditinstitute kann beispielhaft auf die **Direktbanken** aufmerksam gemacht werden, die auf ein stationäres, dezentrales Zweigstellennetz gänzlich verzichten und die Bankleistungen ausschließlich über Post- und Telekommunikationsmedien anbieten.[113]

Als weitere Einflussfaktoren auf die Ausgestaltung der Bankorganisation können die Leistungen und auch die Prozesse der Leistungserstellung genannt werden, die sich, wie im Verlauf dieser Arbeit bereits betont wurde, in einigen wesentlichen Punkten von denen anderer Unternehmen unterscheiden.[114] Da im

---

109 Vgl. Schanz, Organisationsgestaltung, S. 116.

110 Vgl. Hartmann-Wendels/Pfingsten/Weber, Bankbetriebslehre, S. 715.

111 Vgl. hierzu ausführlich den Abs. 5.3.3. dieser Arbeit.

112 Vgl. Gloystein, Bankorganisation, Sp. 206.

113 Vgl. Büschgen, Grundlagen, S. 27 f. Auf die Vertriebswege von Direktbanken wird im Verlauf dieser Arbeit nochmals Bezug genommen. Im Abs. 5.2.2. wird geprüft, inwieweit die beim Direktbanken-Vertrieb zum Einsatz kommenden Informations- und Kommunikationssysteme den **Wissenstransfer** zwischen Bankkunden und Institut gewährleisten können.

114 Es sei in diesem Zusammenhang beispielsweise an die **„Unstofflichkeit" der Bankleistung** sowie an den **monetären Faktor** bei der bankbetrieblichen Leistungserstellung erinnert. Vgl. diesbezüglich nochmals Abs. 2.3.2. der vorliegenden Studie.

Gegensatz zu Industriebetrieben eine klare Trennung zwischen Produktion und Absatz kaum möglich ist, bietet sich für die Kreditinstitute eine verrichtungsorientierte (funktionale) Struktur nur in eingeschränktem Maße an.[115] Lediglich im Bereich der Verwaltung (etwa in den Abteilungen Recht, Personal, Revision, Volkswirtschaft oder EDV) sowie in bestimmten Hilfsbereichen, wie z. B. Geschäftsbuchhaltung, Expedition oder Hausverwaltung, kann eine am Verrichtungsprinzip orientierte Struktur durchaus als sinnvoll eingeschätzt werden.[116] Im Marktbereich der Banken hat sich in zunehmendem Maße die **Divisionalorganisation** durchgesetzt, wobei nach Regionen, nach Leistungsarten oder nach Kundengruppen (z. B. „vermögende Privatkunden") untergliedert werden kann.[117] Die einzelnen Divisionen können dabei als Profit Center, also als weitgehend selbstständige „Teilbanken" mit eigener Gewinnverantwortung, geführt werden.[118]

Aufgrund der Komplexität des Universalbankgeschäfts finden sich in der Bankenpraxis oftmals Strukturmodelle, die sich an mehreren der oben genannten Kriterien orientieren.[119] Als makrostrukturelle Gestaltungsalternative bietet sich dabei die **Matrix-Organisation** an.[120] Bei einer Matrix-Organisation kommen mindestens zwei strukturelle Gliederungsprinzipien gleichzeitig zum Einsatz, wobei die Entscheidungskompetenzen auf die jeweils beteiligten Leitungssysteme verteilt werden.[121] Orientiert sich die Bankorganisation sowohl an funktionalen als auch an kundengruppenorientierten Gesichtspunkten, so würde bei Beachtung des Matrix-Prinzips beispielsweise ein Kommerzkredit an einen Firmenkunden nur dann gewährt, wenn zwischen den beiden verantwortlichen Bankmanagern – in diesem Fall dem Leiter der Kreditabteilung und dem Kundengruppenchef – Konsens besteht.[122]

Im Sinne der bankbetrieblichen Wissensentwicklung bewirkt ein derartiger institutionalisierter Abstimmungsmechanismus eine intensive Kommunikationsbeziehung zwischen den Beteiligten und folglich einen insgesamt erhöhten Wissensstand der involvierten Mitarbeiter. Allerdings entstehen durch die Mat-

---

115 Vgl. Scheidl, Bankorganisation, S. 96.

116 Vgl. Büschgen, Bankbetriebslehre, S. 499.

117 Vgl. Kilgus, Strukturgestaltung, S. 87 f. und Büschgen, Grundlagen, S. 82 ff.

118 Vgl. Süchting/Paul, Bankmanagement, S. 242.

119 Vgl. Hartmann-Wendels/Pfingsten/Weber, Bankbetriebslehre, S. 717.

120 Die **Matrix-Organisation** kann nicht nur als makrostrukturelle Regelung angesehen werden, sondern weist darüber hinaus auch lateralstrukturelle Charakteristika auf. Somit spielt die Matrix-Struktur auch im Zusammenhang mit den in diesem Abschnitt noch zu erörternden Verbindungspositionen und Koordinatorenstellen eine wichtige Rolle. Vgl. hierzu auch Schanz, Organisationsgestaltung, S. 121 ff. und S. 189 ff.

121 Vgl. hierzu bspw. Frese, Organisation, S. 358 und Scholz, Matrix-Organisation, Sp. 1302 ff.

122 Vgl. Kilgus, Strukturgestaltung, S. 88.

rix-Organisation oftmals Schwierigkeiten bezüglich einer klaren Kompetenzabgrenzung sowie bei der Erfolgs- bzw. Misserfolgszurechung zwischen den einzelnen Abteilungen, Geschäftsfeldern oder Teilbanken.[123] Besonders deutlich werden derartige Koordinations- und Kommunikationsprobleme, wenn man sich die außerordentlich komplexen Strukturen der in Deutschland vorzufindenden Großbankkonzerne vor Augen führt.[124] Auch aus diesen Gründen ist seit den 1990er Jahren bei deutschen Kreditinstituten eine Abkehr von der Matrixorganisation als Hauptgliederungsprinzip auf der Gesamtbankebene erkennbar.[125]

Im Rahmen der Wissensentwicklung in Kreditinstituten gilt es, organisationsstrukturelle Regelungen anzustreben, welche in der Lage sind, die im Vorabschnitt vorgestellten verschiedenen Ausprägungsformen von bankbetrieblichen Lernbarrieren zu verhindern oder zu überbrücken. Hinsichtlich der makrostrukturellen Gestaltungsalternativen gab es bei den Kreditinstituten in den letzten Jahren Bestrebungen, die komplexen organisationalen Strukturen und Verflechtungen, die im Bankensektor auch aufgrund des traditionellerweise recht ausgeprägten Sicherheitsdenkens vorzufinden waren, zumindest teilweise abzubauen. Beispielsweise wurde im Zuge des sog. **Lean Banking** die Anzahl der Entscheidungs- und Hierarchiestufen zum Teil deutlich reduziert.[126] Somit entfallen zumindest einige derjenigen strukturellen Wissensbarrieren, die sich in den Kreditinstituten aufgrund einer ausgeprägten vertikalen Arbeitsteilung herausgebildet haben. Auch die mikropolitischen Lernbarrieren werden auf diese Wiese gegebenenfalls reduziert, denn durch den Wegfall diverser Über- und Unterordnungsverhältnisse werden die Machtdifferenzen und das Statusdenken zwischen den verschiedenen Mitarbeitern zumindest teilweise abgebaut.[127]

Betrachtet man die funktionalen bankbetrieblichen Lernbarrieren, so bieten sich zu ihrer Überwindung vornehmlich Gestaltungsoptionen der **organisationalen Lateralstruktur** an. Durch lateralstrukturelle Regelungen werden organisationale Querverbindungen zur Koordination von Subsystemen geschaffen, zwischen denen keine direkten Verbindungen makrostruktureller Art bestehen.[128]

---

123 Vgl. Bühler, Modelltypen, S. 127.

124 Vgl. hierzu bspw. Schierenbeck, Organisation, S. 167 ff.

125 Vgl. Süchting/Paul, Bankmanagement, S. 242.

126 Der Begriff '**Lean Banking**' fußt auf dem ursprünglich für den Automobilsektor entwickelten Lean Production- bzw. Lean Management-Konzept. Das Konzept hat zum Ziel, in Unternehmen eine Effizienzsteigerung durch eine konsequente Kunden-, Qualitäts- und vor allem Prozessorientierung zu ermöglichen. Vgl. bspw. Endres, Lean Management, Sp. 1349 ff., Benölken/Wings, Lean Banking, S. 109 ff. sowie grundlegend Womack/ Jones/Roos, Revolution, S. 79 ff.

127 Vgl. Justus, Wissenstransfer, S. 137.

128 Vgl. Schanz, Organisation, Sp. 1467 f.

Diesbezüglich sollen im Folgenden spezifische Verbindungseinrichtungen betrachtet werden, die die wechselseitige Abstimmung zwischen einzelnen Positionen oder Subsystemen auf formalem Wege ermöglichen.[129] Aus dem Kontinuum der denkbaren Ausprägungsformen lateralstruktureller Beziehungen werden die Verbindungspositionen und die Koordinatorenstellen eingehender betrachtet.

Unter einer **Verbindungsposition** versteht man eine Stelle, deren Inhaber zur Verbesserung der Abstimmung zwischen zwei interdependenten Abteilungen innerhalb einer Organisation beitragen soll.[130] In Kreditinstituten kann die Stelle des Relationship-Managers als eine derartige Verbindungsposition interpretiert werden. Wie im Argumentationsverlauf dieser Studie der Blick auf die Theorie der Bankloyalität bereits gezeigt hat, ist den Kreditinstituten die Vorteilhaftigkeit einer auf Dauer angelegten, möglichst langfristigen Kundenbindung bereits seit längerem bewusst.[131] In jüngerer Zeit ist man diesbezüglich im Bankenbereich zunehmend bestrebt, die Loyalität von Bankkunden zu „ihren" Instituten durch ein gezieltes Beziehungsmanagement aufzubauen und zu fördern.[132] Wie in der Bankenbranche durchaus üblich, hat man sich in diesem Zusammenhang auf einen angloamerikanischen Begriff verständigt, auf das so genannte **Relationship Banking.**[133] Zuständig für den Aufbau und die Pflege des vornehmlich im Firmenkundengeschäft der Kreditinstitute anzusiedelnden Beziehungsmanagements sind die bankbetrieblichen Relationship-Manager.

Die Hauptaufgaben eines **Relationship-Managers** bestehen in der strategischen Beratung der Kunden, in der Präsentation und im Verkauf von Bankprodukten sowie in der Koordination des bankinternen Kundenentwicklungsprozesses.[134] Die Abb. 12 verdeutlicht diese Funktionen des bankbetrieblichen Relationship-Managers.[135] Anstatt mit unterschiedlichen Instanzen, Abteilungen und Kompe-

---

129 Vgl. Schanz, Organisationsgestaltung, S. 182. Neben den organisationalen Verbindungseinrichtungen spielen auch die (im Rahmen dieser Arbeit jedoch nicht näher zu betrachtenden) **Planungs- und Kontrollsysteme** als Gestaltungsparameter von lateralstrukturellen Regelungen eine besondere Rolle. Vgl. dazu Schanz, Organisationsgestaltung, S. 195 ff.

130 Vgl. Schanz, Organisationsgestaltung, S. 184.

131 Vgl. Abs. 2.3.2.

132 Vgl. Paul, Marketing, S. 1222.

133 Vgl. hierzu insbesondere Bernet, Relationship Banking, S. 3 ff.

134 Vgl. Kern, Relationship, S. 668.

135 Da sich die koordinierende Tätigkeit des Relationship-Managers bei einer einzelnen Beratungsleistung nur in Ausnahmefällen auf mehr als zwei bankbetriebliche Funktionen bezieht, erscheint es legitim, von einer Verbindungsposition zu sprechen. Der Unterschied zu einer **Koordinatorenstelle** wird deutlich, wenn im weiteren Verlauf dieses Abschnitts der bankbetriebliche Wissensmanager als Koordinator für besondere Aufgaben interpretiert wird.

tenzträgern der Kreditinstitute in Kontakt treten zu müssen, findet der Firmenkunde im Relationship-Manager einen kompetenten Ansprechpartner als Vertrauensperson vor, der ihm während der langfristig angelegten Geschäftsbeziehung dauerhaft zur Seite steht. Der Relationship-Manager sollte demnach über eine breit angelegte bankbetriebliche Fachkompetenz, darüber hinaus jedoch insbesondere auch über soziale und methodische Kompetenzen sowie über ein ausgeprägtes unternehmerisches Denken und Handeln verfügen.[136] Ferner sollte er in der Lage sein, die jeweils in Frage kommenden Produktspezialisten gezielt einzusetzen, interfunktionale Kommunikationsprozesse zu koordinieren und ggf. den direkten Kontakt eines bankinternen Spezialisten zum Zielkunden anzubahnen.[137]

Abb. 12: Wissensentwicklung durch bankbetriebliche Relationship-Manager[138]

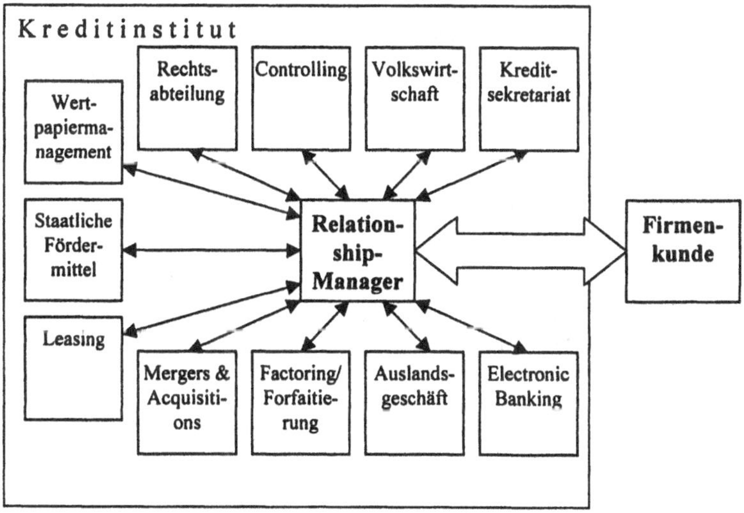

Neben der verbesserten, zielgerichteteren Kundenansprache trägt die Verbindungsposition des Relationship-Managers einerseits zur Zusammenarbeit und Kommunikation zwischen den beteiligten Produktspezialisten sowie Abteilun-

136 Vgl. Paul, Marketing, S. 1226. Eine genauere Analyse der Handlungskompetenzen von bankbetrieblichen Relationship-Managern bietet der Abs. 3.3.1. dieser Arbeit.

137 Vgl. Wieandt/Miller, Firmenkundengeschäft, S. 12.

138 Quelle der Abb. 12: Eigene Darstellung in Anlehnung an Oehler, Relationship-Management, S. 138 und Feldhaus/Renziehausen, Kompetenz, S. 277.

gen bei und hilft somit, insbesondere die funktionalen bankbetrieblichen Wissensbarrieren zu überwinden. Ebenso trifft dies auf die motivationalen und mikropolitischen Lernbarrieren zu. Den oftmals aus sehr unterschiedlichen Bereichen zusammenkommenden bankbetrieblichen Spezialisten werden die im Vorabschnitt skizzierten, bei einer direkten Interaktion möglicherweise auftretenden Kommunikationsprobleme durch die koordinierenden und kommunikativen Aktivitäten des Relationship-Managers weitgehend abgenommen. Andererseits ist im Rahmen des Relationship Banking neben der Entwicklung des bankinternen Wissens ebenso an eine Akquisition und Integration von bankexternem Kundenwissen zu denken.[139]

Betrifft der lateralstrukturelle Koordinationsbedarf regelmäßig mehrere (oder gar alle) Subsysteme einer Organisation, könnte es sich als sinnvoll erweisen, speziell darauf abgestimmte **Koordinatorenstellen** einzurichten. Derartige Koordinatorenstellen existieren in der betrieblichen Praxis beispielsweise im Zusammenhang mit dem Arbeitsschutz, dem Datenschutz, bei Frauenfragen, bei der Qualitätskontrolle oder auch beim betrieblichen Umweltschutz.[140] Je nach gesetzgeberischer Vorgabe, nach Größe des jeweiligen Unternehmens und je nach Gewicht, welches der betreffenden Querschnittsfunktion im Unternehmen zugedacht wird, kann diese Koordinationsaufgabe von einem oder mehreren Beauftragten – z. B. dem Beauftragter für Umweltschutzfragen – oder von separaten organisationalen Funktionen (etwa der Abteilung Qualitätskontrolle) übernommen werden.

In dem hier interessierenden Problemkontext könnte es sich als sinnvoll erweisen, das bankbetriebliche Wissensmanagement insgesamt mittels einer derartigen Koordinatorenstelle zu implementieren und umzusetzen. In diesem Zusammenhang wäre zunächst an einen Beauftragten für Fragen des Wissensmanagements zu denken, oder, begrifflich kürzer gefasst, an einen so genannten **Wissensmanager**. In der Literatur zum Wissensmanagement wurden diesbezüglich bereits eine Reihe von Anforderungs- und Tätigkeitsprofilen entwickelt und vorgestellt, und auch in der Unternehmenspraxis finden sich in zunehmendem Maße Beispiele für spezielle Berufsbilder von Wissensmanagern.[141]

In der Bankenbranche steht dem „Chief Executive Officer“ (CEO) auf der Vorstandsebene in manchen Instituten ein „Chief Information Officer“ (CIO) zur Seite, der beispielsweise für die Pflege von Online-Plattformen oder für das Da-

139 Vgl. hierzu ausführlich Kapitel 4 dieser Arbeit.
140 Vgl. Schanz, Organisationsgestaltung, S. 185.
141 Vgl. Westenbaum, Berufsbild, S. 362 ff.

ta-Mining verantwortlich zeichnet.[142] Ein Berufsbild von Wissensmanagern, das über diese eher technologiebezogenen Tätigkeitsmerkmale hinaus insbesondere den personen- und kontextspezifischen Besonderheiten des Faktors 'Wissen' Rechnung trägt, ist in Banken bisher jedoch eher selten vorzufinden. Zu denken wäre in diesem Zusammenhang beispielsweise an einen **„Chief Knowledge Officer“** (CKO), dem die Gestaltung und Entwicklung der organisationalen Wissensbasis sowie die Sensibilisierung des Gesamtunternehmens für die Bedeutung der Ressource 'Wissen' obliegt.[143]

Gerade in größeren Universalbanken kann es zweckdienlich sein, über die Schaffung der Stelle eines Wissensmanagers hinaus die vielfältigen Teilaufgaben des bankbetrieblichen Wissensmanagements einem dafür geeigneten Unternehmensbereich zu übertragen, oder sogar eine separate Wissensmanagement-Abteilung aufzubauen. Diese Form einer Koordinatorenstelle, die in Kreditinstituten für die Ausgestaltung und Umsetzung der einzelnen Maßnahmen des organisationalen Wissensmanagements zuständig ist, soll im Folgenden am Praxisbeispiel des Wissensmanagements bei der Deutschen Bank aufgezeigt werden. Der Vorstand der Deutschen Bank entschied sich im Februar des Jahres 2000 dafür, die konzernweite Verantwortung für das Wissensmanagement der neuen Stabsabteilung **„Knowledge-based Business & Services“** zu übertragen.[144]

Diese Abteilung ist in zwei wesentliche Teilbereiche untergliedert. Zum einen beschäftigt man sich mit der Implementierung und weiterführenden Betreuung konzernweit einzusetzender Instrumente des Wissensmanagements, wie etwa dem „Best-Practice Pool“, einer Datenbank zum Transfer von Projektwissen, oder den so genannten „Communities of Practice“.[145] Zum anderen werden spezifische Projekte initiiert und realisiert, die bestimmte geschäftsstrategische Zielsetzungen, wie zum Beispiel Unternehmensakquisitionen, aus der Perspektive des Wissensmanagements unterstützend begleiten. Organisationsstrukturell ist die konzernübergreifende Stabsabteilung „Knowledge-based Business & Services“ dem sog. **Corporate Center** zugeordnet, der dem Vorstand der Deut-

142 Vgl. Bürklin, Management, S. 153. Ziel von sog. **Data-Mining-Systemen** ist es, in großen Datenbeständen selbstständig bisher unbekannte, algorithmische Gesetzmäßigkeiten und Zusammenhänge aufzudecken. Vgl. Thiesse/Bach, Tools, S. 96.

143 Vgl. Probst/Raub/Romhardt, Wissen, S. 368. Welche besondere Rolle Wissensmanager im Zusammenhang mit der Informations- und Kommunikationstechnologie von Kreditinstituten spielen können, wird in Abs. 5.2.3. dieser Studie am Beispiel der bankbetrieblichen **Expertensysteme** erläutert.

144 Vgl. Wilmes, Vorgehen, S. 101.

145 Vgl. hierzu Wilmes, Vorgehen, S. 101 f. Unter **„Communities of Practice“ (COC)** ist ein eher informeller, netzwerkähnlicher Zusammenschluss von Mitarbeitern zu verstehen, die (oftmals spontan aufgrund eines gemeinsamen Interesses) ein breit angelegtes Fachthema mit Geschäftsrelevanz erörtern. Vgl. Schütt, Mehrwert, S. 116.

schen Bank in Fragen der strategischen Planung sowie der Steuerung und Kontrolle des Gesamtkonzerns direkt unterstellt ist.[146]

In Bezug auf die Wissensentwicklung in Kreditinstituten ergibt sich durch die koordinierenden Tätigkeiten eines bankbetrieblichen Wissensmanagers oder der soeben am Praxisbeispiel der Deutschen Bank dargestellten Wissensmanagement-Abteilung eine **Reduktion der Wissens- und Lernbarrieren**. Auf noch umfassendere Art als dies bei den lateralstrukturellen Verbindungspositionen der Fall ist, können durch Koordinatorenstellen die Interaktions- und Kommunikationsprozesse zwischen den verschiedenen Stellen und Subsystemen der Kreditinstitute betreut und weiterentwickelt werden. In welchem Ausmaß es gelingt, die strukturellen, die motivationalen und auch die mikropolitischen Barrieren der bankbetrieblichen Wissensentwicklung zu überwinden, ist jedoch in hohem Maße abhängig von den im Zusammenhang mit der Verbindungsposition des Relationship-Managers bereits angesprochenen Kompetenzmerkmalen der beteiligten Mitarbeiter.

Ebenso sei darauf hingewiesen, dass bei der **Implementierung** derartiger Koordinatorenstellen – wie prinzipiell bei anderen organisationalen Restrukturierungsprozessen oder Neuerungen auch – die Gefahr eines Veränderungswiderstands seitens der Mitarbeiterschaft besteht.[147] In diesem Fall ergäbe sich die paradoxe Situation, dass durch Stellen, deren vordringliche Aufgabe es sein soll, Wissenslücken und -barrieren zu identifizieren und zu überwinden, ihrerseits neue Hindernisse der Wissensentwicklung hervorgerufen würden. Aus diesem Grund erscheint es geboten, beim Einsatz von bankbetrieblichen Wissensmanagern sowie beim Aufbau von Abteilungen des Wissensmanagements auf eine breite, organisationsweite Akzeptanz dieser Stellen hinzuwirken.[148]

Zum Abschluss der Ausführungen über strukturelle Regelungen zur Überwindung von bankbetrieblichen Lernbarrieren sollen nach der Makrostruktur und der Lateralstruktur auch die **mikrostrukturellen Gestaltungsoptionen** nicht unerwähnt bleiben. Unter der Mikrostruktur sind einzelne Positionen oder Stellen als kleinste Bausteine von Organisationen zu verstehen.[149] Bei der Positionsgestaltung ist einerseits maßgeblich, welcher Spezialisierungsgrad hinsichtlich der einer Stelle zugeordneten Einzeltätigkeiten vorliegt, andererseits spielt

---

[146] Vgl. Wilmes, Vorgehen, S. 102.

[147] Vgl. Schanz, Organisationsgestaltung, S. 387.

[148] Vgl. hierzu Marr/Kötting, Implementierung, Sp. 832 ff. Als Rahmenbedingungen für eine erfolgreiche Implementierung des organisationalen Wissensmanagements bieten sich z. B. **Anreizsysteme**, **Führungsgrundsätze** oder **Unternehmensleitbilder** an. Vgl. North, Unternehmensführung, S. 223. Vgl. diesbezüglich auch die Abschnitte 3.3.3., 4.1.3. und 4.2.3. der vorliegenden Studie.

[149] Vgl. Schanz, Organisation, Sp. 1467.

das Ausmaß der Verhaltensformalisierung eine wichtige Rolle.[150] Bei hochgradig spezialisierten Stellen, die in Banken zum Beispiel im Wertpapiermanagement, im Devisenhandel oder in der EDV-Abteilung vorzufinden sind, bietet sich zur Reduzierung von Wissens- und Lernbarrieren die Ausweitung der Arbeitsinhalte in Form von Job Enlargement („Arbeitserweiterung") oder Job Enrichment („Arbeitsanreicherung") an.[151] Durch die Anreizwirkung einer derartigen Ausweitung der Tätigkeits- und Entscheidungsfelder von Bankmitarbeitern können neben den strukturellen insbesondere auch die motivationalen Wissensbarrieren in Kreditinstituten überwunden werden.

Auch das Konzept von **Job Rotation**, also der systematische, geplante Wechsel von Arbeitsplätzen, kann im Rahmen mikrostruktureller Gestaltungsoptionen in Kreditinstituten zum Einsatz kommen.[152] Wie das Beispiel des bankbetrieblichen Relationship-Managers gezeigt hat, ist es im Sinne einer kompetenten Kundenberatung zumeist erforderlich, ein möglichst breit angelegtes Wissen über die bankbetrieblichen Produkte, Strukturen und Prozesse vorzuhalten. Sollte zudem das Fachwissen eines Spezialisten bei einem Kundenbetreuungs-Prozess erforderlich sein, so ist es hilfreich zu wissen, wo sich dieser Experte befindet, wie er zu erreichen ist und wie dessen Arbeitsabläufe prinzipiell ausgestaltet sind. Durch Job Rotation ergeben sich in diesem Zusammenhang Einblicke in die Arbeitsabläufe anderer Mitarbeiter, das individuelle Wissen wird verbreitert, die Bankmitarbeiter sind vielfältiger einsetzbar und die Flexibilität des Kreditinstituts wird insgesamt gesteigert.[153]

Der zweite Gestaltungsparameter der organisationalen Mikrostruktur, die **Verhaltensformalisierung,** hat zum Ziel, die individuelle Verhaltensvariabilität auf diejenigen Handlungsweisen einzuengen, die dem Erreichen der Organisationsziele dienlich sind.[154] Dabei können unter anderem Stellenbeschreibungen, Aufgabenfolgepläne oder allgemeinverbindliche Verhaltensanweisungen zum Einsatz kommen.[155] Hinsichtlich der bankbetrieblichen Lernbarrieren besteht allerdings die Gefahr, dass eine übermäßig detaillierte Festlegung der Aufgabenbereiche und Verhaltensmuster auch unerwünschte, dysfunktionale Wirkungen entfalten kann.[156]

---

150 Vgl. Schanz, Organisationsgestaltung, S. 153.
151 Vgl. bspw. Kreikebaum, Humanisierung, Sp. 821 f. und Picot/Dietl/Franck, Organisation, S. 289.
152 Vgl. bspw. Schanz, Organisationsgestaltung, S. 166.
153 Vgl. Weiss, Organisation, S. 707 f.
154 Vgl. Schanz, Organisationsgestaltung S. 170 f.
155 Vgl. Mintzberg, Structuring, S. 81 f.
156 Vgl. Justus, Wissenstransfer, S. 138.

Durch ein unverhältnismäßig hohes Maß an verhaltensformalisierenden Einflussfaktoren ist der Freiraum für individuelle Problemlösungsansätze oftmals stark eingeschränkt. Somit sollten beispielsweise die Stellenbeschreibungen in Kreditinstituten neben einer klaren Abgrenzung der Aufgaben und Befugnissen des Stelleninhabers auch ausreichend Spielraum für die Entfaltung von Initiative und die Entwicklung neuer Ideen lassen.[157] Neben dieser Berücksichtigung von individuellen Freiräumen könnte ebenfalls daran gedacht werden, den arbeitsplatz- und abteilungsübergreifenden Wissensaustausch explizit in Stellenbeschreibungen und Verhaltensnormen der Banken zu integrieren.

3.3. Personalwirtschaftliche Gestaltungsoptionen der bankbetrieblichen Wissensentwicklung

3.3.1. Institutsinterne Entwicklung bankbetrieblicher Handlungskompetenz

Mit den zum Abschluss des Vorabschnitts erwähnten Bestrebungen zur Formalisierung des individuellen Verhaltens wurde der Blick bereits auf diejenigen gelenkt, auf die sich letztendlich sämtliche Gestaltungsmaßnahmen der bankbetrieblichen Wissensentwicklung beziehen. Gemeint sind die **Mitarbeiter der Kreditinstitute** als Träger des bankbetrieblich relevanten Wissens. Damit wird im Folgenden die Argumentationskette zur bankbetrieblichen Wissensentwicklung durch personalwirtschaftliche Aspekte vervollständigt. Im Mittelpunkt der Betrachtung stehen dabei verschiedene Konzepte und Instrumente der qualifikationsbezogenen Personalentwicklung in Kreditinstituten, wobei zunächst die bankinternen Gestaltungsoptionen und im folgenden Abschnitt die Möglichkeiten der Entwicklung bankbetrieblichen Wissens mittels institutsexterner Einrichtungen erörtert werden sollen.[158]

Bevor jedoch im weiteren Verlauf dieses Unterabschnitts ausgewählte Instrumente der bankbetrieblichen Wissensentwicklung vorzustellen sind, ist zunächst einmal zu prüfen, welche **bankspezifischen Kenntnisse und Kompetenzen** derzeit und vor allem zukünftig in Kreditinstituten von besonderer Relevanz sind. In diesem Zusammenhang kann festgestellt werden, dass sich die unterschiedlichen Anforderungs- und Tätigkeitsprofile von Bankmitarbeitern als ausgesprochen heterogen erweisen. So reicht der Mitarbeiterstab in Kreditinsti-

---

157 Vgl. Jacob, Aufbauorganisation, S. 203 f. sowie Grote, Personalentwicklung, S. 173.

158 Unter **qualifikationsbezogener Personalentwicklung** werden in dieser Arbeit alle auf die Vermittlung von Wissen ausgerichteten betrieblichen Weiterbildungsmaßnahmen verstanden. Vgl. Schanz, Personalwirtschaftslehre, S. 471 und S. 484.

tuten von Hilfskräften im operativen Bereich über Produktspezialisten im Wertpapiermanagement oder in der Anlageberatung, Methodenspezialisten der Abteilungen Marketing oder Rechnungswesen und Kundenberater bis hin zu den Bankführungskräften.[159] Angesichts dieser Vielfalt verschiedener Tätigkeitsfelder innerhalb der Kreditinstitute sind in den einzelnen Abteilungen oder Kundencentern teilweise völlig unterschiedliche Qualifikationen und Kenntnisse erforderlich. Ferner ist in Betracht zu ziehen, dass sich die Anforderungen an die Bankmitarbeiter aufgrund der in dieser Arbeit bereits in mehreren Passagen angesprochenen Komplexität und Dynamik des Bankenmarktes stetig ändern können.

All dies ließe durchaus den Schluss zu, dass im Bankensektor eine breit angelegte Qualifizierungs- bzw. Wissensentwicklungs-Initiative empfehlenswert wäre. Eine differenziertere Betrachtung insbesondere der zukünftigen Anforderungen an die Mitarbeiter der Kreditinstitute zeigt jedoch, dass in manchen Bereichen auch ein **Absinken der Qualifikationsanforderungen** zu erwarten ist. Dies trifft beispielsweise auf bestimmte Bereiche des Bankvertriebs zu, wo die derzeit als wichtig erachteten speziellen produktbezogenen Fachkenntnisse aufgrund einer zunehmenden Standardisierung der Bankleistungen künftig in den Hintergrund treten können.[160] Weiterhin ist im Rahmen der Umstrukturierung der Vertriebssysteme von Banken an einen zunehmenden Einsatz von Call-Centern zu denken, in denen das Berufsbild des Bankkaufmanns bereits als Überqualifikation eingeschätzt werden kann.[161]

Trotz der Heterogenität der (zukünftigen) Anforderungs- und Tätigkeitsmerkmale von Bankmitarbeitern ist es möglich, sich auf gewisse Grundaussagen bezüglich der gewünschten bankbetrieblichen Wissensbestände und Kompetenzen zu verständigen. So kann beispielsweise aufgrund der Analyse bestehender individueller wie auch organisationaler Fähigkeiten geschäftsstrategisch festgelegt werden, welches die derzeitigen oder zukünftigen Kernkompetenzen des Instituts sind bzw. sein sollen.[162] Darüber hinaus können bestimmte **Handlungskompetenzen** ausgemacht werden, die für die Bankmitarbeiter bei der Ausführung der Bankgeschäfte besonders vorteilhaft sind.[163] Diese Handlungs-

---

159 Vgl. Priewasser, Bankbetriebslehre, S. 327.

160 Es ist zu erwarten, dass beim Vertrieb von Bankprodukten an Stelle der erwähnten produktspezifischen Kenntnisse zukünftig stärker problemorientierte, kommunikative Denk- und Handlungsweisen von Bankberatern in den Vordergrund rücken. Vgl. Bartmann, Personal, S. 792.

161 Vgl. Ashauer, Personalwirtschaft, S. 330 f.

162 Vgl. Häcki, Intelligenz, S. 293.

163 Eng verwandt mit dem Begriff der Handlungskompetenz ist der Terminus **Schlüsselqualifikation**. Auch hier steht die Vermittlung von Kenntnissen, Fertigkeiten und Fähigkeiten für eine übergeordnete Form beruflicher Handlungsfähigkeit im Vordergrund. Vgl.

kompetenzen können einerseits in Fach- und Methodenkompetenz sowie andererseits in soziale und emotionale Kompetenzen untergliedert werden. Dies soll im Weiteren anhand von ausgewählten Instrumenten der Wissensentwicklung in Kreditinstituten näher dargelegt werden.

Mit Fachkompetenz ist das Anwendungs-Wissen gemeint, das zur Bewältigung der im Berufsalltag anfallenden Tätigkeiten und Aufgaben befähigt.[164] Die Methodenkompetenz ist eine diesen fachbezogenen Kenntnissen übergeordnete Metakompetenz und umfasst beispielsweise die Fähigkeit zum abstrahierenden, analytischen und konzeptionellen Denken, zum Strukturieren oder Schlussfolgern.[165] Zur **Entwicklung von Fach- und Methodenkompetenz** eignen sich insbesondere fachspezifische Kurse und Seminare, Planspiele und Fallstudien, Kreativitätstechniken, kognitive Trainingsverfahren oder computergestützte Lernsysteme.[166] Die konkrete Auswahl von zweckdienlichen Einzelmaßnahmen der fach- und methodenbezogenen Kompetenzentwicklung in Kreditinstituten sollte unter Berücksichtigung des jeweiligen Tätigkeitsbereichs sowie der betreffenden Zielgruppe erfolgen. Die Bankmitarbeiter können bei der Ermittlung des individuellen Entwicklungsbedarfs sowie bei der Auswahl der in Frage kommenden Gestaltungsmaßnahmen mit einbezogen werden.[167]

Innovative Varianten der Entwicklung insbesondere des bankbetrieblich relevanten Fachwissens bieten sich durch die verschiedenen Spielarten des sog. **Electronic Learning** (kurz: „E-learning“). Hierbei werden durch den Einsatz der modernen Informations- und Kommunikationstechnologie multimediale Lerneinheiten angeboten, die eine interaktive, selbstgesteuerte Wissensentwicklung der Bankmitarbeiter ermöglichen.[168] Eine denkbare Ausprägungsform des E-Learnings in Kreditinstituten ist die audio-visuelle Informationsübertragung mittels Digitalfernsehen bzw. „Business-TV“. Beispielsweise werden in der HypoVereinsbank im Rahmen des werktäglich in der Zeit von 8:00 bis 8:15 Uhr ausgestrahlten Digitalfernsehens in den angeschlossenen Filialen per Fernsehen oder per Computer Bildsendungen, Unternehmensnachrichten oder Brancheninformationen dargeboten.[169] Begleitend zu diesem Digitalfernsehen werden in

Reetz, Schlüsselqualifikationen, S. 17 f. Zur näheren Begriffsabgrenzung von Handlungskompetenz und Schlüsselqualifikationen vgl. bspw. Loiselle, Handlungskompetenz, S. 125 ff.

164 Vgl. Berthel, Personal-Management, S. 223.

165 Vgl. Schanz, Personalwirtschaftslehre, S. 477.

166 Vgl. Sonntag/Schaper, Personalentwicklung, S. 247 ff.

167 Vgl. Lippe/Esemann/Tänzer, Bankkaufleute, S. 413.

168 Vgl. Svoboda, Kompetenzentwicklung, S. 458 f.

169 Vgl. Hasebrook/Steffens, Digitalfernsehen, S. 676.

einem so genannten „lernenden Netzwerk“ der Bank Videomitschnitte, Studienmaterialien oder Seminarübersichten zur Verfügung gestellt.[170]

Auch in der Deutschen Bank kommt das „Business-TV“ seit 1998 nicht nur als Medium der Unternehmenskommunikation, sondern insbesondere auch als Instrument der betrieblichen Weiterbildung zum Einsatz.[171] Eine empirische Untersuchung zur Lerneffizienz des „Business TV“ hat gezeigt, dass sich bei Akzeptanz dieses Mediums seitens der Mitarbeiterschaft sowie bei didaktisch ansprechender Umsetzung der Lerninhalte die gleichen Lernerfolge erzielen lassen wie bei konventionellen Seminarschulungen.[172] Wie bereits am Beispiel der HypoVereinsbank angedeutet, so ist auch in der Deutschen Bank das Digitalfernsehen nur einer von mehreren Bausteinen eines breit angelegten Einsatzes der modernen Informations- und Kommunikationstechnologie zur Weiterentwicklung der bankbetrieblichen Wissensbasis.

So werden bei der Deutschen Bank neben dem „Business-TV“ im Rahmen des Projekts „**Deutsche Bank University**“ (DBU) verschiedene Einzelprogramme entwickelt und implementiert, die in einer vornehmlich virtuellen, intranetbasierten Lernumgebung den Auf- und Ausbau individueller und kollektiver Wissensbestände ermöglichen sollen.[173] Beispielsweise bietet das DBU-Lernprogramm „Personalmanagement 2002“ Mitarbeitern des Personalbereichs der Deutschen Bank die Möglichkeit, für die in das Programm integrierten realistischen Beratungssituationen problemorientierte, eigenständige Lösungsansätze zu entwickeln.[174] Hierdurch wird die Heranbildung von Fach- und Methodenkompetenz gefördert.

Durch die Nutzung derartiger neuer Technologien ist es den Bankmitarbeitern unter anderem möglich, direkt am Arbeitsplatz mittels des bankbetrieblichen Intranets Lernprozesse eigenständig zu organisieren sowie das Lerntempo selbst zu bestimmen.[175] Bei dieser Form des **selbstgesteuerten Lernens am Arbeitsplatz** könnte auch daran gedacht werden, die Mitarbeiter der Kreditinstitute neben dem Lernumfang und der Lerngeschwindigkeit auch über den Lerninhalt bzw. die Lernziele mitentscheiden zu lassen. Dies wäre der Individualisierung von bankbetrieblichen Lernprozessen zuträglich und würde sich i. d. R. positiv auf die Bereitschaft der Mitarbeiter zur Aufnahme von neuem Wissen auswir-

---

170 Vgl. Hasebrook/Steffens, Digitalfernsehen, S. 676 f.
171 Vgl. Christ/Frank, Weiterbildung, S. 124 sowie Pauluhn, Entwicklungswege, S. 511.
172 Vgl. Christ/Frank, Weiterbildung, S. 126 ff.
173 Vgl. Probst/Knaese, Risikofaktor, S. 85.
174 Vgl. Svoboda, Kompetenzentwicklung, S. 458.
175 Vgl. HypoVereinsbank, Personalentwicklung, S. 17.

ken.[176] In Bezug auf das Electronic Learning ist insgesamt allerdings einschränkend anzumerken, dass es sich bei den auf diesem Wege kommunizierten Kenntnissen und Informationen schwerpunktmäßig um explizites, in elektronischer Form übertragbares Wissen handelt. Insbesondere die im Weiteren zu betrachtenden sozialen und emotionalen Kompetenzen sind durch E-Learning lediglich in begrenztem Umfang vermittelbar.

Unter **sozialer Kompetenz** wird die Fähigkeit einer Person verstanden, mit Mitarbeitern oder Kunden effektiv kommunizieren zu können, sich mit anderen über unterschiedliche oder auch über gleichartige Auffassungen zu verständigen sowie soziale Konfliktsituationen zu erkennen, zu artikulieren und letztendlich zu lösen.[177] Ein sozial kompetenter Mitarbeiter zeichnet sich demnach durch besondere Fähigkeiten in den Teilbereichen der Kommunikation, der Moderation, der Rhetorik sowie beim Konflikt-, Team- und Führungsverhalten aus.[178]

Darüber hinaus verfügen **emotional kompetente Mitarbeiter** über eine besonders ausgeprägte, subtile Wahrnehmungsgabe für spezifische Ausdruckweisen, Gesten oder sonstige soziale Hinweisreize anderer Personen.[179] Hierzu zählen gemäß D. GOLEMAN unter anderem die Empathiefähigkeit im Sinne eines Gespürs für die Gefühle anderer, die Selbstwahrnehmung als Fähigkeit, sich über eigene Stimmungen bewusst zu werden und die Selbstregulierung als Befähigung, mit den eigenen Emotionen umgehen zu können bzw. sich von emotionalen Belastungen gut zu erholen.[180] Insbesondere die letztgenannte Komponente, die Selbstregulierung, macht die emotionale Kompetenz zu einer Metafähigkeit, da die Handhabung der eigenen Stimmungen und Gefühlen mit darüber entscheidet, in welchem Ausmaß ein Individuum in der Lage ist, seine übrigen Kompetenzen zum Einsatz zu bringen.[181]

Gerade in der Bankenbranche sind die sozialen und emotionalen Kompetenzen der Mitarbeiter von besonders hervorgehobener Bedeutung. Diesbezüglich wurde in dieser Arbeit mit der Theorie der Bankloyalität sowie mit dem Relationship Banking bereits auf zwei Konzepte aufmerksam gemacht, die in verhaltenstheoretischer Betrachtungsweise das soziale und emotionale Bindungsverhältnis zwischen der Bankkundschaft und den Kundenberatern darstellen und analysie-

---

[176] Vgl. Backhaus, Qualifizierung, S. 494 sowie grundlegend Schanz, Personalentwicklung, S. 13 ff. Eine empirische Analyse zum selbstgesteuerten Lernen an bankbetrieblichen Arbeitsplätzen liefert Noß, Arbeitsplatz, S. 91 ff.

[177] Vgl. König, Kompetenz, Sp. 2046.

[178] Vgl. Rosenstiel, Werthaltungen, S. 111.

[179] Vgl. Brehm, Emotionsarbeit, S. 355.

[180] Vgl. Goleman, Erfolgsquotient, S. 387 f.

[181] Vgl. Schanz, Manager, S. 144.

ren.[182] Anhand der Position des bankbetrieblichen Relationship-Managers wurde verdeutlicht, dass neben der Fach- und Methodenkompetenz insbesondere auch kommunikative und emotionale Fähigkeiten vorteilhaft sind. Darüber hinaus wurde anhand eines Fallbeispiels aus dem Bereich der Kreditwürdigkeitsprüfung gezeigt, dass neben den verschiedenen Wissensquellen und Prüfinstanzen auch die **Intuition und das Fingerspitzengefühl von Bankmanagern** oftmals eine brauchbare Entscheidungsbasis sein können.[183]

Demzufolge spielen speziell in der Kundenberatung, aber sehr wohl auch in anderen Bereichen innerhalb der Kreditinstitute, Anforderungen wie Problemsensitivität, Einfühlungsgabe, Kommunikationsfähigkeit oder Ausdrucks- bzw. Präsentationsvermögen eine immer wichtigere Rolle.[184] Ebenso kommen den bankbetrieblichen Kundenberatern bestimmte **Charaktereigenschaften** zugute, wie beispielsweise eine positive, gewinnende Ausstrahlung, Überzeugungskraft oder auch Berechenbarkeit.[185] Neben diesen sozialen und emotionalen Aspekten sollten die Fach- und Methodenkompetenzen im Kontakt mit den Bankkunden jedoch nicht außer Acht gelassen werden. Zwar ist es durchaus nicht unüblich, dass ein Kundenberater im Sinne des Relationship Banking-Gedankens im Bedarfsfall einen (Produkt-)Spezialisten hinzuzieht und in den Betreuungsprozess integriert. Jedoch sollte auch der Kundenberater selbst über eine solide Basis an Wissen aus dem Commercial- und Investmentbanking, an Spezialwissen aus den Bereichen Mergers & Acquisitions sowie dem Kredit- bzw. Kapitalmarkt verfügen.[186] Auf diese Weise signalisiert der Kundenberater Glaubwürdigkeit und Sachkompetenz und trägt somit zur Vertrauensbildung bei.

Damit kann insgesamt festgestellt werden, dass bei der bankbetrieblichen Kundenberatung einerseits eine umfangreiche Fach- und Methodenkompetenz aus den verschiedensten Bereichen des Bankgeschäfts zweckdienlich ist. Andererseits sind angesichts des Vertrauensverhältnisses zwischen Kundenberater und der Bankkundschaft insbesondere auch soziale und emotionale Kompetenzen vorteilhaft. Ein solches (sozial und emotional fundiertes) Vertrauensverhältnis entwickelt sich jedoch erst im Laufe mehrerer Jahre einer Geschäftsbeziehung, und das Wissen, wie dieses Vertrauensverhältnis aufgebaut werden kann ist – da überwiegend impliziter Natur – nicht ohne Weiteres übertragbar. Es bedarf demzufolge eines Entwicklungskonzepts, das insbesondere auch das für die bankbetriebliche Kundenberatung vorteilhafte **implizite Erfahrungswissen** zu erfassen und weiterzuleiten vermag. In diesem Zusammenhang sei an das Mo-

---

182 Vgl. diesbezüglich die Abschnitte 2.3.2. und 3.2.2. dieser Studie.

183 Vgl. hierzu nochmals den Abs. 3.1.1. Zur **Intuition als Managementkompetenz** vgl. grundlegend Schanz, Intuition, S. 640 ff.

184 Vgl. Oehler, Relationship-Management, S. 142.

185 Vgl. Feldhaus/Renziehausen, Kompetenz, S. 280.

186 Vgl. Kern, Relationship, S. 667.

dell der Wissensspirale von NONAKA und TAKEUCHI erinnert, das sich eingehend mit der Fortentwicklung des impliziten Wissens in Unternehmen beschäftigt.[187] Besonders hervorzuheben sind in diesem Zusammenhang die Sozialisation als Übertragung von implizitem Wissen durch intrapersonellen Erfahrungsaustausch sowie die Externalisierung als Umwandlung von implizitem in explizites, unternehmensweit verfügbares Wissen.

Aus der Vielzahl der zur Entwicklung von sozialer und emotionaler Kompetenz in Frage kommenden Instrumente soll im Folgenden auf das Coaching und auf das Mentoring als spezielle Formen der Mitarbeiterberatung näher eingegangen werden.[188] Ähnlich der bankbetrieblichen Kundenberatung besteht bei der **Mitarbeiterberatung** (engl.: „Counseling") eine soziale Beziehung zwischen einem Ratsuchenden und einem Berater, bei der problembezogene Informationen weitergegeben oder bewertet werden.[189] Der Berater soll dabei dem Ratsuchenden nach vorheriger eingehender Bedarfsanalyse durch Unterstützung, Tipps und Anregungen dazu verhelfen, sich in bestehenden oder neuen Aufgaben- und Verantwortungsbereichen besser behaupten zu können.[190] Darüber hinaus kann der Ratgebende durch die Analyse des Entwicklungs- und Qualifikationspotenzials den Karriereweg des zu Beratenden positiv beeinflussen.[191]

Üblicherweise handelt es sich beim innerbetrieblichen Berater um einen älteren, erfahrenen Mitarbeiter aus organisationalen Führungsfunktionen, der die Beratung eines jüngeren, noch nicht so erfahrenden Mitarbeiters übernimmt.[192] Durch dieses **soziale Beziehungsverhältnis** zwischen Berater und zu Beratendem ist es möglich, neben fach- oder methodenspezifischen Fähigkeiten insbesondere auch die soziale und emotionale Kompetenz zu fördern sowie das für die bankbetriebliche Kundenbetreuung bedeutsame implizite Erfahrungswissen weiterzuleiten. Ähnlich einer Lehrlings-Meister-Beziehung in Handwerksbetrieben wird dabei auf verbalem oder nonverbalem Wege das aufgabenbezogene explizite, aber insbesondere auch das auf anderem Wege nur schwerlich übertragbare implizite Wissen im gemeinsamen Erfahrungskontext vermittelt.[193] Der Prozess der Wissensentwicklung in derartigen betrieblichen Beratungsbeziehungen ist komplementärer Natur, denn einerseits profitiert der zu Beratende

---

187 Vgl. nochmals den Abs. 2.2.2.

188 Neben Coaching und Mentoring kommen zur Entwicklung von sozialen und emotionalen Fähigkeiten beispielsweise gruppendynamische Konzepte, Teamentwicklung, das Lernstatt-Modell, Ansätze des Selbstmanagements oder die Methode der Verhaltensmodellierung in Betracht. Vgl. Sonntag/Schaper, Handlungskompetenz, S. 219 und S. 227 ff.

189 Vgl. Ling, Mitarbeiterberatung, Sp. 1388.

190 Vgl. Meier, Personalentwicklung, S. 188.

191 Vgl. Becker, Potentialbeurteilung, Sp. 1923.

192 Vgl. Sattelberger, Coaching, S. 164 f.

193 Vgl. Nonaka/Takeuchi, Organisation, S. 75.

vom Erfahrungswissen des Ratgebenden. Andererseits bietet sich Letzterem beispielsweise die Möglichkeit der Aufnahme aktuellen, praxisrelevanten Fachwissens, welches dem jüngeren Mitarbeiter möglicherweise im Rahmen der betrieblichen Ausbildung vermittelt wurde.[194]

Eine mögliche Ausprägungsform der Mitarbeiterberatung ist das **Coaching**. Im Bereich des Sports ist dieser aus dem angloamerikanischen Sprachbereich stammende Begriff bereits seit längerem geläufig. Bei Spitzenmannschaften oder bei Hochleistungssportlern trägt dort ein Coach dafür Sorge, dass sowohl die disziplinspezifischen Fähigkeiten der Athleten, wie z. B. Schnelligkeit, Technik oder Taktik, als auch psychologische und mentale Faktoren berücksichtigt und trainiert werden.[195] Übertragen auf die betriebliche Mitarbeiterberatung bedeutet dies, dass ein Vorgesetzter, ein betrieblicher Trainer, ein Entwicklungsbeauftragter oder ein Personalreferent in der Rolle des Coaches Entwicklungs- und Betreuungsmaßnahmen initiiert sowie das selbstständige Lernen des zu Betreuenden („Coachee") fördert.[196] Der Betreuungsprozess ist beim Coaching zeitlich begrenzt (bspw. auf 3 oder 6 Monate) und besteht aus mehreren, in regelmäßigen Abständen stattfindenden Einzelberatungen zwischen Coach und Coachee.[197]

In Kreditinstituten hat sich der Coaching-Ansatz zum Training von Verhaltensweisen an Service- oder Kundenbetreuungsplätzen bewährt, wobei oftmals Filialleiter oder erfahrene Kundenbetreuer die Funktion des Coaches übernehmen.[198] Damit kann die **Rolle des bankinternen Coaches** – um in der Sprache des Sports zu verbleiben – als „Spielertrainer" interpretiert werden, der einerseits selbst am „Spielgeschehen" mitwirkt, andererseits aber zusätzlich leitende, betreuende und beratende Aufgaben übernimmt.[199] Aber auch dort, wo ein direkter Kundenkontakt nicht vorliegt, kann Coaching eine sinnvolle Option der bankbetrieblichen Wissensentwicklung darstellen. So kommt das Coaching beispielsweise bei Direktbanken zum Einsatz. Dort können sich Führungskräfte und insbesondere die Mitarbeiter von Call-Centern einer fortlaufenden Kompetenz-Entwicklung durch regelmäßige Coaching-Phasen unterziehen.[200] Während

---

194 Vgl. Sattelberger, Coaching, S. 164 f.

195 Vgl. Mentzel, Unternehmenssicherung, S. 151.

196 Vgl. Höfle/Huber, Coaching, S. 4 f. Bei der oben dargelegten Begriffsbestimmung handelt es sich um eine eng gefasste Auslegung des Coachings. Während in dieser Arbeit (der Abschnittsüberschrift entsprechend) das Coaching auf unternehmensinterne Mitarbeiterberatungen beschränkt ist, können in einer weiter gefassten Begriffsinterpretation („**Coaching im weiteren Sinne**") auch externe Berater zum Einsatz kommen. Vgl. Mentzel, Unternehmenssicherung, S. 155 f.

197 Vgl. Looss, Coaching, S. 93 sowie Schreyögg, Coaching, S. 47 f. und 147 ff.

198 Vgl. Pauluhn, Entwicklungswege, S. 511.

199 Vgl. Süchting/Paul, Bankmanagement, S. 288.

200 Vgl. Klimecki/Gmür, Personalmanagement, S. 211.

eine direkte Beobachtung und Begleitung des Cochees bei einem Beratungsgespräch in Bankfilialen von der Kundschaft oftmals als störend empfunden wird, besteht beim Coaching von Call-Center-Mitarbeitern die Möglichkeit, diskret das laufende Kundengespräch mit zu verfolgen, um anschließend gezielt auf eine effizientere Gesprächsführung hinwirken zu können.[201]

Eine weitere Spielart der Mitarbeiterberatung ist das **Mentoring**. Dieser der griechischen Mythologie entlehnte Begriff beschreibt das langfristig angelegte, oftmals über mehrere Jahre hinfort bestehende Beziehungsverhältnis zwischen einem Mentor und einer von ihm zu betreuenden Nachwuchskraft (Protegé).[202] Die Rolle des Mentors wird dabei neben der Beratungs- und Betreuungsfunktion oftmals mit bildhaften Begriffen wie 'Vertrauter', 'Lehrer' oder 'Vaterfigur' in Verbindung gebracht.[203] Demnach liegt beim Mentoring eine ausgesprochen hohe Beziehungsintensität zwischen Mentor und Protegé vor.[204]

Aus diesem Grund scheint das Mentoring in Kreditinstituten einerseits im Bereich der bankbetrieblichen Ausbildung und andererseits bei der Integration von neuen Mitarbeitern ein geeignetes Konzept zu sein.[205] In beiden Fällen kann der Mentor dem Protegé in ungewohntem sozialen Umfeld und bei neuen, komplexen Aufgabenstellungen Orientierungshilfe leisten. Darüber hinaus ist aber auch die Heranführung einer Nachwuchskraft im Kundenberatungsgeschäft der Kreditinstitute durch einen „**Senior-Banker**" als Mentor – insbesondere im Hinblick auf die Weitergabe des impliziten Erfahrungswissens – eine sinnvolle Gestaltungsoption der bankinternen Wissensentwicklung.[206]

---

201 Vgl. Broschinski, Produktivitätsfaktoren, S. 267 sowie grundlegend Geyer, Telefontraining, S. 3 ff.

202 Vgl. Klimecki/Gmür, Personalmanagement, S. 211. In der griechischen Mythologie übernimmt **Mentor** für den in den Trojanischen Krieg ziehenden Odysseus die Verantwortung für die Erziehung und persönliche Entwicklung von dessen Sohn Telemach. Vgl. Wöhrle, Telemachs, S. 117 ff.

203 Vgl. Stegmüller, Mentoring, Sp. 1511.

204 Vgl. Godersky, Intimität, S. 133.

205 Vgl. Knecht/Spillmann, Integration, S. 315. Die Integration von Mitarbeitern wird in dieser Arbeit erneut eine Rolle spielen, wenn die Wissensakquisition im Rahmen der bankbetrieblichen Personalgewinnung thematisiert wird. Vgl. dazu insb. Abs. 4.1.3.

206 Es sei darauf hingewiesen, dass neben den erwähnten positiven Effekten auch **dysfunktionale Wirkungen von Mentoren-Protegé-Beziehungen** nicht völlig auszuschließen sind. Beispielsweise könnten die Möglichkeiten zur Selbstentfaltung des Protegés eingeengt werden, der Mentor könnte sich zu einer Art „Ersatzvorgesetztem" entwickeln oder Kollegen des Protegés könnten aufgrund dessen privilegierter Stellung Neid- oder Missgunstempfindungen entwickeln. Vgl. Stegmüller, Mentoring, Sp. 1513 ff.

3.3.2. Bankbetriebliche Wissensentwicklung durch externe Institutionen

Neben der institutsinternen Wissensentwicklung bestehen im Bankenbereich vielfältige Möglichkeiten der **überbetrieblichen Weiterbildung**. Die Wissensentwicklung durch einen gemeinsamen Bildungsträger mehrerer Kreditinstitute oder einer Institutsgruppe hat den Vorteil, dass Mitarbeitern Wissensquellen zugänglich gemacht werden, die ein einzelnes Institut, bspw. aus Kostengründen, selbst nicht bereitstellen könnte.[207] Auf diese Weise wird die aktuelle bankbetriebliche Wissensbasis durch Fähigkeiten und Kenntnisse angereichert, die bislang außerhalb des Zugriffsbereichs des Kreditinstituts „latent" vorhanden waren.[208] Im Folgenden sollen diese institutsexternen Maßnahmen der Wissensentwicklung zunächst am institutsgruppen-bezogenen Beispiel der Sparkassenorganisation dargestellt werden. Ferner wird mit der Bankakademie ein Bildungsträger präsentiert, den vornehmlich Institute des privatwirtschaftlichen Bankgewerbes in Anspruch nehmen.

Sparkassen haben i. d. R. als gemeinnützige kommunale Anstalten des öffentlichen Rechts ein auf eine bestimmte Region begrenztes Geschäftsgebiet und nehmen auf überregionaler Ebene im Verbund mit ihren Gemeinschaftseinrichtungen, beispielsweise den Landesbanken/Girozentralen, am Bankenwettbewerb teil.[209] Hinsichtlich der **Weiterbildung in der Sparkassen-Finanzgruppe** kommen den regionalen Sparkassen- und Giroverbänden sowie dem Spitzenverband der deutschen Sparkassenorganisation, dem Deutschen Sparkassen- und Giroverband (DSGV), eine besondere Bedeutung zu. Den regionalen Sparkassen- und Giroverbänden obliegt neben der Einzelberatung von Sparkassen, der Interessenvertretung auf regionaler Ebene sowie dem Revisionswesen auch die Unterstützung der angeschlossenen Sparkassen in Fragen der Aus- und Weiterbildung.[210] Letzteres geschieht insbesondere mittels der regionalen Sparkassenakademien.

Wie die Abb. 13 verdeutlicht, bietet sich den Sparkassen-Mitarbeitern nach der Ausbildung zum Bankkaufmann die Möglichkeit, an **regionalen Sparkassenakademien** einen Kundenberaterlehrgang und, darauf aufbauend, einen Sparkassenfachlehrgang zu absolvieren. Der Kundenberaterlehrgang umfasst gemäß

---

207 Vgl. Reinboth/Leonardi, Weiterbildung, Sp. 1976.

208 Vgl. diesbezüglich nochmals die Ausführungen zu Komponenten und Merkmalen der bankbetrieblichen Wissensbasis in Abs. 2.3.3. dieser Arbeit.

209 Vgl. Ashauer, Sparkassen, Sp. 1752 und Sp. 1755. Neben den Landesbanken/Girozentralen gehören die Landesbausparkassen, Leasing-, Factoring-, Kapitalanlage- und Kapitalbeteiligungsgesellschaften sowie öffentliche Versicherungsanstalten zu den Gemeinschaftseinrichtungen der Sparkassenorganisation. Vgl. Schierenbeck/Hölscher, BankAssurance, S. 88.

210 Vgl. Ashauer, Sparkassen, Sp. 1755.

einer Empfehlung des DSGV in der Regel 270 Unterrichtsstunden und legt einen Weiterbildungsschwerpunkt auf das Beratungs- und Verkaufstraining.[211] Der Sparkassenfachlehrgang dient der Erweiterung und Vertiefung des Berufswissens von Sparkassenmitarbeitern und befähigt diese, nach erfolgreich abgeschlossener Fachprüfung als „Sparkassenbetriebswirte" Positionen im mittleren Management der Sparkassen (z. B. als Abteilungs- oder Zweigstellenleiter) einzunehmen.[212] Inhaltlich wird beim Sparkassenfachlehrgang in ca. 670 Unterrichtsstunden Detailwissen aus den Gebieten Wirtschafts- und Währungspolitik, Betriebswirtschaftslehre, Rechtswesen, Sparkassengeschäfte sowie Kommunikations- und Führungstraining vermittelt.[213]

Abb. 13: Wissensentwicklung in der Sparkassen-Finanzgruppe[214]

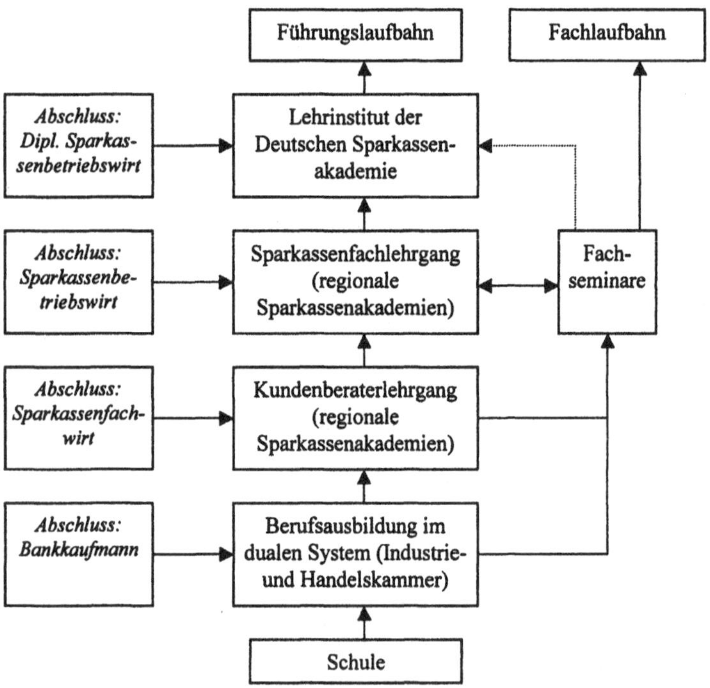

211 Vgl. Backhaus, Fortbildung, S. 44 f.
212 Vgl. Phillips, Bildungswesen, S. 81.
213 Vgl. Backhaus, Fortbildung, S. 45.
214 Quelle der Abb. 13: Geringfügig modifiziert nach Ashauer, Personalwirtschaft, S. 297.

Die zentrale Fortbildungsstätte der Sparkassenorganisation ist die **Deutsche Sparkassenakademie**. Die bereits im Jahr 1928 gegründete Akademie hat die vornehmliche Aufgabe, Mitglieder der obersten Führungsebene von Sparkassen und Landesbanken/Girozentralen, Führungskräftenachwuchs sowie Spezialisten aus verschiedenen Bereichen der Sparkassenorganisation weiterzubilden.[215] Der Abschluss am „Lehrinstitut für das kommunale Sparkassen- und Kreditwesen" der Akademie wird innerhalb der Sparkassenorganisation einem akademischen Abschluss gleichgesetzt.[216] Neben dieser sog. „Höheren Fachprüfung" werden von der Deutschen Sparkassenakademie Fachseminare, Seminare für Führungskräfte sowie verschiedene Fernstudien für Sparkassenmanager und Spezialisten angeboten.[217]

Eine innovative Möglichkeit zur Weiterbildung bietet sich den Sparkassenmitarbeitern mit der Internet-Plattform „s-win" („**Sparkassen-Finanzgruppe, Wissen im Netz**"). Die Besonderheiten dieser Sparkassen-spezifischen Form des überbetrieblichen E-Learnings sind in der oben angesprochenen regionalen Zergliederung der Sparkassen-Organisation und den sich daraus ergebenen unterschiedlichen potenziellen Nutzergruppen eines solchen Weiterbildungsangebotes zu sehen. Diesen Spezifika wurde bei der Entwicklung von „s-win" dadurch Rechnung getragen, dass auf der Basis einer zentralen gemeinsamen Lernplattform die unterschiedlichen Anforderungen von Sparkassenakademien, Sparkassen, Landesbanken oder weiteren Verbundunternehmen sowohl in technischer als auch in inhaltlicher Hinsicht berücksichtigt werden können.[218] Beispielsweise kann eine regionale Sparkassenakademie, aber auch ein einzelnes Institut ein eigenes, auf den jeweiligen spezifischen Nutzerkreis abgestimmtes individuelles „Bildungsportal" einrichten.[219] Auf diese Weise ist sichergestellt, dass dem lernwilligen Mitarbeiter aus der Vielzahl der grundsätzlich denkbaren Lernformen und Lerninhalte lediglich die für ihn relevanten Wissensbestände gebündelt dargeboten werden.

Verantwortlich für die zentrale Betreuung und Koordination des Electronic Learning-Konzepts „s-win" ist das beim DSGV angesiedelte „**Institut für**

---

[215] Vgl. Ashauer, Sparkassen, S. 1755.

[216] Vgl. Backhaus, Fortbildung, S. 46.

[217] Vgl. Koch, Bildungsarbeit, S. 108. Im Rahmen der **Fachseminare** wird den Absolventen in mehrwöchigen Vollzeitkursen Wissen für bestimmte bankbetriebliche Funktionen, wie etwa Marketing, Organisation, Personalwirtschaft, Auslandsgeschäft, Revision, Controlling u. ä. vermittelt. Die **Seminare für Führungskräfte** dienen Vorstandsmitgliedern oder Mitarbeitern in höheren Führungsfunktionen zur Fortbildung in ausgewählten betriebswirtschaftlichen oder gesellschaftspolitischen Problemkreisen. Vgl. Backhaus, Fortbildung, S. 46.

[218] Vgl. Walter/Koch, Lernen, S. 462.

[219] Vgl. Ksyk/Walter, Bildungsportale, S. 628.

Lernmedien und Wissensmanagement". Dieses Institut ist verantwortlich für den Aufbau, den Betrieb und die Weiterentwicklung der technologischen Komponenten, für die Erstellung, den Einkauf und die Nutzung der „s-win"-Lerneinheiten sowie für die Beratung der verschiedenen Nutzergruppen zu Einsatzmöglichkeiten des netzbasierten Lernens.[220] Obgleich sich dieses Internet-basierte Lernprojekt der Sparkassen-Finanzgruppe erst im Jahr 2001 vom Projektstatus zum Regelbetrieb aufgeschwungen hat, darf doch mit einiger Berechtigung der Vermutung Glauben geschenkt werden, dass „s-win" in nicht wenigen Fällen eine große Einflusswirkung auf die Lernkultur in den verschiedenen Sparkassen haben wird.[221] Das Bildungsportal „s-win" wird demzufolge nicht nur Auswirkungen auf das Verhalten der Lernenden haben, sondern auch auf das von Dozenten, Trainern, Personalverantwortlichen oder Führungskräften aus den verschiedenen Instituten, Bereichen und Abteilungen der Sparkassen-Finanzgruppe.[222]

Als weiterer überbetrieblicher Bildungsträger für Kreditinstitute fungiert die im Jahr 1957 in Frankfurt am Main gegründete **Bankakademie**. Mitglieder der Bankakademie sind die Regionalverbände des privaten Bankgewerbes, der Bundesverband der Volks- und Raiffeisenbanken sowie der Bankenfachverband.[223] Im Rahmen von berufsbegleitenden Studiengängen haben Mitarbeiter aus verschiedenen Sparten des Bankensektors oder banknaher Bereiche hier die Möglichkeit, sich zum Bankfachwirt, Bankbetriebswirt oder Diplom-Bankbetriebswirt weiterzubilden.[224] Somit ergibt sich auf dieser Ebene der überbetrieblichen Weiterbildung des privaten Bankgewerbes eine Struktur, die der Sparkassenorganisation in Bezeichnungen und auch in den dargebotenen Lehrinhalten durchaus ähnelt.

Als wesentliche Ergänzung zu dem oben genannten Bildungsangebot wurde im Jahr 1990 die **Hochschule für Bankwirtschaft** (HfB) als private Fachhochschule in Trägerschaft der Bankakademie gegründet.[225] Durch diese Neugründung wurde einerseits dem steigenden Bedarf an akademisch ausgebildeten Mitarbeitern in der Bankenbranche Rechung getragen, andererseits sollte der

---

220 Vgl. Walter/Koch, Lernen, S. 464.

221 Vgl. Ksyk/Walter, Bildungsportale, S. 629.

222 Vgl. Ksyk/Walter, Bildungsportale, S. 629.

223 Vgl. Reinboth/Leonardi, Weiterbildung, Sp. 1976.

224 Vgl. Bothe-Fehl, Karriere, S. 2 ff.

225 Vgl. Jäger/Leonardi, Hochschule, S. 730. Die Hochschule für Bankwirtschaft bietet derzeit die akademischen Studiengänge **Bachelor of Business Administration, Bachelor of Computer Science in Banking & Finance** sowie **Master of Arts (Banking & Finance)** an. Des Weiteren werden Mitarbeitern der Finanzdienstleistungsbranche spezialisierte Weiterbildungsmaßnahmen geboten, wie z. B. die Banken-Sommer-Akademie (in Zusammenarbeit mit der Ruhr-Universität Bochum), die Ausbildung zum „Chartered Financial Analyst" oder zum „Financial Planner". Vgl. Bothe-Fehl, Karriere, S. 22 ff.

Tendenz entgegengewirkt werden, dass junge Mitarbeiter nach ihrer Ausbildung ein Studium an staatlichen Hochschulen beginnen und lediglich in Ausnahmefällen zu den ausbildenden Kreditinstituten zurückkehren.[226] Aus der Perspektive des Wissensmanagements kam die Neugründung der HfB demnach einer Maßnahme zur Verhinderung von Wissensverlusten durch Personalabgänge gleich.

Im Jahr 2000 wurde als weiteres Fortbildungs-Angebot die Online-Akademie „efiport" („**Educational Financial Portal**") als Tochterunternehmen der Bankakademie gegründet. Das auf die Vermittlung von aktuellem Wissen aus der Bankenbranche spezialisierte Unternehmen bietet über seine Internet-Seiten umfangreiche Lehrinhalte an, so zum Beispiel zur bevorstehenden weiteren Harmonisierung des europäischen Bankenmarktes, die in Kreditinstituten auch unter dem Stichwort „Basel II" bekannt ist.[227] Das umfangreiche Fachwissen, das in Zusammenhang mit „Basel II" in ganz unterschiedlichen Bereichen und Abteilungen von Banken zukünftig erforderlich sein wird, kann u. a. durch die verschiedenen virtuellen „efiport"-Lernangebote in Expertenforen, Digitalvideos oder sog. „Infobits" erworben werden.[228] Durch den „stufenweisen" Aufbau der speziell für den Einsatz in Online-Medien entwickelten „Infobits" kann jeder Lernende selbst bestimmen, ob eine grobe Übersicht, oder ein tiefer greifendes Wissen zu einem gewünschten Themenbereich dargeboten werden soll.[229] Während das überbetriebliche, computergestützte Weiterbildungsangebot im Fallbeispiel von „s-win" auf die Mitarbeiter der verschiedenen Institutionen der Sparkassenorganisation beschränkt ist, so richtet sich das E-Learning der Online-Akademie „efiport" neben Banken und banknahe Institute auch an Unternehmen anderer Branchen.

Nachdem die soeben präsentierten überbetrieblichen Weiterbildungsmaßnahmen vornehmlich zur Vermittlung und Entwicklung von explizitem bankbetrieblichen Wissen geeignet erscheinen, soll zum Abschluss dieses Unterabschnitts mit der **Management Support GmbH des Deutsche Bank-Konzerns** ein Konzept angesprochen werden, welches auch das implizite Erfahrungswissen von Bankmanagern zu erfassen in der Lage ist. Wie bereits anhand der Mitarbeiterberatung im Rahmen der institutsinternen Wissensentwicklung verdeut-

---

226 Vgl. Bothe-Fehl, Karriere, S. 20.

227 Mit dem Begriff „**Basel II**" sind die Bestrebungen des „Basler Ausschusses für Bankenaufsicht" zur europaweiten Harmonisierung der Eigenkapitalanforderungen von international tätigen Kreditinstituten gemeint. In einem zu Beginn des Jahres 2001 vorgelegten Konsultationspapier werden auf insgesamt 540 Seiten einzelne Regelungen und Vorschriften erörtert, die im Jahr 2005 in Kraft treten sollen. Vgl. bspw. Boos/Schulte-Mattler, Rating, S. 346.

228 Vgl. Buric, Richtlinien, S. 34.

229 Vgl. Buric, Richtlinien, S. 34.

licht, so wird beim „Management Support“ der Deutschen Bank ebenso der Versuch unternommen, erfahrene Fach- und Führungskräfte – nun auf überbetrieblicher Ebene – in die bankbetrieblichen Weiterbildungskonzeptionen zu integrieren.

Die Management Support GmbH ist eine Tochtergesellschaft der Deutschen Bank und versteht sich als ein auf die Bereiche Consulting, Zeitmanagement und Coaching spezialisiertes Beratungsunternehmen.[230] Die Management Support GmbH bietet erfahrenen Fach- und Führungskräften der Deutschen Bank die Möglichkeit, ab dem 55. Lebensjahr in einem attraktiven Beschäftigungsverhältnis innerhalb oder außerhalb des Bank-Konzerns projektbezogene Einsatzbereiche zu übernehmen.[231] Auf Wunsch kann dieses Beschäftigungsverhältnis auch über das 65. Lebensjahr hinaus verlängert werden, wodurch dem Ziel, das **wertvolle Know-how von älteren Führungskräften** im Konzern zu erhalten, entsprochen wird.[232]

Die Management Support GmbH der Deutschen Bank verfügt damit über ein auf Erfahrung basierendes, bewährtes Branchenwissen, das nicht nur bankintern zur Lösung von Problemstellungen oder zur Förderung des Management-Nachwuchses zum Einsatz kommt, sondern das auch auf externen Märkten als Beratungsleistung angeboten wird.[233] Auf diese Weise gelingt es der Deutschen Bank zum einen, das implizite Erfahrungswissen von Bankmanagern im Sinne der „Sozialisation“ im Konzern zu erhalten und zur Entwicklung neuer Wissensbestände fruchtbar zu machen. Zum anderen könnte sich die Management Support GmbH zukünftig als spezialisiertes Consulting-Unternehmen etablieren und seine Beratungsleistungen unter dem Dach des Deutsche Bank-Konzerns auch am externen Markt gewinnträchtig offerieren.

3.3.3. Unterstützung der Wissensentwicklung durch Anreizgestaltung

Wie im Rahmen dieser Studie bereits betont wurde, ist der Erfolg von einzelnen Maßnahmen der bankbetrieblichen Wissensentwicklung entscheidend von der **Bereitschaft der Mitarbeiter** abhängig, ihr individuelles Wissen weiterzugeben bzw. neues, aktuelles Wissen aufzunehmen. In diesem Zusammenhang wurde auf einige strukturelle Regelungsmöglichkeiten zur Überwindung von Lernbarrieren in Kreditinstituten aufmerksam gemacht.[234] Auch die in den bei-

230 Vgl. Fischer/Steffens-Duch, Beschäftigungsfähigkeit, S. 339.
231 Vgl. Schmidt/Uepping, Erfahrungskompetenz, S. 219.
232 Vgl. Fischer/Steffens-Duch, Beschäftigungsfähigkeit, S. 339.
233 Vgl. Schmidt/Uepping, Erfahrungskompetenz, S. 220.
234 Vgl. Abs. 3.2.2.

den Vorabschnitten beschriebenen Gestaltungsoptionen der institutinternen oder -externen bankbetrieblichen Wissensentwicklung können als Anreize zur Wissensweitergabe und Wissensaufnahme verstanden werden. Darüber hinaus ist es jedoch möglich, einerseits die Bereitschaft von Wissensträgern zur Weitergabe ihrer Kenntnisse und Fähigkeiten und andererseits die Lernmotivation von Bankmitarbeitern durch weitere, speziell auf diese Aspekte abgestimmte Anreizmechanismen zu fördern und damit insgesamt die bankbetriebliche Wissensentwicklung zusätzlich zu unterstützen.

Unter einem **Anreizsystem** soll in dieser Arbeit die Gesamtheit aller bewusst gestalteten und aufeinander abgestimmten betrieblichen Stimuli verstanden werden, die auf der einen Seite bestimmte, gewünschte Verhaltensweisen von Mitarbeitern auslösen bzw. verstärken und auf der anderen Seite die Wahrscheinlichkeit des Auftretens nicht erwünschter Verhaltensweisen verringern sollen.[235] In dem hier zu betrachtenden Problemkontext sollen die betrieblichen Anreizmechanismen demgemäß die Mitarbeiter zur Weitergabe bzw. zur Aufnahme von Wissen stimulieren. Ebenso wäre es nach obiger Begriffseingrenzung denkbar, durch „negative Anreize" bzw. Sanktionen die (vorsätzliche) Zurückhaltung relevanten Wissens oder die Weigerung der Wissensaufnahme (als nicht erwünschte Verhaltensweisen) verhindern zu wollen.

Neben dem allgemeinen Ziel der Verhaltenssteuerung sollen Anreize unter anderem dazu beitragen, Mitarbeiter im Unternehmen halten zu können sowie neue Mitarbeiter hinzu zu gewinnen.[236] Aus der Perspektive des Wissensmanagements sind es hierbei insbesondere die hoch qualifizierten Mitarbeiter, die sog. „High Potentials", die als Wissensträger durch **Bleibeanreize** möglichst langfristig an das Unternehmen gebunden werden sollen. Zu berücksichtigen ist allerdings, dass auch bei umfangreich vorhandenen Bleibeanreizen gerade die „High Potentials" bestrebt sein können, das Unternehmen zu verlassen, weil ein Stellenwechsel oftmals als fester Bestandteil der individuellen Laufbahnplanung angesehen wird.[237] Ebenso wie beim internen Mitarbeiterstamm sind auch bei der Gewinnung von neuen externen Wissensträgern zum Zwecke einer Anreicherung der bankbetrieblichen Wissensbasis die erwähnten „High Potentials" von besonderem Interesse.[238]

Bei der Ausgestaltung von organisationalen Anreizsystemen kommt es folglich darauf an, dass die Anreizkomponenten einerseits von den bereits vorhandenen Mitarbeitern wahrgenommen werden, andererseits aber auch außerhalb des Unternehmens erkennbar sind und somit die individuelle Eintrittsentscheidung von

---

235 Vgl. Becker, Anreizsysteme, Sp. 35.
236 Vgl. Schanz, Gestaltung, S. 8 f.
237 Vgl. Schanz, Gestaltung, S. 10.
238 Vgl. hierzu ausführlich Abs. 4.1.

potenziellen neuen Mitarbeitern positiv beeinflussen. Demnach kann eine weitgehende **Transparenz der betrieblichen Anreizmechanismen** als erstrebenswert erachtet werden.[239] Um die Wirksamkeit der Anreizsysteme sicherzustellen bzw. zu erhöhen, sollte ferner der Versuch unternommen werden, möglichst viele der individuell unterschiedlichen Bedürfnisse und Motive der Organisationsmitglieder zu berücksichtigen.

Diesem Gedanken kann in Unternehmen dadurch Rechnung getragen werden, dass im Rahmen der **Individualisierung von Anreizsystemen** einerseits eine Vielzahl von Anreizsituationen geschaffen und andererseits den Mitarbeitern die Möglichkeit der Selbstselektion der gewünschten Alternativen als Daueroption eingeräumt wird.[240] Schließlich sollte bei der Gestaltung von Anreizsystemen darüber hinaus in Betracht gezogen werden, dass auf Seiten der Anreizempfänger durch die Wahrnehmung der eigenen eingebrachten Leistung und der Leistung vergleichbarer Mitarbeiter – sowie den dadurch jeweils erzielten Gratifikationen – möglicherweise **Diskrepanzerlebnisse** bzw. **Ungerechtigkeitsempfindungen** entstehen können.[241]

Das Gefüge der betrieblichen **Anreizkomponenten** lässt sich nach Individual-, Gruppen- und organisationsweiten Anreizen, nach extrinsischen und intrinsischen sowie nach materiellen und immateriellen Anreizen klassifizieren.[242] Unter den materiellen Anreizen sind in erster Line das Gehalt, Prämien, Provisionen, Erfolgsbeteiligungen oder Sozialleistungen zu verstehen, während zu den immateriellen Anreizen beispielsweise die Sicherheit des Arbeitsplatzes, die Büroausstattung oder ein Dienstwagen zu zählen sind.[243] Um aus der Vielzahl der denkbaren Anreizkomponenten und -kombinationen diejenigen auszuwählen, die für die bankbetriebliche Wissensentwicklung besonders geeignet erscheinen, sollen im Folgenden zunächst die Anreizusancen des Bankenmarktes am Beispiel der leistungsabhängigen Entgeltgestaltung dargelegt und anschlie-

---

239 Vgl. Schanz, Gestaltung, S. 25.

240 Vgl. Schanz, Gestaltung, S. 23. sowie grundlegend Schanz, Organisationsgestaltung, S. 96 ff.

241 Vgl. Schanz, Personalwirtschaftslehre, S. 165 ff.

242 Vgl. Schanz, Personalwirtschaftslehre, S. 133. Unter **extrinsischen Anreizen** sind in erster Linie monetäre Gratifikationen zu verstehen, wohingegen **intrinsische Anreize** aus einer interessanten, herausfordernden Tätigkeit erwachsen können. Vgl. Schanz, Personalwirtschaftslehre, S. 134. Die intrinsischen Anreizkomponenten beziehen sich demnach beispielsweise auf die in Abs. 3.2.2. dargestellten strukturellen Gestaltungsmaßnahmen in Banken (z. B. „Job Rotation") sowie auf die Anreicherung der Tätigkeiten durch inner- und überbetriebliche Weiterbildungsangebote (vgl. Abs. 3.3.1. und 3.3.2.). Die Ausführungen in diesem Unterabschnitt beziehen sich somit vornehmlich auf die extrinsischen Anreize.

243 Vgl. Berthel, Personal-Management, S. 38.

ßend die Möglichkeiten der Berücksichtigung des Faktors 'Wissen' in bankbetrieblichen Anreizsystemen erörtert werden.

Wie in nahezu allen anderen Branchen spielt auch im Bankenbereich die **Entgeltgestaltung als Anreizkomponente** eine herausragende Rolle. Von besonderem Interesse sind dabei die über das (zumeist tarifvertraglich festgelegte) Mindest- bzw. Grundentgelt hinaus bezahlten, zusätzlich gewährten variablen Entlohnungs-Bestandteile, welche die Mitarbeiter zu erhöhten Leistungen stimulieren sollen.[244] Als Empfänger von monetären Gratifikationen sind zum einen die Tarifangestellten des Bankensektors zu erwähnen, denen Zusatzvergütungen bspw. durch Gehaltszulagen oder in Form von Jahresabschluss-Bonifikationen zukommen können, und zum anderen die außertariflichen Angestellten, deren Vergütung oftmals auf dem Grundsatz eines hauseigenen Entlohnungssystems geregelt ist.[245] Ferner sind die leitenden Angestellten im Sinne des § 5 Abs. 3 BetrVG zu nennen, deren Entlohnung unabhängig von Tarifverträgen oder Betriebsvereinbarungen in Kreditinstituten individuell vereinbart werden kann.[246]

Bei der **Konzeption eines leistungsabhängigen Vergütungssystems** in Banken ist im Sinne der oben erwähnten Transparenz von Anreizsystemen sowie den möglicherweise auftretenden Ungerechtigkeitsempfindungen dafür Sorge zu tragen, dass die Berechnung der Zusatzvergütung auf der Basis von klar nachvollziehbaren sowie direkt oder indirekt beeinflussbaren Bemessungsgrößen erfolgt. Als spezifisches Problem der Kreditinstitute können dabei die im Verlauf dieser Studie bereits hervorgehobene Unstofflichkeit, die Abstraktheit sowie die mangelnde Lagerfähigkeit als Charakteristika von Bankleistungen angesehen werden.[247] Während sich eher technische Merkmale von Bankleistungs-Prozessen etwa mit Hilfe von Bearbeitungszeiten oder Fehlerquoten durchaus quantifizieren lassen, stößt ein bankbetriebliches Leistungsbemessungs-System beispielsweise bei der Beurteilung und Bestimmung der Qualität einer kompetenten, vertrauensvollen sowie bedarfsgerechten Kundenberatung im Sinne des Relationship Banking auf kaum auszuräumende Schwierigkeiten.[248] Darüber hinaus ist es problematisch, dass durch die Verbundenheit vieler Bankleistungen Vertragsabschlüsse als Folge bereits getätigter Einzelgeschäfte zustande kommen können, ohne dass der Kundenberater eine zusätzliche Verkaufsanstrengung hätte erbringen müssen.[249] Zu denken wäre hier zum Beispiel an die vielfältigen bankbetrieblichen Einzelleistungen im Rahmen einer Baufinanzierung.

244 Vgl. Schanz, Personalwirtschaftslehre, S. 579.
245 Vgl. Wienkamp, Anreizförderung, S. 265 f.
246 Vgl. Siebertz, Personalwesen, S. 1184.
247 Vgl. hierzu nochmals den Abs. 2.3.2.
248 Vgl. Büschgen, Grundlagen, S. 220 f.
249 Vgl. Büschgen, Grundlagen, S. 221 f.

Bei der Bestimmung des leistungsabhängigen Entgelt-Bestandteils in Kreditinstituten kommen als Bemessungsgrundlage prinzipiell Volumen- oder Erfolgsgrößen in Betracht.[250] **Volumengrößen** können beispielsweise bei Mitarbeitern der privaten Vermögensanlage zum Einsatz kommen. In Abhängigkeit von der Höhe der Vertragssumme einzelner Geschäftsabschlüsse oder auf der Basis der Anzahl von getätigten Geschäftsvorfällen können Provisionszahlungen direkt an einen einzelnen Kundenbetreuer oder zu Gunsten eines Kundenberatungs-Teams inklusive der Führungskräfte ausgeschüttet werden.[251]

Bei der Leistungsmessung mit Hilfe von **Erfolgsgrößen** kommt beispielsweise das Betriebsergebnis der Kreditinstitute in Betracht. Hierbei ist jedoch eine direkt nachvollziehbare und individuell beeinflussbare Leistungszurechnung lediglich in Ansätzen darstellbar.[252] Eine differenziertere, die individuellen Erfolgsbeiträge der Bankmitarbeiter berücksichtigende Berechnungsweise der leistungsabhängigen Entlohnung kann unter Zuhilfenahme der so genannten **Marktzinsmethode** erfolgen. Durch die Zugrundelegung eines am Geld- und Kapitalmarkt (potenziell) durchführbaren Opportunitätsgeschäftes ist im Rahmen der Marktzinsmethode der Erfolgsbeitrag jedes einzelnen Bankgeschäfts, sowohl im Kredit- wie auch im Einlagegeschäft, ermittelbar.[253] Auf diese Weise ist es grundsätzlich möglich, den Erfolgsbeitrag von Bankgeschäften den einzelnen Bankmitarbeitern zuzurechnen und somit – unter Berücksichtigung weiterer Variablen – den leistungsabhängigen Entgelt-Bestandteil zu bestimmen.[254]

Der leistungsabhängige Anteil von bankbetrieblichen Entgeltzahlungen kann bei einer nachvollziehbaren Berechnungsweise, bei gegebener Beeinflussbarkeit durch individuelle Leistungserbringung sowie bei adäquater, mit anderen Entgelt- sowie weiteren Anreiz-Komponenten abgestimmter Umsetzung zur Leistungssteigerung der Bankmitarbeiter beitragen. Zugleich sind jedoch die oben beschriebenen Probleme insbesondere bei der Bemessung der Qualität von Kundenberatungs-Prozessen auch durch die Zugrundelegung der Marktzinsmethode nicht vollends auszuräumen. Ferner könnte ein auf Leistungsanreize fokussiertes bankbetriebliches Entlohnungssystem **aus der Sicht des Wissens-**

---

250 Vgl. Büschgen, Vergütungssysteme, S. 537.

251 Vgl. Wienkamp, Anreizförderung, S. 266.

252 Vgl. Erdmann, Entlohnung, S. 111 f.

253 Da an dieser Stelle lediglich auf die grundsätzliche Anwendbarkeit aufmerksam gemacht werden soll, wird auf die Darstellung einzelner **Berechnungsschemata und Anwendungsprobleme der Marktzinsmethode** verzichtet. Vgl. hierzu ausführlich Schierenbeck, Bankmanagement, S. 70 ff.

254 Einzelnen Problemfeldern und Anwendungsmodellen einer an der Marktzinsmethode ausgerichteten leistungsorientierten Vergütung in Kreditinstituten soll in dieser Arbeit nicht näher nachgegangen werden. Vgl. hierzu bspw. Büschgen, Vergütungssysteme, S. 537 ff.

managements gar als dysfunktional bezeichnet werden, denn der personen-, gruppen- und abteilungsübergreifende Wissensaustausch wird durch die gezielte Honorierung von Einzelleistungen zumindest nicht gefördert, in manchen Fällen vielleicht sogar verhindert.[255] Ein möglicher Lösungsansatz für dieses Problem kann in der so genannten qualifikationsorientierten Entlohnung erblickt werden.

Neben den leistungsabhängigen Entlohnungsbestandteilen besteht das Gesamtentgelt, wie bereits erwähnt, zu einem oftmals nicht unwesentlichen Teil aus einem Grundentgelt. Dieses Grundentgelt wird ohne Berücksichtigung der individuellen Leistung aufgrund der aus den stellenbezogenen Einzelaufgaben resultierenden Arbeitsanforderung, aufgrund der Dauer der Betriebszugehörigkeit („Seniorität") sowie aufgrund der von den Beschäftigten angebotenen Qualifikationen gewährt.[256] Zu einer Besonderheit wird die letztgenannte Komponente, wenn die Qualifikationen auch dann bei der Entgelt-Bestimmung berücksichtigt werden, wenn die Fähigkeiten und Kenntnisse der Mitarbeiter zur Bewältigung der (aktuell) zu erfüllenden Arbeitsaufgabe nicht – bzw. noch nicht – erforderlich sind.[257] Derartige **qualifikationsorientierte Entlohnungskomponenten** können neben dem Grundentgelt auch im Bereich der Leistungszulagen zum Einsatz kommen.[258]

Aus der Mitarbeiterperspektive ergibt sich durch die qualifikationsbezogenen Entlohungsbestandteile ein finanzieller Anreiz zum Erwerb von Mehrfachqualifikationen, also ein **Anreiz zur individuellen Wissensentwicklung**. Aus der Sicht von Unternehmen ist ein solcher qualifikationsorientierter Lohn unter Umständen zunächst einmal mit zusätzlichen Personalkosten verbunden.[259] Andererseits sind die Unternehmen in der Lage, ihre mit zusätzlichem Wissen ausgestatteten Mitarbeiter flexibel in verschiedenen Arbeitsbereichen einzusetzen.[260] Dieser flexible Personaleinsatz ist in Kreditinstituten insbesondere hinsichtlich der (nach wie vor vorhandenen) Personalintensität sowie hinsichtlich der ausgesprochenen Komplexität und Dynamik des Bankgeschäftes, auf die in dieser Studie bereits mehrfach hingewiesen wurde, von Vorteil.[261] Es sei aller-

---

255 Vgl. North, Unternehmensführung, S. 228 sowie Feldhoff/Wiskemann, Unterstützung, S. 252 f.

256 Vgl. Eckardstein, Entlohnung, S. 218.

257 Vgl. Eckardstein, Entlohnung, S. 217.

258 Vgl. Eckardstein, Entlohnung, S. 223 f. Bei der qualifikationsorientierten Entlohnung gibt es verschiedene Spielarten bzw. Berechnungsmodelle, die in der Literatur sowie in der Unternehmenspraxis z. B. mit den Begriffen **„Skill-based Pay"**, **„Knowledge-based Pay"** oder **„Competency Based-Compensation"** belegt werden. Zu Letzterem vgl. bspw. Näser/Blang, Competency, S. 69 ff.

259 Vgl. Berthel, Personal-Management, S. 382.

260 Vgl. Schanz, Personalwirtschaftslehre, S. 595.

261 Vgl. hiezu nochmals die Abschnitte 2.3.1., 2.3.2. und 3.1.1.

dings daran erinnert, dass es sich bei der qualifikationsorientierten Entlohnung lediglich um eine von mehreren Komponenten der bankbetrieblichen Entgeltgestaltung handeln kann. Ferner ist auch die Entgeltgestaltung selbst ein Bestandteil des gesamten Anreizgefüges der Kreditinstitute.

Als Beispiele für weitere mögliche Bausteine der bankbetrieblichen Anreizsysteme sollen im Weiteren das betriebliche Vorschlagswesen sowie die Personalführung thematisiert werden. Unter dem **betrieblichen Vorschlagswesen** wird eine auf Dauer angelegte Einrichtung zur Unterstützung der Vorlage und Umsetzung von Verbesserungsvorschlägen seitens der Mitarbeiterschaft verstanden.[262] Die Hauptzielsetzung der Unternehmen beim betrieblichen Vorschlagswesen liegt in der effizienteren Gestaltung der innerbetrieblichen Abläufe sowie in der Verbesserung der Produkte und Dienstleistungen. Auf diese Weise werden einerseits Rationalisierungseffekte zur Produktivitätssteigerung und Wirtschaftlichkeitsverbesserung und andererseits eine durch innovative Vorschläge der Mitarbeiter ausgelöste Erhöhung der Produkt- und Arbeitsqualität angestrebt.[263] Als weitere Ziele können die stärkere Berücksichtigung von Arbeitnehmerinteressen im Betriebsablauf sowie die Verbesserung der sozialen Beziehungen im Unternehmen genannt werden.[264] Aus der Sicht des Wissensmanagements handelt es sich beim betrieblichen Vorschlagswesen um ein Anreizinstrument zur Entwicklung und Weitergabe von individuellem, unternehmensrelevantem Wissen.

Als Anreize für die Mitarbeiter zur Einbringung von Verbesserungsvorschlägen kommen neben immateriellen Stimuli, wie etwa Urkunden oder Anerkennungsschreiben, insbesondere auch materielle Anreize, vornehmlich in Form von Geldprämien, in Betracht.[265] Die **Ausschüttung von Geldprämien** kann vor allem dann als sinnvoll erachtet werden, wenn sich aus den Verbesserungsvorschlägen für das Unternehmen ein quantifizierbarer, zurechenbarer Nutzen ergibt. In diesem Fall kann dem betreffenden Mitarbeiter z. B. eine prozentuale Beteiligung an der errechneten Jahresersparnis, beispielsweise 15 oder 20 Prozent, zugestanden werden.[266] Dass das betriebliche Vorschlagswesen in Kreditinstituten ein traditionelles, bewährtes und angesichts von neuen Herausforderungen des Bankenmarktes ebenso aktuelles und nach wie vor innovatives Anreizinstrument darstellt, zeigt der folgende kurze Blick in die Bankenpraxis.

Die Dresdner Bank, die auf eine über 60-jährige Geschichte ihres betrieblichen Vorschlagswesens zurückblicken kann, hat im Jahr 2000 im Rahmen des so ge-

---

[262] Vgl. Thom, Anreizaspekte, S. 597.
[263] Vgl. Heidack, Vorschlagswesen, Sp. 2300 f.
[264] Vgl. Heidack, Vorschlagswesen, Sp. 2300.
[265] Vgl. Schanz, Personalwirtschaftslehre, S. 635.
[266] Vgl. Thom, Anreizaspekte, S. 599 f.

nannten **„internen Ideenmanagements"** ca. 300 Mitarbeiter mit Prämien zwischen 200 DM und 100.000 DM ausgezeichnet.[267] Die letztgenannte Höchstprämie wurde insgesamt drei Mal vergeben, so zum Beispiel an einen Mitarbeiter, der seine fundierten Computer-Kenntnisse zur Entwicklung eines bankeinheitlichen Verfahrens der Konditionsanpassung im Firmenkundengeschäft nutzen konnte.[268] Das Praxisbeispiel des „Ideenmanagements" bei der Dresdner Bank verdeutlicht, dass das Vorschlagswesen nach wie vor einen festen Bestandteil der bankbetrieblichen Anreizsysteme darstellt und als Instrument zur Förderung der Kreativität und Innovationskraft der Bankmitarbeiter einen wichtigen Beitrag zur Wissensentwicklung in Kreditinstituten zu leisten vermag.

Zum Abschluss dieses Unterabschnitts soll mit der Personalführung eine Gestaltungsoption der bankbetrieblichen Wissensentwicklung präsentiert werden, die im Gefüge der Anreizsysteme von Kreditinstituten zu den immateriellen Komponenten gezählt werden kann.[269] Unter Personalführung wird im Allgemeinen das zielgerichtete soziale Einflusshandeln im Rahmen von Wirtschafts- und Verwaltungsorganisationen verstanden.[270] Wenn die Motivation der Mitarbeiter zur Aufnahme oder zur Weitergabe von Wissen als eines der Ziele dieses Einflusshandels angesehen wird, so kann die **Personalführung als Anreizinstrument zur Wissensentwicklung** bezeichnet werden.

Zu denken ist bei einer solchen, den Faktor 'Wissen' explizit berücksichtigenden Mitarbeiterführung vor allem an die in dieser Arbeit bereits vorgestellten Wissensmanager, deren grundlegende Tätigkeit in der Sensibilisierung der Organisationsmitglieder für die Bedeutung der Ressource 'Wissen' besteht.[271] Letztlich ist es jedoch die Aufgabe eines jeden Vorgesetzten, Gruppen- oder Projektleiters, die Mitarbeiter zum Austausch und zur Entwicklung von Wissen anzuregen. Auf diese Weise kann – im Verbund mit den übrigen Anreizkomponenten – eine nachhaltige Verankerung des Wissensmanagements im Gesamtunternehmen gewährleistet werden.[272]

Im Gegensatz zu der oben vorgestellten Entgeltgestaltung und dem betrieblichen Vorschlagswesen ist die **Anreizwirkung des Führungsverhaltens von Vorgesetzten** nur in recht beschränktem Maße messbar oder steuerbar. Vielfach ist das Führungsverhalten nicht ausschließlich das Ergebnis von rationalen Überlegungen, sondern es ist abhängig von bestimmten Persönlichkeitsmerkma-

---

267 Vgl. Burski, Ideenmanagement, S. 386.
268 Vgl. Burski, Ideenmanagement, S. 386.
269 Vgl. Becker, Anreizsysteme, Sp. 42.
270 Vgl. Schanz, Personalwirtschaftslehre, S. 651.
271 Vgl. Abs. 3.2.2.
272 Vgl. hierzu auch die Ausführungen des Abschnitts 4.2.3. zur Bedeutung der **Unternehmenskultur** im Rahmen des Wissensmanagements.

len des Vorgesetzten, von seiner eigenen Motivationslage oder von den an ihn gestellten Rollenerwartungen.[273] Ferner sind das Beziehungsverhältnis zwischen Führungskraft und Untergebenen, die Art der Aufgabenstruktur der zu Führenden sowie die Positionsmacht des Vorgesetzten, Gruppenmitglieder belohnen oder bestrafen zu können, von besonderer Bedeutung.[274] Neben der letztgenannten, durch die Stellung des Vorgesetzten legitimierten Positionsmacht können noch weitere Machtquellen im Vorgesetzten-Untergebenen-Verhältnis eine Rolle spielen, die in dieser Studie z. B. bereits im Rahmen der Prinzipal-Agenten-Theorie sowie im Zusammenhang mit der (vorsätzlichen) Zurückhaltung von Expertenwissen angesprochen wurden.[275] Somit kann es bei der Personalführung zu dysfunktionalen Wirkungen, zum Machttaktieren und zum mikropolitischen Verhalten kommen.[276]

Obgleich das Beziehungsverhältnis zwischen Vorgesetzten und Untergebenen offensichtlich von einer ganzen Reihe von persönlichen und situativen Faktoren bestimmt werden kann und der Führungserfolg nicht direkt zu erfassen oder zu beeinflussen ist, sind sowohl die Vorgesetzten als auch die zu Führenden in der betrieblichen Praxis i. d. R. in der Lage, aufgrund ihres Erfahrungswissens sowie aufgrund ihrer Intuition die genannten Einflussfaktoren zu erkennen und angemessen zu berücksichtigen.[277] Darüber hinaus stehen dem Vorgesetzten verschiedene **Führungsinstrumente** zur Verfügung, die ihn in seinem Bestreben, das Verhalten der Mitarbeiter zielgerichtet beeinflussen zu wollen, unterstützen können.[278] Im Folgenden sollen auf die Führungsgrundsätze sowie auf das Mitarbeitergespräch als solche Führungsinstrumente näher eingegangen werden, die hinsichtlich ihrer Anreizwirkung zur Wissensentwicklung in Banken als besonders geeignet erscheinen.

Führungsgrundsätze dienen im Allgemeinen der Beschreibung oder **Normierung der Führungsbeziehung** zwischen Vorgesetzten und Mitarbeitern.[279]

---

273 Vgl. Bisani, Personalwesen, S. 847.

274 Die drei genannten situationsabhängigen Einflussfaktoren auf das Führungsverhalten von Vorgesetzten sind der sog. **Kontingenztheorie der Führung** nach F. FIEDLER zuzurechen. Vgl. dazu Fiedler/Mai-Dalton, Kontingenztheorie, Sp. 940 ff.

275 Vgl. dazu die Abschnitte 2.3.2. und 3.2.1.

276 Vgl. Neuberger, Machttheorie, Sp. 956 f.

277 Vgl. Schanz, Personalwirtschaftslehre, S. 687.

278 Vgl. Schanz, Personalwirtschaftslehre, S. 687.

279 Vgl. Wunderer, Führungsgrundsätze, Sp. 720. Neben dem Begriff der Führungsgrundsätze finden sich in der Literatur sowie in der Unternehmenspraxis ähnliche Bezeichnungen, wie z. B. „**Führungsleitlinien**" oder „**Verhaltensrichtlinien**". Darüber hinaus versteht man unter Unternehmensleitlinien, Unternehmensleitbildern oder -grundsätzen eine die strategische Gesamtausrichtung des jeweiligen Unternehmens betreffende Richtschnur. Die **Unternehmensleitbilder** werden in dieser Arbeit in Zusammenhang mit der Unternehmenskultur in Abs. 4.2.3. erneut aufgegriffen und näher dargestellt.

Durch eine derartige Normierung der Führungsbeziehungen wird das oben geschilderte intuitive, situationsspezifische Verhalten von Vorgesetzen und Untergebenen jedoch i. d. R. nicht konterkariert, denn die Führungsgrundsätze verlangen kein bestimmtes, strikt einzuhaltendes Führungsverhalten.[280] Vielmehr lassen die Führungsgrundsätze in ihren Formulierungen genügend Spielraum, um sowohl den besonderen Persönlichkeitseigenschaften der beteiligten Mitarbeiter als auch der jeweils vorliegenden Führungssituation Rechnung tragen zu können.

Inhaltlich wird in den Führungsgrundsätzen oftmals zunächst die grundlegende Führungsphilosophie thematisiert, wobei zumeist ein kooperativer Führungsstil zugrunde gelegt wird.[281] Des Weiteren finden sich Aussagen über bestimmte Themenbereiche, wie zum Beispiel die teamorientierte Zusammenarbeit, Inhalte und Formen von betrieblichen Kommunikationsprozessen, die Berücksichtigung von Mitarbeiterbedürfnissen, die Delegation von Verantwortung, die Partizipation der Mitarbeiter an Entscheidungsprozessen, Verfahren der Leistungsbeurteilung sowie Maßnahmen der Personalentwicklung.[282] In dem hier interessierenden Problemkontext wäre sicherzustellen, dass in den **Führungsgrundsätzen der Kreditinstitute** der Austausch von Informationen sowie die ständige Weiterentwicklung der bankbetrieblichen Wissensressourcen explizit berücksichtigt wird. Hierzu finden sich beispielsweise in den „Grundsätzen der Zusammenarbeit und Führung" der Landesbank Schleswig-Holstein die folgenden Passagen:

> „Wir geben Informationen, die für andere zur Erfüllung Ihrer Aufgaben nützlich sind, verantwortungsbewusst und sachbezogen weiter. Gleichzeitig bemüht sich jeder um die für seinen Aufgabenbereich notwendigen Informationen. [...] Die Weitergabe von Informationen soll rechtzeitig erfolgen; die Inhalte sollen wahr und vollständig sein. Sie werden nicht nur innerhalb der Bereiche, sondern gleichermaßen bereichsübergreifend weitergegeben. [...] Es ist die Aufgabe der Führungskräfte, die Fähigkeiten und Potenziale der Mitarbeiterinnen und Mitarbeiter zu erkennen und sie [...] gezielt und systematisch auszubauen. Dies geschieht am Arbeitsplatz durch die Übertragung entwicklungsfördernder Aufgaben und eine gezielte, bedarfsorientierte Weiterbildung. [...] Gleichzeitig sind die Mitarbeiterinnen und Mitarbeiter gefordert, aktiv Rückmeldung einzuholen und sich so um die eigene Weiterentwicklung zu bemühen."[283]

---

280 Vgl. Schanz, Personalwirtschaftslehre, S. 688.

281 Vgl. Wunderer, Führungsgrundsätze, Sp. 727.

282 Vgl. Wunderer, Führungsgrundsätze, Sp. 728 f.

283 LB Kiel, Grundsätze, o. S., im Original in alter Rechtschreibung.

Das obige Textbeispiel zeigt, dass die zentralen Problembereiche und Gestaltungsfelder der bankbetrieblichen Wissensentwicklung, die in diesem Kapitel der vorliegenden Studie ausführlich dargestellt wurden, erkannt und den Vorgesetzten mittels der Führungsgrundsätze nahegelegt werden. Gemeint ist zum einen die Notwendigkeit der Aufnahme und Weitergabe relevanten Wissens und damit die Überwindung der bankbetrieblichen Wissensbarrieren. Zum anderen ist die gezielte und systematische Förderung der bankbetrieblichen Wissensträger durch interne oder externe Weiterbildungsmaßnahmen angesprochen. Somit scheinen die Banken die **Notwendigkeit der Entwicklung der Unternehmensressource 'Wissen'** und darüber hinaus insgesamt die Notwendigkeit eines bankbetrieblichen Wissensmanagements erfasst und in ihren Führungsleitlinien verankert zu haben. Dies zeigt sich zum Beispiel auch in den Führungsgrundsätzen der Deutschen Bank, in denen den Führungskräften aufgezeigt wird, dass die „kreative Umsetzung eines exzellenten Wissens unser strategischer Erfolgsfaktor“[284] ist.

Als weiteres Führungsinstrument, das zur Unterstützung von Wissensentwicklungs-Maßnahmen durch die bankbetrieblichen Führungskräfte besonders geeignet erscheint, soll zum Abschluss dieses Kapitels das **Mitarbeitergespräch** näher erläutert werden. Ein Mitarbeitergespräch (auch: „Personalgespräch“) kann offiziell, in regelmäßigen Abständen, oder in informeller Art zwischen Vorgesetzen und Mitarbeitern stattfinden.[285] Je nach Anlass des Mitarbeitergesprächs kann dabei beispielsweise zwischen Führungsgesprächen, Beurteilungsgesprächen, Förderungs- oder Beratungsgesprächen, Zielvereinbarungsgesprächen oder Entgeltgesprächen unterschieden werden.[286]

Aspekte des bankbetrieblichen Wissensmanagements können, wie in der Abb. 14 überblicksartig verdeutlicht, in sämtliche der genannten Ausprägungsformen von Mitarbeitergesprächen einfließen. So kann beispielsweise im Rahmen eines Einstellungsgespräches das für die verschiedenen Aufgabenbereiche der zur Disposition stehenden Stelle erforderliche Wissen thematisiert werden. Im Verlauf eines Entwicklungsgespräches können die Karriereaussichten des betreffenden Mitarbeiters sowie die erforderlichen Maßnahmen zur Aneignung des zukünftig notwendigen Wissens Gesprächsgegenstand sein. Bei einem Aus-

---

[284] Führungsgrundsätze der Deutschen Bank AG, entnommen aus Wunderer/Bruch, Führungskonzeptionen, S. 625.

[285] Vgl. Schanz, Personalwirtschaftslehre, S. 691.

[286] Vgl. Schaufelberger, Personalgespräch, Sp. 1701 ff. Das Mitarbeitergespräch kann in den oben dargelegten Führungsgrundsätzen explizit Erwähnung finden. So heißt es beispielsweise in den bereits zitierten Grundsätzen der LB Schleswig-Holstein: „In jährlichen Zielvereinbarungsgesprächen mit Ihren Mitarbeiterinnen und Mitarbeitern erarbeiten die Führungskräfte klar formulierte, verständliche und erreichbare Einzelziele.“ LB Kiel, Grundsätze, o. S.

trittsgespräch sollte geprüft werden, ob der Bank durch den Weggang eines Mitarbeiters relevantes Wissen abhanden kommen könnte und wie dieses Wissen möglicherweise bewahrt werden kann. In Zielvereinbarungsgesprächen können nachvollziehbare und messbare Wissensziele vereinbart werden, deren Erfüllung am Ende einer Beobachtungsperiode – bspw. im Rahmen eines Beurteilungsgesprächs – überprüft werden kann.[287]

Abb. 14: Wissensbezogene Aspekte in bankbetrieblichen Mitarbeitergesprächen[288]

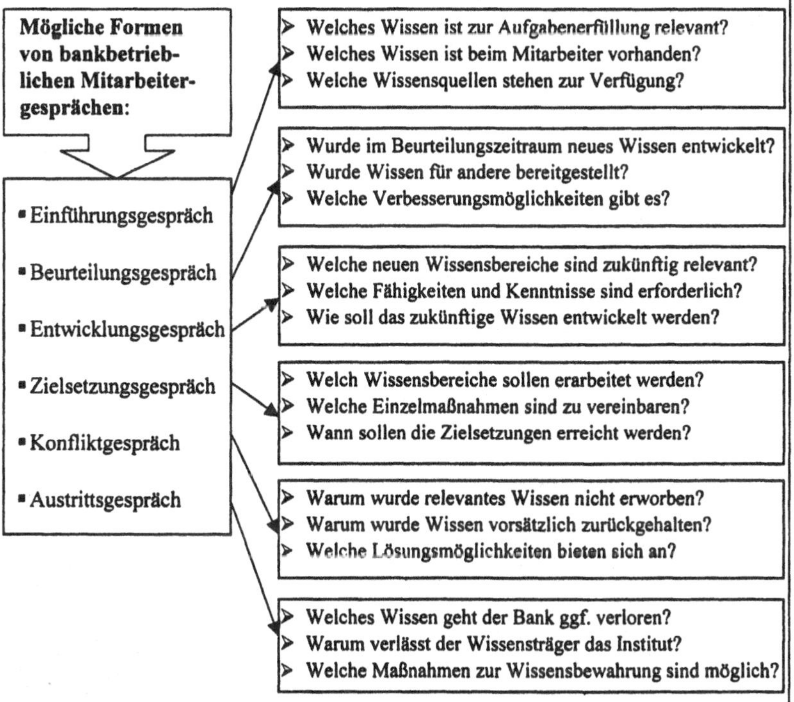

Durch die Berücksichtigung von wissensbezogenen Aspekten bei Mitarbeitergesprächen in Kreditinstituten ist es möglich, eine Vielzahl der Problemstellun-

[287] Vgl. Zobel, Anreizsysteme S. 266. In diesem Zusammenhang sei an das Bausteinmodell des Wissensmanagements erinnert, dessen Managementregelkreis insbesondere durch die Teilprozesse der **Wissensziele** und der **Wissensbewertung** geschlossen wird. Vgl. Abs. 2.2.1.

[288] Quelle der Abb. 14: Eigene Darstellung.

gen des bankbetrieblichen Wissensmanagements aufzudecken und ggf. zu beseitigen. Darüber hinaus ist zu beachten, dass sämtliche der erwähnten Gesprächsformen selbst – sozusagen als **Wissens- oder Informationsgespräche** – dazu dienen, den bankbetrieblichen Wissensaustausch sowie die Wissensentwicklung voranzutreiben. Ebenso wurde deutlich, dass das Personalgespräch geeignet ist, die Mitarbeiter in verschiedenen Stadien ihres beruflichen Werdegangs im Kreditinstitut zu begleiten und zu fördern. Dies beginnt i. d. R. mit einem **Einstellungsgespräch**, welches im nächsten Kapitel im Zusammenhang mit der Wissensakquisition durch Personalgewinnung erneut eine Rolle spielen wird.

4. Bankbetriebliche Wissensakquisition als personalwirtschaftliche und unternehmensstrategische Aufgabenstellung

Im nun folgenden vierten Kapitel dieser Studie soll die Wissensakquisition als Teilprozess des bankbetrieblichen Wissensmanagements dargestellt und analysiert werden. Eine solche Akquisition von externem Wissen ist in Kreditinstituten vor allem dann notwendig, wenn die Erweiterung der bankbetrieblichen Wissensbasis im erforderlichen Umfang und in der gewünschten Qualität durch Maßnahmen der Wissensentwicklung allein nicht mehr zu erreichen ist. Des Weiteren könnte sich eine Hinzuführung externen Wissens bei einer geplanten Ausweitung der Geschäftstätigkeit in neue Marktsegmente als sinnvoll erweisen. Beachtenswert ist in diesem Zusammenhang, dass zwischen den Teilbereichen des bankbetrieblichen Wissensmanagements diverse Wechselbeziehungen bestehen.[1] So ist es im Sinne einer dauerhaften Anreicherung und Weiterentwicklung der bankbetrieblichen Wissensbasis durchaus nahe liegend, dass ein durch Akquisition hinzugewonnenes Wissen seinerseits im Rahmen der bankbetrieblichen Wissensentwicklung ausgebaut und fortwährend aktualisiert wird.[2]

Im Anschluss an die im letzten Abschnitt des Vorkapitels dargestellten personalwirtschaftlichen Gestaltungsoptionen der bankbetrieblichen Wissensentwicklung soll im Folgenden auch die Wissensakquisition der Kreditinstitute zunächst als Aufgabe der Personalwirtschaft charakterisiert werden. Die Wissensakquisition stellt sich dabei zunächst als ein Problem der Einstellung und Eingliederung von neuen Mitarbeitern als Träger des erwünschten bankbetrieblichen Wissens dar. Aus einer übergeordneten unternehmensstrategischen Perspektive, die im weiteren Verlauf dieses Kapitel eingenommen werden soll, kommen beispielsweise Formen der Zusammenarbeit mit externen Institutionen sowie die Übernahme von Unternehmen (oder Unternehmensteilen) in Betracht.

Die beiden genannten Gestaltungsbereiche der bankbetrieblichen Wissensakquisition kommen auf recht prägnante Weise im folgenden Zitat zum Ausdruck: „Der direkteste und häufig effektivste Weg zur Aneignung von Wissen ist die Wissensakquisition: Man kauft eine geeignete Organisation oder beschäftigt

---

1 Diese Wechselbeziehungen zwischen den Teilbereichen des Wissensmanagements werden in der Abb. 3 auf Seite 21 im Zusammenhang mit dem Bausteinmodell des Wissensmanagements verdeutlicht.

2 Im Sinne der angesprochenen Vernetzung der Teilbereiche des bankbetrieblichen Wissensmanagements sei an dieser Stelle bereits darauf aufmerksam gemacht, dass im Anschluss an die Wissensentwicklung und die Wissensakquisition der Teilprozess des **bankbetrieblichen Wissenstransfers** eine bedeutsame Rolle spielt. Vgl. hierzu ausführlich Kapitel 5.

Mitarbeiter mit dem benötigten Wissen.“[3] Diese recht saloppe Formulierung suggeriert, dass es sich bei der Wissensakquisition um einen vergleichsweise einfach zu bewerkstelligenden Vorgang handelt. Dass sich jedoch sowohl in personalwirtschaftlicher als auch in unternehmensstrategischer Hinsicht eine ganze Reihe von Gestaltungsalternativen und Umsetzungsproblemen ergeben können, sollen die folgenden Ausführungen aufzeigen.

Im Abs. 4.1. wird zunächst auf die Notwendigkeit eines aktiven Bemühens der Kreditinstitute um die besonders qualifizierten Wissensträger im Rahmen der Personalgewinnung aufmerksam gemacht. Im Anschluss daran werden verschiedene Instrumente der bankbetrieblichen Personalauswahl präsentiert und hinsichtlich ihrer Tauglichkeit zur Identifikation und Selektion von Wissensträgern untersucht. Danach werden verschiedene Möglichkeiten zur Integration des zu akquirierenden Wissens durch Personaleingliederungsprogramme thematisiert. In Abschnitt 4.2. wird die Wissensakquisition als unternehmensstrategische Aufgabenstellung betrachtet. Zunächst ist hier darzulegen, inwiefern die Wissensakquisition ein Element des strategischen Bankmanagements sein kann. Anschließend wird anhand einiger Fallbeispiele aus der Bankenpraxis aufgezeigt, auf welche unterschiedlichen Arten kollektives bankexternes Wissen akquiriert werden kann. Wie bereits bei dem personalwirtschaftlich ausgerichteten Vorabschnitt, ist auch in unternehmensstrategischer Hinsicht die Integration des neu hinzugewonnenen Wissens von hervorgehobener Bedeutung. Dies wird zum Abschluss des vierten Kapitels durch einen Blick auf die besondere Rolle der Unternehmenskulturen bei bankbetrieblichen Akquisitions- und Integrationsprozessen verdeutlicht.

4.1. Bankbetriebliche Wissensakquisition als Aufgabe der Personalwirtschaft

4.1.1. Akquisition bankexterner Wissensträger durch Personalgewinnung

Bereits im vorangegangenen Abschnitt 3.3. wurde im Zusammenhang mit der Anreizgestaltung in Kreditinstituten auf die hoch qualifizierten Wissensträger, die sog. „High Potentials“, aufmerksam gemacht. Während dort auf die Notwendigkeit hingewiesen wurde, das durch Maßnahmen der bankbetrieblichen Wissensentwicklung hervorgebrachte, personengebundene Wissen durch Bleibeanreize in der Organisation zu halten, soll an dieser Stelle die Möglichkeit der Akquisition des Wissens im Rahmen der bankbetrieblichen Personalgewinnung

---

3 Davenport/Prusak, Praxisbuch, S. 117.

diskutiert werden.[4] Welche (finanziellen) Dimensionen dieses Spannungsfeld aus **Bleibeanreizen** einerseits und **Abwerbungsversuchen** andererseits insbesondere im Bankensektor erreichen kann, soll einführend das folgende Praxisbeispiel verdeutlichen.

> Im April 1996 rekrutierte die Deutsche Bank den Investmentbanker und Technologieexperten Frank Quattrone für ein Jahresgehalt von 7,5 Mio. US-Dollar vom Konkurrenzunternehmen Morgan Stanley.[5] Gemeinsam mit dem Investmentbanker wechselte seinerzeit ein ganzes Analysten-Team zur Deutschen Bank über. Ziel dieser Abwerbungen war es, die Deutsche Bank im amerikanischen Finanzmarkt und insbesondere im Geschäftsfeld des Investment Banking besser zu positionieren. Nur wenig später, im Sommer 1998, wechselte der Investmentbanker mit seinem Team abermals den Arbeitgeber und ging zur Credit Suisse First Boston (CSFB), einem der Hauptkonkurrenten der Deutschen Bank im Wettstreit um eine führende Rolle als global agierendes Finanzdienstleistungsunternehmen.[6] Durch diesen Abgang von Quattrone und seinen Mitarbeitern entstand, wie es ein leitender Manager der Deutschen Bank seinerzeit formulierte, ein „klaffendes Loch" im Investmentgeschäft des Instituts.[7]

Zunächst gelang es also der Deutschen Bank und anschließend der CSFB, einen hoch qualifizierten Wissensträger zu akquirieren, der über ein spezielles, auf anderem Wege kaum zu entwickelndes, und damit sehr gefragtes Expertenwissen verfügt. Der Wettbewerb der Institute um diese „High Potentials" ist vor allem deshalb so intensiv, weil mit dem jeweils zu akquirierenden Wissensträger (wie im obigen Fall) oftmals ein ganzes Mitarbeiterteam den Arbeitgeber wechselt. Dadurch bietet sich dem akquirierenden Kreditinstitut die Chance, ein großes Wissenspotenzial mit vergleichsweise geringem Aufwand hinzugewinnen zu können. Die Bank, welche die Mitarbeiter abgeben muss, erleidet hingegen, zumeist recht unvorbereitet, den Verlust eines anschließend nur schwer zu ersetzenden Expertenwissens. Dieses Risiko des Wissensverlustes – bzw. die **Chance des Wissenszugewinns** – wird zusätzlich dadurch erhöht, dass nicht

4 Die Ausführungen dieses Abschnitts beziehen sich auf die **Personalgewinnung am externen Arbeitsmarkt**. Die ebenfalls mögliche Personalgewinnung durch die organisationsinterne Besetzung freiwerdender Stellen wird demnach ausgeklammert. Vgl. dazu Schanz, Personalwirtschaftslehre, S. 343 ff.

5 Vgl. Probst/Knaese, Risikofaktor, S. 44.

6 Vgl. O. V., Rückschlag, S. 17.

7 Vgl. O. V., Verstärkung, S. 16. Dieses „klaffende Loch" im Investmentgeschäft der Deutschen Bank wurde wenig später, wie im nachfolgenden Abs. 4.2. dieser Arbeit im Zusammenhang mit unternehmensstrategischen Gesichtspunkten der bankbetrieblichen Wissensakquisition ausführlicher dargelegt wird, durch die **Übernahme des Unternehmens Bankers Trust** zu schließen versucht.

nur die Mitarbeiter selbst das Institut wechseln, sondern mit ihnen in nicht wenigen Fällen die an sie gebundenen Bankkunden.[8]

Der oben dargelegte Praxisfall ist gut geeignet, um auf die grundsätzliche Aktualität und Brisanz der Akquisition von bankbetrieblichen Wissensträgern aufmerksam zu machen. Es sind jedoch nicht nur diese spektakulären Beispiele der Akquisition hoch qualifizierter Wissensträger, die im Rahmen des bankbetrieblichen Wissensmanagements von Interesse sind. Aufgrund der in dieser Studie hervorgehobenen besonderen Rolle der Banken in der Wissensgesellschaft sowie aufgrund der Wissensintensität und Wissenssensitivität des Bankgeschäfts ist die Ressource 'Wissen' letztlich in sämtlichen Abteilungen und Positionen der Kreditinstitute ein besonders wichtiger Erfolgsfaktor.[9] Daher erscheint es geboten, im Folgenden nicht nur den „Sonderfall" einer gezielten Abwerbung von High Potentials, sondern ebenso die weiteren Gestaltungsbereiche der **Personalgewinnung als Form der bankbetrieblichen Wissensakquisition** zu betrachten.[10]

Das grundlegende Ziel der Personalgewinnung ist es, den **Personalbedarf** eines Unternehmens in quantitativer und qualitativer Hinsicht zu decken.[11] Bevor einzelne Maßnahmen der Personalgewinnung erwogen werden können, ist also zunächst einmal der Personalbedarf festzustellen. Zur Ermittlung des quantitativen Personalbedarfs können verschiedene, auf Vergangenheitswerten basierende statistische Methoden, wie z. B. die Trendextrapolation, oder zukunftsorientierte Verfahren, wie etwa Expertenbefragungen, zum Einsatz kommen.[12] Der qualitative Personalbedarf kann beispielsweise nach Berufs- oder Qualifikationsgruppen sowie unter Zuhilfenahme von Arbeitsplatz- bzw. Stellenbeschreibungen näher bestimmt werden.[13] Insgesamt geht es in dem hier interessierenden Problemkontext bei der Personalbedarfsbestimmung demnach um die Ermitt-

---

8 Vgl. Probst/Knaese, Risikofaktor, S. 44.

9 Vgl. hierzu nochmals die Abschnitte 2.3.1. und 2.3.2.

10 Oftmals werden die Begriffe **Personal- bzw. Mitarbeitergewinnung**, **Personalbeschaffung** oder **Personalrekrutierung** synonym verwendet. Wenn in dieser Arbeit vornehmlich von der Personalgewinnung gesprochen wird, dann deshalb, um auf den Subjektcharakter des arbeitenden Menschen im Unternehmen aufmerksam zu machen. Vgl. Schanz, Personalwirtschaftslehre, S. 342.

11 Vgl. Schanz, Personalwirtschaftslehre, S. 343. Neben den quantitativen und den qualitativen Aspekten ist ferner zu berücksichtigen, zu welchem **Zeitpunkt** die Mitarbeiter benötigt werden und in welchen betrieblichen **Funktionsbereichen** diese eingesetzt werden sollen. Vgl. bspw. Klimecki/Gmür, Personalmanagement, S. 383.

12 Vgl. Hentze/Kammel, Personalwirtschaftslehre 1, S. 202 ff.

13 Vgl. Hentze/Kammel, Personalwirtschaftslehre 1, S. 223 ff. Zur Personalbedarfsplanung vgl. weiterhin Kossbiel, Personalbedarfsermittlung, Sp. 1596 ff. sowie Schanz, Personalwirtschaftslehre, S. 319 ff.

lung der Menge und der Güte des zu akquirierenden personengebundenen Wissens.

Die Akquisition unternehmensexterner Mitarbeiter kann durch direkte oder indirekte Methoden der Personalgewinnung erfolgen. Während die direkte Personalgewinnung ohne die Inanspruchnahme fremder Hilfeleistungen erfolgt, können bei den indirekten Methoden externe Personalvermittler zum Einsatz kommen.[14] Neben der Arbeitsvermittlung durch die Bundesanstalt für Arbeit und ihrer regionalen Arbeitsämter bieten private **Personalberater** ihre Dienstleistungen insbesondere bei der Suche und Auswahl von Führungskräften an.[15] Das Angebot der Personalberater bezieht sich dabei zumeist auf die Vorbereitung und Durchführung der externen Bewerbersuche sowie auf die Auswahl und Einstellung der in Frage kommenden Kandidaten.[16]

In Kreditinstituten bietet sich der Einsatz von Personalberatern vor allem dann an, wenn die Personalgewinnung möglichst diskret vonstatten gehen soll. Dies ist beispielsweise dann der Fall, wenn die Personalsuche mit bestimmten unternehmensstrategischen Entscheidungen, wie etwa einer geplanten Fusion, einhergeht.[17] Neben der Anonymität und Diskretion können als weitere Vorteile der Inanspruchnahme von externen Personalberatern die Neutralität und Unvoreingenommenheit sowie die umfassende Marktübersicht der Berater genannt werden.[18] Als nachteilig könnten sich hingegen zum einen die mangelnden Kenntnisse des Personalberaters über die bankinternen Gegebenheiten sowie zum anderen die sich aus der Beratungsleistung ergebenden Kosten erweisen.[19] Sollten diese nachteiligen Aspekte einer Inanspruchnahme von externen Personalberatern überwiegen, bietet sich den Banken die Option der direkten Personalgewinnung.

Im Rahmen von **direkten Methoden der Personalgewinnung** können Kreditinstitute unter anderem Stellenanzeigen in regionalen oder überregionalen Zeitungen und Zeitschriften aufgeben. Als Instrument einer gezielten Ansprache von bankbetrieblichen Fach- und Führungskräften spielt die Stellenanzeige vor allem deshalb nach wie vor eine wichtige Rolle, weil sie mit vergleichsweise geringem (finanziellen) Aufwand verbunden ist, ein hohes Maß an Akzeptanz

---

[14] Vgl. Schanz, Personalwirtschaftslehre, S. 345.

[15] Vgl. Berthel, Personal-Management, S. 165 f. Bei der oben dargelegten Begriffseingrenzung handelt es sich um eine eng gefasste Auslegung der Personalberatung. Eine **Personalberatung im weiteren Sinne** umfasst zusätzlich Beratungsleistung in nahezu allen übrigen Teilbereichen der Personalwirtschaft, wie etwa der Entgeltgestaltung, der Personalführung oder der Personalentwicklung. Vgl. Gaugler, Personalberatung, Sp. 1610 ff.

[16] Vgl. Gaugler, Personalberatung, Sp. 1616.

[17] Vgl. dazu Abs. 4.2.

[18] Vgl. Hentze/Kammel, Personalwirtschaftslehre 1, S. 329.

[19] Vgl. Hentze/Kammel, Personalwirtschaftslehre 1, S. 329.

genießt und zudem relativ viele Personen binnen kurzer Zeit zu erreichen sind.[20] Ferner können mit einer Stellenanzeige insbesondere auch solche Wissensträger angesprochen werden, die sich derzeit in einem festen Beschäftigungsverhältnis befinden und somit selbst nicht aktiv auf Stellensuche sind. In diesem Zusammenhang bieten sich vor allem solche Printmedien an, die, wie zum Beispiel das Handelsblatt, in Banken an manchen Arbeitsplätzen als Pflichtlektüre gelesen werden.[21]

Neben den konventionellen Stelleninseraten in Zeitungen und Zeitschriften kommen in zunehmendem Maße auch elektronische Medien, wie zum Beispiel das Internet, in Betracht.[22] Erfolgt die Vermittlung von vakanten Stellen unter Einsatz des Internets, kann von einem **„Online-Stellenmarkt“** gesprochen werden.[23] Im Internet können die Kreditinstitute in entsprechenden Unterverzeichnissen ihrer Homepages die zu besetzenden Stellen offerieren, wobei prinzipiell gleichlautende oder ähnliche Textpassagen zum Einsatz kommen können, wie in herkömmlichen Zeitungsanzeigen. Darüber hinaus ist oftmals die Möglichkeit einer direkten Kontaktaufnahme oder gar einer direkten „Online-Bewerbung“ gegeben.[24] Zudem bieten die Banken im Internet umfangreiche Informationsmöglichkeiten über ihre unterschiedlichen Geschäftsfelder sowie über mögliche institutsspezifische Karrierepfade an.

Diese zuletzt genannten Maßnahmen der umfassenden Informations- und Werbepolitik im Zusammenhang mit der Personalgewinnung wird mancherorts mit dem Begriff des **Personalmarketing** belegt. Dieser Begriff etablierte sich im deutschsprachigen Raum Mitte der sechziger Jahre, als die Unternehmen unter dem Eindruck einer Verknappung des Angebots an (hoch) qualifizierten Arbeitskräften zunehmend bestrebt waren, die Attraktivität der zu vergebenden Arbeitsplätze in besonderem Maße hervorzuheben.[25] Demnach werden bei der

---

20 Vgl. Maassen/Vorbeck, Personalmarketing, S. 195.

21 Vgl. Maassen/Vorbeck, Personalmarketing, S. 195.

22 Vgl. Berthel, Personal-Management, S. 167.

23 Neben dem oben angesprochenen „Online-Stellenmarkt“ gibt es auch einen sog. **„Offline-Stellenmarkt“**. Gemeint sind bspw. CD-ROM-Datenträger, die Stellen- oder Bewerberinformationen enthalten. Vgl. Stehr, Stellenmärkte, S. 50.

24 Vgl. Gerlach/Duhl, Personalinformationssysteme, S. 181. Im Rahmen der Personalgewinnung mittels des Internets kommt neben der institutseigenen Homepage von Banken auch die Inanspruchnahme weiterer, externer „Online-Stellenmärkte“ in Betracht. Diese sind definitionsgemäß wiederum den indirekten Methoden der Personalgewinnung zuzurechnen.

25 Vgl. Bartscher/Fritsch, Personalmarketing, Sp. 1747 f. In einer weit gefassten Begriffsauslegung sind die **Adressaten einzelner Maßnahmen des Personalmarketings** nicht nur die extern zu beschaffenden, sondern ebenso die intern bereits vorhandenen Mitarbeiter. Vgl. Simon et al., Personalmarketing, S. 13 f. In dem hier interessierenden Problemkontext soll jedoch ein enges, auf den externen Adressatenkreis ausgerichtetes

Personalgewinnung Erkenntnisse und Gestaltungsprinzipien der betriebswirtschaftlichen Teilfunktion des Absatzmarketing zugrunde gelegt.[26] „Vermarktet" wird dabei jedoch nicht, wie es der Begriff zunächst suggeriert, das Personal, sondern vielmehr ein neu zu besetzender bzw. neu geschaffener Arbeitsplatz.[27]

Am Beispiel der Westdeutschen Landesbank (WestLB) soll zum Abschluss dieses Unterabschnitts aufgezeigt werden, welcher verschiedener Instrumente sich die Kreditinstitute im Rahmen des Personalmarketings bedienen können. Im Anschluss an die obigen Ausführungen werden dabei zunächst die **Internet-basierten Personalmarketing-Maßnahmen** dargestellt. Die Internetseiten der WestLB bieten zum einen unter der Rubrik „Jobforum" die bereits angesprochenen Informations- und Kontaktoptionen im Zusammenhang mit beruflichen Einstiegs- und Entwicklungsmöglichkeiten sowie bezüglich konkret zu besetzender Stellen.[28] Darüber hinaus existiert ein speziell auf Studierende ausgerichtetes Angebot, das bspw. über Praktikantenplätze oder über die Betreuung von Diplom- und Doktorarbeiten informiert.[29] Auf diese Weise versuchen die Kreditinstitute, den Kontakt zu der besonders umworbenen Zielgruppe der hoch qualifizierten Hochschulabsolventen zu einem relativ frühen Zeitpunkt herzustellen.

Die WestLB stellt jährlich ca. 130 Absolventen aus den Bereichen Wirtschaftswissenschaften, Wirtschafts-Ingenieurwesen, (Wirtschafts-)Informatik, (Wirtschafts-)Mathematik und Jura ein.[30] Um die Hochschulabsolventen bzw. -abgänger gezielt ansprechen und letztlich für das Unternehmen gewinnen zu können, kommen neben den Internet-basierten Instrumenten des Personalmarketings weitere Maßnahmen in Betracht, die insgesamt unter dem Begriff des **„College Recruiting"** zusammengefasst werden können.[31] Beim College Recruiting präsentieren sich die Kreditinstitute an ausgewählten Universitäten und Fachhochschulen im Rahmen von Hochschul- bzw. Firmenmessen, Firmenkontaktgesprächen, Workshops, Fachvorträgen oder Podiumsdiskussionen.[32] Eben-

Begriffsverständnis zugrunde gelegt werden. Vgl. bspw. Berthel, Personal-Management, S. 165.

26 Vgl. Klimecki/Gmür, Personalmanagement, S. 48.
27 Vgl. Schanz, Personalwirtschaftslehre, S. 350.
28 Vgl. Groß-Heitfeld, Personalmarketing, S. 107. Die obigen Ausführungen können ebenso auf der Internet-Seite der WestLB nachvollzogen werden. Die Adresse lautet: **http://jobforum.westlb.de/**.
29 Vgl. Groß-Heitfeld, Personalmarketing, S. 107. Vgl. ebenso Schwaab, Attraktivität, S. 29.
30 Vgl. Bothe-Fehl, Karriere, S. 238.
31 Vgl. Schanz, Personalwirtschaftslehre, S. 347.
32 Vgl. Maasen/Vorbeck, Personalmarketing, S. 193.

so ist die gezielte Zusammenarbeit mit ausgewählten, bankbetrieblich ausgerichteten Lehrstühlen denkbar.[33]

Als eine besondere Ausprägungsform des College Recruiting bietet die WestLB seit 1989 das **Bankenplanspiel „BankMasters"** an. In Zusammenarbeit mit der Studentenorganisation AIESEC wird den Studenten und Assistenten von Universitäten in Deutschland, der Schweiz, Österreich sowie weiteren europäischen Ländern die Möglichkeit gegeben, in Teams von drei bis fünf Personen über einen Zeitraum von mehreren Monaten strategische und operative Entscheidungen einer (fiktiven) Universalbank zu treffen.[34] Ziel ist es, den Teilnehmern einen möglichst realitätsnahen Einblick in die Entscheidungsabläufe der Banken zu vermitteln sowie die Zusammenhänge zwischen dem bankbetrieblichen Zielsystem und den einzelnen Geschäftsbereichen aufzuzeigen.[35] Im Anschluss an das Planspiel BankMasters – sowie im Anschluss an alle übrigen Maßnahmen des College Recruiting – können einerseits interessierte Teilnehmer eine weitergehende Kontaktaufnahme zur WestLB anstreben, andererseits kann die Bank ihrerseits auf interessante Kandidaten zugehen.[36]

4.1.2. Wissensselektion durch Personalauswahlverfahren

Sowohl bei der Suche der Banken nach hoch qualifizierten Wissensträgern als auch bei der individuellen Entscheidung von Interessenten über die in Frage kommenden Institute handelt es sich um **Selektionsentscheidungen.**[37] Die Selektionsentscheidung von potenziellen Mitarbeitern bezüglich (gegebenenfalls) verschiedener zur Disposition stehender Kreditinstitute wird maßgeblich von zwei Komponenten beeinflusst. Einerseits spielt die **Einstellungserwartung** eine wichtige Rolle. Diese ergibt sich aus der subjektiven Einschätzung eines Interessenten über die geforderten und die individuell tatsächlich vorhandenen spezifischen Kenntnisse.[38] Gelangt beispielsweise ein Teilnehmer des Bankenplanspiels BankMasters zu der Überzeugung, dass seine persönlichen Fähigkeiten und Stärken in anderen als den im Planspiel vermittelten Bereichen besser

---

33 Der Kontakt zu Fachhochschulen oder Universitäten ist, wie erinnerlich, nicht nur im Rahmen der Wissensakquisition, sondern ebenso bei der **bankbetrieblichen Wissensentwicklung** von Interesse. Vgl. diesbezüglich nochmals Abs. 3.3.2.

34 Vgl. Groß-Heitfeld, Personalmarketing, S. 103. Grundlegend zu Planspielen in Kreditinstituten vgl. Benner, Planspiele, S. 24 ff.

35 Vgl. Groß-Heitfeld, Personalmarketing, S. 103.

36 Vgl. Groß-Heitfeld, Personalmarketing, S. 104.

37 Vgl. dazu Schanz, Personalwirtschaftslehre, S. 365 ff.

38 Vgl. Schanz, Personalwirtschaftslehre, S. 378.

zur Anwendung kommen können, ist seine Einstellungserwartung in Bezug auf den Bankensektor ceteris paribus eher als gering einzustufen.

Die zweite Determinante der individuellen Selektionsentscheidung von bankbetrieblichen Wissensträgern ist die **Attraktivität der Kreditinstitute.**[39] Die Attraktivität von Organisationen wird vornehmlich bestimmt durch das Unternehmensimage, welches wiederum vom Branchenimage beeinflusst wird, sowie durch die einzelnen Komponenten des unternehmensspezifischen Anreizsystems.[40] Beide Aspekte, das Unternehmensimage sowie die Anreizkomponenten, können den potenziellen Mitarbeitern beispielsweise durch die im Vorabschnitt dargestellten Instrumente des bankbetrieblichen Personalmarketings vermittelt werden.[41] Es existieren allerdings auch Informationsquellen zur Bestimmung der Organisationsattraktivität, die von den Unternehmen, wenn überhaupt, nur mittelbar beeinflusst werden können. So gelten die Aussagen von ehemaligen oder gegenwärtigen Mitarbeitern über die Anreizsysteme sowie über sonstige Arbeitsbedingungen erfahrungsgemäß als besonders glaubwürdig.[42] Insgesamt beeinflusst die Attraktivität der Kreditinstitute zusammen mit der Einstellungserwartung die **Stärke der Eintrittsmotivation** von potenziellen Mitarbeitern.[43]

Auch bei der Abwägung der Kreditinstitute über die in Betracht kommenden Kandidaten handelt es sich um Selektionsentscheidungen. Die Banken wählen dabei unter mehreren zur Auswahl stehenden Bewerbern diejenigen aus, die für die Bewältigung der mit den zu besetzenden Positionen verbundenen Aufgabenbereiche am besten geeignet erscheinen. Aus der Perspektive des Wissensmanagements handelt es sich dabei um einen Vorgang der Selektion des personengebundenen bankbetrieblich relevanten Wissens. Derartige Selektionsentscheidungen haben demnach zum Teil erhebliche Auswirkungen auf die organisationale Wissensbasis.

Die Einstellung neuer Mitarbeiter hat aus der Sicht der Kreditinstitute eine **Anreicherung und Stärkung der bankbetrieblichen Wissensbasis** zum Ziel. Allerdings kann die Akquisition von externen Wissensträgern gegebenenfalls auch eine gegenteilige Wirkung entfalten. So sind zum Beispiel bei der Rekrutierung

39 Eine empirische Untersuchung zur **Attraktivität deutscher Kreditinstitute bei Hochschulabsolventen** liefert Schwaab, Attraktivität, S. 34 ff.

40 Vgl. Eggers/Ahlers, Schlüsselfaktoren, S. 43. Zu bankbetrieblichen Anreizsystemen vgl. nochmals Abs. 3.3.3. dieser Arbeit.

41 Die Informationsübermittlung zur Verbesserung des Unternehmensimages kann neben den erwähnten Maßnahmen des Personalmarketings durch verschiedene Instrumente der **bankbetrieblichen Kommunikationspolitik** erfolgen. Hierzu sind die Werbung, die Verkaufsförderung sowie die Öffentlichkeitsarbeit zu zählen. Vgl. Büschgen, Bankmarketing, S. 242.

42 Vgl. Schanz, Personalwirtschaftslehre, S. 384.

43 Vgl. Schanz, Personalwirtschaftslehre, S. 378.

externer Experten Abwehrreaktionen der bereits vorhandenen Organisationsmitglieder nicht auszuschließen.[44] Auch können, wie im nächsten Abschnitt dieses Kapitels näher zu beschreiben sein wird, die Eingliederung der neuen Mitarbeiter und die damit verbundene Wissensintegration Probleme bereiten. Und schließlich kann es bereits bei der Selektion der Wissensträger zu Fehleinschätzungen kommen, die gegebenenfalls eine Schwächung der bankbetrieblichen Wissensbasis nach sich ziehen.[45]

Um die bankbetrieblichen Selektionsentscheidungen von den oben angedeuteten Fehleinschätzungen möglichst freizuhalten, stehen den Kreditinstituten verschiedene Arten von **Personalauswahlverfahren** zur Verfügung. In diesem Zusammenhang kann grundsätzlich zwischen drei Wegen unterschieden werden, auf denen die Eignung von potenziellen neuen Mitarbeitern ermittelt werden kann. Erstens können zur Verfügung stehende Dokumente analysiert werden, zweitens kann eine Befragung der Bewerber über ihr Wissen oder über ihre Einstellungen erfolgen und drittens können unterschiedliche Formen der Beobachtung der Arbeits- und Verhaltensweisen von Kandidaten stattfinden.[46]

Bei der **Analyse von Dokumenten**, die von den Stelleninteressenten eingereicht werden, handelt es sich um die Auswertung der Bewerbungsunterlagen. Diese enthalten üblicherweise ein Anschreiben, einen Lebenslauf, Lichtbild sowie Schul- und Arbeitszeugnisse.[47] Die Bewerbungsunterlagen fungieren in erster Linie als Basisinformation und helfen dem Unternehmen, völlig ungeeignete Bewerber im Rahmen einer ersten Vorauswahl auszuschließen, erste Anhaltspunkte für eine Qualifikationsbeurteilung zu erlangen und darüber hinaus offene Fragestellungen für ein sich möglicherweise anschließendes Vorstellungsgespräch zu entnehmen.[48]

Die **Befragung der Kandidaten** über ihr Wissen oder ihre Verhaltensweisen kann beispielsweise in schriftlicher Form mittels Personalfragebögen oder dem biographischen Fragebogen durchgeführt werden.[49] Ebenso können die Intelligenz-, Leistungs- oder Persönlichkeitstests zu der Methode der Befragung ge-

---

44 Derartige Abwehrreaktionen gegenüber internen wie auch gegenüber extern hinzukommender Experten wurden in dieser Studie bereits beschrieben. Im Zusammenhang mit der bankbetrieblichen Wissensentwicklung wurde dabei auf die sog. **motivationalen und mikropolitischen Lernbarrieren** verwiesen. Vgl. Abs. 3.2.1.

45 Vgl. hierzu Schanz/Thobe/Westenbaum, Analyse, S. 59 ff.

46 Vgl. Klimecki/Gmür, Personalmanagement, S. 234.

47 Vgl. Finzer/Mungenast, Personalauswahl, Sp. 1586 f.

48 Vgl. Berthel, Personal-Management, S. 184.

49 Während beim **Personalfragebogen** ausschließlich demographische Sachverhalte erfasst werden, erhofft man sich beim **biographischen Fragebogen** Erkenntnisse über grundlegende Verhaltensmuster und Einstellungen der Kandidaten. Vgl. Schanz, Personalwirtschaftslehre, S. 373.

zählt werden.[50] Die geläufigste Art der Kandidatenbefragung ist jedoch das Auswahlgespräch (auch: Vorstellungsgespräch oder Einstellungsinterview), das in freier, strukturierter oder standardisierter Form stattfinden kann.[51] Im Rahmen von Vorstellungsgesprächen wird der Versuch unternommen, Fachkenntnisse, individuelle Zielvorstellungen, Interessen oder auch die Wesensart eines Bewerbers näher zu ergründen und aufzudecken.[52] Insbesondere angesichts der kommunikationsbetonten Berufsbilder in der Finanzdienstleistungsbranche – zu denken ist bspw. an den gesamten Bereich der Kundenberatung und -betreuung – kann das Einstellungsinterview als eine bewährte und überaus zweckdienliche Form der Interaktion mit einem potenziellen neuen Mitarbeiter im Rahmen der bankbetrieblichen Personalselektion angesehen werden.[53]

Das Vorstellungsgespräch wird als eignungsdiagnostisches Instrument oftmals in der Weise kritisiert, dass das Beurteilungsergebnis in nicht unerheblichem Maße von der Kompetenz und insbesondere auch von den persönlichen Wahrnehmungen und Präferenzen des Interviewers beeinflusst wird.[54] Um diese Gefahr einer unangemessenen persönlichen Einfärbung der Beurteilungsergebnisse abzumildern, bietet sich der Einsatz von sog. **situativen Fragestellungen** im Rahmen der oben bereits erwähnten strukturierten oder standardisierten Formen der Einstellungsinterviews an. Hierbei wird dem Bewerber eine bestimmte problembehaftete Situation aus dem Tätigkeitsbereich der von ihm angestrebten Position geschildert. Anschließend werden die von dem Kandidaten vorgeschlagenen Handlungsalternativen kritisch gewürdigt und unter Zuhilfenahme einer vorgegebenen Skalenverankerung bewertet.[55]

Mit Bezug zum bankbetrieblichen Wissensmanagement könnte eine derartige situative Fragestellung beispielsweise lauten: „Als Leiter eines Kundenbetreuungsteams stellen Sie fest, dass ein neu hinzugekommener Mitarbeiter sein Wissen noch nicht in ausreichendem Maße in die Gruppe einbringt. Wie reagieren Sie?“. Als mögliche Antworten seien die folgenden drei Alternativen genannt, wobei die Qualität der Aussage – und infolgedessen möglicherweise die Eignung des Kandidaten – von Antwort eins bis Antwort drei zunehmend höher einzuschätzen ist:

- Bespielantwort A: „Ich bitte den betreffenden Mitarbeiter zu einem Vier-Augen-Gespräch und sage, dass von ihm eine bessere Wissensweitergabe gewünscht wird.“

50 Vgl. hierzu bspw. Hentze/Kammel, Personalwirtschaftslehre 1, S. 306 ff.
51 Vgl. Schanz, Personalwirtschaftslehre, S. 371.
52 Vgl. Hentze/Kammel, Personalwirtschaftslehre 1, S. 320.
53 Vgl. Schuler, Berufseignungsdiagnostik, S. 255.
54 Vgl. Finzer/Mungenast, Personalauswahl, Sp. 1588.
55 Vgl. Schuler, Berufseignungsdiagnostik, S. 255.

- Beispielantwort B: „Ich prüfe, ob die Eingliederung des neuen Kollegen (bspw. durch einen Mentor) nicht zufriedenstellend verlaufen ist bzw. verläuft. Sollte dies der Fall sein, versuche ich, die Integration zu verbessern."
- Beispielantwort C: „Ich prüfe zunächst, ob es sich hierbei um ein Problem des Einzelnen, des Eingliederungsvorgangs oder gar der ganzen Gruppe handelt. Anschließend versuche ich, die Probleme in Einzel- oder Teamgesprächen zu lösen."

Neben der Analyse von Bewerbungsunterlagen und der zuletzt dargestellten Befragung der Kandidaten sollen als dritte und letzte Kategorie von bankbetrieblichen Personalauswahlverfahren die verschiedenen Formen der **Verhaltensbeobachtung von Bewerbern** angesprochen werden. Diese Verhaltensbeobachtung kann in Arbeitssimulationen, in computergestützten Prüfverfahren und insbesondere in Assessment Centern erfolgen.[56]

Unter einem **Assessment Center** versteht man ein aus mehreren Einzelkomponenten zusammengesetztes Verfahren, in dem die Leistungen (bzw. die Defizite) der Teilnehmer von mehreren Beobachtern anhand vorher definierter Anforderungskriterien überprüft und beurteilt werden.[57] In Abhängigkeit von der Zielsetzung, der Teilnehmerzahl sowie der Zeitdauer des Assessment Centers können verschiede Einzelübungen, wie beispielsweise die Postkorbübung, Rollenspiele, Gruppendiskussionen, Einzelgespräche oder Vorträge, zum Einsatz kommen.[58] In Kreditinstituten bietet sich zum Beispiel eine Interaktionsübung in Form eines simulierten Kundenakquisitionsgesprächs als Komponente eines Assessment Centers an.[59] Ebenso wären in Bezug auf das bankbetriebliche Wissensmanagement Teilübungen in ein Assessment Center integrierbar, in denen – ähnlich der oben beschriebenen situativen Fragestellungen im Rahmen der Einstellungsinterviews – bestimmte wissensbezogene Problemsituationen aus dem vom Kandidaten angestrebten Tätigkeitsbereich zu erörtern und zu lösen sind.

Die Qualität der einzelnen Methoden und Instrumente der bankbetrieblichen Personalauswahl kann unter Zuhilfenahme so genannter **Gütekriterien** bemes-

---

56 Vgl. Klimecki/Gmür, Personalmanagement, S. 234. Zu computergestützten Personalauswahlverfahren vgl. insb. Kersting, Diagnostik, S. 171 ff.

57 Vgl. Finzer/Mungenast, Personalauswahl, Sp. 1592.

58 Vgl. Schanz, Personalwirtschaftslehre, S. 375. Die **Teilnehmerzahl** eines Assessment Center (AC) beläuft sich üblicherweise auf 6, 12 oder 18 Personen. Es sind aber auch – nicht nur bei der Personalauswahl, sondern insbesondere auch im Bereich der Personalentwicklung – Einzel-AC durchführbar. Die **Dauer** eines AC liegt zwischen 1 bis 3 Tagen, in Ausnahmefällen können auch einwöchige AC stattfinden. Vgl. Finzer/Mungenast, Personalauswahl, Sp. 1592 sowie Schanz, Personalwirtschaftslehre, S. 375 und S. 519.

59 Vgl. Friederichs, Managementpotentialanalyse, S. 163.

sen werden.[60] So gibt beispielsweise die Validität („Gültigkeit") der Personalauswahlverfahren an, ob die Prüfmethode auch tatsächlich diejenigen Merkmale erfasst, die sie zu erfassen vorgibt.[61] Die Reliabilität („Zuverlässigkeit") informiert darüber, ob die Testverfahren bei mehrfacher Wiederholung in etwa die gleichen Ergebnisse liefern.[62] Und schließlich kann die Objektivität der zu verwendenden Methoden betrachtet werden. Sie gibt Auskunft darüber, ob das Ergebnis der Auswahlentscheidung abhängig oder unabhängig vom jeweiligen Anwender ist.[63]

Das letztgenannte Gütekriterium (die Objektivität der Prüfmethoden) lenkt den Blick auf ein Problem, das bereits im Zusammenhang mit dem bankbetrieblichen Einstellungsinterview angesprochen wurde. Neben der Schwierigkeit, aus der Vielzahl der verschiedenen zur Verfügung stehenden Personalauswahlverfahren das jeweils geeignete auszuwählen, ist es überdies von entscheidender Bedeutung, die Aufgabe des Testleiters und Prüfers einem kompetenten und erfahrenen Mitarbeiter des Personalressorts zu übertragen. Die **Erfahrung**, die **Sensibilität** und die **Fachkenntnis des Beurteilenden** entscheidet maßgeblich darüber, ob der Einsatz des gewählten Personalauswahlverfahrens letztendlich zu einer gelungenen Wissensakquisition und -integration und damit zu einer Anreicherung der organisationalen Wissensbasis führt oder nicht. Aus diesem Grund kann die Personalauswahl als eine der anspruchsvollsten Handlungsbereiche der (bank)betrieblichen Personalwirtschaft bezeichnet werden.[64]

Zum Abschluss dieses Unterabschnitts sollen die oben angesprochenen Personalauswahlverfahren nochmals überblicksartig zusammengestellt werden. In Abb. 15 erfolgt eine Auflistung der einzelnen Methoden, beginnend mit der Kategorie der Dokumentenanalyse, über die verschiedenen Instrumente der Kandidatenbefragung bis hin zur Verhaltensbeobachtung im Rahmen des bankbetrieblichen Assessment Centers. Die jeweiligen Verfahren werden hinsichtlich ihrer Eignung für bestimmte bankbetriebliche Berufsgruppen bewertet. Es zeigt sich, dass Verfahren, die bspw. bei der Zielgruppe der Angestellten oder Trainees ein angemessenes Instrument zur Auswahl externer Wissensträger darstellen, bei

60 Den einzelnen Gütekriterien werden jeweils Zahlen aus dem Wertebereich von 0 bis 1 zugeordnet, die in spezifischen Testverfahren ermittelt werden können. Vgl. dazu bspw. Scholz, Personalmanagement, S. 80 ff.

61 Vgl. Schanz, Personalwirtschaftslehre, S. 367.

62 Vgl. Lössl, Instrumente, Sp. 752. Die Gütekriterien Validität und Reliabilität stehen zueinander in einem Abhängigkeitsverhältnis: Je geringer die Reliabilität, desto geringer ist auch die Validität, denn die Streuung der Testergebnisse senkt deren Vorhersagekraft. Der Umkehrschluss, dass eine hohe Reliabilität auch eine hohe Validität zur Folge haben muss, gilt jedoch nicht. Vgl. Klimecki/Gmür, Personalmanagement, S. 227.

63 Vgl. Finzer/Mungenast, Personalauswahl, Sp. 1586.

64 Vgl. Finzer/Mungenast, Personalauswahl, Sp. 1594.

den mittleren oder oberen Führungskräften der Kreditinstitute nicht den selben Eignungsgrad aufweisen, mitunter sogar als unangemessen einzustufen sind.

Abb. 15: Angemessenheit von bankbetrieblichen Personalauswahlverfahren[65]

Beschäftigtengruppe / *Auswahlverfahren*	**Auszubildende (Bankkaufmann)**	**Angestellte**	**Trainees**	**Untere Führungskräfte**	**Mittlere Führungskräfte**	**Obere Führungskräfte**
Bewerbungsunterlagen	+	+	+	+	+	+
Zeugnisnoten	+	0	+	0	-	-
Einstellungsinterview	+	+	+	+	+	+
Personalfragebogen	0	+	+	+	0	-
Biogr. Fragebogen	-	0	0	+	+	-
Persönlichkeitstest	+	+	+	+	+	0
Leistungstest	+	+	+	+	0	0
Intelligenztest	+	0	0	0	-	-
Arbeitsprobe	+	+	+	+	+	+
Assessment Center	0	0	+	+	+	0

„+": angemessen; „0": bedingt angemessen; „-": unangemessen bzw. nicht erforderlich

4.1.3. Wissensintegration durch Personaleingliederungsprogramme

Das Ziel der Aktualisierung und Anreicherung der bankbetrieblichen Wissensbasis ist mit der bloßen Akquisition des externen personengebundenen Wissens noch nicht erreicht. Erst mit einer erfolgreichen **Integration der hinzugewonnenen Wissensressourcen** können die organisationalen Prozesse und Strukturen in der erforderlichen Weise optimiert werden. Auf einige Ansatzpunkte, die diesem Anliegen dienlich sein können, wurde im Verlauf der vorliegenden Studie bereits aufmerksam gemacht. Es sei an die strukturellen Maßnahmen zum Abbau der bankbetrieblichen Wissensbarrieren sowie an die Anreizgestaltung zur Weitergabe individuellen Wissens erinnert.[66] In diesem Abschnitt soll jedoch darauf hingewiesen werden, dass insbesondere das neu hinzukommende

---

[65] Quelle der Abb. 15: Modifiziert nach Schuler, Berufseignungsdiagnostik, S. 269.

[66] Vgl. hierzu nochmals die Absätze 3.2.2. und 3.3.3.

personengebundene Wissen eines über die genannten Einzelpunkte hinausgehenden, umfassenden Eingliederungsprogramms bedarf.

Die Weitergabe von individuellem Wissen kann durch motivationale Wissensbarrieren gehemmt werden. Mitarbeiter können spezifische Verhaltensmuster entwickeln, die bspw. aus Angst vor Statusverlust oder aus Neid- und Missgunstempfindungen die Wissensweitergabe innerhalb von Arbeitsgruppen oder Projektteams verhindern.[67] Auch bei neu in die Organisation eintretenden Mitarbeitern können **Angstgefühle** und **Stresserlebnisse** dazu führen, dass sie ihr Wissen nicht im gewünschten Umfang in die organisationale Wissensbasis einbringen. Derartige Angstgefühle und Stresserlebnisse von neuen Mitarbeitern sind in nicht unerheblichem Maße auf Unsicherheitsempfindungen gegenüber den zukünftig zu bewältigenden, im Voraus nicht vollends überblickbaren Aufgabenbereichen sowie gegenüber dem unbekannten neuen Kollegenkreis zurückzuführen.[68]

In Kreditinstituten könnten diese Unsicherheitsempfindungen von neuen Mitarbeitern besonders ausgeprägt sein, da zum einen im Rahmen der Internationalisierung und Globalisierung der Finanzmärkte zunehmend auch landeskulturelle Hemmnisse bei der Mitarbeiterintegration eine Rolle spielen können.[69] Zum anderen sind mit den zu verzeichnenden Restrukturierungsprozessen im Bankensektor, wie etwa der Entwicklung des Online-Banking oder der Tendenz zu Zusammenschlüssen von Finanzdienstleitungsunternehmen, diverse **Personalbewegungen** verbunden.[70] Und schließlich haben auch die eingangs dieses Kapitels angesprochenen Abwerbungen von High Potentials im Bankenbereich erhöhte Fluktuationsraten zur Folge.[71] Dies führt beispielsweise im Bereich des Investment Banking mancherorts dazu, dass die neuen gegenüber den bereits vorhandenen, etablierten Mitarbeitern in der Überzahl sind.[72] Gerade in diesen Fällen, aber auch bei allen anderen Formen der Wissensakquisition durch Personalgewinnung, ist demnach eine Integration des Wissens durch spezielle Personaleingliederungsprogramme von besonders großer Bedeutung.

Unter **Personaleingliederungsprogrammen** wird die systematische Bündelung von unterschiedlichen Maßnahmen zur Einführung neuer Mitarbeiter verstan-

---

67 Vgl. Abs. 3.2.1.
68 Vgl. Schanz, Personalwirtschaftslehre, S. 400.
69 Zur Internationalisierung der Finanzmärkte und Bankdienstleistungen vgl. bspw. Eilenberger, Bankbetriebswirtschaftslehre, S. 418 ff.
70 Vgl. hierzu auch Abs. 4.2.3.
71 Vgl. Karsch, Karrierewege, S. 866 f.
72 Vgl. Probst/Knaese, Risikofaktor, S. 44.

den.[73] Ziel dieser Programme ist es, die neuen Mitarbeiter sowohl in fachlicher als auch in sozialer Hinsicht in die organisationalen Strukturen und Prozesse zu integrieren.[74] Gelingt diese Integration nicht, ist dies in mehrfacher Hinsicht mit negativen Konsequenzen für das betreffende Unternehmen behaftet. Zum einen können, wie oben bereits angedeutet, die Wissenspotenziale der neuen Mitarbeiter nicht vollumfänglich eingebracht und im Sinne der Unternehmensziele genutzt werden. Zum anderen kommt es bei einer mangelhaften Mitarbeiterintegration oftmals zu einer so genannten **Frühfluktuation**, d. h. die Mitarbeiter verlassen die Unternehmung innerhalb der ersten Beschäftigungsmonate wieder.[75] In einem solchen Fall müssten die zum Teil erheblichen finanziellen Aufwendungen für die Anwerbung, Selektion und Eingliederung der Mitarbeiter als Fehlinvestition angesehen werden. Darüber hinaus kann die Frühfluktuation Auswirkungen auf das soziale Beziehungsgefüge in den Abteilungen und Arbeitsgruppen haben und letztlich das Betriebsklima negativ beeinflussen.[76]

Bei einer erfolgreichen Personaleingliederung ist der neue Mitarbeiter einerseits in der Lage, eigene Wissens- und Fähigkeitsdefizite auszugleichen, indem er die mit seiner Position verbundenen Einzelaufgaben genau kennen lernt und darüber hinaus in die sozialen Strukturen des unmittelbaren Arbeitsumfelds sowie in die der Gesamtunternehmung integriert wird.[77] Der Mitarbeiter kann im Verlauf des Einführungsprozesses ein stark ausgeprägtes **Bindungsverhältnis zum Unternehmen** entwickeln und ist im Idealfall an der Verbesserung der betrieblichen Arbeitsabläufe stets interessiert.[78] Somit können andererseits auch die bereits etablierten Mitarbeiter von den Fähigkeiten und Kenntnissen des neu hinzukommenden Wissensträgers profitieren. Das implizite Wissen des neuen Mitarbeiters wird also bei einer erfolgreichen Personaleingliederung externalisiert und zur Anreicherung der organisationalen Wissensbasis genutzt.[79]

Der Eingliederungsprozess von neuen Mitarbeitern kann in unterschiedliche Phasen eingeteilt werden. Die Mitarbeitereinführung beginnt demnach mit der so genannten antizipatorischen Sozialisation, setzt sich in der Konfrontation des Mitarbeiters mit seiner neuen Arbeitsumgebung und darauf folgend in der sys-

---

73 Vgl. Schanz, Personalwirtschaftslehre, S. 401. In der Literatur werden die Begriffe „Einführung", „Einarbeitung" und „Eingliederung" in Bezug auf neue Mitarbeiter oftmals synonym verwendet. Eine nähere Betrachtung zeigt jedoch, dass ***Einarbeitungs***programme vornehmlich einen **Qualifizierungsaspekt** und ***Eingliederungs***programme vornehmlich einen **Sozialisationsaspekt** beinhalten. Der Begriff „Einführungsprogramme" umfasst beide Gesichtpunkte. Vgl. Huber, Einführungsprogramme, Sp. 764.

74 Vgl. Huber, Einführungsprogramme, Sp. 765.

75 Vgl. Berthel, Personal-Management, S. 194.

76 Vgl. Dincher, Fluktuation, Sp. 877.

77 Vgl. Kieser, Einarbeitung, S. 126.

78 Vgl. Kieser et al., Einführung, S. 45.

79 Zum Terminus der Wissensexternalisierung vgl. nochmals Abs. 2.2.2.

tematischen Einarbeitung fort und mündet letztlich im Stadium der Integration.[80] Der erste Schritt, die **antizipatorische Sozialisation**, vollzieht sich bereits vor dem Eintritt in das neue Unternehmen. Hier entwickeln sich in verschiedenen Sozialisationsprozessen individuelle Erwartungshaltungen in Bezug auf den zur Disposition stehenden Arbeitsplatz sowie in Bezug auf die jeweilige Unternehmung. Diese Erwartungshaltungen können sich beispielsweise auf der Grundlage der zu Beginn dieses Kapitels dargestellten Maßnahmen des bankbetrieblichen Personalmarketings oder auch im Verlauf eines Einstellungsgesprächs herausbilden.[81]

Bei der **Konfrontation mit den neuen Arbeitsbedingungen**, der zweiten Phase der Mitarbeitereinführung, kann es bezüglich der oben beschriebenen Erwartungshaltungen zu teilweise gravierenden Diskrepanzerlebnissen kommen. Nicht nur bei Berufsanfängern, sondern auch bei erfahrenen Mitarbeitern können an einem neuen Arbeitsplatz unterschiedliche Überraschungen hinsichtlich des anfallenden Arbeitspensums, der eigenen fachlichen und mentalen Leistungsfähigkeit oder hinsichtlich des Betriebsklimas auftreten, die in ihrer Summe ggf. zu einem so genannten „Praxisschock“ bzw. „Realitätsschock“ führen.[82] In der sich anschließenden **Phase der Einarbeitung** gilt es, die genannten Diskrepanzerlebnisse zu überwinden und Bewältigungsstrategien für die mit der Stelle verbundenen Aufgaben und Anforderungen zu entwickeln.[83]

Schließlich folgt das **Stadium der Integration**. Hier wandelt sich der Status des Mitarbeiters vom neuen, einzuarbeitenden und einzugliedernden Kollegen hin zu einem vollständig eingeführten und anerkannten Organisationsmitglied.[84] In dieser Phase reift idealerweise, wie oben bereits angedeutet, eine enge psychologische Bindung zwischen Individuum und Organisation heran. In diesem – mancherorts auch mit dem englischen Begriff 'Commitment' belegten – psychologischen Bindungsverhältnis entwickelt sich eine ausgeprägte Loyalität zum Unternehmen sowie eine hochgradige Bereitschaft des Mitarbeiters, auch große Anstrengungen im Rahmen seiner Aufgabenbereiche zu erbringen.[85]

Als Einzelkomponenten der Wissensintegration durch bankbetriebliche Personaleingliederungsprogramme kommen eine Vielzahl unterschiedlicher Maß-

---

[80] Vgl. Kieser et al., Einführung, S. 5 f.

[81] Vgl. hierzu nochmals die Abschnitte 4.1.1. und 4.1.2.

[82] Vgl. Kieser et al., Einführung, S. 18 f. Um einen derartigen „Praxisschock“ oder „Realitätsschock“ zu vermeiden bzw. abzumildern, sollte die bankbetriebliche Personalauswahl (vgl. Abs. 4.1.2.) im Rahmen einer sog. **realistischen Rekrutierung**, also unter Nennung sowohl der positiven wie auch der möglichen negativen Aspekte der vakanten Stelle, betrieben werden. Vgl. Kieser, Einarbeitung, S. 128.

[83] Vgl. Kieser et al., Einführung, S. 29.

[84] Vgl. Klimecki/Gmür, Personalmanagement, S. 255.

[85] Vgl. Rastetter, Commitment, S. 626.

nahmen in Betracht. Beispielsweise können formale Orientierungsveranstaltungen, externe Schulungen, Seminare oder soziale und sportliche Aktivitäten innerhalb des Kollegenkreises zum Einsatz kommen.[86] Sinnvoll ist es, den neuen Mitarbeitern eine **Einführungsschrift** – etwa in Form einer Broschüre oder eines Ordners – zur Verfügung zu stellen, die über das Unternehmen, die Arbeitsbedingungen oder über die angebotenen Weiterbildungsmaßnahmen informiert.[87] Ferner können in einer solchen Einführungsschrift Kontaktadressen und Ansprechpartner für Fragestellungen genannt werden, die in den ersten Wochen und Monaten der Betriebszugehörigkeit üblicherweise auftreten. Ebenfalls können bankspezifische Vorsorge- und Versicherungsleistungen oder Vorzugskonditionen bei Anlage- und Kreditgeschäften für eigene Mitarbeiter genannt werden.[88]

Im Rahmen von bankbetrieblichen Mitarbeitereinführungsprogrammen spielt das in dieser Studie im Zusammenhang mit der institutsinternen Wissensentwicklung bereits vorgestellte **Mentoring** eine wichtige Rolle.[89] Während das Beziehungsverhältnis zwischen Mentor und Protegé bei der Wissensentwicklung vor allem hinsichtlich der Herausbildung von bankbetrieblicher Handlungskompetenz sowie der Weitergabe von implizitem Erfahrungswissen durch die sog. „Senior-Banker" betrachtet wurde, steht an dieser Stelle die integrative Einflusswirkung von Mentoren bei der Eingliederung neuer Mitarbeiter im Vordergrund. Ein Mentor ist für neue Mitarbeiter ein kompetenter Ansprechpartner in fachlicher und sozialer Hinsicht und übernimmt aufgrund der ranghöheren Stellung eine wichtige Vorbildfunktion.[90] Da der Mentor mit dem neuen Mitarbeiter i. d. R. nicht unmittelbar in einer Abteilung oder Arbeitsgruppe zusammenarbeitet, stellt er neben dem Kollegenkreis und dem direkten Vorgesetzten eine weitere wichtige Bezugsperson bei der betrieblichen Sozialisation neuer Mitarbeiter dar. Insofern trägt der Mentor wesentlich zur Integration neuer Wissensressourcen in die bankbetriebliche Wissensbasis bei.

Neben dem Mentoring wird im Zusammenhang mit der Einführung neuer Mitarbeiter oftmals auch auf die Rolle von **Patensystemen** verwiesen. Während es sich bei Mentoren um hierarchisch höher gestellte Organisationsmitglieder handelt, sind die Paten zumeist gleich gestellte Kollegen des zu integrierenden Mitarbeiters.[91] Dieses könnte sich gegenüber dem Mentoring als vorteilhaft erweisen, da der Pate detaillierte Kenntnisse über die geschriebenen und ungeschriebenen Gesetzmäßigkeiten des betreffenden Arbeitsplatzes und dessen Umfeld

86 Vgl. Moser/Schmook, Sozialisation, S. 226.
87 Vgl. Berthel, Personal-Management, S. 198.
88 Vgl. Knecht/Spillmann, Integration, S. 310 f.
89 Vgl. Abs. 3.3.1.
90 Vgl. Knecht/Spillmann, Integration, S. 315.
91 Vgl. Berthel, Personal-Management, S. 199.

besitzt.[92] Beim Patensystem besteht jedoch die Gefahr, dass sich der zum Paten bestimmte Mitarbeiter zum „Ersatz-Vorgesetzten“ des neuen Kollegen berufen fühlt und diesem Aufgaben delegiert, die ihm selbst nicht attraktiv erscheinen.[93] Um diese dysfunktionalen Wirkungen von Patensystemen möglichst auszuschließen, empfiehlt es sich, sehr erfahrene, pädagogisch begabte Mitarbeiter als Paten auszuwählen.[94]

Zum Abschluss dieses Unterabschnitts soll mit dem sog. **Trainee-Programm** eine Möglichkeit der Personaleingliederung präsentiert werden, die sich insbesondere in Kreditinstituten bewährt und etabliert hat. Unter Trainee-Programmen versteht man spezielle betriebliche Einführungsprozesse, in denen die neuen Mitarbeiter („Trainees“) „systematisch mit dem gesamtbetrieblichen Geschehen, der Unternehmenskultur, strukturellen Zusammenhängen und konkreten Arbeitsprojekten vertraut gemacht werden sollen.“[95] Die Einführungsprogramme dauern üblicherweise zwischen sechs und achtzehn Monaten und sind zum größten Teil standardisiert.[96] Die Trainee-Programme richten sich in der Regel an Hochschulabsolventen und damit an die sog. High Potentials als die wohl wichtigste Zielgruppe der bankbetrieblichen Wissensakquisition und -integration.

In Kreditinstituten kann grundsätzlich zwischen drei verschiedenen Typen von Trainee-Programmen unterschieden werden. Zum einen haben die Trainees in einem breit angelegten, ressortübergreifenden Programm die Möglichkeit, eine Vielzahl unterschiedlicher Geschäftsbereiche und Abteilungen der Bank kennen zu lernen. Erst am Ende dieses Einführungsprozesses fällt die Entscheidung darüber, ob der Mitarbeiter letztlich beispielsweise im Zahlungsverkehr, in der Kreditabteilung oder im Kundenberatungsgeschäft zum Einsatz kommt.[97] In einer zweiten Variante von bankbetrieblichen Trainee-Programmen schließt sich an den – in diesem Fall i. d. R. etwas kürzer gehaltenen – ressortübergreifenden Programmteil eine fachspezifische Ausbildungs- und Eingliederungsphase an. Bei der dritten Ausprägungsform von Trainee-Programmen wird diese fachspezifische Ausrichtung durch die Beschränkung auf einen bestimmten bankbetrieblichen Geschäftsbereich von vornherein angestrebt.

Als Beispiel für ein Trainee-Programm mit einer vorwiegend fachspezifischen Ausrichtung kann das **Training für die Laufbahn eines Vermögenskunden-**

---

92 Vgl. Schanz, Personalwirtschaftslehre, S. 404.
93 Vgl. Kieser et al., Einführung, S. 155.
94 Vgl. Huber, Einführungsprogramme, Sp. 772.
95 Hentze/Kammel, Personalwirtschaftslehre 1, S. 370.
96 Vgl. Kieser et al., Einführung, S. 150.
97 Vgl. Riedler, Development-Banking, S. 77.

beraters der Landesbank Baden-Württemberg angeführt werden.[98] Das 12 Monate dauernde Programm richtet sich an Hochschulabsolventen mit wirtschaftswissenschaftlichem Studienschwerpunkt. Der Trainee wird im Anlagemanagement ausgebildet und übernimmt als Assistent eines erfahrenen Vermögenskundenberaters erste eigene Aufgaben. Diese Tätigkeit wird zum einen durch Einsätze in Abteilungen der Bank ergänzt, die mittelbar oder unmittelbar mit dem späteren Aufgabengebiet in Verbindung stehen. Hierzu zählen beispielsweise das Immobilien- und Versicherungsgeschäft, die Bearbeitung von Baufinanzierungs- und Privatkrediten sowie die Vermögensverwaltung. Zum anderen wird das praktisch Erlernte in Seminaren zum Portfoliomanagement oder zum Verkaufstraining theoretisch untermauert.

Das **Training für den Bereich Private Banking** der Deutschen Bank ist ebenso zu den eher ressortbeschränkten Varianten der bankbetrieblichen Trainee-Programme zu zählen.[99] Jedoch zeigt sich im Vergleich zum obigen Praxisbeispiel, dass hier, dem eigenen international ausgerichteten Anspruch den Instituts Rechnung tragend, sehr viel Wert auf Fremdsprachenkenntnisse sowie auf verschiedene Auslandseinsätze während des Programms gelegt wird. Das Trainee-Programm „Private Banking“ der Deutschen Bank dauert 15 Monate und ist für ca. 20 Teilnehmer ausgerichtet. Der in vier Phasen untergliederte Einarbeitungs- und Eingliederungsprozess beginnt mit einem sechsmonatigen „training on the job“ in allen relevanten Bereichen des Private Banking. In der zweiten Phase werden die Trainees vier Wochen lang in der „Stern School of Business“ in New York zu theoretischen Hintergründen und Kenntnissen über die einzelnen Dienstleistungen des Private Banking geschult. Anschließend verbringen die Teilnehmer weitere sechs Monate im Ausland, bevor in Phase vier des Programms ein abschließendes dreiwöchiges so genanntes „Soft-Skill-Training“ in Zürich stattfindet. Nach der erfolgreichen Absolvierung des Trainee-Programms können die Teilnehmer beispielsweise als **„Junior Account Manager“** oder als **„Junior Relationship Manager“** in der Deutschen Bank Fuß fassen.

Insgesamt ist festzustellen, dass sich insbesondere die bankbetrieblichen Trainee-Programme zur Integration von hoch qualifizierten Wissensträgern eignen. Als **mögliche negative Aspekte der Trainee-Programme** sollte jedoch nicht

98 Vgl. im Folgenden Bothe-Fehl, Karriere, S. 191.

99 Vgl. im Folgenden Bothe-Fehl, Karriere, S. 189 f. Der Begriff '**Private Banking**' ist weder in der wissenschaftlichen Literatur noch in der Unternehmenspraxis eindeutig definiert. In einer weiteren Begriffsauslegung ist das Privatkundengeschäft, einschließlich der sog. Mengenkunden, gemeint. Die Zielgruppe der Deutschen Bank ist aber, genau wie im vorangegangenen Fallbeispiel der Landesbank Baden-Württemberg, in erster Linie die vermögende Privatkundschaft, oder, wie es im Jargon der Banken formuliert wird, das Segment der sog. **„High Networth Individuals”** („HNWI's“). Vgl. Maltzan, Private Banking, S. 923.

unerwähnt bleiben, dass die Trainee-Ausbildung in Kreditinstituten mit zum Teil erheblichen Kosten verbunden ist. Des Weiteren könnte der Status der Trainees gewisse Probleme mit sich bringen. Die Trainees nehmen als „High Potentials" und als „Elite-Nachwuchs" eine besondere Stellung ein und es besteht die Gefahr, dass sie von den übrigen Organisationsmitgliedern isoliert bleiben.[100] Hierdurch könnte das vordringliche Ziel der bankbetrieblichen Wissensakquisition, nämlich die Integration der neu hinzukommenden Wissensressourcen in die organisationalen Strukturen und Abläufe, in Gefahr geraten.

Als Zwischenfazit kann festgehalten werden, dass die Personalwirtschaft bei der Akquisition von bankbetrieblich relevantem Wissen eine überaus wichtige Rolle spielt. In den Teilbereichen der Akquisition, der Selektion sowie der Integration des personengebundenen bankbetrieblichen Wissens liefern die personalwirtschaftlichen Gestaltungsfelder der Gewinnung und der Eingliederung neuer Mitarbeiter einen wertvollen Beitrag zum Ausbau und zur Anreicherung der bankbetrieblichen Wissensbasis. Im nachfolgenden Hauptabschnitt dieses Kapitels soll aufgezeigt werden, dass diese Anreicherung der Wissensbasis – möglicherweise in tiefgreifenderer Form als bei personalwirtschaftlichen Einzelmaßnahmen – durch unternehmensstrategische Entscheidungen der Kreditinstitute vorangetrieben werden kann.

4.2. Bankbetriebliche Wissensakquisition als unternehmensstrategische Aufgabenstellung

4.2.1. Wissensakquisition als Element des strategischen Bankmanagements

In diesem Teil des vierten Kapitels soll die bankbetriebliche Wissensakquisition aus dem Blickwinkel unternehmensstrategischer Überlegungen beleuchtet werden. Somit erfolgt gegenüber dem personalwirtschaftlich ausgerichteten Vorabschnitt ein Perspektivenwechsel. Während dort das einzelne Individuum als Träger des bankbetrieblich relevanten Wissens betrachtet wurde, sind in unternehmensstrategischer Hinsicht im Folgenden vor allem die Möglichkeiten der Zusammenarbeit oder des Zusammenschlusses mit externen wissensintensiven Unternehmen oder Unternehmensteilen von Interesse. Inwiefern eine Kooperation oder eine Fusion mit anderen Unternehmen Optionen bankstrategischer Abwägungen sind und welche Strategiekonzeptionen dem zugrunde gelegt werden können, soll in diesem einleitenden Abschnitt zunächst in knapper Form dargestellt werden.

---

100 Vgl. Kieser et al., Einführung, S. 153 f.

Unter **strategischem Management** (synonym: strategische Unternehmensführung) soll in dieser Arbeit die Steuerung und Koordinierung der langfristigen Entwicklung eines Unternehmens verstanden werden.[101] Es gilt, frühzeitig zukünftig erreichbare Erfolgsmöglichkeiten, also die Erfolgspotenziale eines Unternehmens, sowie die mit diesen Erfolgspotenzialen verbundenen Liquiditätswirkungen abzuschätzen.[102] Das strategische Management befasst sich demnach mit längerfristig ausgerichteten Handlungsalternativen und Gestaltungsoptionen zur Umsetzung der Unternehmensstrategie, die wiederum auf den unternehmensspezifischen Sach- und Formalzielen beruht.[103]

Grundsätzlich dominiert in Kreditinstituten – faktisch auch im Sparkassenbereich – das **Oberziel der langfristigen Gewinnerwirtschaftung.**[104] Dieses bankbetriebliche Oberziel wird in der Regel durch eine Reihe weiterer Zielsetzungen, wie etwa dem Gemeinnützigkeitsprinzip bei Sparkassen oder dem genossenschaftlichen Förderungsgrundsatz bei Volks- und Raiffeisenbanken, ergänzt oder überlagert und in einem Zielbündel bzw. einem Zielsystem zusammengefügt.[105] Weitere mögliche Komponenten eines bankbetrieblichen Zielsystems sind beispielsweise die Erweiterung von Marktanteilen, die Aufrechterhaltung oder Verbesserung des Bankimages oder der Erhalt der Selbstständigkeit des Instituts.[106]

Eine besondere Bedeutung kommt den sog. **finanzwirtschaftlichen Existenzbedingungen**, dem Postulat der Zahlungsfähigkeit (Liquidität) sowie dem Postulat der Schuldendeckungsfähigkeit (Solvabilität) zu.[107] Diese finanzwirtschaftlichen Existenzbedingungen gelten prinzipiell gleichermaßen für Betriebe aller Branchen, jedoch werden den Banken aufgrund ihrer besonderen gesellschaftlichen Stellung (vgl. Abs. 2.3.1.), der herausragenden Bedeutung der Liquidität der Kreditinstitute sowie ihrer vergleichsweise geringen Eigenkapital-

---

[101] Vgl. Kreikebaum, Führung, Sp. 2006. Grundlegend zur Strategie und zum strategischen Management vgl. insb. Chandler, Strategy, S. 13 ff. und Ansoff, Management, S. 36 ff. Weiterführende Analysen jüngeren Datums liefern bspw. Hinterhuber, Unternehmensführung, S. 207 ff. u. 291 ff. oder Bea/Haas, Management, S. 6 ff.

[102] Vgl. Gälweiler, Unternehmensführung, S. 24.

[103] Das **Sachziel** eines Kreditinstituts betrifft den Unternehmenszweck und konkretisiert sich in den dargebotenen Komponenten des bankbetrieblichen Leistungsprogramms. Die **Formalziele** beziehen sich auf die institutsspezifisch festzulegenden Maßstäbe, anhand derer der ökonomische Erfolg des unternehmerischen Handelns bemessen werden kann. Vgl. Büschgen, Bankbetriebslehre, S. 503 f.

[104] Vgl. Eilenberger, Bankbetriebswirtschaftslehre, S. 546.

[105] Vgl. Benner, Bereich, S. 358.

[106] Vgl. Stein/Kerstien/Gärtner, Bankunternehmenspolitik, S. 1112.

[107] Vgl. Benner, Bereich, S. 356 und Benner, Existenzbedingungen, S. 154 ff.

quote von gesetzgeberischer Seite umfassende Verhaltensmaßregeln auferlegt.[108]

In Bezug auf das **Postulat der Liquidität** wird auf der Grundlage des § 11, Kreditwesengesetz – dessen Bestimmungen im „Grundsatz II" der „Grundsätze über das Eigenmittel und die Liquidität der Institute" konkretisiert werden – zu jedem Zeitpunkt eine ausreichende Zahlungsfähigkeit der Banken eingefordert.[109] Hinsichtlich des **Postulats der Solvabilität** sollen die Kreditinstitute und Kreditinstituts-Gruppen „im Interesse der Erfüllung ihrer Verpflichtungen gegenüber ihren Gläubigern, insbesondere zur Sicherung der ihnen anvertrauten Vermögenswerte, angemessene Eigenmittel haben" (§ 10 KWG, 1). Im so genannten „Grundsatz I" wird diese Forderung nach einem „angemessenen Eigenkapital" durch ein detailliertes Regelwerk präzisiert.

Die obigen Ausführungen zu möglichen Komponenten von bankbetrieblichen Zielsystemen sowie zu den rechtlichen Bestimmungen zur Zahlungsfähigkeit und Schuldendeckungsfähigkeit der Kreditinstitute zeigen, dass bei Überlegungen zur strategischen Ausrichtung der einzelnen Institute eine ganze Reihe von Zielvorgaben, Restriktionen und Rahmenbedingungen zu beachten sind. Weitere, oben nicht angesprochene **Einflussfaktoren bankstrategischer Entscheidungen** können beispielsweise in allgemeinen Bestimmungen des Wirtschaftsrechts, in Verpflichtungen aus dem Mitbestimmungs- oder Betriebsverfassungsgesetz sowie in der Verantwortung gegenüber bestimmten bankinternen und bankexternen Interessengruppen gesehen werden.[110] Zu diesen Interessengruppen gehören unter anderem die Anteilseigner oder Gewährträger, der Aufsichtsrat, die Bankmitarbeiter, die Bankkundschaft oder die allgemeine Öffentlichkeit. Um unter Berücksichtigung all dieser Einflussvariablen dem Hauptanliegen des strategischen Bankmanagements, der langfristigen Steuerung und Entwicklung des Gesamtunternehmens, gerecht werden zu können, wird der strategischen Bankplanung – als dem wohl wichtigsten Teilprozess der strategischen Unternehmensführung in Kreditinstituten – eine herausragende Rolle zuteil.[111]

---

108 Vgl. Stein/Kerstien/Gärtner, Bankunternehmenspolitik, S. 1112.

109 Im Wortlaut des § 11 KWG wird eine ausreichende ***Zahlungsbereitschaft*** gefordert. Gemeint ist aber die **Zahlungsfähigkeit** der Kreditinstitute. Vgl. Hartmann-Wendels/Pfingsten/Weber, Bankbetriebslehre, S. 354.

110 Vgl. Büschgen, Grundlagen, S. 149 f.

111 Neben der strategischen Planung umfasst die strategische Unternehmensführung als weitere Teilprozesse die **strategische Entscheidung** sowie die **strategische Kontrolle**. Vgl. Hahn, Unternehmensführung, S. 34 f. Letztere spielen im Rahmen der vorliegenden Studie jedoch eine eher untergeordnete Rolle.

Im Rahmen der **strategischen Bankplanung** erfolgt zunächst eine Analyse von bankbetrieblichen Umweltfaktoren, wie zum Beispiel bestimmter Marktentwicklungen, Verhaltensweisen von Konkurrenzunternehmen sowie allgemeiner technologischer, rechtlicher oder gesellschaftspolitischer Tendenzen.[112] Diese Analysephase der strategischen Bankplanung kann aus der Perspektive des Wissensmanagements als ein Prozess der Identifikation und Selektion des für die bankstrategischen Entscheidungen relevanten unternehmensexternen Wissens interpretiert werden. Neben den bankbetrieblichen Umweltfaktoren werden zugleich die Stärken und Schwächen des eigenen Instituts im Vergleich zu den Konkurrenzunternehmen aufgedeckt und beurteilt. Hierbei handelt es sich letztlich um eine systematische, vergleichende Analyse von einzelnen Bestandteilen der institutseigenen bankbetrieblichen Wissensbasis.

Aus der Gegenüberstellung der eigenen Stärken und Schwächen und den aus der Analyse der bankbetrieblichen Umweltfaktoren ersichtlichen Chancen und Risiken im nationalen oder internationalen Bankenmarkt können **einzelne Teilstrategien** für das betreffende Kreditinstitut abgeleitet werden.[113] Neben der Entscheidung über die anzubietenden Bankprodukte („Produktstrategie") und deren Konditionsgestaltung („Preisstrategie") oder der primären Vertriebskanäle („Kommunikations- und Distributionsstrategie") ist von besonders großem Interesse, auf welchen Märkten die Bankleistungen angeboten werden sollen („Marktstrategie") und welche Zielgruppen hauptsächlich anzusprechen sind („Kundensegmentstrategie").[114]

Die beiden letztgenannten Teilstrategien, die Selektion adäquater Zielmärkte sowie die Fokussierung auf lukrative Kundensegmente, können mit Hilfe so genannter **strategischer Geschäftsfelder** (SGF) entwickelt und verfolgt werden. Die Abgrenzung verschiedener strategischer Geschäftsfelder, also die Aufteilung des gesamten unternehmerischen Tätigkeitsbereichs in einzelne Segmente, trägt in Bezug auf das strategische Management zur Reduktion von Komplexität bei.[115] Die strategischen Geschäftsfelder können von speziell auf die betreffenden Segmente ausgerichteten organisationalen Subsystemen, den so genannten strategischen Geschäftseinheiten (SGE), betreut und bearbeitet werden. Während also die SGF das Ergebnis einer Segmentierung der organisationalen Umwelt sind, bilden die SGE als Pendant die darauf abgestimmte Zergliederung der

---

112 Vgl. Schierenbeck, Bankmanagement, S. 504 f.

113 Die oben erwähnte Gegenüberstellung von Stärken und Schwächen der Kreditinstitute sowie ihrer Chancen und Risiken kann in einer so genannten **„SWOT-Matrix"** („Strength, Weaknesses, Opportunities, Threats") dargestellt werden. Vgl. Kilgus, Bank-Management, S. 82.

114 Vgl. Bernet, Planung, S. 1133.

115 Vgl. Bea/Haas, Management, S. 135 f.

Inwelt von Unternehmen.[116] Damit ist bereits angedeutet, dass mit der Fokussierung auf neue Zielmärkte oder Kundensegmente zum Teil erhebliche Umstrukturierungsprozesse der Kreditinstitute einhergehen können.

Die SGF der Banken sollten sich dadurch auszeichnen, dass sie erstens mit absetzbaren Produkten am externen Markt auftreten (und somit von den Kunden wahrgenommen werden können), zweitens sollten sie von anderen SGF abgrenzbar sein und drittens unter einer einheitlichen Leitung stehen.[117] Damit ist gewährleistet, dass in jedem Geschäftsfeld eigenständige, von anderen SGF unabhängige Marktziele und -strategien verfolgt werden können.[118] Als strategische Geschäftsfelder kommen in Kreditinstituten beispielsweise die Bereiche „Kapitalmarktgeschäfte und Finanzderivate", „Wertpapier-Emissionen", „Corporate Finance", „Retail Banking", „Zahlungsverkehr", „Mergers and Acquisitions" u. a. m. in Betracht.[119]

Mittels einer **Portfolio-Analyse** können die einzelnen SGF anhand zweier als besonders relevant erachteter Kriterien beurteilt und eingeordnet werden. Dies ist in der Abb. 16 anhand der Kriterien „Marktattraktivität" und „Wettbewerbsstärke" dargestellt.[120] In der „Marktattraktivitäts-/Wettbewerbsstärken-Matrix" sind drei verschiedene – in der Abbildung in unterschiedlichen Schraffierungen hervorgehobene – Strategiezonen erkennbar, aus denen jeweils unterschiedliche Handlungsempfehlungen bezüglich der Zuweisung betrieblicher Ressourcen abgeleitet werden können.[121]

Liegt bei einem strategischen Geschäftsfeld, wie in der Abbildung bei SGF_1, eine geringe Marktattraktivität und zugleich eine geringe Wettbewerbsstärke des Kreditinstituts vor, so ist ein Rückzug aus dem Geschäftsfeld im Rahmen einer Desinvestitionsstrategie empfehlenswert. Bei einer hohen Attraktivität des Zielmarktes und einer hohen Wettbewerbsstärke (SGF_2) sollte eine Investitions- oder Wachstumsstrategie verfolgt werden. In den Fällen der SGF_3 und SGF_4 ist

---

116 Vgl. Link, Unternehmensplanung, S. 614 f.

117 Vgl. Süchting/Paul, Bankmanagement, S. 211.

118 Vgl. Büschgen, Kreditinstitute, Sp. 1198.

119 Vgl. Kilgus, Bank-Management, S. 94. Eine mancherorts übliche Konzeption bankbetrieblicher SGF anhand **regionaler Gesichtspunkte**, beispielsweise im Auslandsgeschäft der Institute, dürfte angesichts einer immer weiter voranschreitenden Deregulierung und Internationalisierung der Bank- und Finanzmärkte zukünftig kaum noch eine Rolle spielen. Vgl. Süchting/Paul, Bankmanagement, S. 214.

120 Die **Bewertung und Positionierung der einzelnen SGF** kann mittels spezieller Kriterienkataloge, Bewertungsschemata und Gewichtungsfaktoren vorgenommen werden. Vgl. dazu Schierenbeck, Bankmanagement, S. 518 ff.

121 Vgl. Böhler, Portfolio-Analysetechniken, Sp. 1551 f.

auf der Grundlage weiterführender Analysen im Einzelfall zu entscheiden, welche weitere strategische Vorgehensweise sich anbietet.[122]

Abb. 16: Portfolio-Analyse im Rahmen der strategischen Bankplanung[123]

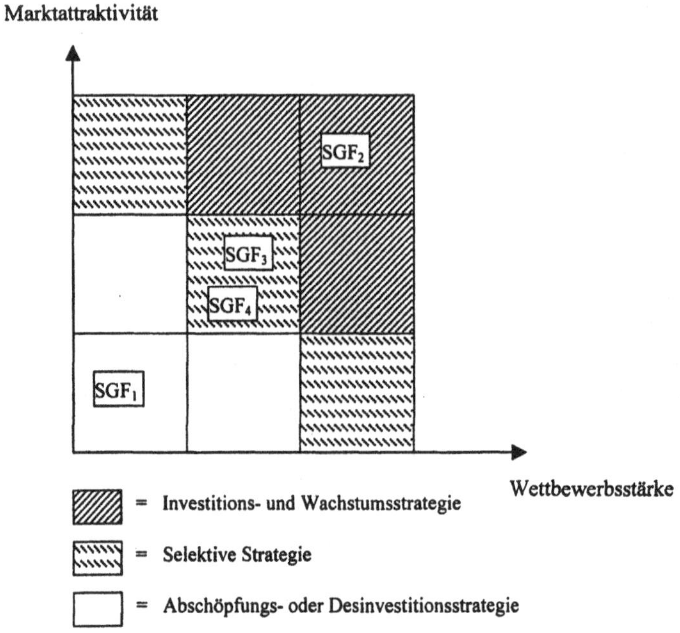

---

[122] Die Portfolio-Analyse mittels SGF kann in mehrfacher Hinsicht kritisch betrachtet werden. Zum einen ist die Trennung der einzelnen Geschäftsfelder durch die vielfältigen Interdependenzen der bankbetrieblichen Leistungserstellung und -verarbeitung nur bedingt darstellbar. Vgl. Büschgen, Kreditinstitute, Sp. 1198. Problematisch sind darüber hinaus die Auswahl, Gewichtung und Bewertung der Erfolgsfaktoren sowie die Gefahr einer „**Mechanisierung des strategischen Denkens**". Vgl. Schierenbeck, Bankmanagement, S. 522. Ferner ist zu vermuten, dass viele Banken dieselben SGF (bspw. die „vermögenden Privatkunden") als besonders ertragsreich und erstrebenswert einstufen. Der dadurch entstehende Wettbewerbs- und Preisdruck kann die hohen Ertragserwartungen ggf. nivellieren. Vgl. Süchting/Paul, Bankmanagement, S. 218. Eine empirische Untersuchung zur strategischen Bedeutung einzelner bankbetrieblicher Kundensegmente untermauert die letztgenannte Vermutung. Vgl. dazu Meier, Untersuchung, S. 519.

[123] Quelle der Abb. 16: Geringfügig modifiziert nach Schierenbeck, Bankmanagement, S. 517 und Süchting/Paul, Bankmanagement, S. 216.

Für die endgültige Entscheidung zur Investition oder Desinvestition in bestimmten Bereichen, Branchen oder Regionen ist neben den wettbewerbsstrategischen Erwägungen bezüglich der einzelnen Geschäftsfelder vor allem die **Gesamtunternehmensstrategie** von Bedeutung. Diese befasst sich mit der Zusammensetzung und Gesamt-Abstimmung der unterschiedlichen strategischen Geschäftseinheiten.[124]

Wie bereits angedeutet, haben die oben getätigten Ausführungen zum Zielsystem eines Kreditinstituts, zum strategischen Bankmanagement sowie zur Auswahl geeigneter Markt- oder Wettbewerbstrategien mit Hilfe von strategischen Geschäftsfeldern allesamt mit einzelnen Teilprozessen des bankbetrieblichen Wissensmanagements zu tun. Zunächst betrifft dies die Analysephase der strategischen Bankplanung. Zum einen handelt es sich sowohl bei der Analyse der Umweltbedingungen der Kreditinstitute als auch bei der Beurteilung der institutsspezifischen Stärken und Schwächen um einen Prozess der Identifikation und Bewertung derzeit vorhandener oder zukünftig benötigter bankbetrieblicher Wissensressourcen. Darüber hinaus sind auch die Fähigkeiten und Kompetenzen von Bankmanagern zur systematischen Analyse der bankbetrieblichen Umwelt und Inwelt – im Sinne eines Metawissens – von besonderer Bedeutung.[125] Bei den mit Aufgaben der strategischen Bankplanung betrauten Führungskräften handelt es sich folglich einerseits um hoch qualifizierte Wissensträger, andererseits können sie aufgrund der oben skizzierten Tätigkeiten ebenso als Wissensmanager angesehen werden.

Auch die aus den analytischen Vorüberlegungen der strategischen Bankplanung abzuleitenden Teilstrategien und die sich daraus ergebenden unternehmerischen Entscheidungen sind für bestimmte Handlungsfelder des bankbetrieblichen Wissensmanagements von hoher Relevanz. Ist beispielsweise für ein bestimmtes strategisches Geschäftsfeld eines Kreditinstituts eine Abschöpfungs- oder Desinvestitionsstrategie vorgesehen, so sollten die hierfür bislang vorgehaltenen personengebundenen oder technologischen Wissensressourcen einer kritischen Analyse unterzogen werden. Einerseits könnte sich hierbei eine Auslagerung oder ein Abbau der nicht mehr benötigten Ressourcen anbieten. Andererseits können diese Bestandteile der bankbetrieblichen Wissensbasis ggf. mit Hilfe der Teilprozesse der Wissensentwicklung oder des Wissenstransfers für andere Geschäftseinheiten des Kreditinstituts nutzbar gemacht werden.[126]

---

124 Vgl. Porter, Wettbewerbsvorteile, S. 405.

125 In diesem Zusammenhang sei nochmals an das **Schichtenmodell** der bankbetrieblichen Wissensbasis erinnert. In der Schicht 4 dieses Modells befindet sich das in den obigen Ausführungen angesprochene „Wissen der Umwelt, über das ein **Metawissen** in der Organisation vorhanden ist". Vgl. hierzu die Abschnitte 2.3.3. und 3.1.2.

126 Vgl. hierzu die Hauptkapitel 3 und 5.

Für den in diesem Unterabschnitt zu verfolgenden Argumentationsstrang sind jedoch weniger die Desinvestitionsstrategien, sondern eher die übrigen beiden Strategiezonen des „Marktattraktivitäts/Wettbewerbsstärken-Portfolios" von Interesse. Im Falle einer Investitions- bzw. Wachstumsstrategie – insbesondere jedoch bei strategischen Geschäftsfeldern, denen im Rahmen einer selektiven Strategie durch eine gezielte Steigerung der eigenen Wettbewerbsstärke eine höhere Aufmerksamkeit zuteil werden soll – ist zu prüfen, ob die hierzu erforderlichen Wissensressourcen bereits vorhanden sind oder gegebenenfalls bankintern entwickelt werden können. Bei den an dieser Stelle im Vordergrund stehenden grundlegenden bankstrategischen Weichenstellungen kann die letztgenannte Möglichkeit der internen Wissensentwicklung jedoch allenfalls als Begleitmaßnahme bankbetrieblicher Umstrukturierungen in Betracht gezogen werden. Aus diesem Grund wird das Hauptaugenmerk im Folgenden auf die **Wissensakquisition als Element bankstrategischer Entscheidungen** gerichtet.

Das für die Verbesserung der strategischen Wettbewerbsposition eines Kreditinstituts erforderliche Wissen kann auf unterschiedliche Weise akquiriert werden. Zum einen kommen verschiedene Formen der Kooperation mit externen wissensintensiven Unternehmen in Betracht. Im Rahmen von **Bankkooperationen** – beispielsweise in Joint Ventures oder strategischen Allianzen – können durch eine gemeinsame Nutzug der organisationalen Wissensbasen der Kooperationspartner die jeweiligen institutsspezifischen Schwächen ausgeglichen werden. Zum anderen bieten sich **Unternehmensakquisitionen** zum Erwerb von gewünschten Wissensbereichen an. Hierbei eröffnet sich den Banken insbesondere im Rahmen von Internationalisierungsstrategien die Möglichkeit, sich in ausländischen Zielmärkten durch die Übernahme der bestehenden Infrastruktur, der Marktanteile und der Kompetenzen der zu übernehmenden Geschäftseinheiten vergleichsweise schnell positionieren zu können.[127] Und schließlich können die **Bankfusionen** betrachtet werden, durch die insbesondere aufgrund der Zusammenführung von Wissensressourcen und der Nutzung von Synergiepotenzialen eine Stärkung der Wettbewerbssituation der verschmolzenen Institute gegenüber den Konkurrenzunternehmen erreicht werden kann.

Bevor diese einzelnen Optionen der Wissensakquisition und -integration durch bankbetriebliche Unternehmenszusammenschlüsse im Folgenden näher dargelegt und analysiert werden können, sollen an dieser Stelle einige abschließende Bemerkungen zum strategischen Bankmanagement ergänzt werden. Zum einen ist darauf hinzuweisen, dass es sich bei der oben präsentierten „Marktattraktivitäts/Wettbewerbsstärken-Matrix" um ein einzelnes, aus einer Vielzahl möglicher weiterer Methoden beispielhaft ausgewähltes Instrument der strategischen

---

[127] Vgl. Büschgen, Grundlagen, S. 330.

Bankplanung handelt.[128] Zum anderen sollte nicht unerwähnt bleiben, dass das in diesem Abschnitt zugrunde gelegte Verständnis von strategischer Bankplanung einer bestimmten Kategorie von „**Strategieschulen**" zugeordnet werden kann.

Die hier gewählte Sichtweise begreift die Strategieentwicklung als einen konzeptionellen, formalen bzw. analytischen Prozess und ist den so genannten **präskriptiven Strategieschulen** zuzurechnen.[129] Diesen präskriptiven Schulen ist gemein, dass sie nicht darstellen, wie sich eine Unternehmensstrategie tatsächlich herausbildet, sondern sie schreiben vielmehr vor, wie Strategien formuliert werden sollen.[130] Wird beispielsweise einem strategischen Geschäftsfeld im Rahmen einer Portfolio-Analyse sowohl eine hohe Marktattraktivität als auch eine hohe Wettbewerbsstärke zugeordnet, so ist daraus, wie oben bereits erläutert, eine Investitionsstrategie abzuleiten. Die Investitionsstrategie wird in diesem Fall also auf der Grundlage des Analyseinstruments „Portfolio-Matrix" vorgeschrieben.

Demgegenüber gibt es die Gruppe der **deskriptiven Strategieschulen**, die keine Empfehlungen darüber aussprechen, „worin das 'ideale' strategische Verhalten bestehen sollte, sondern sie beschreiben, wie Strategien tatsächlich zustande kommen."[131] Die deskriptiven Denkschulen verstehen die Strategieentwicklung als einen visionären oder mentalen Prozess einzelner Spitzenmanager, als einen Vorgang des organisationalen Lernens, als einen Prozess des Verhandelns innerhalb von (oder zwischen) Organisationen oder als eine Reaktion des Unternehmens auf sich verändernde Umweltgegebenheiten.[132] Mit diesen – hier lediglich fragmentarisch angedeuteten – deskriptiven Strategieschulen wird die Vorstellung über die Entwicklung einer Unternehmensstrategie insbesondere um solche Gesichtspunkte erweitert, die im Voraus nicht, oder zumindest nicht vollständig, analysierbar, planbar oder prognostizierbar sind.

Dass die im nächsten Abschnitt darzulegenden Fallbeispiele bankbetrieblicher Unternehmenszusammenschlüsse zu einem großen Teil auf formale und analytische Denkschemata der präskriptiven Strategieschulen zurückgeführt werden können, wird an einigen Stellen der Ausführungen erkennbar sein. Über die Frage, ob diesen einzelnen bankstrategischen Handlungsoptionen auch Einflüs-

---

[128] Weitere Instrumente der strategischen Bankplanung finden sich bspw. bei Kilgus, Bank-Management, S. 77 ff., Büschgen, Bankbetriebslehre, S. 555 ff., Schierenbeck, Bankmanagement, S. 508 ff. sowie Frischknecht, Planung, S. 58 ff.

[129] Vgl. Mintzberg/Ahlstrand/Lampel, Strategy, S. 17.

[130] Vgl. Mintzberg/Ahlstrand/Lampel, Strategy, S 17 sowie grundlegend zu präskriptiven Wertaussagen Schanz, Methodologie, S. 97 ff.

[131] Mintzberg/Ahlstrand/Lampel, Strategy, S. 18. Im Original teilweise kursiv.

[132] Vgl. Mintzberg/Ahlstrand/Lampel, Strategy, S. 18 f.

se der deskriptiven Denkschulen zugrunde gelegen haben mögen, liegen hingegen keine gesicherten Erkenntnisse vor. Es darf jedoch vermutet werden, dass zumindest einige der im Folgenden darzustellenden strategischen Entscheidungen sehr wohl auf detaillierte konzeptionelle Analyseprozesse, insbesondere aber auch auf die intuitiven strategischen Kompetenzen, auf die „Visionen“ von bankbetrieblichen Top-Managern, zurückgeführt werden können.

4.2.2. Akquisitions- und Integrationsmanagement bei bankbetrieblichen Unternehmenszusammenschlüssen

Als Unternehmenszusammenschluss bezeichnet man grundsätzlich die **Vereinigung mehrerer Unternehmen** mit dem Zweck einer gemeinsamen Aufgabenerfüllung.[133] Aus der Vielzahl der unter diesen Oberbegriff zuordenbaren Ausprägungsformen unternehmerischer Zusammenschlüsse sollen – wie im Vorabschnitt bereits angedeutet – an dieser Stelle die Kooperation, die Akquisition und die Fusion dargestellt und analysiert werden. In der genannten Reihenfolge werden diese Unterformen bankbetrieblicher Unternehmenszusammenschlüsse jeweils zunächst kurz begrifflich eingegrenzt und anschließend, unter Zuhilfenahme eines oder mehrerer Beispiele aus der Bankenpraxis, hinsichtlich der Möglichkeiten zur Akquisition und Integration kollektiven bankbetrieblich relevanten Wissens untersucht.[134]

Unter einer **Kooperation**, als der ersten zu analysierenden Form bankbetrieblicher Unternehmenszusammenschlüsse, versteht man die Zusammenarbeit zwischen mehreren Organisationen, bei der die rechtliche Selbstständigkeit der Kooperationspartner vollständig erhalten bleibt und die wirtschaftliche Selbstständigkeit lediglich in den von der Zusammenarbeit betroffenen Bereichen für den Zeitraum der Kooperation eingeschränkt wird.[135] Als wichtige Zielsetzung von Unternehmenskooperationen kann neben der Einsparung von Kosten sowie der Risikoaufteilung auch die Überwindung von Know-how- und Kapazitätsgrenzen genannt werden.[136] Mit diesen Know-how- und Kapazitätsgrenzen wird ein einzelnes Unternehmen insbesondere bei technologisch komplexen oder volu-

---

133 Vgl. Bea, Entscheidungen, S. 388.

134 Zur Unterscheidung zwischen individuellem und kollektivem Wissen vgl. nochmals Abs. 2.1.2.

135 Vgl. Bea/Haas, Management, S. 419. Wie aus obiger Begriffseingrenzung ersichtlich, wird an dieser Stelle ausschließlich die Kooperation zwischen zwei oder mehreren Unternehmen betrachtet. Die **innerorganisationale Kooperation**, also die Zusammenarbeit zwischen Geschäftsbereichen und Abteilungen ein und desselben Unternehmens, bleibt somit ausgeklammert.

136 Vgl. Picot/Dietl/Franck, Organisation, S. 124 f.

menmäßig großen Aufgaben konfrontiert.[137] Demnach wird die Bewältigung komplexer Aufgabenstellungen durch die gemeinsame Nutzung der Kapazitäten und des Wissens der kooperierenden Unternehmen erleichtert bzw. überhaupt erst ermöglicht.

Mit dem Konsortium und der strategischen Allianz sollen im Folgenden zwei Arten von Unternehmenskooperationen hervorgehoben werden, die im Bankenbereich eine besonders wichtige Rolle spielen. Unter einem **Konsortium** versteht man eine Unternehmenskooperation, mit der eine zeitlich befristete und inhaltlich klar abgegrenzte Aufgabenstellung gemeinsam gelöst werden soll.[138] In Banken ist die Kooperationsform des Konsortiums unter anderem im Kreditgeschäft anzutreffen. Bei der Vergabe von so genannten **Konsortialkrediten** schließen sich zwei oder mehrere Bankbetriebe mit dem Ziel der gemeinsamen Gewährung eines Großkredites zusammen.[139] Die Hauptintention der Institute bei derartigen Konsortialkrediten ist die Verteilung des Kreditrisikos – die sog. „Risikozerfällung" – auf die Konsortialpartner.[140]

Wie an anderer Stelle dieser Studie bereits dargelegt, besitzt ein Kreditnehmer gegenüber den kreditgebenden Banken einen Wissensvorsprung in Bezug auf die eigene Fähigkeit und Bereitschaft zur Rückzahlung der gewährten Beträge.[141] Da es sich bei Konsortialkrediten in der Regel um Größenordnungen von vielen Millionen Euro handelt, bietet der Zusammenschluss mehrerer Kreditinstitute zu einem Bankenkonsortium die Möglichkeit, Wissen über die Kreditwürdigkeit des Antragstellers sowie insbesondere über die Durchführbarkeit, die Rentabilität und die Besicherung des zu finanzierenden Investitionsvorhabens auszutauschen. Ferner kann im Rahmen eines Bankenkonsortiums Wissen über die technisch-organisatorische Durchführung eines Konsortialkreditgeschäfts akquiriert werden. Eine besonders wichtige Rolle bei der Vergabe von Konsortialkrediten kommt dem sog. **Konsortialführer** zu. Die Bank, der als Konsortialführerin die Vermittlungsrolle zwischen dem Kreditnehmer und den „Konsorten" sowie die Leitung und Koordination des Gesamtgeschäfts obliegt, sollte umfassende Kenntnisse und Erfahrungen in Finanzierungsfragen sowie detailliertes, in einer möglichst langjährigen Geschäftsbeziehung angesammel-

---

137 Vgl. Picot/Dietl/Franck, Organisation, S. 125.

138 Vgl. Bea, Entscheidungen, S. 392.

139 Vgl. Eilenberger, Bankbetriebswirtschaftslehre, S. 258.

140 Vgl. Pfingsten, Kreditvergabe, S. 708. Bei der Vergabe von Großkrediten sind aufgrund der möglichen existenzbedrohenden Abhängigkeit eines Instituts von einem einzelnen Kreditnehmer umfassende rechtliche Vorschriften zu beachten. Diese finden sich in § 13 und § 13a KWG sowie in der „**Großkredit- und Millionenkreditverordnung**" („GroMiKV").

141 Vgl. diesbezüglich Abs. 3.1.1.

tes Wissen über den Kreditnehmer und dessen unterschiedliche Betätigungsfelder besitzen.[142]

Ein weiterer bankbetrieblicher Geschäftsbereich, in dem Konsortien eine wichtige Rolle spielen, ist das Wertpapieremissionsgeschäft. Beim sog. „**kombinierten Übernahme- und Begebungskonsortium**", der in Deutschland gebräuchlichsten Variante von Emissionskonsortien, stellen die Banken dem Emittenten den Gegenwert der Emission zur Verfügung und platzieren anschließend sukzessive die übernommenen Effekten.[143] Bei weltweit abzuwickelnden Großemissionen – wie beispielsweise bei der Platzierung der deutschen Telekom-Aktien im Jahr 1996 mit einem Emissionsvolumen von insgesamt ca. 20 Mrd. DM – wird üblicherweise ein nationales mit einem internationalen Bankenkonsortium verbunden, welches eine Aufteilung der Konsortialmitglieder nach Regionen und die Bestellung verschiedener regionaler Konsortialführer vornimmt.[144] Wie bereits beim Konsortialkreditgeschäft bietet sich für die beteiligten Institute beim Wertpapieremissions-Konsortium die Möglichkeit, einerseits Wissen über die Bonität und die geschäftsstrategische Ausrichtung des zu betreuenden Firmenkunden und andererseits über die technisch-organisatorische Abwicklung eines derartigen bankbetrieblichen Großprojektes zu akquirieren.[145]

Die Möglichkeit zur **Wissensakquisition und -integration** im Rahmen der Kooperationsform des Bankenkonsortiums ist also prinzipiell gegeben. Sowohl beim Kreditgeschäft als auch beim Emissionsgeschäft dürfte hierbei neben dem expliziten, in Geschäftsberichten, Branchenanalysen, Wertpapierprospekten oder bankinternen Studien festgehaltenen Wissen insbesondere auch das implizite Wissen von erfahrenen, bereits vielfach mit derartigen Großprojekten betrauten Bankmanagern von Interesse sein. Jedoch ist die Möglichkeit der Wissensakquisition im Rahmen von Bankenkonsortien in mehrfacher Hinsicht eingeschränkt. Die erste Beschränkung ergibt sich aus der zeitlichen Befristung der Konsortien.[146] Des Weiteren betreffen die Bankenkonsortien jeweils nur ganz

---

142 Vgl. Eichwald/Pehle, Kreditarten, S. 777.

143 Vgl. Büschgen, Bankbetriebslehre, S. 346.

144 Vgl. Eilenberger, Bankbetriebswirtschaftslehre, S. 501.

145 Ähnlich wie beim Konsortialkreditgeschäft nehmen auch die **Führer eines Emissionskonsortiums** eine besondere Stellung ein. Bei der Entscheidung, ob eine Bank als Konsortialführerin eines Emissionskonsortiums in Betracht kommt, spielen vor allem ihre Kapitalmarkterfahrung, die Beratungsqualität und der Kontakt zu Investoren eine wichtige Rolle. Vgl. Fischer, Emissionsgeschäft, S. 959.

146 Oftmals besteht ein Bankkonsortium de facto über viele Jahre hinweg. Beispielsweise endet ein Kreditkonsortium i. d. R. erst bei vollständiger Rückzahlung des Konsortialkredites. Vgl. Eichwald/Pehle, Kreditarten, S. 774. Jedoch sind die Haupttätigkeiten eines Kreditkonsortiums bei planmäßigem Geschäftsverlauf bereits mit der Kreditwürdigkeitsprüfung und der Kreditbereitstellung beendet.

spezielle Teilaspekte der bankbetrieblichen Geschäftstätigkeit, so dass eine umfassende Integration des Wissens in die organisationale Wissensbasis bzw. die Verteilung des Wissens in der Gesamtorganisation nicht erforderlich, in manchen Fällen sogar unerwünscht ist.[147] Und schließlich bleibt anzumerken, dass die Hauptintention der Kreditinstitute bei der Beteiligung an Bankkonsortien (bislang) oftmals weniger in der Wissensakquisition, als vielmehr in der Risikodiversifikation oder in anderen geschäftsstrategischen Zielsetzungen zu sehen ist.

Als weitere Formen der Unternehmenskooperation sollen nach dem Bankenkonsortium im Folgenden die **strategischen Allianzen von Kreditinstituten** vorgestellt werden. Unter einer strategischen Allianz versteht man eine vertragliche Vereinbarung zur Zusammenarbeit zweier oder mehrerer Unternehmen mit dem Ziel, durch die gemeinsame Nutzung von Ressourcen in bestimmten Geschäftsbereichen bessere Ergebnisse erzielen zu können, als dies bei einem getrennten Vorgehen der Fall wäre.[148] Es handelt sich demnach um eine Zusammenarbeit von Unternehmen zur Schaffung von Wettbewerbsvorteilen für die Kooperationspartner in gezielt ausgewählten strategischen Geschäftsfeldern. Die strategische Allianz unterscheidet sich vom Konsortium in erster Linie dadurch, dass es sich nicht von vornherein um eine zeitlich befristete, auf ein spezielles Einzelprojekt beschränkte Kooperationsform handelt. Vielmehr impliziert der Begriffsbestandteil „strategisch" eine grundsätzlichere, längerfristige Zusammenarbeit.

Hinsichtlich des Kriteriums der **Intensität der Kooperationsbeziehung** lassen sich verschiedene Unterarten strategischer Allianzen identifizieren.[149] Zum einen bestehen bei der Ausgestaltung der Kooperationsverträge erhebliche Spielräume in Bezug auf die Festlegung von Art, Umfang, Durchführung oder Kontrolle der Zusammenarbeit. Zum anderen bietet sich die Möglichkeit, das Kooperationsverhältnis durch eine kapitalmäßige Minderheitsbeteiligung der Allianzpartner zu bekräftigen.[150] Eine besonders intensive Zusammenarbeit ergibt sich beim sog. **Joint Venture** durch die Gründung einer eigenständigen Gemeinschaftsunternehmung.[151]

Auf der nationalen Ebene lassen sich die strategischen Allianzen von Kreditinstituten am Beispiel der so genannten **Allfinanzpolitik** verdeutlichen. Unter

---

147 Unerwünscht ist bspw. die Verteilung des Wissens eines Emissionskonsortiums, welches den Vorschriften der **Insiderregulierung** unterliegt. Vgl. dazu Abs. 5.3.

148 Vgl. Bea/Haas, Management, S. 425.

149 Vgl. Bea/Haas, Management, S. 425.

150 Vgl. Ringlstetter, Allianzen, S. 702.

151 Wie oben beschrieben, werden in dieser Arbeit die Joint Ventures den strategischen Allianzen begrifflich untergeordnet. Vgl. bspw. Kumar, Joint Venture, Sp. 1078.

„Allfinanz“ versteht man das Gesamtangebot von Finanzdienstleistungen, insbesondere der auf die Privatkundschaft ausgerichteten Sortimente von Banken, Versicherungen, Bausparkassen oder Kapitalanlagegesellschaften durch ein einzelnes Unternehmen oder eine Unternehmensgruppe.[152] Zur Umsetzung einer Allfinanzstrategie bieten sich den Kreditinstituten neben dem Verbundgeschäft – wie im Sparkassen- und Genossenschaftsbankensektor –, der Eigengründung von spezialisierten Unternehmen innerhalb eines Universalbank-Konzerns oder der Übernahme und Integration geeigneter Gesellschaften vor allem die strategischen Allianzen an.[153] Als Beispiele für strategische Allianzen, die der Allfinanzpolitik von Kreditinstituten zuzuordnen sind, können die Kooperationen der SEB (vormals BfG-Bank) mit dem Gerling-Konzern, der HypoVereinsbank mit der Münchner Rück-Versicherung oder – als Beispiel aus dem genossenschaftlichen Finanzverbund – der DZ Bank mit der R+V-Versicherung AG angeführt werden.

Strategische Allianzen im Rahmen von bankbetrieblichen Allfinanzstrategien haben gegenüber einer Eigengründung den Vorteil, dass auf bereits bestehende Kundenstämme, Distributionskanäle und vor allem auf das notwendige Wissen des Kooperationspartners zurückgegriffen werden kann. Gegenüber einer Unternehmensakquisition stellt eine strategische Allianz, wie im Verlauf dieses Abschnitts noch zu zeigen sein wird, eine flexiblere und in der Regel kostengünstigere Alternative dar. Als nachteilig könnte es sich erweisen, dass die Produkt- und Servicequalität der hinzuzugewinnenden Allfinanz-Leistungen nicht in erster Linie von den bankeigenen Kompetenzen und Vertriebsstrukturen, sondern von den nur bedingt beeinflussbaren personellen und organisationalen Gegebenheiten des Partnerunternehmens abhängig ist.[154] Zudem können das Fehlen einer übergeordneten Entscheidungsinstanz bzw. die **mangelnden Einfluss- und Kontrollmöglichkeiten** hinsichtlich der Weitergabe – und folglich ebenso hinsichtlich der Möglichkeit zur Akquisition – des relevanten Wissens dysfunktionale Wirkungen hervorrufen.[155] Dies könnte sich, ähnlich den motivationalen Wissensbarrieren bei interpersonellen Beziehungsgeflechten, beispielsweise in der vorsätzlichen Zurückhaltung relevanten Wissens durch Kontaktpartner oder Entscheidungsträger beim Kooperationsunternehmen äußern.[156]

Im Bereich der **internationalen strategischen Allianzen** von Kreditinstituten spielen neben der Erweiterung des Produktangebots vor allem auch Markteintrittsstrategien eine wichtige Rolle. Als Beispiele für internationale strategische Allianzen können die Zusammenarbeit der Commerzbank mit der

---

152 Vgl. Süchting/Paul, Bankmanagement, S. 666.
153 Vgl. Krupp, Allfinanzpolitik, Sp. 62.
154 Vgl. Ritterbex, Versicherungsgeschäft, S. 638.
155 Vgl. Büschgen, Grundlagen, S. 305.
156 Vgl. dazu nochmals Abs. 3.2.1.

italienischen „Generali-Gruppe" im Bereich des Allfinanzgeschäfts oder die Kooperation der Deutschen Bank mit der japanischen „Nippon Mutual Life Insurance Company" (kurz: „Nippon Life") in den strategischen Geschäftsfeldern „Asset Management" und „Financial Engineering" angeführt werden.[157] Im Rahmen der strategischen Verbindung von Deutscher Bank und „Nippon Life" sollen einerseits japanische Investmentfonds in Europa angeboten werden, andererseits werden europäische – und zusätzlich eigens für den südostasiatischen Markt entwickelte – Investmentfonds-Angebote über das Distributionsnetz der „Nippon Life" vertrieben.[158] Einen wichtigen Bestandteil der strategischen Allianz von Deutscher Bank und „Nippon Life" bildet das als Joint Venture gegründete und in London ansässige Unternehmen „Nissay Deutsche Asset Management Europe Ltd.", das zu zwei Dritteln von „Nippon Life" und zu einem Drittel von der Deutschen Bank gehalten wird.[159]

Hinsichtlich der bankbetrieblichen Wissensakquisition eröffnet sich den Kreditinstituten durch die internationalen strategischen Allianzen die Möglichkeit, spezifische Kenntnisse über die verschiedenen Geschäftsfelder eines als lukrativ eingestuften Zielmarktes sowie über die dort präferierten Vertriebskanäle und Produkteigenschaften zu erwerben.[160] So macht sich in obigem Praxisbeispiel die Deutsche Bank das Wissen der „Nippon Life" über die Besonderheiten des südostasiatischen Banken- und Finanzmarktes zunutze und umgekehrt profitiert der japanische Allianzpartner vom Know-how der Deutschen Bank im europäischen Investmentgeschäft. Derartig spezifisches, von den jeweiligen Unternehmens-, Branchen- und Landeskulturen geprägtes Wissen lässt sich mittels einer Eigengründung im Ausland, etwa in Form von Repräsentanzen, Filialen oder Tochtergesellschaften, nur sehr schwer entwickeln. Allerdings können bei internationalen Unternehmenskooperationen die organisationskulturellen, aber besonders auch die landeskulturellen Eigenheiten eine Akquisition und Integration des relevanten Wissens – wie im Folgeabschnitt 4.3.3. darzulegen sein wird – ggf. auch behindern.

Insgesamt steht bei den nationalen und internationalen strategischen Allianzen der Kreditinstitute das Ziel der Wissensakquisition deutlicher im Vordergrund als beim zuvor erläuterten Bankenkonsortium. Auf der Grundlage der im Vorabschnitt dargestellten Instrumente der strategischen Bankplanung sollen geeignete Partnerunternehmen ausgewählt werden, um anschließend durch die Kooperationsform der strategischen Allianz Zugang zu deren besonderen Fähigkeiten und Fachkenntnissen zu erlangen.[161] Einschränkend bleibt allerdings anzu-

157 Vgl. Lehmann, Strategieformulierung, S. 307.
158 Vgl. o. V., Allianz, S. 23.
159 Vgl. Deutsche Bank, Verzeichnis, S. 154 f.
160 Vgl. Sarrazin, Bankenkooperation, Sp. 938.
161 Vgl. Schubert, Bankgeschäft, S. 45.

merken, dass bei strategischen Allianzen – wie zuvor bereits beim Bankenkonsortium – sehr wohl die Nutzung des relevanten bankbetrieblichen Wissens angestrebt wird, eine systematische Integration dieses Wissens in die institutseigene Wissensbasis steht hingegen nicht im Vordergrund. Diese systematische Wissensintegration ist, wie im Folgenden deutlich werden wird, ein wesentlicher Aspekt bei bankbetrieblichen Unternehmensakquisitionen und -fusionen.

Die strategischen Allianzen im nationalen oder internationalen Bankenmarkt bilden oftmals die **Vorstufe für eine spätere Akquisition oder Fusion**. So führten beispielsweise wirtschaftliche Probleme bei der US-amerikanischen Großbank „First Boston" im Jahr 1988 dazu, dass die „Credit Suisse" den damaligen Allianzpartner vollständig übernahm und unter der Bezeichnung „Credit Suisse First Boston" firmierte.[162] Im weiteren Verlauf dieses Abschnitts soll geprüft werden, inwieweit die Akquisition oder die Fusion von Unternehmen Alternativen zu den bislang erörterten unternehmensstrategischen Optionen des Erwerbs von bankbetrieblich relevantem Wissen darstellen können. Die Sachverhalte werden praxisnah anhand der Akquisitionen der Unternehmen „Morgan Grenfell" und „Bankers Trust" durch die Deutsche Bank sowie anhand der Fusion der Bayerischen Vereinsbank mit der Bayerischen Hypotheken- und Wechselbank zur „HypoVereinsbank" verdeutlicht.

Unter einer **Akquisition** versteht man den Erwerb bzw. die Übernahme von Unternehmen oder Unternehmensteilen unter Beibehaltung ihrer rechtlichen Eigenständigkeit.[163] Die zu erwerbenden Unternehmen werden i. d. R. als Tochtergesellschaften oder Teilbetriebe in die Organisationsstruktur des Akquisiteurs eingegliedert.[164] Von einer **Fusion** (auch: „Verschmelzung") wird dann gesprochen, wenn zumindest eines der beteiligten Unternehmen nicht nur seine wirtschaftliche, sondern darüber hinaus auch seine rechtliche Selbstständigkeit

---

[162] Vgl. Bleeke/Ernst, Alliances, S. 128. Als Beispiel für eine strategische Allianz als Vorstufe einer späteren Fusion im nationalen Banken- und Finanzmarkt kann die **Verbindung der Dresdner Bank mit der Allianz-Versicherung** angeführt werden. Zwischen den beiden Finanzdienstleistungsunternehmen bestand seit längerem eine Kooperation in Form einer strategischen Allianz. Vgl. Warth, Bancassurance, S. 280 f. Nachdem Anfang des Jahres 2000 Gespräche mit der Deutschen Bank über eine mögliche Fusion ergebnislos beendet wurden und sich auch ein Zusammenschluss von Dresdner Bank und Commerzbank Mitte desselben Jahres als nicht umsetzbar erwies, wurde im April des Jahres 2001 der Zusammenschluss von „Allianz" und Dresdner Bank bekannt gegeben. Vgl. Dresdner Bank, Geschäftsbericht, S. 6 ff.

[163] Vgl. Achleitner/Dresing, Mergers, Sp. 1559.

[164] Vgl. Schierenbeck/Hölscher, BankAssurance, S. 581.

verliert.[165] Die fusionierenden Unternehmen bilden folglich nach dem Zusammenschluss eine eigenständige rechtliche Einheit.[166]

Beide Begriffe, Akquisition und Fusion, sind in dem für den Bankenbereich in mehrfacher Hinsicht relevanten angloamerikanischen Fachterminus **„Mergers & Acquisitions“** (M&A) enthalten. Während das M&A-Geschäft ursprünglich ausschließlich die Fusionen („Mergers“) und Übernahmen („Acquisitions“) umfasste, werden in neuerer Zeit sämtliche Aktivitäten hinzugezählt, die mit der Vermittlung, dem Kauf oder dem Verkauf von Unternehmen, Unternehmensteilen oder Beteiligungen einhergehen.[167] Die Dienstleistungen des Bereichs Mergers & Acquisitions werden in Deutschland von Unternehmensberatungsgesellschaften, Wirtschaftsprüfungsunternehmen, spezialisierten M&A-Beratern, vornehmlich jedoch von Investmentbanken oder Spezialabteilungen der Universalbanken angeboten.[168] Somit ist Mergers & Acquisitions, als ein grundlegender Bestandteil des Investmentbanking-Geschäfts, zu den wichtigen Beratungsleistungen der Kreditinstitute zu zählen. Andererseits sind die Banken aber in zunehmendem Maße auch selbst Akteure im Tätigkeitsfeld 'M&A'. Nicht nur durch Unternehmenskooperationen, sondern insbesondere auch durch Übernahmen und Fusionen versuchen die Institute, ihre strategische Position im nationalen und internationalen Bankenmarkt zu festigen bzw. auszubauen.[169]

Im Einzelnen können als **Beweggründe für M&A-Aktivitäten von Kreditinstituten** beispielsweise Markteintrittsbestrebungen, die Vergrößerung von Marktanteilen, Rationalisierungspotenziale, sortimentspolitische Maßnahmen, die Erzielung von Synergieeffekten, die Vergrößerung der Eigenkapitalbasis oder auch die Stärkung des Vertrauens von Geldgebern genannt werden.[170] Die Akquisition von bankbetrieblich relevantem Wissen, die in der hier zu verfolgenden Argumentationslinie im Vordergrund stehen soll, könnte als weitere

---

165 Vgl. Bea, Entscheidungen, S. 401.

166 Vgl. Schierenbeck, Betriebswirtschaftslehre, S. 50.

167 Vgl. Schierenbeck/Hölscher, BankAssurance, S. 581. In der obigen weit gefassten Begriffsauslegung werden auch die Joint Ventures und strategischen Allianzen zu den M&A-Transaktionen gezählt. Vgl. bspw. Jansen, Unternehmensakquisitionen, S. 33 f. In dieser Studie sind im Sinne einer klaren Argumentationsführung die Joint Ventures und die strategischen Allianzen jedoch begrifflich von M&A abgegrenzt und ausschließlich den Unternehmenskooperationen zugeordnet.

168 Vgl. Dufey/Hommel, Acquisitions, S. 966.

169 Einen Schwerpunkt von bankbetrieblichen M&A-Aktivitäten bildete in jüngster Vergangenheit der gezielte **Zukauf von Investmentbanken oder Brokern**. Die prominentesten Beispiele hierfür sind die Deutsche Bank (Übernahme von Morgan Grenfell), Dresdner Bank (Kleinwort Benson), Credit Suisse (First Boston), Swiss Bank Corporation (S.G. Warburg), Barclays Bank (Zoete Wedd), ING Bank (Barings) sowie die ABN AMRO Bank (Hoare Govett). Vgl. Kern, Relationship, S. 666.

170 Vgl. Süchting/Paul, Bankmanagement, S. 38 f.

Hauptkategorie ergänzt werden. Eine genauere Betrachtung der genannten Gründe für bankbetriebliche Akquisitionen und Fusionen zeigt jedoch, dass in diesen der Aspekt der Wissensakquisition bereits enthalten ist. So ist der Erfolg einer Erschließung neuer Märkte, wie zuvor am Beispiel der strategischen Allianz von Deutscher Bank und „Nippon Life" verdeutlicht, maßgeblich von der Gewinnung und Nutzung spezifischen Wissens über die Usancen und Präferenzen im Zielmarkt abhängig. Ebenso handelt es sich bei einem Ausbau des Bankleistungs-Sortiments oder bei der Verwirklichung von Synergiepotenzialen letztlich um eine Hinzugewinnung bislang nicht – bzw. nicht in ausreichendem Maße – vorhandenen Wissens.

Des Weiteren sollte nicht außer Acht gelassen werden, dass neben den auf rein ökonomischen Analysen basierenden bankstrategischen Erwägungen auch die **persönlichen Motive der beteiligten Bankmanager** in die Entscheidungen über Akquisitionen oder Fusionen von Kreditinstituten einfließen.[171] In Anlehnung an die in dieser Arbeit bereits dargelegte Prinzipal-Agenten-Theorie kann eine bankbetriebliche M&A-Transaktion durch Bankmanager (als Agenten) angestrebt und durchgeführt werden, ohne dass die Anteilseigner (als Prinzipale) dies vollständig nachvollziehen oder beurteilen könnten.[172] Somit kann gesagt werden, dass die strategische Entscheidung des Bankmanagements über eine Akquisition oder Fusion sehr wohl primär auf der Basis einer ökonomisch fundierten Bewertung erfolgt, gleichsam sind aber auch psychologische Implikationen im Hinblick auf das Einkommen, das Sozialprestige sowie auf die Dispositionsmacht der Bankmanager von nicht zu vernachlässigender Bedeutung.[173]

Der erste und möglicherweise wichtigste Schritt bei bankbetrieblichen M&A-Transaktionen ist die **Auswahl eines geeigneten Akquisitions- oder Fusionsobjektes**. Ähnlich wie bei den Unternehmenskooperationen spielt hierbei neben den wettbewerbsstrategischen Konzeptionen in einzelnen Geschäftsfeldern auch die Gesamtunternehmensstrategie eine entscheidende Rolle.[174] Das zu akquirierende Unternehmen sollte demnach nicht nur die gewünschten Synergiepotenziale oder Wissensressourcen aufweisen, es sollte sich zudem auch in das Gesamt-Portfolio von strategischen Geschäftseinheiten und Teilbetrieben des Akquisiteurs einfügen. Ferner ist bei der Identifikation eines zur Übernahme geeigneten Unternehmens zu berücksichtigen, dass sich aufgrund der Vielzahl der in jüngerer Vergangenheit bereits durchgeführten sowie der sich derzeit anbahnenden Akquisitionen und Fusionen im Bankensektor die Anzahl der zur Dis-

[171] Es sei in diesem Zusammenhang nochmals an die im Vorabschnitt angesprochenen **präskriptiven und deskriptiven strategischen Denkschulen** erinnert.

[172] Vgl. hierzu nochmals Abs. 2.3.2., wo die Prinzipal-Agenten-Theorie als Erklärungsansatz für die Informationsasymmetrie zwischen Bankberatern und Bankkunden dient.

[173] Vgl. Büschgen, Grundlagen, S. 293.

[174] Vgl. Porter, Wettbewerbsvorteile, S. 405.

position stehenden Übernahme-Kandidaten stetig verringert.[175] Angesichts dessen könnten sich eine frühzeitige strategische Grundausrichtung der Kreditinstitute sowie gegebenenfalls ein flexibler Wechsel von ursprünglichen Akquisitions- oder Fusionsstrategien als sinnvoll erweisen.

Nach der Phase der Auswahl von geeigneten Objekten bankbetrieblicher M&A-Aktivitäten schließen sich idealtypisch die Phase der Durchführung der Transaktion sowie die im Hinblick auf das bankbetriebliche Wissensmanagement besonders relevante Phase der Integration des akquirierten Unternehmens an.[176] In der **Phase der Transaktions-Durchführung** werden die Kontaktaufnahme, die Übernahmeverhandlung, die Unternehmensbewertung und Kaufpreisermittlung sowie schließlich der Abschluss des Akquisitions- oder Fusionsvertrages vollzogen.[177] In der **Integrationsphase** soll sichergestellt werden, dass die zu übernehmenden Unternehmenseinheiten, die EDV-Systeme und nicht zuletzt die neu hinzuzugewinnenden Mitarbeiter in die organisationalen Strukturen und Abläufe des akquirierenden Unternehmens eingegliedert werden. Dass aus der Perspektive des Wissensmanagements dabei nicht nur technisch-organisatorische Probleme, sondern darüber hinaus auch mentale und psychologische Fragestellungen zu bewältigen sind, wurde in dieser Arbeit bereits in Ausführungen zu den kognitiven und motivationalen Wissensbarrieren sowie bei der Erörterung der Personalintegrationsprogramme angesprochen.[178] Wie im Folgeabschnitt 4.3.3. zu verdeutlichen sein wird, spielen auch unternehmenskulturelle Aspekte eine entscheidende Rolle bei der Integration kollektiver bankbetrieblicher Wissensbestände.

Während der eigentliche Integrationsprozess erst nach dem Zustandekommen des Übernahmevertrags beginnt, können wichtige Maßnahmen eines **umfassenden Integrationsmanagements** bereits vor diesem Zeitpunkt stattfinden. Zu den in dieser Phase anzusiedelnden Maßnahmen können die Erstellung eines zeitlichen Ablaufplans, die Bestimmung von Integrationsverantwortlichen sowie die Konzeption eines Informations- bzw. Kommunikationsprogramms für die betroffenen Mitarbeiter und die übrigen Interessengruppen – wie etwa Kunden, Anteilseigner oder die allgemeine Öffentlichkeit – gezählt werden.[179] Gerade bei Akquisitionen und Fusionen größeren Umfangs ist, wie die folgenden Beispiele aus der Bankenpraxis zeigen werden, eine planvolle und systematische Integration von Strukturen, Systemen, Prozessen oder Ressourcen eine unabdingbare Voraussetzung für den Erfolg des M&A-Projektes. Oftmals existieren zu diesem Zweck bereits lange vor der öffentlichen Bekanntgabe der Unter-

175 Vgl. Büschgen, Grundlagen, S. 298.
176 Vgl. Jansen, Unternehmensakquisitionen, S. 146.
177 Vgl. Jansen, Unternehmensakquisitionen, S. 159 ff.
178 Vgl. die Abschnitte 3.2.1. und 4.1.3.
179 Vgl. Hornung, Integrationsmanagement, S. 80 f.

nehmensübernahme entsprechende Projektteams, Integrationsausschüsse oder Koordinationsbüros.[180]

Durch die **Akquisition des Unternehmens Bankers Trust durch die Deutsche Bank**, die nun folgend näher betrachtet werden soll, entstand im Jahr 1999 mit einer Bilanzsumme von 1.300 Mrd. DM der (gemessen an dieser Kennzahl) bis dahin weltweit größte Bankkonzern.[181] Wie an anderer Stelle dieser Arbeit bereits dargelegt, hatte die Deutsche Bank durch personalwirtschaftliche Gestaltungsmaßnahmen schon 1996 sowie in den darauf folgenden Jahren versucht, im als sehr lukrativ eingeschätzten US-amerikanischen Investment Banking-Geschäft Fuß zu fassen.[182] Nachdem die Bank im Sommer 1998 jedoch das in diesem Zusammenhang eigens akquirierte Team von „High Potentials" an das Konkurrenzunternehmen „Credit Suisse First Boston" wieder verloren hatte, wurde die Suche nach einem geeigneten Akquisitionsobjekt weiter intensiviert. Während zunächst auch J. P. Morgan oder Donaldson, Lufkin & Jenrette (DLJ) als mögliche Übernahme-Kandidaten in Betracht gezogen wurden, kaufte die Deutsche Bank schließlich im Juni 1999 für eine Summe von 9,2 Mrd. US-Dollar Bankers Trust, die seinerzeit achtgrößte amerikanische Investmentbank.[183]

Bei der Akquisition wurde von vornherein geplant, dass Bankers Trust nicht als quasi autonomes Unternehmen agieren und eine landesspezifische, auf den US-amerikanischen Markt beschränkte Gewinnerwirtschaftung anstreben sollte, sondern dass sich die erwarteten Synergieeffekte nur bei einer vollständigen Integration aller Unternehmensaktivitäten in ein zusammenhängendes Gesamtsystem einstellen würden.[184] Diese grundsätzliche Überlegung beruhte auf den (negativen) Erfahrungen der Deutschen Bank bei der **Übernahme der britischen Investmentbank Morgan Grenfell** im Jahr 1989. Seinerzeit ließ man die in London ansässigen Mitarbeiter von Morgan Grenfell weitgehend eigenständig operieren, was zu erheblichen Missstimmungen bei den Mitarbeitern des klassischen Firmenkundengeschäftes in Deutschland führte.[185] Nachdem Mitte der neunziger Jahre die Aktivitäten des Investmentbanking durch die Gründung der „Deutsche Morgan Grenfell" neu gebündelt wurden, ist schließlich auch diese Umstrukturierung erneut revidiert und das gesamte Investment-Geschäft mit dem Bereich „Großkunden" zusammengefügt worden.[186]

---

[180] Vgl. Penzel/Pietig, MergerGuide, S. 58 f.
[181] Vgl. Weimer/Wisskirchen, Fusionswelle, S. 758.
[182] Vgl. hierzu nochmals Abs. 4.1.1.
[183] Vgl. Deutsche Bank, Geschäftsbericht, S. 114.
[184] Vgl. Fischer/Steffens-Duch, Unternehmenskultur, S. 49.
[185] Vgl. Roth, Bankers Trust, S. 50.
[186] Vgl. Probst/Knaese, Risikofaktor, S. 142.

Angesichts dieser Erfahrungen gelangte man bei der Übernahme von Bankers Trust zu der Überzeugung, die Akquisition und Integration vollständig sowie innerhalb eines möglichst geringen Zeitraums durchführen zu wollen. Unter der Leitung von Josef Ackermann, dem 1998 die Verantwortung für das Investmentbankengeschäft des Deutsche Bank-Konzerns übertragen wurde, gelang schließlich die Übernahme und Integration von Bankers Trust und seinen zum damaligen Zeitpunkt ca. 20.000 Mitarbeitern.[187] Als wesentliche **Erfolgsfaktoren dieser Integrationsleistung** können die frühzeitige, lange vor dem Vertragsabschluss beginnende Analyse der personalwirtschaftlichen, der strukturellen sowie der unternehmenskulturellen Gegebenheiten bei der Deutschen Bank und bei Bankers Trust sowie die konsequente Berücksichtigung und Umsetzung dieser Erkenntnisse beim Akquisitions- und Integrationsprozess angesehen werden. Hinsichtlich der personalwirtschaftlichen Integrationsaspekte wurde beispielsweise frühzeitig geprüft, inwieweit Einstellungs- und Beförderungspraktiken, Kompetenzprofile oder Vergütungssysteme der beiden Unternehmen zueinander passen.[188] Für unternehmensstrukturelle Maßnahmen wurde im Geschäftsjahr 1999 eine speziell für den Integrationsprozess von Bankers Trust vorgesehene sog. „Restrukturierungsrückstellung" i. H. v. 866 Mio. Euro gebildet.[189]

Unter dem **Gesichtspunkt der Wissensakquisition** kann festgestellt werden, dass die Eingliederung der hinzugewonnenen kollektiven Wissensbestände bei der Übernahme von Bankers Trust offensichtlich deutlich schneller und reibungsloser vonstatten ging als zuvor im Fall der Investmentbank Morgan Grenfell. Bei der Akquisition von Morgan Grenfell gelang es zunächst nicht, die bestehenden strukturellen, kognitiven oder motivationalen Wissensbarrieren gänzlich abzubauen und die relevanten Wissensressourcen vollständig in die organisationale Wissensbasis der Deutschen Bank zu integrieren. Diese Wissensbarrieren zwischen beiden Banken existierten vor allem auch deshalb, weil aufgrund von unvollkommenen strukturellen Regelungen und den daraus resultierenden Zuständigkeitsüberschneidungen die Mitarbeiter von Deutscher Bank und Morgan Grenfell zeitweilig um dieselben Kundengruppen konkurrierten.[190] Ebenso darf vermutet werden, dass die Information der etablierten Mitarbeiter der Deutschen Bank über die neu hinzukommenden britischen Kollegen sowie die Information letzterer über die Gepflogenheiten und Kompetenzverteilungen im Mutterkonzern nicht frühzeitig genug und nicht in ausreichendem Umfang erfolgte.

---

187 Vgl. Roth, Bankers Trust, S. 50.

188 Vgl. Fischer/Steffens-Duch, Unternehmenskultur, S. 50 und Svoboda, Personalmanagement, S. 53 ff.

189 Vgl. Deutsche Bank, Geschäftsbericht, S. 144. **Unternehmenskulturelle Aspekte** der Integration von Bankers Trust sollen im folgenden Abs. 4.3.3. thematisiert werden.

190 Vgl. Probst/Knaese, Risikofaktor, S. 142.

Im Fall der Übernahme von Bankers Trust ist es der Deutschen Bank offenbar besser gelungen, das erwünschte Wissen in die bankbetrieblichen Strukturen und Prozesse zu integrieren. Zum einen ist dies auf eine rechtzeitige, umfassende, eine Vielzahl verschiedener Aspekte berücksichtigende strategische Planung zurückzuführen. Zum anderen konnte auf das während der Übernahme von Morgan Grenfell gesammelte Erfahrungswissen zurückgegriffen werden. Schlussendlich war es der Deutschen Bank durch die mittels der Akquisition des Unternehmens Bankers Trust hinzugewonnenen Wissenspotenziale möglich, sich den langersehnten Zugang zum US-amerikanischen Finanzmarkt zu verschaffen.[191]

Als letztes Fallbeispiel dieses Unterabschnitts soll eine M&A-Transaktion präsentiert werden, der in jüngerer Vergangenheit in der öffentlichen Wahrnehmung eine ähnliche Aufmerksamkeit zuteil wurde wie der oben geschilderten Übernahme von Bankers Trust. Betrachtet wird im Folgenden die im September 1998 durchgeführte Fusion der Bayerischen Vereinsbank mit der Bayerischen Hypotheken- und Wechselbank zur „HypoVereinsbank", dem zum damaligen Zeitpunkt zweitgrößten Bankkonzern Deutschlands.[192] Bei der Fusion handelte es sich um einen so genannten **„merger of equals"**, d. h. um eine Unternehmensverschmelzung zwischen zwei in Bezug auf Marktbedeutung und Geschäftsvolumina in etwa gleichgewichtigen Kreditinstituten.[193] Eine weitere Besonderheit bei der nun zu betrachtenden Bankenverschmelzung ist in der Tatsache zu sehen, dass Hypobank und Vereinsbank vor der Fusionierung ähnliche Leistungsangebote aufwiesen und in etwa gleichen Marktsegmenten tätig waren. Während bei der Akquisition von Bankers Trust durch die Deutsche Bank vor allem Diversifikationsstrategien verfolgt wurden, standen bei der Verschmelzung von Hypobank und Vereinsbank demnach vor allem die Ausnutzung von Synergiepotenzialen sowie Kostensenkungsaspekte im Vordergrund.[194]

Beide Gesichtspunkte – die Verschmelzung „unter Gleichen" sowie die Überschneidungen bei Produkten und Kundengruppen – lassen die Fusions- und Integrationsleistung im Fall der HypoVereinsbank aus der Perspektive des Wissensmanagements als besonders umfangreich und herausfordernd erscheinen. Bei einem „merger of equals" besteht wegen der grundsätzlichen Gleichberech-

---

191 Vgl. Lehmann, Strategieformulierung, S. 308.

192 Vgl. Weimer/Wisskirchen, Fusionswelle, S. 758.

193 Vgl. Büschgen, Grundlagen, S. 292. Ein nach außen hin sichtbares Kennzeichen derartiger „merger of equals" ist die Tatsache, dass oftmals **Namenselemente beider zu verschmelzender Unternehmen** in die neue Unternehmensbezeichnung einfließen. Neben der HypoVereinsbank ist dies im Bankensektor beispielsweise auch bei der Fusionierung von ABN und AMRO zur „ABN AMRO-Bank" der Fall.

194 Vgl. Penzel/Pietig, MergerGuide, S. 16 f.

tigung beider Kreditinstitute die Notwendigkeit, in kooperativen Abstimmungsprozessen in allen einzelnen Geschäftsbereichen und Abteilungen darüber zu befinden, welche Strukturen, Prozesse und Ressourcen jeweils in das neue Unternehmen übernommen werden sollen und welche möglicherweise zukünftig obsolet sind. Mit **Bezug auf die Wissensakquisition** kann somit gesagt werden, dass bei einem „merger of equals" prinzipiell die Möglichkeit besteht, relevante Wissensressourcen zu bewahren bzw. neu aufzubereiten sowie irrelevantes Wissen zu identifizieren und auszusondern. Gleiches gilt auch für die sich im Fall der betrachteten Bankenfusion überlappenden Produktangebote und Kundengruppen. Hierbei galt es, sich auf ein einheitliches Produktsortiment sowie auf gemeinsame Kundensegmente und Vertriebswege zu verständigen, um anschließend die personellen, technologischen und organisationsstrukturellen Gegebenheiten auf diese marktbezogenen Grundsatzentscheidungen auszurichten.[195]

Um den umfangreichen Koordinations- und Integrationsaufgaben Herr werden zu können, wurde zunächst ein für die Gesamtbanksteuerung zuständiges zentrales Integrationsbüro, das „zentrale Projektoffice" (ZPO) der HypoVereinsbank, gegründet.[196] In diesem Projektoffice wurde ein so genannter „**Fusionsnavigator**" konzipiert, der zum einen – wie Abb. 17 veranschaulicht – den zeitlichen Abfolgeplan der Bankenfusion in drei aufeinander folgenden Haupt-Integrationsphasen festlegte. Zum anderen wurden insgesamt zwölf übergeordnete Themenschwerpunkte bestimmt, die in den verschiedenen Phasen des Integrationsvorgangs zu bearbeiten waren. Zu diesen Themenschwerpunkten zählten beispielsweise die Formulierung von Strategien bezüglich der Kernkompetenzen, Kundengruppen, Produktpaletten und verfügbaren Vertriebswege, die finanztechnische und rechtliche Umsetzung der Fusion, die gemeinsame Unternehmenssteuerung hinsichtlich Rechnungslegung, Controlling und Risikomanagement, die Aufbauorganisation und Stellen(um)besetzungen, die Harmonisierung personalwirtschaftlicher Instrumente, die Angleichung der EDV-Systeme oder die operative Zusammenführung von Kunden, Produkten und Vertriebswegen.[197] In der Abb. 17 sind einige Teilaspekte dieser thematischen Schwerpunkte aufgeführt und den unterschiedlichen Integrationsphasen zugeordnet.

---

195 Vgl. Penzel/Pietig, MergerGuide, S. 189 ff.

196 Neben diesem „zentralen Projektoffice" wurden weitere, **dezentrale Integrationsbüros** in den einzelnen Service-, Markt- und Back Office-Bereichen sowie darüber hinaus mit speziellen Integrationsaufgaben betrauten **Projektteams** etabliert. Vgl. Penzel/Pietig, S. 57 ff.

197 Vgl. Penzel/Pietig, MergerGuide, S. 32.

Abb. 17: Integrationsphasen der HypoVereinsbank-Fusion[198]

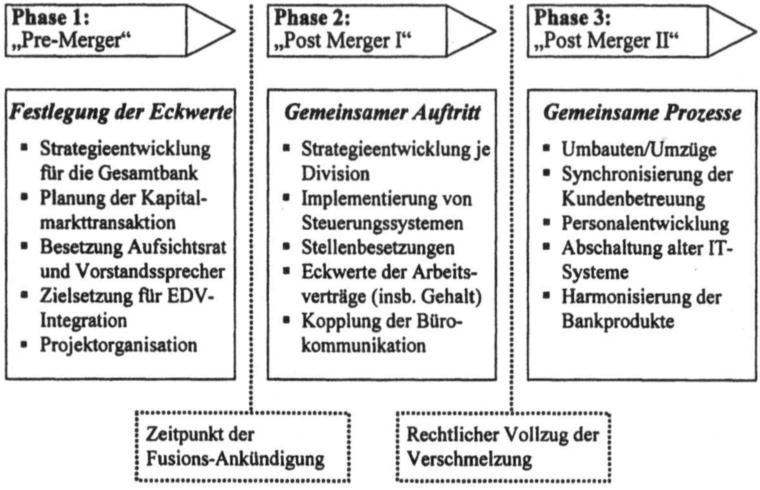

Als **Fazit dieses Unterabschnitts** kann festgehalten werden, dass den Kreditinstituten verschiedene unternehmensstrategische Handlungsoptionen zur Verfügung stehen, um bankbetrieblich relevantes Wissen zu akquirieren. In diesem Zusammenhang wurden zunächst die Bankenkonsortien und die strategischen Allianzen als mögliche Formen der Unternehmenskooperation von Kreditinstituten analysiert. Es zeigte sich, dass bei Bankenkonsortien – etwa im Konsortialkreditgeschäft oder bei Wertpapieremissionen – die Möglichkeit der Wissensakquisition prinzipiell gegeben ist, jedoch stehen bei dieser Kooperationsform (bislang) eher andere strategische Zielsetzungen der Banken im Vordergrund.

Bei strategischen Allianzen von Kreditinstituten ist das Ziel der Akquisition und Integration bankbetrieblichen Wissens hingegen deutlicher ausgeprägt. Dies konnte anhand der Allfinanzpolitik im nationalen Bereich sowie am Praxisfall der strategischen Verbindung von Deutscher Bank und „Nippon Life“ im internationalen Finanzmarkt gezeigt werden. Allerdings besteht bei den bankbetrieblichen strategischen Allianzen – wie in den diesbezüglichen Ausführungen

[198] Quelle der Abb. 17: Modifiziert nach Penzel/Pietig, MergerGuide, S. 34. Entgegen der in obigem Praxisbeispiel gewählten Terminologie könnten die unter der Phase **„Post Merger I“** zusammengefassten Handlungsbereiche auch der „Pre-Merger-Phase“ zugeordnet werden. Vgl. hierzu insb. Topp, Pre-Fusionsphase, S. 28 ff.

bereits angedeutet – die latente Gefahr, dass von Seiten des Kooperationspartners bewusst relevantes Wissen zurückgehalten wird. Ferner könnte das innerhalb von strategischen Allianzen gewonnene Wissen nach Beendigung der Kooperation dazu verwendet werden, die Wettbewerbsposition des vormaligen strategischen Partners zu untergraben.[199]

Eine derartige Schwächung der Wettbewerbsposition durch den missbräuchlichen Einsatz von Wissen eines ehemaligen strategischen Partners kann im Fall einer Akquisition und Fusion aufgrund der deutlich höheren Bindungsintensität nahezu ausgeschlossen werden. Die **Gefahr der Wissenszurückhaltung** besteht jedoch auch bei diesen Formen bankbetrieblicher Unternehmenszusammenschlüsse und ist vor allem bei einer unzureichenden Integration des zu akquirierenden Unternehmens zu erwarten. Am Beispiel der Akquisitionsbemühungen der Deutschen Bank im Bereich des Investmentgeschäfts konnte in diesem Zusammenhang gezeigt werden, dass die Wissensintegration bei der Übernahme von Morgan Grenfell zunächst mit einigen Abstimmungsschwierigkeiten verbunden war, während der Akquisitionsprozess von Bankers Trust offenbar vergleichsweise problemloser vonstatten ging. Schließlich wurde am Fallbeispiel der Verschmelzung von Bayerischer Vereinsbank mit der Bayerischen Hypotheken- und Wechselbank zur „HypoVereinsbank“ deutlich, dass es sich bei der Fusion von Kreditinstituten insbesondere im Hinblick auf die Wissensakquisition und -integration um eine überaus komplexe und herausfordernde Aufgabenstellung handelt.

4.2.3. Unternehmenskulturelle Aspekte bankstrategischer Entscheidungen

Bei sämtlichen der genannten Ausprägungsformen bankbetrieblicher Unternehmenszusammenschlüsse spielt, wie an einigen Stellen der voranstehenden Ausführungen bereits bemerkt wurde, die **Unternehmenskultur** eine besonders wichtigen Rolle.[200] Unter einer Unternehmenskultur versteht man grundsätzlich „die Gesamtheit der tradierten, wandelbaren, zeitspezifischen, jedoch über Symbole erfahrbaren und erlebbaren Wertvorstellungen, Denkhaltungen und Normen, die das Verhalten aller Mitarbeiter und das Erscheinungsbild der Unternehmung (Corporate Identity) prägen.“[201] Die Organisationskultur verdeutlicht demnach nach außen die spezifischen Charaktereigenschaften eines Unternehmens, während ihr hinsichtlich ihrer innerorganisationalen Bedeutung eine

199 Vgl. Bea/Haas, Management, S. 423.

200 Die Begriffe '**Unternehmenskultur**', '**Unternehmungskultur**' und '**Organisationskultur**' werden im Folgenden synonym verwendet.

201 Krulis-Randa, Unternehmungskultur, S. 6.

Koordinationswirkung sowie eine besondere Integrations- und Motivationsfunktion zugesprochen wird.[202] Die für eine Organisation charakteristischen Vorstellungs- und Orientierungsmuster, die unternehmensspezifischen Denk- und Verhaltensweisen werden den einzelnen Organisationsmitgliedern – als Träger der unternehmenskulturellen Werte – im Rahmen eines Sozialisationsprozesses vermittelt, der in der Regel mit dem Eintritt in die Unternehmung beginnt.[203]

Die kulturelle Prägung der Organisationsmitglieder erfolgt gemäß eines von E. H. SCHEIN entwickelten und in der Literatur weitgehend akzeptierten Ansatzes zum einen durch die im Unternehmen als selbstverständlich vorausgesetzten, vorwiegend unbewussten **Grundannahmen** über zwischenmenschliche Interaktionen oder die Beziehungen zur (organisationalen) Umwelt, zum anderen mittels gemeinsamer **Wertvorstellungen**, die beispielsweise in Verhaltensstandards ihren Niederschlag finden und somit zumindest zum Teil konkret fassbar bzw. überprüfbar sind, und schließlich durch die so genannten **„Artefakte und Kreationen"**.[204] Letztere sind die nach außen sichtbaren Ausprägungen einer Organisationskultur, wie etwa unternehmensspezifische Umgangsformen, Sprachkonventionen, Sitten und Gebräuche, Mythen und Legenden, Rituale sowie Kunst oder Technologie.[205]

Hinsichtlich der bankbetrieblichen Unternehmenszusammenschlüsse ist die Organisationskultur in mehrfacher Weise von hoher Relevanz. Zunächst ist in diesem Zusammenhang festzustellen, dass bei branchen- oder gar länderübergreifenden Unternehmenszusammenschlüssen, jedoch auch bei der Kooperation oder Fusion zweier nationaler Kreditinstitute, Organisationen miteinander in Kontakt treten, die zum Teil sehr unterschiedliche Unternehmenskulturen aufweisen können. Diese Verschiedenheit der Organisationskulturen kommt unter anderem in der Fragestellung zum Ausdruck, ob der Einfluss kultureller Aspekte auf das organisationale Geschehen stark oder eher weniger stark ausgeprägt ist. Den sog. **„starken" Unternehmenskulturen** werden beispielsweise positive Einflüsse auf die Kommunikationsprozesse, auf die Entscheidungsfindung sowie auf Teamgeist und Motivation innerhalb einer Organisation zugesprochen.[206]

Neben dem Aspekt der „Stärke" von Organisationskulturen kann des Weiteren zwischen **unterschiedlichen Kulturtypen** differenziert werden. Die diesbezüg-

---

202 Vgl. Schreyögg, Organisationskultur, Sp. 1531 f. sowie Sackmann, Unternehmenskultur, S. 157.
203 Vgl. Schanz, Organisationsgestaltung, S. 272 f.
204 Vgl. Schein, Culture, S. 14 ff.
205 Vgl. Schanz, Organisationsgestaltung, S. 282.
206 Vgl. Schreyögg, Unternehmungskultur, S. 118.

lich vorzufindenden unterschiedlichen Klassifikationsansätze betrachten die Unternehmenskulturen beispielsweise aus einer tiefenpsychologischen Perspektive, wobei etwa von einer „zwanghaften" Kultur gesprochen wird, für die Perfektionismus, Detailbesessenheit sowie Konformität kennzeichnend sind.[207] Weitere Klassifikationsansätze beurteilen die Organisationskulturen zum Beispiel im Hinblick auf die im Unternehmen vorherrschende Risikobereitschaft oder in Bezug auf den Umgang mit Fehlern und Konflikten.[208]

Betrachtet man die verschiedenen Arten bankbetrieblicher Unternehmenszusammenschlüsse, so lassen sich unterschiedliche Konstellationen von intra- und interorganisationalen Verbindungen identifizieren, in denen kulturellen Gesichtspunkten eine besondere Bedeutung zuteil wird. So sind insbesondere im Bankensektor innerhalb eines Instituts verschiedene **Bereichs- oder Subkulturen** vorzufinden, wie etwa im Commercial Banking oder im Investment Banking.[209] Dies ist unter anderem bei der Kooperationsform des Bankenkonsortiums beachtenswert, bei der, wie an den Beispielen der Wertpapieremission und des Konsortialkreditgeschäfts erläutert wurde, lediglich einige wenige bankbetriebliche Geschäftseinheiten miteinander interagieren. Bei den im Vorabschnitt dargestellten nationalen strategischen Allianzen im Rahmen der bankbetrieblichen Allfinanzpolitik ist mit unternehmenskulturellen Unterschieden zwischen Kreditinstituten und den strategischen Partnern aus der Versicherungsbranche zu rechnen.[210] Im Bereich von internationalen bankbetrieblichen Unternehmenszusammenschlüssen können organisationskulturelle Unterschiede zum Beispiel zwischen kontinentaleuropäischen Universalbanken und den angelsächsischen Instituten ausgemacht werden.[211]

Bei tiefgreifenden Veränderungen der Unternehmensstrategie und den damit möglicherweise einhergehenden Unternehmenskäufen und -verschmelzungen kommt den Organisationskulturen eine besonders große Bedeutung zu.[212] Während es bei den verschiedenen Formen der Unternehmenskooperationen von Kreditinstituten als zweckdienlich angesehen werden kann, die organisationskulturellen Besonderheiten des Partnerunternehmens möglichst zu kennen und im Geschäftsverkehr zu berücksichtigen, sind bei Akquisitionen und Fusionen die Möglichkeiten der **Anpassung und Integration der verschiedenen Unternehmenskulturen** zu prüfen. Dies könnte sich insbesondere bei den oben erwähnten „starken" Unternehmenskulturen als problematisch erweisen, da bei

[207] Vgl. Kets de Vries, Entscheidungsfindung, S. 252 ff.
[208] Vgl. hierzu bspw. Ansoff, Management, S. 120 ff., Deal/Kennedy, Cultures, S. 107 ff. oder Frey/Schuster, Excellence, S. 42 ff.
[209] Vgl. Schubert, Bankgeschäft, S. 163 f.
[210] Vgl. Süchting/Paul, Bankmanagement, S. 709.
[211] Vgl. Hornung, Integrationsmanagement, S. 235.
[212] Vgl. Frese, Organisation, S. 185.

diesen tief internalisierten Wertesystemen oftmals eine „kollektive Vermeidungshaltung“ gegenüber neuen Strukturen oder Prozessen und demzufolge eine mangelnde Anpassungsfähigkeit der Organisationsmitglieder erkennbar ist.[213] Hinsichtlich der Hinzugewinnung und Eingliederung relevanter Wissensressourcen besteht durch eine derartige kulturbedingte „kollektive Vermeidungshaltung“ die Gefahr der Wissenszurückhaltung bzw. der Ablehnung neu hinzukommenden Wissens. In Ergänzung zu den in dieser Studie präsentierten verschiedenen Lern- und Wissensbarrieren kann in diesem Zusammenhang von **kulturellen Wissensbarrieren** gesprochen werden.[214]

Die zuletzt genannten Gesichtspunkte führen zu der grundlegenden Fragestellung, inwieweit – bzw. ob überhaupt – die Kultur eines Unternehmens verändert und gezielt an die organisationskulturellen Gegebenheiten eines Fusionspartners angepasst werden kann. Diese in der Literatur durchaus kontrovers diskutierte Frage kann realistischerweise dahingehend beantwortet werden, dass durch **behutsame Interventionen** durchaus (mehr oder weniger) gezielte Veränderungen von Organisationskulturen herbeigeführt werden können.[215] Damit ist gesagt, dass die Beeinflussung einer Organisationskultur z. B. durch strukturelle Regelungen, Personalentwicklungsmaßnahmen oder durch die Modifikation von betrieblichen Anreizsystemen im Prinzip möglich ist. Die Vorstellung, man könne je nach den verfolgten Zielsetzungen sowie nach der zugrunde liegenden Unternehmensstrategie eine „starke“ oder eine „angemessene“ Unternehmenskultur schaffen bzw. „herstellen“, ist jedoch als eher abwegig einzuschätzen.[216]

Unter Bezugnahme auf die im Vorabschnitt dargestellten Praxisbeispiele bankbetrieblicher Akquisitionen und Fusionen kann für die Übernahme der britischen Investmentbank **Morgan Grenfell** durch die Deutsche Bank eine nicht hinreichende Berücksichtigung der Kulturunterschiede beider Unternehmen attestiert werden.[217] Zum Ausdruck kam dies beispielsweise in den bereits erwähnten Missstimmungen zwischen den Londoner Investmentbankern und den Mitarbeitern im Firmenkundengeschäft des deutschen Mutterkonzerns. Bei der **Akquisition von Bankers Trust** wurde aufgrund dieser Erfahrungen angestrebt, frühzeitig Erkenntnisse über die Unternehmenskultur der US-amerikanischen Investmentbank im Vergleich zu der des Deutsche Bank-Konzerns zu gewinnen, um diese bei der Akquisition und Integration in angemessener Weise berücksichtigen zu können.

---

213 Vgl. Schreyögg, Unternehmungskultur, S. 118 f.

214 Zu weiteren Lern- und Wissensbarrieren vgl. nochmals Abs. 2.3.3. und Abs. 3.2.1.

215 Vgl. Schanz, Organisationsgestaltung, S. 300.

216 Vgl. Schein, Culture, S. 5.

217 Vgl. Hornung, Integrationsmanagement, S. 235.

Zu diesem Zweck wurde im Vorfeld der Akquisition in Zusammenarbeit mit einer internationalen Personal- und Unternehmensberatung ein so genanntes „**cultural assessment**" durchgeführt, in dessen Verlauf Interviews mit ca. 70 Top-Managern beider Unternehmen geführt sowie standardisierte Fragebögen – genannt „Organizational Culture Inventory" – von speziell dazu ausgewählten Mitarbeitern beider Banken, den sog. „Fokusgruppen", ausgefüllt wurden.[218] Diese zu Beginn des Jahres 1999 durchgeführten Interviews und schriftlichen Erhebungen ergaben unter anderem, dass die Mitarbeiter der beiden Unternehmen bislang wenig über die jeweils andere Mitarbeitergruppe wussten, dass sowohl bei der Deutschen Bank als auch bei Bankers Trust signifikant unterschiedliche Sub- bzw. Bereichskulturen existierten und dass viele Mitarbeiter die Beweggründe für den bevorstehenden Bankenzusammenschluss noch nicht vollständig nachvollzogen hatten.[219]

Auf der Grundlage dieser Analyseergebnisse wurden verschiedene Integrationsaktivitäten entwickelt und umgesetzt. Einen Schwerpunkt bildete dabei die Intensivierung und Verbesserung der Informations- und Kommunikationspolitik, wobei zum Beispiel so genannte „Integrationskommitees" sowie „Integrations-Hotlines" eingerichtet oder Videokonferenzen, Teamsitzungen und Workshops abgehalten wurden.[220] Darüber hinaus wurde unter Einbezug der Mitarbeiterschaft ein „**Wertekanon**" konzipiert, der allen Mitarbeitern des nunmehr erweiterten Deutsche Bank-Konzerns über Bereichs- und Landesgrenzen hinweg Orientierung liefern sollte.[221] Die fünf Kernpunkte dieses Wertekanons lauteten Kundenorientierung, Innovationskraft, Leistungsfähigkeit, Teamgeist und Vertrauen.[222]

Während bei der Akquisition von Bankers Trust durch die Deutsche Bank offenbar unternehmenskulturelle Differenzen deutlich erkennbar und demzufolge darauf abgestimmte Integrationsbestrebungen notwendig waren, könnte eine erste Analyse der **HypoVereinsbank-Fusion** den Schluss zulassen, dieser „merger of equals" wäre vielmehr eine technisch-organisatorische oder logistische Aufgabenstellung, denn eine Frage von Organisationskulturen. Wie in den voranstehenden Ausführungen bereits erwähnt, sind jedoch auch bei Unternehmen der gleichen Branche und Region mit ähnlichen Produktpaletten und Kundensegmenten durchaus eigenständige institutsspezifische Unternehmens- und Bereichskulturen vorzufinden. Darüber hinaus war die Verschmelzung von Bayerischer Vereinsbank und Bayerischer Hypotheken- und Wechselbank – im Gegensatz zum Praxisbeispiel der Bankers Trust-Akquisition, bei der in erster

---

218 Vgl. Fischer/Steffens-Duch, Unternehmenskultur, S. 51.
219 Vgl. Fischer/Steffens-Duch, Unternehmenskultur, S. 52.
220 Vgl. Fischer/Steffens-Duch, Wegbereiter, S. 42 f.
221 Vgl. Fischer/Steffens-Duch, Wegbereiter, S. 44.
222 Vgl. Svoboda, Personalmanagement, S. 63.

Linie die amerikanischen Kollegen mit strukturellen und kulturellen Umgestaltungen konfrontiert wurden – für sämtliche Mitarbeiter beider Banken mit zum Teil tiefgreifenden Veränderungen verbunden. Insofern spielte die **Integrations- und Motivationsfunktion einer gemeinsamen Unternehmenskultur** bei der HypoVereinsbank-Fusion eine besonders wichtige Rolle.

Auch bei der Verschmelzung von Hypobank und Vereinsbank wurden frühzeitig die verschiedenen Unternehmenskulturen analysiert, wobei mit Projektteams, Integrationsworkshops und Mitarbeiterbefragungen ähnliche Instrumente zum Einsatz kamen wie bei der Bankers Trust-Akquisition.[223] Ein besonderes Augenmerk wurde bei der HypoVereinsbank-Fusion auf die **Außenwirkung der geplanten Verschmelzung** gelegt. Da die Umstrukturierungsmaßnahmen auch für die Kundschaft der beiden vormals selbstständigen Unternehmen mit zum Teil erheblichen Veränderungen hinsichtlich der Bankprodukte, der Filialstruktur sowie der übrigen Vertriebswege einhergingen, galt es zur Aufrechterhaltung der Kundenzufriedenheit während des Integrationsprozesses, die Bedürfnisse der Bankkundschaft von vornherein in die strategischen Überlegungen mit einzubeziehen.[224] Dieses wurde realisiert, indem nicht nur Mitarbeiter und Führungskräfte des sich neu formierenden Bankkonzerns, sondern darüber hinaus auch die Bankkunden in regelmäßigen Abständen zu den Umstrukturierungsvorgängen der HypoVereinsbank befragt wurden.[225] Auf diese Weise konnten aktuelle Erkenntnisse über die nach außen spürbare „Corporate Identity" des neu entstehenden Bankkonzerns gewonnen werden.

Wie bereits bei der Übernahme von Bankers Trust durch die Deutsche Bank kam auch bei der Verschmelzung von Hypobank und Vereinsbank der Entwicklung eines neuen, **gemeinsamen Unternehmensleitbildes** eine besondere Bedeutung zu.[226] Unter einem Unternehmensleitbild versteht man, wie an anderer Stelle dieser Studie bereits angedeutet, eine die strategische Gesamtausrichtung eines Unternehmens betreffende Richtschnur.[227] Unternehmensleitbilder enthal-

---

223 Vgl. Maassen, Integrationsprozess, S. 49 f.

224 Vgl. Penzel/Pietig, MergerGuide, S. 196. ff.

225 Die zur Messung der **Kundenzufriedenheit mit der HypoVereinsbank-Fusion** zum Einsatz kommenden Einzelfragen lauteten bspw. „Wie gut fühlen Sie sich über die Veränderungen der HypoVereinsbank informiert?" oder „Haben Sie in letzter Zeit darüber nachgedacht, Ihre Geschäftsbeziehung zur HypoVereinsbank zu beenden?". Vgl. zu weiteren Fragestellungen Penzel/Pietig, Mergerguide, S. 203.

226 Vgl. Penzel/Pietig, MergerGuide, S. 112.

227 Vgl. diesbezüglich nochmals Abs. 3.3.3., wo **Führungsgrundsätze** im Zusammenhang mit der bankbetrieblichen Wissensentwicklung dargestellt wurden. Die an dieser Stelle der Arbeit zu thematisierenden **Unternehmensgrundsätze** (synonym: „**Unternehmensleitlinien**" oder „**Unternehmensleitbilder**") werden als ein den Führungsgrundsätzen übergeordnetes Instrument angesehen. Vgl. bspw. Gabele/Kretschmer, Unternehmensgrundsätze, S. 17.

ten üblicherweise grundsätzliche geschäftspolitische Aussagen über die Unternehmensziele, die verschiedenen Tätigkeitsbereiche und erwünschten Verhaltensweisen sowie adressatenspezifische Inhalte in Bezug auf die Mitarbeiter, Kunden, Anteilseigner, Konkurrenzunternehmen oder in Bezug auf die allgemeine Öffentlichkeit.[228] Neben den oben bereits angesprochenen organisationskulturellen Gestaltungsmaßnahmen können auch die Unternehmensleitbilder – im Falle einer hinreichenden Akzeptanz derselben bei der Mitarbeiterschaft – als geeignetes Instrument der organisationalen Kulturentwicklung bezeichnet werden.[229]

Es lässt sich festhalten, dass ein Unternehmensleitbild im Zusammenhang mit bankbetrieblichen Unternehmenszusammenschlüssen eine integrative und motivierende Funktion ausüben kann. Mit Hilfe des Leitbildes ist es möglich, verschiedene Unternehmenskulturen – und infolgedessen die unterschiedlichen Wissensressourcen – zum Zwecke einer gemeinsamen Ausgabenerfüllung zusammenzuführen. Hierbei erscheint es angebracht, Mitarbeiter aller von einem Zusammenschluss betroffenen Unternehmenseinheiten in die Leitbild-Konzeption einzubeziehen und das Erfordernis eines kollegialen und teamorientierten Zusammenwirkens in den Textpassagen und Formulierungen der gemeinsamen Unternehmensgrundsätze deutlich zu betonen.[230] Auf diese Weise können die Unternehmensleitbilder den Prozess der **Akquisition und Integration bankbetrieblich relevanten Wissens** nachdrücklich unterstützen.

Die Unternehmensgrundsätze spielen jedoch nicht nur in Bezug auf die Wissensakquisition, sondern darüber hinaus auch hinsichtlich weiterer Teilprozesse des bankbetrieblichen Wissensmanagements eine überaus wichtige Rolle. Wenn die Begriffe 'Wissen', 'Lernen' oder 'Innovation' in den Leitbildern der Banken explizit verankert sind, unterstützt dies den Prozess der Wissensteilung, die Erweiterung und Anreicherung der organisationalen Wissensbasis sowie insgesamt die nachhaltige Implementierung und Umsetzung des bankbetrieblichen Wissensmanagements.[231] Mit der Unterstützung der Unternehmensleitbilder kann in den Kreditinstituten eine **„Kultur des Informations- und Wissensaustausches“** etabliert werden, ohne die eine Reihe der im folgenden Kapitel darzustellenden interpersonellen, organisatorischen oder technologischen Mög-

---

228 Vgl. Gabele/Kretschmer, Unternehmensgrundsätze, S. 53 ff.

229 Vgl. Schanz, Organisationsgestaltung, S. 304 f.

230 Es sei in diesem Zusammenhang an den bereits erwähnten gemeinsamen „**Wertekanon**“ von Bankers Trust und Deutscher Bank erinnert. Dort heißt es bspw.: ***„In der Zusammenarbeit macht uns die Vielfalt unserer Geschäftsfelder und Mitarbeiter erfolgreich“***. Zitiert nach Fischer/Steffens-Duch, Wegbereiter, S. 44, im Original nicht hervorgehoben.

231 Vgl. Reinmann-Rothmeier et al., Wissensmanagement, S. 55 f.

lichkeiten eines umfassenden bankbetrieblichen Wissenstransfers in vielerlei Hinsicht begrenzt wären.[232]

[232] Vgl. Wolf, Weiterbildung, S. 59.

5. Kommunikationskanäle und Barrieren des bankbetrieblichen Wissenstransfers

Nachdem sich die vorangegangenen Kapitel mit der Wissensentwicklung und der Wissensakquisition der Kreditinstitute beschäftigt haben, soll in diesem abschließenden Hauptkapitel der Wissenstransfer als weiteres wichtiges Gestaltungsfeld des bankbetrieblichen Wissensmanagements betrachtet werden. Grundsätzlich wird dabei die Frage zu beantworten versucht, auf welche Weise das zuvor entwickelte oder akquirierte Wissen innerhalb der bankbetrieblichen Wissensbasis sowie im Austausch mit externen Personen oder Institutionen zweckmäßig weitergeleitet und übertragen werden kann.

In diesem Zusammenhang ist einerseits in Erinnerung zu rufen, dass das bankbetriebliche Wissen aufgrund seiner Personen- und Kontextgebundenheit in manchen Fällen nicht – bzw. nicht ohne Schwierigkeiten – transferierbar ist.[1] Andererseits ist zu berücksichtigen, dass der Wissenstransfer nicht ausschließlich als „Folgeprozess" der Wissensentwicklung oder der Wissensakquisition zu interpretieren ist. Vielmehr ergeben sich aus der Vernetzung der verschiedenen Teilbereiche des bankbetrieblichen Wissensmanagements vielfältige Wechselbeziehungen, so dass z. B. der Wissenstransfer seinerseits Ursache bzw. Vorraussetzung der Wissensentwicklung in Banken sein kann.[2]

Den Stellenwert des Wissenstransfers für den Bankenbereich verdeutlicht eine empirische Erhebung, die im Herbst des Jahres 2001 unter 57 deutschen Kreditinstituten durchgeführt wurde. Wie aus der nachfolgenden Abbildung 18 ersichtlich ist, wird der Wissenstransfer bislang in lediglich 35 % der befragten Kreditinstitute bewusst und zielgerichtet organisiert, immerhin 37 Prozent der Banken halten den Wissenstransfer in ihrem Hause für verbesserungswürdig. Demnach besteht im Bereich des bankbetrieblichen Wissenstransfers für nicht wenige Institute derzeit und in naher Zukunft ein erhöhter Handlungsbedarf.

---

1 Diesem Umstand wird im Bausteinmodell des Wissensmanagements durch die Begriffskonstruktion **'Wissens(ver)teilung'** Rechnung getragen. Vgl. hierzu nochmals Abs. 2.2.1. Zu Gunsten einer klareren Sprachführung wird im Weiteren jedoch der Begriff des Wissenstransfers (synonym: Wissensübertragung) verwendet.

2 Die angesprochenen Wechselbeziehungen zwischen den Teilbereichen des Wissensmanagements werden in der Abb. 3 auf Seite 41 dieser Arbeit verdeutlicht.

Abb. 18: Die Bedeutung des Wissenstransfers für Kreditinstitute[3]

Wie würden Sie den Wissenstransfer in Ihrem Hause beschreiben?			***Inwieweit wird der Wissenstransfer in Ihrem Hause zielgerichtet organisiert?***	
Sehr gut	2 %		Wird organisiert	35 %
Gut	33 %		Ist im Aufbau	32 %
Befriedigend	28 %		Ist in Planung	10 %
Verbesserungswürdig	37 %		Ist nicht organisiert	23 %

Der bankbetriebliche Wissenstransfer wird in Abs. 5.1. zunächst aus einer kommunikationstheoretischen Perspektive betrachtet. Hierbei ist einerseits zu prüfen, auf welche Weise Wissen in Kreditinstituten grundsätzlich weitergeleitet werden kann und welche wesentlichen Determinanten diesen Prozess gegebenenfalls beeinflussen können. Ferner erfolgt eine Erörterung zur Auswahl geeigneter bankbetrieblicher Kommunikationskanäle, wobei die Frage nach der Notwendigkeit von sozialer Präsenz – bspw. der eines Kundenberaters – beim Wissenstransfer in Kreditinstituten im Mittelpunkt stehen soll.

Die Erkenntnisse dieses einleitenden Abschnitts können als Vorüberlegungen für die im folgenden Unterabschnitt zu thematisierenden Gestaltungsvarianten der bankbetrieblichen Informations- und Kommunikationstechnologie angesehen werden. Zunächst sollen in diesem Zusammenhang die wichtigsten Ausprägungsformen und Entwicklungslinien des Electronic Banking aufgezeigt werden. Danach wird am Beispiel der Vertriebssysteme von Kreditinstituten untersucht, inwieweit komplexes bankbetriebliches Wissen mittels moderner Computertechnologie erfasst und – bspw. im Rahmen von Homebanking – zu den Bankkunden transferiert werden kann. Schließlich ist darzulegen, ob auch bei bankinternen Geschäftsabläufen Komponenten der Informations- und Kommunikationstechnologie zur Unterstützung und Verbesserung des Wissenstransfers beitragen können. Dies wird anhand der so genannten wissensbasierten Systeme im Rahmen der bankbetrieblichen Kreditwürdigkeitsprüfung erörtert.

Den Abschluss dieses fünften Kapitels, und damit auch den Abschluss der gesamten Arbeit, bildet der Unterabschnitt 5.3., welcher sich mit dem Problemfeld des bankbetrieblichen Insiderwissens beschäftigt. Gegenüber nahezu sämtlichen bis hierher getätigten Ausführungen zum Umgang mit der Ressource 'Wissen' in Kreditinstituten ergibt sich beim Insiderwissen eine Besonderheit hinsichtlich

3 Quelle der Abb. 18: Geringfügig modifiziert nach Franke, Wissensmanagement, S. 177.

der bankbetrieblichen Wissensbarrieren. Während in der bisherigen Betrachtungsweise die Entwicklung und Verteilung des Wissens insbesondere durch den Abbau von Wissensbarrieren gefördert werden sollte, wird bei insiderrelevantem bankbetrieblichem Wissen durch den bewussten und gezielten Aufbau von Wissensbarrieren (den so genannten „Chinese Walls") der Versuch unternommen, bestimmte Vertraulichkeitsbereiche in Kreditinstituten voneinander abzugrenzen. Dies soll, wie abschließend darzustellen sein wird, nicht nur durch die strukturellen Abgrenzungsregeln der Chinese Walls, sondern darüber hinaus durch eine sog. Compliance-Organisation gesichert und überwacht werden, die insgesamt eine an ethischen Grundsätzen ausgerichtete Geschäftstätigkeit der Kreditinstitute gewährleisten soll.

5.1. Der bankbetriebliche Wissenstransfer in kommunikationstheoretischer Betrachtung

5.1.1. Modelle des bankbetrieblichen Wissenstransfers

Der Transfer von Informationen und Wissen innerhalb von Organisationen lässt sich grundsätzlich als **Interaktionsprozess** beschreiben.[4] Finden diese Interaktionsprozesse einerseits zwischen Menschen und Maschinen oder andererseits zwischen mehreren Maschinen statt, so ist die im nächsten Hauptabschnitt dieses Kapitels zu thematisierende Ausgestaltung der bankbetrieblichen Informations- und Kommunikationstechnologie von besonderer Bedeutung.[5] An dieser Stelle soll jedoch zunächst der Wissenstransfer zwischen verschiedenen Individuen im Rahmen der so genannten **sozialen Interaktion** betrachtet werden.[6]

Die Übertragung von Wissen, die im Rahmen der sozialen Interaktion zwischen zwei oder mehreren Personen vonstatten geht, kann allgemein mit dem Begriff '**Kommunikation**' belegt werden.[7] Der Begriff (bzw. der Vorgang) der Kommunikation wird in der wissenschaftlichen Literatur aus den Blickwinkeln verschiedener Disziplinen betrachtet und in unterschiedlicher Weise dargestellt und analysiert. Eine Vielzahl der verschiedenen Vorstellungen und Konzepte zu informations- und kommunikationstheoretischen Fragestellungen basiert auf einem von C. E. SHANNON und W. WEAVER ursprünglich für den Fernmeldebereich entwickelten Kommunikationsmodell.[8] In diesem Modell werden von ei-

4 Vgl. bspw. Wiswede, Kommunikation, S. 226.
5 Vgl. ausführlich Abs. 5.2.
6 Vgl. hierzu auch Schanz, Personalwirtschaftslehre, S. 15.
7 Vgl. Althoff/Thielepape, Psychologie, S. 193.
8 Vgl. Shannon/Weaver, Communication, S. 31 ff.

nem Sender („Transmitter") Zeichen und Daten zunächst umgewandelt (codiert), dann über einen bestimmten Übertragungskanal dem Empfänger („Receiver") übermittelt, der die Signale anschließend entschlüsselt (decodiert) und verwertet.[9]

Bereits die in der obigen Kurzbeschreibung dieses Grundmodells verwendeten Begriffe lassen erkennen, dass hiermit in erster Linie ein Prozess der **Nachrichtenübertragung** dargestellt wird. Aufschlussreich ist dieses Grundmodell insbesondere in Bezug auf den zu wählenden Kommunikationskanal, der ggf. von Störsignalen beeinträchtigt werden kann. Um den Umständen gerecht zu werden, dass es sich bei Sender und Empfänger unter dem Gesichtspunkt eines sozialen Interaktionsprozesses in der folgenden Betrachtung um Menschen handeln soll, dass darüber hinaus nicht Signale, Zeichen oder Daten, sondern Wissen – mit den im Verlauf dieser Studie hervorgehobenen Charaktereigenschaften – zu transferieren ist und dass schließlich mit den Banken eine spezielle Branche betrachtet werden soll, die vorangehend als besonders 'wissenssensitiv' beschrieben wurde, bedarf das Grundmodell einiger zusätzlicher Erläuterungen und Erweiterungen.

Abb. 19: Ein Modell des bankbetrieblichen Wissenstransfers[10]

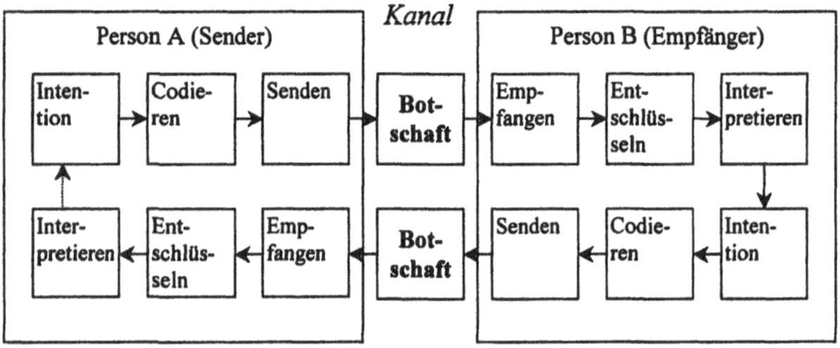

Grundsätzlich sind in dem in Abb. 19 dargestellten Modell des Wissenstransfers drei verschiedene Determinanten identifizierbar, die den Vorgang der Wissensübertragung in positiver wie auch in negativer Weise beeinflussen können.[11] Dies ist erstens die Person des Senders, zweitens dasjenige Individuum, welches das transferierte Wissen „empfangen" bzw. verarbeiten soll sowie drittens der

9 Vgl. hierzu bspw. Picot/Reichwald/Wigand, Unternehmung, S. 91 f.
10 Quelle der Abb. 19: Leicht modifiziert nach Althoff/Thielepape, Psychologie, S. 194.
11 Vgl. dazu auch Justus, Wissenstransfer, S. 93 ff.

zu bestimmende Kommunikationskanal. Betrachtet man die erste Determinante des bankbetrieblichen Wissenstransfers, die **Person des Senders,** so ist dieser zunächst eine grundsätzliche Absicht zu unterstellen, eine bestimmte Botschaft übermitteln zu wollen.[12] Diese Intention zum Wissenstransfer kann, wie an anderer Stelle dieser Studie bereits aufgezeigt wurde, gegebenenfalls durch motivationale oder auch mikropolitische Wissensbarrieren beeinträchtigt werden. Wie erinnerlich, führt diese Beeinträchtigung der Wissensübertragung bei den macht- oder mikropolitischen Barrieren möglicherweise dazu, dass nicht nur bewusst relevantes Wissen zurückgehalten, sondern darüber hinaus – bzw. statt dessen – gezielt „verfälschtes" Wissen weitergeleitet wird.[13]

In der hier vorzunehmenden Betrachtungsweise steht jedoch weniger die Intention, sondern vor allem die **Fähigkeit des Senders zur Wissensübertragung** und -vermittlung im Vordergrund. Bezogen auf das oben beschriebene Grundmodell ist hiermit zunächst die Fähigkeit einer Person gemeint, aus mehreren Alternativen einen geeigneten Kommunikationskanal auswählen sowie die relevanten Daten in adäquater Form verschlüsseln und übertragen zu können. Bei den Teilprozessen des Codierens und Sendens von Zeichen, Daten und Informationen kann beispielsweise die Zugrundelegung eines einheitlichen, dem Empfänger bekannten Zeichenvorrates sowie die Verwendung einer ihm geläufigen Sprachform den Wissenstransfer erheblich vereinfachen respektive überhaupt erst ermöglichen. Übermäßig komplexe oder abstrakte Darstellungsformen, falsche Ausdrucksweisen oder Sprachfehler können in diesem Zusammenhang als mögliche Störquellen des Wissenstransfers angesehen werden.[14]

Neben den inhaltlichen und formalen Aspekten der interpersonellen Kommunikationsprozesse spielt auch die **Beziehungsebene** zwischen den beteiligten Kommunikationspartnern eine wesentliche Rolle.[15] Empfindet etwa ein Individuum die verbalen Elemente des Kommunikationsverhaltens seines Gesprächspartners – oder auch die nonverbalen Merkmale, wie z. B. Mimik, Blickweise, Körperhaltung o. ä. – als störend, geringschätzend oder gar belästigend, ist die soziale Beziehungsebene und infolgedessen der gesamte Kommunikationsprozess gegebenenfalls erheblich beeinträchtigt.[16]

---

12 Die dieser Studie zugrunde liegende Wissensterminologie legt diesbezüglich die einschränkende Zusatzbemerkung nahe, dass eine **Intention zur Kommunikation** bzw. ein bewusster Wissenstransfer durch den 'Sender' ***nicht*** zu vermuten ist, wenn der 'Empfänger' sich beispielsweise durch Verhaltensbeobachtung Wissen impliziter Art aneignet. Vgl. Justus, Wissenstransfer, S. 91.

13 Vgl. hierzu nochmals Abs. 3.2.1.

14 Vgl. Wiswede, Kommunikation, S. 227.

15 Vgl. grundlegend Watzlawick/Beavin/Jackson, Kommunikation, S. 53 ff.

16 Vgl. Gebert, Kommunikation, Sp. 1111 f.

Diese soziale Beziehungsebene ist in Kreditinstituten nicht nur bei innerorganisationalen Kommunikationsprozessen, sondern darüber hinaus insbesondere auch im Kontakt mit der Bankkundschaft von besonderer Bedeutung. An anderer Stelle dieser Studie wurde diesbezüglich auf die hohe Erklärungsbedürftigkeit und Vertrauensempfindlichkeit von Bankleistungen sowie auf die kommunikativen und sozialen Fähigkeiten der Kundenberater als verlässliches Element von bankbetrieblichen Beratungsprozessen verwiesen.[17] Auch mit Blick auf eine möglichst langfristige Bindung der Kundschaft an ein bestimmtes Kreditinstitut wurde in diesem Zusammenhang auf die Notwendigkeit einer hohen Fachkompetenz sowie einer besonders ausgeprägten **Glaubwürdigkeit** der Bankberater aufmerksam gemacht.[18] Die Glaubwürdigkeit bei Prozessen der Wissensübertragung hängt maßgeblich von der dem Sender zugeschriebenen Fach- und Sozialkompetenz, von seiner wahrgenommenen Vertrauenswürdigkeit oder auch von den Faktoren 'Status', 'Macht' und 'Sympathie' ab.[19] Es lässt sich somit feststellen, dass die Glaubwürdigkeit der „Wissen übermittelnden Personen“ insbesondere in Kreditinstituten einen erheblichen Einfluss auf die Kommunikationsbeziehungen zu den „Wissensempfängern“ – den Mitarbeitern oder den Bankkunden – ausüben kann.

Betrachtet man nun als zweite wesentliche Determinante des interpersonellen Wissenstransfers den Empfänger der übermittelten Nachrichten, so kann diesbezüglich ähnlich argumentiert werden wie bei der Person des Senders. Die Aufnahme und die Verarbeitung des transferierten Wissens ist zunächst von einer entsprechenden Bereitschaft des Empfängers abhängig, wobei auch hier die oben erwähnten Wissensbarrieren eine dysfunktionale Einflusswirkung entfalten können.[20] Die im hiesigen Themenkonnex im Vordergrund stehenden **Fähigkeiten zum Empfang des transferierten Wissens** entscheiden maßgeblich darüber, ob das Wissen den Adressaten erreicht und ob es von ihm verarbeitet, verstanden und akzeptiert werden kann.[21] Die Hauptanforderungen liegen diesbezüglich in der Decodierung und Interpretation der übermittelten Daten und Informationen, wobei neben einem beiderseits bekannten Zeichen- und Sprachschatz auch ein gleicher oder ähnlicher sozio-kultureller Hintergrund von Sender und Empfänger zweckdienlich sein kann.[22]

---

17 Vgl. Abs. 2.3.2.

18 Es sei in diesem Zusammenhang an die **Theorie der Bankloyalität** sowie an die Ausführungen zum sog. **Relationship Banking** erinnert. Vgl. dazu insb. die Abschnitte 2.3.2. und 3.2.2.

19 Vgl. Wiswede, Kommunikation, S. 228 f.

20 Vgl. hierzu nochmals die Abschnitte 2.3.3. und 3.2.

21 Vgl. Wiswede, Kommunikation, S. 228.

22 Vgl. Justus, Wissenstransfer, S. 99.

Die dritte wichtige Determinante interpersoneller Kommunikationsprozesse ist die **Auswahl eines geeigneten Kommunikationskanals** bzw. -mediums. Als Kanäle des organisationalen Wissenstransfers kommen die direkte interpersonelle, so genannte „face-to-face"-Kommunikation sowie weitere, zumeist technologiegestützte Kommunikationswege in Betracht. Die „face-to-face"-Interaktion umfasst ihrerseits verschiedene, überwiegend parallel zum Einsatz kommende verbale oder nonverbale Kommunikationskanäle, wie zum Beispiel die Sprache, Tonfall, Blickkontakt, Gestik oder Mimik.[23] Neben der direkten interpersonellen Kommunikation existieren mit dem Telefon oder dem Briefverkehr herkömmliche Kommunikationsmedien sowie multimediale (z. B. Video) oder computerbasierte Kommunikationssysteme, wie etwa E-Mail, Intra- oder Internet. Wie im Verlauf dieses Kapitels noch gezeigt werden soll, besteht bei den computerbasierten Kommunikationssystemen die Tendenz, den Menschen bei der Übermittlung von Informationen und Wissen zu unterstützen, in zunehmendem Maße allerdings auch – zumindest partiell – zu ersetzten.

Mit der Frage nach der Auswahl von adäquaten Kommunikationskanälen bzw. -medien in unterschiedlichen Situationen des betrieblichen Wissenstransfers beschäftigt sich die so genannte „Media-Choice-Forschung".[24] Aus der Vielzahl der in diesem Zusammenhang durchgeführten empirischen Studien und den daraus entwickelten theoretischen Ansätzen soll mit Blick auf die im Weiteren zu verfolgende Argumentationsführung an dieser Stelle auf das sog. **Modell der aufgabenorientierten Medienwahl** aufmerksam gemacht werden. Dieses Modell beruht auf der grundlegenden Annahme, dass bei unterschiedlichen Aufgabenstellungen jeweils spezifische Anforderungen an die damit in Verbindung stehenden Kommunikationsprozesse gestellt werden und infolgedessen bestimmte Kommunikationsmedien als besonders geeignet angesehen werden können.[25]

Um einschätzen zu können, welche Kommunikationskanäle bei bestimmten Aufgabenstellungen gut oder weniger gut geeignet sind, ist die Unterscheidung zwischen vier zentralen Merkmalen betrieblicher Kommunikationsvorgänge hilfreich.[26] Das Merkmal **Schnelligkeit und Bequemlichkeit** spielt vor allem dann eine wichtige Rolle, wenn das relevante Wissen binnen kurzer Zeit und mit möglichst geringem Aufwand transferiert werden soll. Bei der **Genauigkeit** des Wissenstransfers kommt es vor allem auf administrative Exaktheit sowie auf die Möglichkeit zur Speicherung und Weiterbearbeitung des Wissens an. Die **Vertraulichkeit** der Wissensübermittlung spielt insbesondere dann eine

---

23 Vgl. hierzu insb. Argyle, Körpersprache, S. 201 ff.

24 Vgl. dazu Picot/Reichwald/Wigand, Unternehmung, S. 106 ff.

25 Vgl. Picot/Reichwald/Wigand, Unternehmung, S. 109.

26 Vgl. hierzu und im Folgenden Reichwald, Kommunikationsmodelle, Sp. 2184 sowie Reichwald/Goecke, Bürokommunikationstechnik, Sp. 168 f.

Rolle, wenn „die interpersonelle Vertrauensbildung als sozialer Aspekt der Kommunikation im Vordergrund steht.“[27] Und schließlich kann das Merkmal der **Komplexität** angeführt werden, das vor allem bei komplizierten, viele einzelne Teilaspekte umfassenden Fragestellungen von Bedeutung ist.

5.1.2. Auswahl adäquater bankbetrieblicher Kommunikationskanäle

In Abhängigkeit davon, welches der zum Abschluss des Vorabschnitts genannten Merkmale bei einzelnen organisationalen Kommunikationsprozessen im Vordergrund steht, ist, wie im Folgenden dargestellt werden soll, das Erfordernis nach **„sozialer Präsenz“ (oder: „sozialer Nähe“) beim Wissenstransfer** mehr oder weniger stark ausgeprägt.[28] Unter sozialer Präsenz ist in diesem Zusammenhang grundsätzlich das Ausmaß an direkter persönlicher Involviertheit bei betrieblichen Kommunikationsvorgängen zu verstehen.[29]

Wie Abbildung 20 zeigt, ist der Bedarf nach sozialer Nähe in Bezug auf die Merkmale der **Schnelligkeit bzw. Bequemlichkeit von Kommunikationsprozessen** als eher gering einzustufen. Bei der Übermittlung einer einfach gehaltenen Information ist eine direkte körperliche Anwesenheit der Kommunikationspartner nicht zwingend erforderlich und wird in manchen Fällen möglicherweise als zu umständlich empfunden.[30] Letzteres gilt im Bereich der Kreditinstitute beispielsweise für Kunden, die bestimmte Informationen – wie etwa Wertpapierkurse oder Zinssätze – erhalten möchten, ohne dazu eine Bankfiliale aufsuchen oder einen Bankmitarbeiter kontaktieren zu müssen. Im bankinternen Kommunikationsverkehr kann ein Verzicht auf die soziale Präsenz der Interaktionspartner insbesondere dann in Erwägung gezogen werden, wenn es sich um besonders kurze, leicht zu übermittelnde Informationen handelt oder wenn die Kommunikation zwischen Mitarbeitern verschiedener Abteilungen, Teilbanken oder gar Länder erfolgen soll. In den genannten Fällen bietet es sich an, im Sinne einer schnellen und bequemen Informationsübermittlung teilweise oder gänzlich auf die im Folgeabschnitt darzustellenden verschiedenen Spielarten der bankbetrieblichen Informations- und Kommunikationstechnologie zurückzugreifen.

Kommt es bei Kommunikationsprozessen besonders auf die **Genauigkeit der Wissensübertragung** an, ist, wie aus Abb. 20 entnommen werden kann, eine

---

27 Picot/Reichwald/Wigand, Unternehmung, S. 111.

28 Vgl. Reichwald/Goecke, Bürokommunikationstechnik, Sp. 166 ff.

29 Vgl. bspw. Poole, Communication, S. 79.

30 Vgl. Reichwald/Goecke, Bürokommunikationstechnik, Sp. 168.

exakte Übermittlung sowie eine Dokumentierfähigkeit und Überprüfbarkeit des Wissens erforderlich. Eine reine Sprachkommunikation – im direkten persönlichen Kontakt oder per Telefon – könnte sich in Bezug auf die genannten Kriterien insbesondere im Bankenbereich als unzulänglich erweisen und ggf. zu Missverständnissen führen.[31] Demzufolge bietet sich für eine nicht geringe Anzahl bankbetrieblicher Geschäftsprozesse der zeitgleiche Einsatz mehrerer Kommunikationskanäle an.[32] Zu denken wäre z. B. an ein Anlageberatungsgespräch, bei dem die verbalen Erläuterungen eines Bankberaters durch Broschüren oder computergestützte Beispielrechungen ergänzt werden.

Abb. 20: Soziale Präsenz bei bankbetrieblichen Kommunikationsprozessen[33]

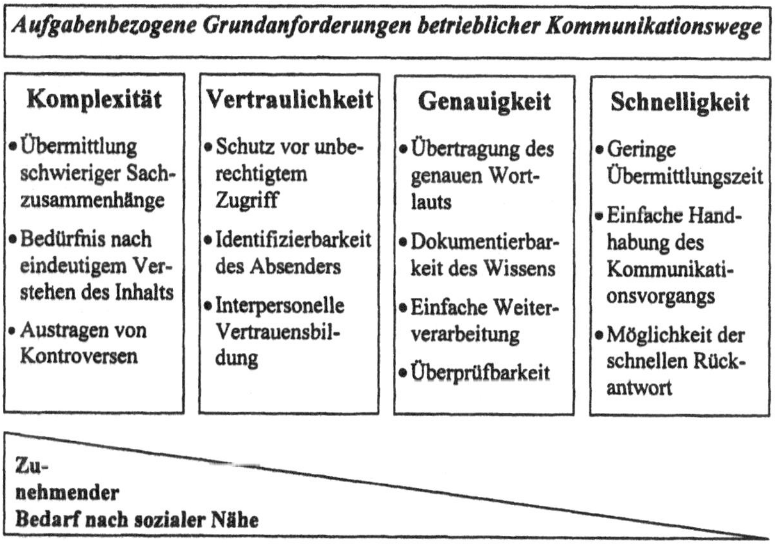

Wie in der vorliegenden Studie bereits mehrfach hervorgehoben wurde, spielt das Merkmal '**Vertraulichkeit**' sowohl bei bankinternen Kommunikationsprozessen, jedoch ebenso beim Wissensaustausch mit den Bankkunden eine bedeutende Rolle. Im internen Geschäftsverkehr ist in diesem Zusammenhang neben den auch in anderen Branchen anzutreffenden Bestimmungen des Datenschut-

---

31 Vgl. Reichwald/Goecke, Bürokommunikationstechnik, Sp. 168.

32 Vgl. hierzu bspw. Pauluhn, Channels, S. 564.

33 Quelle der Abb. 20: Eigene Darstellung in Anlehnung an Reichwald/Goecke, Bürokommunikationstechnik, Sp. 169 f. und Reichwald, Kommunikation, S. 457.

zes auf die Besonderheiten des Bankgeheimnisses sowie insbesondere auf den vertrauensvollen Umgang mit dem bankbetrieblichen Insiderwissen aufmerksam zu machen.[34] Im Kontakt mit der Bankkundschaft kann vor allem die direkte „face-to-face"-Interaktion als Möglichkeit des Aufbaus und der langfristigen Weiterentwicklung eines Vertrauensverhältnisses zwischen Kunden und Bankberatern angesehnen werden. Hinsichtlich des Kriteriums 'Vertraulichkeit' ist die soziale Präsenz eines Bankmitarbeiters bei Kommunikationsprozessen mit Bankkunden demnach grundsätzlich geboten.[35]

Die letztgenannte Interaktionsform erscheint auch bei besonderes **komplexen und erläuterungsbedürftigen bankbetrieblichen Fragestellungen** ein probates Kommunikationsmittel zu sein. Bei der bankinternen Kommunikation betrifft dies beispielsweise die Erörterung komplizierter Sachverhalte innerhalb von Projektteams oder bestimmte Instrumente der Personalentwicklung, wie etwa das Mitarbeitergespräch oder die direkte persönliche Unterweisung am Arbeitsplatz.[36] Im Kontakt zur Bankkundschaft können die Immobilienfinanzierung, die Vermögensanlageberatung sowie der gesamte Bereich des Investment Banking als Beispiele für besonders komplexe und erläuterungsbedürftige Leistungsbereiche der Kreditinstitute genannt werden. Weniger komplex und erklärungsbedürftig sind beispielsweise einfache Geldanlage- oder Kreditgeschäfte sowie eine Vielzahl der bankbetrieblichen Zahlungsverkehrsleistungen.

Insgesamt lässt sich feststellen, dass der Bedarf nach sozialer Präsenz besonders bei solchen Kommunikationsvorgängen gegeben ist, bei denen die Merkmale 'Vertraulichkeit' und 'Komplexität' eine hervorgehobene Rolle spielen. Sind hingegen Schnelligkeit und Genauigkeit wichtige Kriterien des Wissenstransfers, kann auf die soziale Nähe der Kommunikationspartner gegebenenfalls verzichtet werden.

Um nun der Frage nachgehen zu können, welche Übertragungskanäle in bestimmten Kommunikationssituationen als besonders geeignet einzuschätzen sind, ist zunächst einmal darauf hinzuweisen, dass das in diesem Abschnitt zugrunde gelegte aufgabenorientierte Modell der Medienwahl lediglich eines von mehreren möglichen Erklärungskonzepten darstellt. Weitere Bereiche der „Media-Choice-Forschung" beschäftigen sich beispielsweise mit der **Akzep-**

---

[34] Zum **Bankgeheimnis** vgl. nochmals Abs. 2.3.2., zum Problemfeld des **Insiderwissens** vgl. ausführlich Abs. 5.3.

[35] Inwieweit der Faktor 'Vertrauen' bei den verschiedenen Ausprägungsformen des **Electronic Banking** berücksichtigt werden kann, soll im folgenden Abs. 5.2. untersucht werden.

[36] Vgl. nochmals Abs. 3.3.1.

tanz des gewählten Übertragungsmediums bei den Kommunikationspartnern oder mit der sog. **„Reichhaltigkeit“** der Kommunikationskanäle.[37]

Weiterhin ist festzustellen, dass eine **eindeutige Zuordnung von Kommunikationsmedien** anhand der Merkmale 'Schnelligkeit', 'Genauigkeit', 'Vertraulichkeit' und 'Komplexität' kaum zweifelsfrei möglich ist.[38] Dies ist einerseits damit zu erklären, dass eine zugrunde liegende Kommunikationsaufgabe i. d. R. mehr als eines der genannten Anforderungsmerkmale gleichzeitig aufweist. So spielen beispielsweise die Kriterien 'Vertauen' und 'Komplexität' bei einer überwiegenden Zahl bankbetrieblicher Geschäftsprozesse eine gewichtige Rolle. Andererseits bieten sich im Falle eines einzelnen dominierenden Merkmals – wie zum Beispiel beim Kriterium 'Schnelligkeit' im Zahlungsverkehrsgeschäft oder beim Kriterium 'Komplexität' bei der Vermögensanlageberatung – gleich mehrere alternativ zur Auswahl stehende Interaktionsformen an.

Trotz dieser einschränkenden Anmerkungen können anhand des Modells der aufgabenorientierten Medienwahl **Tendenzaussagen über die Eignung bestimmter Kanäle des Wissenstransfers** in spezifischen Kommunikationssituationen getroffen werden. Grundsätzlich ist bei den Kriterien 'Komplexität' und 'Vertraulichkeit' aufgrund des Bedarfs nach sozialer Nähe eine direkte „face-to-face“-Kommunikation als sinnvoll einzuschätzen.[39] Gegebenenfalls können der Briefverkehr, das Telefon oder auch multimediale sowie internetbasierte Kommunikationsformen als adäquate Übertragungswege angesehen werden, E-Mail oder Telefax eignen sich hingegen weniger.[40] Hinsichtlich der Kriterien 'Genauigkeit' und 'Schnelligkeit' bieten sich die letztgenannten Interaktionsmedien an, die im Bereich der Kreditinstitute unter dem Begriff 'Electronic Banking' zusammengefasst werden können.

Die einzelnen **Elemente und Spielarten des Electronic Banking** sollen im folgenden Abschnitt dargestellt und zum einen hinsichtlich der Fragestellung untersucht werden, in welchem Umfang die soziale Präsenz von Bankmitarbeitern in bestimmten Kommunikationssituationen durch Komponenten der bank-

37 Vgl. Picot/Reichwald/Wigand, Unternehmen, S. 106 ff. Die **„Reichhaltigkeit“** eines Kommunikationskanals wird insbesondere durch die Möglichkeit der Rückkoppelung, durch die Anzahl und die Art der transferierbaren Zeichen und Daten sowie durch das Ausmaß der Abstimmbarkeit des zu übertragenden Wissens auf die individuelle Situation des Nachrichtenempfängers bestimmt. Vgl. grundlegend Daft/Lengel, Richness, S. 560 ff. Bspw. kann die **face-to-face-Interaktion** als besonders „reichhaltiger“ Kommunikationsweg angesehen werden, da er eine direkte Möglichkeit der Rückkopplung, verschiedene einzelne Kommunikationskanäle, wie Sprache, Gestik oder Mimik, sowie eine individuelle Gestaltbarkeit aufweist. Vgl. Poole, Communication, S. 79.

38 Vgl. Reichwald/Goecke, Bürokommunikationstechnik, Sp. 169.

39 Vgl. Poole, Communication, S. 79.

40 Vgl. Reichwald/Goecke, Bürokommunikationstechnik, Sp. 169 f.

betrieblichen Informations- und Kommunikationstechnologie ergänzt oder ersetzt werden kann. Zum anderen soll analysiert werden, ob die oben beschriebenen Anforderungen in Bezug auf besonders komplexe oder vertrauliche Sachverhalte bei den verschiedenen Ausprägungsformen des Electronic Banking hinreichend berücksichtigt werden können. Es ist also zu prüfen, ob auch besonders umfangreiche und erläuterungsbedürftige bankbetriebliche Fragestellungen durch die Informations- und Kommunikationssysteme der Kreditinstitute darzustellen sind, und ob dabei der Vertrauensempfindlichkeit als grundlegendem Charakteristikum von Bankleistungen in ausreichendem Maße Rechnung getragen werden kann.

5.2. Unterstützung des bankbetrieblichen Wissenstransfers durch Informations- und Kommunikationstechnologie

5.2.1. Ausprägungsformen und Entwicklungslinien von Electronic Banking

Im Folgenden soll die Informations- und Kommunikationstechnologie von Kreditinstituten dargestellt und hinsichtlich der Möglichkeiten und Grenzen zum Transfer bankbetrieblich relevanten Wissens untersucht werden. Diese Untersuchung erfolgt in erster Linie anhand der Beispiele der Vertriebssysteme von Kreditinstituten und des Einsatzes der so genannten „wissensbasierten Systeme“ im Rahmen der bankbetrieblichen Kreditwürdigkeitsprüfung. Unter Rückgriff auf die im Vorabschnitt präsentierten kommunikationstheoretischen Grundlagen des bankbetrieblichen Wissenstransfers werden dabei einzelne Gestaltungsvarianten dieser beiden Fallbeispiele eingehender erörtert. Zuvor sollen jedoch die verschiedenen Ausprägungsformen und Entwicklungslinien des Electronic Banking in knapper Form aufgezeigt werden. Dies geschieht vor allem deshalb, um zunächst einen Überblick über die Fülle der in der Literatur und vor allem in der Bankenpraxis vorherrschenden Begrifflichkeiten gewinnen zu können.

Unter Elektronic Banking soll in dieser Studie allgemein der Einsatz der EDV beim Betreiben von Bankgeschäften verstanden werden.[41] Der Begriff des Electronic Banking umfasst demnach sowohl den Einsatz der Informations- und Kommunikationstechnologie im Kontakt mit den Bankkunden als auch bei den bankinternen Geschäftsabläufen.[42] Der **innerbetriebliche Einsatz von Elect-**

---

[41] Vgl. bspw. Drewes/Drewes, Electronic banking, Sp. 489.

[42] Vgl. Schierenbeck/Hölscher, BankAssurance, S. 496. In einer engeren Begriffsbestimmung wird unter Electronic Banking ausschließlich der EDV-Einsatz im Kundenkontakt

ronic Banking, auf den zunächst eingegangen werden soll, dient vor allem der effizienteren Gestaltung und Beschleunigung bankinterner Prozesse sowie der Unterstützung der Transaktionen im Rahmen des direkten Kundenkontaktes.[43] Die Informations- und Kommunikationstechnologie begünstigt folglich die Ausrichtung der bankbetrieblichen Ablauforganisation an Geschäftsprozessen und trägt somit zu einer Reduktion der innerbetrieblichen Schnittsstellen, zur Verkürzung von Bearbeitungs- und Durchlaufzeiten und insgesamt zu einer Effizienz- und Qualitätssteigerung der Bankleistungen bei.[44] Durch den Einsatz moderner Computertechnologie ist in diesem Zusammenhang eine Vereinfachung von strukturierbaren, planbaren und häufig auftretenden bankbetrieblichen Abläufen, in zunehmendem Maße aber auch die Unterstützung von ursprünglich kaum standardisierbaren, eher selten vorkommenden oder mit vielen Besonderheiten und Ausnahmeregelungen behafteten Geschäftsprozessen möglich.[45]

Einzelne Komponenten der bankbetrieblichen Informations- und Kommunikationstechnologie können beispielsweise bei der Lohn- und Gehaltsabrechnung, der Buchhaltung, der Erfassung und Aufbereitung von Kunden-Stammdaten sowie insbesondere im Bereich des internen Zahlungs- und Wertpapiertransfers zum Einsatz kommen.[46] Im **Zahlungsverkehrsgeschäft der Kreditinstitute** werden die massenhaft anfallenden Transaktionen durch Schriftenlesesysteme bei beleggebundenen sowie durch verschiedene Speichersysteme, den Datenträgeraustausch und die Datenfernübertragung bei den immer mehr an Bedeutung gewinnenden beleglosen Zahlungsverkehrsvorgängen bewältigt.[47] Institutsübergreifend wird der Zahlungsverkehr zwischen verschiedenen Banken zum einen durch die unterschiedlichen Zahlungsverkehrsnetze verbessert, wie zum Beispiel dem Netz der Sparkassenorganisation, der Kreditgenossenschaften oder der drei Großbanken Deutsche Bank, Dresdner Bank und Commerzbank.[48] Zum anderen existieren einige Richtlinien und Vereinbarungen zur Vereinheitlichung und Rationalisierung insbesondere des internationalen Daten- und Informationsaustausches der Kreditinstitute.[49]

---

von Banken verstanden. Vgl. bspw. Bartmann/Stahl/Wimmer, Electronic Banking, Sp. 600.

43 Vgl. Schierenbeck/Hölscher, BankAssurance, S. 503.

44 Vgl. Krcmar, Kommunikationstechnologien, S. 92.

45 Vgl. Krcmar, Kommunikationstechnologien, S. 93. Zu den oben erwähnten komplexen und zunächst als kaum standardisierbar einzustufenden bankbetrieblichen Geschäftsvorfällen kann die **Kreditwürdigkeitsprüfung** gezählt werden. Vgl. dazu Abs. 5.2.3.

46 Vgl. Meyer zu Selhausen, Effizienzkriterien, S. 101 f.

47 Vgl. Hartmann-Wendels/Pfingsten/Weber, Bankbetriebslehre, S. 271.

48 Vgl. Rehm, Zahlungsverkehr, Sp. 2317.

49 In diesem Zusammenhang ist insbesondere auf den weltweiten, branchenübergreifenden Standard „**EDIFACT**" („Electronic Data Interchange for Administration, Commerce and

Im Rahmen des zweiten wesentlichen Gesichtspunktes des innerbetrieblichen Einsatzes von Electronic Banking, der Unterstützung der Transaktionen im direkten Kundenkontakt, können verschiedene Arten bankbetrieblicher Informationssysteme zum Einsatz kommen. Die Vielzahl der in der Bankenpraxis anzutreffenden Informationssysteme lässt sich grundlegend beispielsweise nach der Art der zu unterstützenden Aufgabenstellung unterscheiden. Handelt es sich um **sachbearbeitungsbezogene Informationssysteme**, sind die zugrunde liegenden Arbeitsanforderungen weniger komplex und eher repetitiver Natur. Bei derartigen Informationssystemen sollen die „Wissenslücken" der bankbetrieblichen Sachbearbeiter und Kundenberater durch die Bereitstellung von Informationen über spezifische Bankprodukte, Anweisungen und Bearbeitungsschritte oder benötigte Unterlagen und Dokumente verringert werden.[50] Zu diesen sachbearbeitungsbezogenen Systemen sind zum Beispiel die vergleichsweise unkomplizierten Informations- und Dokumentationssysteme für die Bereiche Rechnungswesen, Wertpapier- und Devisenabrechnung sowie Kunden- oder Personalinformationssysteme zu zählen.

Im Gegensatz zu den sachbearbeitungsbezogenen Systemen sollen die **entscheidungsorientierten Informationssysteme** die Sammlung, Aufbereitung und Übermittlung vergleichsweise komplexer und zu einem nicht geringen Anteil zukunftsbezogener (und daher unsicherer) Informationen gewährleisten.[51] Der Komplexitätsgrad der auf diese Weise zu unterstützenden bankbetrieblichen Einzelentscheidung kann dabei von einfachen, tagtäglich zu treffenden Dispositionen, wie z. B. der Überziehungsgenehmigung für ein Girokonto oder der Bewilligung bestimmter Sonderkonditionen, über diffizile Entscheidungsvorgänge, wie etwa Arbitrageabwägungen im Wertpapier- oder Devisenhandel, bis hin zu grundlegenden bankstrategischen Weichenstellungen variieren. Insbesondere für diese komplexen und zukunftsgerichteten bankbetrieblichen Entscheidungssituationen sind oftmals sehr umfangreiche computergestützte Analyse-, Planungs-, Berichts- oder Kontrollsysteme erforderlich.[52] Um den Ent-

---

Transport") hinzuweisen. Dieser auf Initiative der Vereinten Nationen entwickelte EDIFACT-Standard definiert die Anforderungen an eine zum Informationstransfer zu nutzende Übertragungsdatei sowie den Aufbau und die Struktur einzelner Datenelemente. Insgesamt wird dadurch der Austausch von Informationen zwischen verschiedenen Handels- und Industrieunternehmen sowie den dabei als Finanzintermediäre involvierten Banken erleichtert. Es ist zu vermuten, dass dieser Standard zukünftig die bisherigen unterschiedlichen Formate ablösen wird. Vgl. Weigert, Informationsverarbeitung, S. 369 f., Kothe, Wertpapiertransaktionen, S. 568 f., Meyer zu Selhausen, Bank-Informationssysteme, S. 513 f. sowie Hartmann-Wendels/Pfingsten/Weber, Bankbetriebslehre, S. 271.

50 Vgl. Nowak, Kommunikationssysteme, S. 322.

51 Vgl. Nowak, Kommunikationssysteme, S. 321.

52 Die oben angesprochenen grundlegenden bankstrategischen Entscheidungen können mittels der sog. **Führungsinformationssysteme** unterstützt werden. Vgl. bspw. Moormann/Gärtner, Führungsinformationssysteme, S. 574 f. Ausführungen zu Informations-

scheidungscharakter derartiger Informationssysteme hervorzuheben, werden diese mancherorts treffend auch als **„Decision Support Systeme“** bezeichnet.[53]

Ebenfalls zu den entscheidungsorientierten Informationssystemen gehören die so genannten wissensbasierten Systeme. Unter **wissensbasierten Systemen** versteht man Informationssysteme, „die fachspezifische Kenntnisse in einem abgegrenzten Anwendungsbereich verfügbar machen und diese in Verbindung mit fallbezogenen Fakten zur Lösung von bereichsspezifischen Problemen einsetzen.“[54] Zu diesen wissensbasierten Systemen sind neben den „Fuzzy-Logic-Systemen“ oder den „Neuronalen Netzen“ auch die so genannten **Expertensysteme** sowie das **„Case Based Reasoning“** („CBR“) zu zählen.[55] Diese beiden zuletzt genannten Ausprägungsformen der wissensbasierten Systeme sollen im weiteren Verlauf dieses Kapitels erneut aufgegriffen und näher analysiert werden. Anhand des Praxisbeispiels der bankbetrieblichen Kreditwürdigkeitsprüfung wird in Abschnitt 5.2.3. zu klären sein, ob ein solch komplexer, traditioneller Weise mit reichhaltigem Fach- und Erfahrungswissen ausgewiesener Kreditexperten zu bewältigender Geschäftsvorfall durch die Expertensysteme oder durch das CBR abgebildet und optimiert werden kann.

Die oben dargelegten bankinternen Einsatzbereiche des Electronic Banking sind in der Abb. 21 nochmals überblicksartig zusammengestellt. Ausgehend von dem innerbetrieblichen Zahlungs- und Wertpapierverkehr werden die Informations- und Dokumentationssysteme als sachbearbeitungsbezogene Komponenten des innerbetrieblichen Electronic Banking sowie anschließend die „Decision Support Systeme“ und die wissensbasierten Systeme als entscheidungsorientierte Informationssysteme aufgeführt. Insgesamt lässt sich sagen, dass das zu transferierende Wissen von den reinen Informationsübertragungs-Systemen bis zu den wissensbasierten Systemen an Qualität und Komplexität zunimmt und folglich, wie am Fallbeispiel der Kreditwürdigkeitsprüfung noch gezeigt werden soll, an die Ausgestaltung insbesondere der letztgenannten Informationssysteme sehr hohe Anforderungen zu stellen sind. In Abb. 21 finden sich ebenso die wesentlichen Stichpunkte zum **Electronic Banking an der Schnittstelle zum Bankkunden**, auf die nun folgend näher eingegangen werden soll.

---

systemen für bankstrategische Analysen finden sich insb. in Meyer zu Selhausen, Bank-Informationssysteme, S. 436 ff.

53 Vgl. Picot/Maier, Informationssysteme, Sp. 933.

54 Siebdrat, Informationssysteme, S. 26.

55 Vgl. Bodendorf/Robra-Bissantz, Wissensbasierte Systeme, Sp. 2280. Die „Fuzzy-Logic-Systeme“ und die „Neuronalen Netze“ werden in dieser Arbeit nicht weiter betrachtet. Vgl. hierzu bspw. Meyer zu Selhausen, Bank-Informationssysteme, S. 255 ff.

Abb. 21: Einsatzbereiche von Electronic Banking[56]

Innerbetrieblicher Einsatz von Electronic Banking

- Abwicklung des internen **Zahlungs- und Wertpapierverkehrs**, bspw. mittels Datenträgeraustausch oder Datenfernübertragung
- **Informations- und Dokumentationssysteme** für die Bereiche Rechnungswesen, Wertpapier- und Devisenhandel, Volkswirtschaft, Kunden- oder Personalinformationen etc.
- **Decision Support Systeme** zur Unterstützung von Entscheidungen, z. B. beim Devisenhandel, in der Kundenberatung oder beim strategischen Bankmanagement
- **Wissensbasierte Systeme**, bspw. Expertensysteme oder „Case Based Reasoning“

Electronic Banking an der Schnittstelle zum Kunden

- **Elektronische Selbstbedienungseinrichtungen**, wie z. B. Geldausgabeautomaten, Kontoauszugsdrucker, automatische Bankfilialen, Informationsterminals oder Multifunktionsgeräte
- **Point-of-Sale-Systeme**. Bargeldloser Zahlungsverkehr mittels EC-, Bank-, oder Kreditkarten
- **Cash Management-Systeme** als Dienstleistung für international operierende Großunternehmen
- **Home Banking**. Bereitstellung von Informationen sowie Abwicklung von Bankgeschäften bspw. per Telefon-, Online-, oder Internet-Banking

Zu den Ausprägungsformen des Electonic Banking beim direkten Kundenkontakt sind zunächst einmal die verschiedenen **elektronischen Selbstbedienungseinrichtungen** („SB-Einrichtungen“) der Kreditinstitute zu zählen. Hierzu gehören die bereits seit längerem etablierten und von der Bankkundschaft in vielen Fällen auch außerhalb der offiziellen Schalteröffnungszeiten erreichbaren so genannten monofunktionalen Selbstbedienungsgeräte, wie z. B. Kontoauszugsdrucker oder Geldausgabeautomaten.[57] Die voranschreitende Technologisierung ermöglicht es darüber hinaus zunehmend, auch weitere vormals ausschließlich durch Bankbedienstete verrichtete Routinetätigkeiten auf elektronische Selbstbedienungsgeräte zu verlagern. Zu denken ist hier bspw. an selbstbediente Münzzählautomaten, Sparbuchdrucker oder Überweisungs-Scanner.[58] Zukünftig

[56] Quelle der Abb. 21: Eigene Zusammenstellung in Anlehnung an Eilenberger, Bankbetriebswirtschaftslehre, S. 195.
[57] Vgl. Bartmann/Stahl/Wimmer, Electronic Banking, Sp. 600.
[58] Vgl. Fischer, Erlebniswelt, S. 613.

ist mit einem weiteren Ausbau der Selbstbedienungstechnologie insbesondere im Bereich der multifunktionalen – also der mehrere Dienstleistungen gleichzeitig bereithaltenden – Automaten zu rechnen.[59]

Einen weiteren Bereich des Electronic Banking an der Schnittstelle zur Bankkundschaft bilden die so genannten **Point-of-Sale-Systeme** („POS-Systeme"). Unter Point-of-Sale-Systemen werden elektronische Abrechnungsmöglichkeiten verstanden, bei denen die Bezahlung der Ware oder Dienstleistung mittels einer Bankkarte direkt am Ort des Kaufs („Point-of-Sale") vollzogen wird.[60] Es handelt sich demnach um ein kartengestütztes Zahlungssystem, bei dem die Abrechnung durch EC-, Kredit- oder Geldkarten in bargeldloser Form erfolgt.[61] Die am „Ort des Kaufs" getätigten Geschäfte der Bankkunden ziehen i. d. R. ihrerseits wiederum weitere der oben beschriebenen bankinternen oder bankübergreifenden Zahlungsverkehrsprozesse nach sich, so dass zumindest einige der verschiedenen Komponenten des Electronic Banking im Sinne einer „Maschine-Maschine-Interaktion" miteinander in Verbindung stehen können und folglich eine weitgehende Kompatibilität aufweisen sollten.

Zum kundenbezogenen Electronic Banking sind neben den Selbstbedienungseinrichtungen und den POS-Systemen ebenso die sog. **Cash Management-Systeme** zu zählen. Mit Cash Management wird im Allgemeinen das Planen, Gestalten und Kontrollieren der liquiden Mittel eines Unternehmens verstanden.[62] Zur schnellen und zuverlässigen Aufbereitung und Übermittlung der hierzu benötigten Informationen sind insbesondere den großen, international tätigen Organisationen die Cash Management-Systeme behilflich.[63] Diese u. a. von Banken angebotenen Informationssysteme umfassen neben einigen grundlegenden Informations-, Zahlungsverkehrs- und Kassendispositionsfunktionen oftmals verschiedene zusätzliche Einzelkomponenten, wie beispielsweise das „Pooling" oder das „Netting".[64] Durch diese verschiedenen Optionen der Cash Management-Systeme wird den mit der innerbetrieblichen Liquiditätskalkulation befassten Mitarbeitern von Großunternehmen ein umfassendes Instrumenta-

---

59 Vgl. bspw. Kreuzer, Bankvertriebswege, S. 101 f.

60 Vgl. Schierenbeck/Hölscher, BankAssurance, S. 498.

61 Vgl. Bartmann/Stahl/Wimmer, Electronic Banking, Sp. 608 f.

62 Vgl. Schröder, Bürokommunikation, S. 418.

63 Vgl. Schmeiser, Cash Management, S. 654 f.

64 Durch das sog. **„Pooling"** werden die Salden mehrerer Zahlungsverkehrskonten automatisch konsolidiert, um Kassenüberschüsse und -defizite innerhalb eines Konzerns auszugleichen und somit die Optimierung der Finanzanlagen zu erleichtern. Unter **„Netting"** versteht man die periodische Aufrechung von Forderungen und Verbindlichkeiten verschiedener Konzerngesellschaften mit dem Ziel, die Anzahl der effektiven Zahlungsströme zu verringern und dadurch Transfergebühren einzusparen. Vgl. hierzu und zu weiteren möglichen Einzelkomponenten von Cash Management-Systemen bspw. Steiner, Cash Management, Sp. 468 ff.

rium mit unterschiedlichen Informations- und Dispositionsfunktionen sowie mit diversen integrierten Planungs- und Optimierungsprogrammen geboten.

Während die Cash Management-Systeme im Firmenkundengeschäft der Kreditinstitute zum Einsatz kommen, betrifft der Bereich des so genannten **Home Banking** vorwiegend das bankbetriebliche Privat- bzw. Mengenkundengeschäft. In Abgrenzung zu den oben beschriebenen POS-Systemen, bei denen die Zahlungsverkehrsleistungen am „Ort des Kaufs“, also bei den Dienstleistungs- oder Handelsunternehmen erbracht wird, erfolgt der Zugang zu Bankleistungen im Rahmen des Home Banking am Standort des „Nachfragers“ bzw. des Bankkunden.[65] Zum Home Banking kann zunächst einmal das Telefon-Banking gezählt werden. Im Gegensatz zu den auch im konventionellen Kundengeschäft der Kreditinstitute durchaus üblichen Telefonkontakten zu den Bankkunden handelt es sich beim Telefon-Banking um eine i. d. R. unabhängig von den Schalteröffnungszeiten angebotene Dienstleistung, die durch eine eigens dafür zuständige organisatorische Einheit unter Zuhilfenahme darauf ausgerichteter technischer Anlagen sowie speziell geschulter Mitarbeiter systematisch geplant, gesteuert und kontrolliert wird.[66]

Ebenfalls zum Home Banking können die verschiedenen Formen des Online-Banking und des Internet-Banking gezählt werden. Beim **Online-Banking** erfolgt die Abwicklung von Bankgeschäften über so genannte proprietäre Netze, wie z. B. T-Online oder AOL, während beim **Internet-Banking** eine Anbindung des Kunden direkt auf der Internet-Homepage der betreffenden Bank erfolgt.[67] Sowohl beim Online- als auch beim Internet-Banking wird die Kundenauthentisierung durch die Eingabe einer persönlichen Identitäts-Nummer (PIN) vollzogen, zur rechtsverbindlichen Durchführung des jeweiligen Bankgeschäftes, etwa einer Überweisung oder eines Wertpapierkaufs, ist eine nur einmal verwendbare Transaktionsnummer (TAN) erforderlich.[68] Während viele der traditionellen Universalbanken dazu übergegangen sind, ihren Kunden das Internet-Banking als zusätzliche Zugangsmöglichkeit zu ihren Bankdienstleistungen optional zu offerieren, existieren mit den sog. Direktbanken Institute, die sich – in erster Line aufgrund der Kosteneinsparungsmöglichkeiten durch den nicht erforderlichen filialgebundenen Schalterverkehr – ausschließlich auf den Internet-Vertriebsweg beschränken.[69]

---

65 Vgl. Eilenberger, Bankbetriebswirtschaftslehre, S. 194.
66 Vgl. Büschgen, Bankmarketing, S. 220.
67 Vgl. Bartmann/Stahl/Wimmer, Electronic Banking, Sp. 601.
68 Vgl. Pott/Wielage, Internet-Banking, S. 39.
69 Als weitere Formen des Home Banking können die Abwicklung von Bankgeschäften via Handy oder PDA („Personal Digital Assistant“) genannt werden. Da die Bankkunden ihre Geschäfte bei diesen Vertriebskanälen nicht zwangsläufig „zu Hause“ tätigen, wird diesbezüglich oftmals der Begriff „**Mobile Banking**“ verwendet. Vgl. bspw. Bartmann/Stahl/

Wie bereits beim innerbetrieblichen Einsatz von Electronic Banking sind auch bei den einzelnen Komponenten der Informations- und Kommunikationstechnologie an der Schnittstelle zur Bankkundschaft deutliche Unterschiede in Bezug auf die Güte und Komplexität des zu transferierenden Wissens erkennbar. Während bei den POS-Systemen vornehmlich Zeichen und Daten zur Abwicklung des Zahlungsverkehrs übertragen werden, kann bei einer Vielzahl der übrigen Ausprägungsformen des kundenbezogenen Electronic Banking von einem Transfer komplexen bankbetrieblichen Wissens gesprochen werden. Im folgenden Abschnitt ist in diesem Zusammenhang zu prüfen, welche Möglichkeiten und Grenzen bei einem solchen elektronischen Wissenstransfer durch die verschiedenen Informations- und Kommunikationskanäle in den elektronischen Vertriebssystemen der Kreditinstitute gegeben sind.

5.2.2. Technologiegestützter Wissenstransfer in Vertriebssystemen von Banken

Aus Sicht der Kreditinstitute handelt es sich bei den oben dargestellten Formen des Electronic Banking an der Schnittstelle zur Bankkundschaft um Vertriebskanäle zum Absatz von Bankleistungen. Während aufgrund der Erklärungsbedürftigkeit und der Vertrauensempfindlichkeit von Bankleistungen der direkte Vertriebskanal, bei dem sich Kunden und Mitarbeiter der Kreditinstitute „face-to-face" in einer Bankfiliale gegenüberstehen, lange Zeit als einzig sinnvoller Vertriebsweg von Banken angesehen wurde, kamen angesichts der voranschreitenden Technologieentwicklung sowie insbesondere aufgrund der hohen Sach- und Personalkosten mit den elektronischen monofunktionalen Selbstbedienungsgeräten Anfang der 1980er Jahre die ersten Komponenten des kundenbezogenen Electronic Banking zum Einsatz.[70] Es sind jedoch weniger diese vergleichsweise einfach strukturierten monofunktionalen SB-Einrichtungen, sondern vielmehr die multifunktionalen SB-Komponenten, die Cash Management-Systeme sowie insbesondere die in jüngster Zeit immer weiter an Bedeutung gewinnenden verschiedenen Spielarten des Home Banking, die im Folgenden

---

Wimmer, Electronic Banking, Sp. 603. Ein weiterer im Zusammenhang mit dem Online- bzw. Internet-Banking häufig genannter Begriff, das sog. **Direct Banking**, wird in dieser Arbeit als inadäquat eingestuft, da letztlich – bis auf einige wenige Ausnahmen, wie etwa bei Strukturvertrieben oder Finanzmaklern – nahezu alle Kontakte zwischen Kunden und Kreditinstituten „direkt" erfolgen. Diese Kritik trifft ebenso auf den oben genannten Begriff 'Direktbanken' zu. Vgl. Lange, Internet Banking, S. 19.

70 Vgl. Paul, Marketing, S. 1263.

hinsichtlich ihrer Tauglichkeit zur Übertragung von komplexem bankbetrieblichem Wissen untersucht werden sollen.[71]

Durch den **Einsatz von multifunktionalen SB-Geräten** sollen neben den bisher via Electronic Banking dargebotenen Bankleistungen zunehmend auch solche Geschäfte auf elektronischem Wege offeriert und abgewickelt werden, die bislang vornehmlich mittels einer „face-to-face-Interaktion" zwischen Kunden und Bankberatern erörtert wurden. Dies trifft beispielsweise auf die Einrichtung, Änderung oder Löschung von Daueraufträgen, die Eröffnung von Sparkonten, die Anlage von Festgeldern oder auf das Erteilen von Wertpapieraufträgen zu.[72] Bei der Verlagerung von Bankdienstleistungen auf elektronische Vertriebswege besteht allerdings zum einen das Problem, die im Vergleich zu reinen Zahlungsverkehrsprozessen oftmals hochgradig erklärungsbedürftigen Bankgeschäfte nunmehr durch den Einsatz der Computertechnologie darstellen zu müssen. Zum anderen besteht durch die voranschreitende Automatisierung die Gefahr eines zunehmenden Kontaktverlustes zu den Bankkunden. Dieser Kundenkontakt ist jedoch insbesondere hinsichtlich des im Rahmen dieser Studie bereits mehrfach angesprochenen Loyalitätsverhaltens von Bankkunden und des damit in Zusammenhang stehenden Relationship Banking-Gedankens von besonderer Relevanz.[73]

In Bezug auf die technologische Umsetzung des Transfers komplexen bankbetrieblichen Wissens durch multifunktionale SB-Einrichtungen stehen verschiedene Varianten zur Verfügung, wie z. B. die Integration von graphischen Präsentationen, Video-Sequenzen oder Internet-Verbindungen in die Multifunktionsautomaten.[74] Darüber hinaus besteht die Möglichkeit, bei Bedarf einen Bankmitarbeiter in Form einer „Video-Konferenz" in ein Multifunktionsterminal durchzuschalten oder den Kunden in einer Selbstbedienungszone direkt einen Betreuer zur Seite zu stellen.[75] Dadurch wäre dem im einleitenden Abschnitt dieses Kapitels angesprochenen **Erfordernis der sozialer Präsenz** bei besonders erläuterungsbedürftigen Sachzusammenhängen Rechnung getragen.[76] Durch den Einsatz von Bankmitarbeitern zur Erklärung selbstbedienter elektronischer Multifunktionsgeräte und der dort angebotenen Bankleistungen kann auch dem Problem des Kontaktverlustes zu den Bankkunden entgegengewirkt

---

71 Neben den monofunktionalen SB-Einrichtungen werden auch die POS-Systeme (aus den zum Abschluss des Vorabschnitts genannten Gründen) von der Analyse dieses Unterabschnitts ausgeklammert.

72 Vgl. Meyer zu Selhausen, Bank-Informationssysteme, S. 84.

73 Zur Theorie der Bankloyalität und zum Relationship Banking vgl. nochmals Abs. 2.3.2. und Abs. 3.2.2.

74 Vgl. Fischer, Erlebniswelt, S. 613.

75 Vgl. Bartmann/Stahl/Wimmer, Electronic Banking, Sp. 601.

76 Vgl. nochmals Abs. 5.1.2.

werden. Ebenso kann eine aufgelockerte räumliche Anordnung der Selbstbedienungsgeräte zu einer Anbindung an den übrigen Schalter- und Kundenberatungsbetrieb und damit zur Aufrechterhaltung des Kundenkontaktes beitragen.[77]

In Bezug auf die im Vorabschnitt erwähnten **Cash Management-Systeme** kann festgestellt werden, dass die dort integrierten grundlegenden Zahlungsverkehrsfunktionen, ähnlich wie bei den POS-Systemen, lediglich der Übertragung von einfachen Zeichen und Daten dienen. Angesichts der vielfältigen zusätzlichen Informationsoptionen, insbesondere jedoch im Hinblick auf die verschiedenen komplexen Dispositions- und Kalkulationsmöglichkeiten moderner Cash Management-Systeme kann hingegen von einer Aufbereitung und Übermittlung umfangreichen bankbetrieblichen Wissens gesprochen werden.

Da es sich bei den mit dem betrieblichen Cash Management betrauten Mitarbeitern der Großunternehmen um ausgewiesene Experten in der Planung und Kalkulation der betrieblichen Liquidität handeln dürfte, sind es weniger die mittels der Cash Management-Systeme unterstützen Leistungen selbst, die eingehendere Erläuterungen durch Bankmitarbeiter erforderlich machen. Vielmehr bedürfen die einzelnen Soft- und Hardwarekomponenten komplexer Cash Management-Systeme einer fortwährenden Betreuung, Schulung, Wartung und Weiterentwicklung.[78] Diese oftmals im Rahmen von Service-Verträgen verankerten Dienstleistungen werden von den Kreditinstituten vielfach bewusst durch die **„soziale Präsenz" von Bankberatern in den Geschäftsräumen der Firmenkunden** dargeboten, um somit zu einer Intensivierung der Kundenbeziehung im Sinne des Relationship Banking beizutragen.[79]

Beim **Telefon-Banking** als eigenständigem Leistungsbereich des Home Banking können verschiedene Kommunikationsformen zwischen Kreditinstituten und Bankkunden identifiziert werden. Erfolgt der Kontakt **in Form einer Mensch-Mensch-Interaktion**, tritt der Bankkunde per Telefon mit einem Mitarbeiter eines so genannten „Call Centers" seines Kreditinstituts in Kontakt und kann auf diese Weise unter Angabe eines Passworts oder einer Geheimnummer Informationen abrufen oder Transaktionen in Auftrag geben.[80] Aus kommunikationstheoretischer Sicht ist diese Art des Telefon-Banking ein probates Mittel zum Transfer bankbetrieblichen Wissens. Erläuterungsbedürftige Sachverhalte können hierbei diskutiert werden und auch der Vertrauensempfindlichkeit von Bankleistungen ist durch den interpersonellen Charakter dieses Kommunikationsweges Genüge geleistet. Einschränkend ist zum einen jedoch anzumerken, dass bei dieser Form des Telefon-Banking eine beleggebundene oder maschi-

77 Vgl. Fischer, Erlebniswelt, S. 613.
78 Vgl. Meyer zu Selhausen, Bank-Informationssysteme, S. 275.
79 Vgl. Meyer zu Selhausen, Bank-Informationssysteme, S. 275.
80 Vgl. Kreuzer, Bankvertriebswege, S. 29.

nelle Erfassung und Weiterbearbeitung der eingehenden Kundenanfragen und -aufträge nach wie vor erforderlich ist.[81] Das Rationalisierungspotenzial ist hierbei also vergleichsweise gering. Zum anderen sind mit der Einrichtung von bankbetrieblichen Call-Centern hohe Personalkosten verbunden, insbesondere dann, wenn es sich um einen 24-Stunden-Service handelt.[82]

Als Alternative bietet sich das Telefon-Banking in Form einer **Mensch-Maschine-Interaktion** an. Hierbei tritt der Bankkunde in Kontakt zu einer Computeranlage, die entweder über die Eingabe von Daten auf dem Tastenblock des Telefons oder durch verschiedene Spracherkennungssysteme aktiviert werden kann.[83] Da dieser Kommunikationskanal trotz der fortschreitenden technologischen Entwicklung den Wissenstransfer jedoch erheblich limitiert, kommen oftmals die so genannten **hybriden Formen des Telefon-Banking** zum Einsatz, bei denen – ähnlich wie bei den oben beschriebenen multifunktionalen SB-Geräten – im Bedarfsfall der Dialog mit einem Sprachcomputer unterbrochen und der direkte Kommunikationsweg zu einem Bankmitarbeiter gesucht werden kann.[84] Ebenso ist an eine enge Verknüpfung des Telefon-Banking mit den einzelnen Komponenten des Online- bzw. Internet-Banking zu denken, indem die Mitarbeiter der bankbetrieblichen Call-Center den Kunden bei der Bedienung derartiger Electronic Banking-Komponenten behilflich sind.[85]

Viele Bankleistungen, wie z. B. das Zahlungsverkehrsgeschäft oder der Wertpapierhandel, können derzeit bereits mittels des **Online- bzw. Internet-Banking** abgewickelt werden. Ein schneller und direkter Zugriff durch den Einsatz von Computerterminals am Standort des Bankkunden, günstige Transaktionskosten, eine von den Schalteröffnungszeiten unabhängige Zugriffsmöglichkeit sowie ein umfangreiches Informationsangebot, bspw. zu aktuellen Börsenkursen, können als Vorteile dieser Art des Home Banking genannt werden.[86] Auch besonders beratungsintensive bankbetriebliche Geschäfte, wie etwa die private Altersvorsorge, können möglicherweise zukünftig durch technische Neuerungen verstärkt per Online- und Internet-Banking abgewickelt werden. Zu denken wäre hier beispielsweise an die bereits im Zusammenhang mit den multifunktionalen SB-Geräten erwähnte Möglichkeit der „Zuschaltung" von Bankberatern in Form einer Video-Konferenz.[87]

---

81 Vgl. Kreuzer, Bankvertriebswege, S. 30.
82 Vgl. Kreuzer, Bankvertriebswege, S. 29.
83 Vgl. Meyer zu Selhausen, Bank-Informationssysteme, S. 90.
84 Vgl. Kreuzer, Bankvertriebswege, S. 31.
85 Vgl. Bartmann/Stahl/Wimmer, Electronic Banking, Sp. 602 sowie Roemer, Direktvertrieb, S. 299 f.
86 Vgl. Pott/Wielage, Internet-Banking, S. 13.
87 Vgl. Arnoldt/Martin, Zahlungsverkehr, S. 606.

Trotz dieser technologischen Weiterentwicklungen sind dem bankbetrieblichen **Wissenstransfer beim Online- bzw. Internet-Banking** insbesondere bei den sehr beratungsintensiven Bankleistungen Grenzen gesetzt. Dies kann zum einen auf die Abstraktheit der Bankleistungen zurückgeführt werden. Während andere Dienstleistungsunternehmen, wie etwa die der Reisebranche, ihren Kunden durch eine multimediale Kombination aus Text, Grafik oder Video-Sequenzen auch ohne ein direktes Beratungsgespräch via Internet einen Eindruck ihrer Leistungen – bspw. über ein bestimmtes Urlaubsziel – vermitteln können, lassen sich Bankleistungen nur sehr bedingt derartig veranschaulichen.[88] Zum anderen ist aus kommunikationstheoretischer Perspektive angesichts der Vertrauensempfindlichkeit vieler Bankleistungen zumindest ein partieller Einsatz der direkten face-to-face-Interaktion dem ausschließlichen Internet-basierten Kommunikationsweg vorzuziehen.[89]

Der Aspekt der Vertrauensempfindlichkeit betrifft beim Online- bzw. Internet-Banking jedoch nicht nur die Bankleistung selbst, wie z. B. den Kauf oder Verkauf eines Wertpapiers. Vielmehr spielt darüber hinaus auch das Vertrauen der Bankkunden in die **Sicherheit und Zuverlässigkeit des zugrunde liegenden Kommunikationskanals** eine wichtige Rolle bei der Entscheidung für oder gegen diese Home Banking-Varianten.[90] In Bezug auf den Internet-basierten Datentransfer bestehen mit einer gewissen Berechtigung einige Sicherheitsbedenken, denn das Internet ist grundsätzlich weniger auf Datensicherheit sondern vielmehr auf eine umfassende Vernetzung und Transparenz ausgelegt.[91] Dennoch bieten die im Vorabschnitt bereits angesprochenen Authentisierungs- und Transaktionskennziffern „PIN“ und „TAN“ eine angemessene Sicherheit für den Transfer vertraulicher Daten beim Online- oder Internet-Banking. Zukünftig ist zu erwarten, dass der von den Bankkunden zuweilen als recht umständlich empfundene und für die Kreditinstitute mit einem hohen Verwaltungsaufwand verbundene Einsatz von „PIN“ und TAN“ in zunehmendem Maße von dem praktikableren, leistungsfähigeren und sichereren Standard „HBCI“ („Home Banking Computer Interface“) abgelöst wird.[92]

Die Ergebnisse der obigen Überlegungen kurz zusammenfassend lässt sich feststellen, dass die unterschiedlichen Arten des Electronic Banking an der Schnittstelle zur Bankkundschaft durch technologische Neuerungen, insbesondere jedoch durch den Einbezug von PC und Internet, **vielfältige Möglichkeiten zum Transfer bankbetrieblichen Wissens** bieten. Auch Bankleistungen, die vor-

88 Vgl. Süchting/Paul, Bankmanagement, S. 280.

89 Vgl. nochmals Abs. 5.1.

90 Vgl. hierzu insb. Vollmar, Online-Transaktionen, S. 185 ff.

91 Vgl. Fischer, Sicherheit, S. 274.

92 Vgl. Bartmann/Stahl/Wimmer, Electronic Banking, Sp. 602 f. sowie Krebs/Thiel, Sicherheit, S. 161 f.

mals als kaum standardisierbar galten und nur schwerlich auf elektronischem Wege vermittelbar schienen, können zunehmend durch Electronic Banking angeboten und abgewickelt werden. Es hat sich allerdings auch gezeigt, dass die soziale Präsenz von Bankmitarbeitern bei einigen der elektronischen Vertriebskanäle nach wie vor erforderlich ist. Dies wurde zum einen mit der Komplexität und der Erläuterungsbedürftigkeit bestimmter Bankleistungen und zum anderen mit der bewussten Aufrechterhaltung eines persönlichen Kundenkontaktes – bspw. bei den Cash Management-Systemen im bankbetrieblichen Firmenkundengeschäft – im Sinne des Relationship Banking-Gedankens begründet.

Am Beispiel des Telefon-Banking und des Online- bzw. Internet-Banking wurde darüber hinaus deutlich, dass durch den kombinierten Einsatz mehrerer Vertriebswege des Elektronic Banking spezifische Nachteile einzelner Kommunikationskanäle ausgeglichen werden können. Aus diesem Grund sind die Kreditinstitute zunehmend bestrebt, möglichst viele bankbetriebliche (elektronische und nicht-elektronische) Vertriebswege gleichzeitig anzubieten und diese im Sinne eines sog. **„Multi Channel Management"** in sinnvoller Art und Weise aufeinander abzustimmen.[93] Durch derartig aufeinander abgestimmte Kommunikationskanäle wird der Transfer des bankbetrieblich relevanten Wissens zwischen Kreditinstituten und Bankkunden zusätzlich optimiert. Inwieweit auch der innerbetriebliche Wissenstransfer durch die Komponenten des Electronic Banking vereinfacht und beschleunigt werden kann, soll nun folgend am Beispiel der wissensbasierten Systeme im Rahmen der bankbetrieblichen Kreditwürdigkeitsprüfung erörtert werden.

5.2.3. Einsatz von „wissensbasierten Systemen" am Beispiel der bankbetrieblichen Kreditwürdigkeitsprüfung

Wissensbasierte Systeme sind in dieser Studie bereits als Informationssysteme charakterisiert worden, die in einem abgegrenzten Anwendungsbereich spezifisches Fachwissen mit fallbezogenen Fakten kombinieren und dadurch zur Lösung von bestimmten Einzelproblemen beitragen.[94] Um diesem Anspruch gerecht werden zu können, bedient man sich bei den wissensbasierten Systemen der Methoden der so genannten **„Künstlichen Intelligenz"**, einem Bereich der Informatik, der sich mit der Abbildung menschlicher Kognitionsprozesse durch Computertechnologie beschäftigt.[95] Die beiden wesentlichen Anforderungen der „Künstlichen Intelligenz" sind einerseits im grundsätzlichen Verständnis der

[93] Vgl. bspw. Pauluhn, Channels, S. 565 ff.
[94] Vgl. nochmals Abs. 5.2.1.
[95] Vgl. Bodendorf/Robra-Bissantz, Wissensbasierte Systeme, Sp. 2280.

menschlichen kognitiven Fähigkeiten zu sehen, bspw. durch Umweltbeobachtungen spezifisches Wissen generieren zu können und andererseits in der technischen Umsetzung dieser Prozesse und dieses Wissens in Computersystemen.[96]

Die wissensbasierten Systeme können in Kreditinstituten in vielen unterschiedlichen Geschäftsbereichen und Abteilungen zum Einsatz kommen, so zum Beispiel **bei administratorischen Aufgabenstellungen** im Zusammenhang mit der Netzwerksteuerung, der Überwachung von Börsenregeln oder dem Bankcontrolling, **in der Finanzierungs- und Anlageberatung** im Rahmen der Vermögensstrukturberatung, der Aktienportfoliobestimmung oder beim Devisenmanagement sowie im gesamten **Bereich des Kreditgeschäfts.**[97] Aus dem letztgenannten Einsatzfeld der wissensbasierten Systeme in Banken soll der Bereich der Kreditwürdigkeitsprüfung beispielhaft herausgegriffen und im Folgenden eingehender analysiert werden. Zu diesem Zweck werden mit den Expertensystemen und dem „Case Based Reasoning" zwei in dieser Studie bereits erwähnte Unterarten der wissensbasierten Systeme näher behandelt.

In Abs. 3.3.1. wurde die Kreditwürdigkeitsprüfung als ein besonders schwieriger und komplexer bankbetrieblicher Geschäftsprozess beschrieben. Es wurde auf die Vielzahl der zur Prüfung der Kreditwürdigkeit eines Bankkunden in Frage kommenden institutsinternen und -externen Wissensquellen aufmerksam gemacht und anhand der Prinzipal-Agenten-Theorie wurde erklärt, dass der Kreditnehmer als Agent grundsätzlich einen Wissensvorsprung gegenüber der kreditgebenden Bank (als Prinzipal) hat. Welche zum Teil gravierenden Konsequenzen eine missbräuchliche Ausnutzung dieses Wissensvorsprungs in der Bankenpraxis haben kann, wurde durch das Beispiel des spektakulären Betrugsskandals der Firma „Flowtex" verdeutlicht. Schließlich wurde darauf aufmerksam gemacht, dass das **implizite Erfahrungswissen von Bankmanagern**, ihr besonderes Fingerspitzengefühl, bei der Prüfung der Kreditwürdigkeit von Bankkunden von einer nicht zu unterschätzenden Bedeutung ist.

Mit dem Einsatz der wissensbasierten Systeme im Rahmen der bankbetrieblichen Kreditwürdigkeitsprüfung soll u. a. dieses implizite Erfahrungswissen der Kreditexperten erfasst und computertechnisch abgebildet werden, um auf diese Weise die Bankmitarbeiter bei der Kreditanalyse im Privat- oder Firmenkundengeschäft anleiten und unterstützen zu können.[98] Die erste an dieser Stelle zu untersuchende Variante der wissensbasierten Systeme sind die sog. **Expertensysteme**, mittels derer das Spezialwissen eines oder mehrerer ausgewiesener Experten eines bestimmten abgegrenzten Fachbereiches erfasst, verarbeitet und

---

96 Vgl. Lehner, Künstliche Intelligenz, S. 237 f.

97 Vgl. Siebdrat, Informationssysteme, S. 29 f.

98 Vgl. Hauschildt/Leker, Kreditwürdigkeitsprüfung, Sp. 1468 f.

transferiert werden soll.[99] Dabei wird ein besonderes Augenmerk auf die von den Experten bei einer Problemlösung verwendeten Heuristiken gelegt, wie beispielsweise die überwiegend unbewussten, wenig diskutierten Regeln guten Urteilsvermögens.[100] Offensichtlich handelt es sich demnach bei der Konzeption von Expertensystemen für den Bereich der Kreditwürdigkeitsprüfung um den Versuch der **Externalisierung des impliziten Wissens** von bankbetrieblichen Kreditfachleuten.[101]

In Abb. 22 ist der schematische Aufbau eines bankbetrieblichen Expertensystems dargestellt. Wie ersichtlich, setzt sich die **Wissensbasis** als zentraler Bestandteil eines Expertensystems aus dem bereichsbezogenen Wissen des (oder der) Experten, dem fallspezifischen Wissen des konkret zu untersuchenden Sachverhalts sowie aus den Zwischen- und Endergebnissen des Problemlösungsprozesses zusammen.[102] Den zweiten Hauptbestandteil von Expertensystemen bilden die verschiedenen Komponenten des so genannten **Steuerungsmoduls**, das den Programmcode für die Problemlösungsstrategien sowie für die Schnittstellen zu den Anwendern des Systems beinhaltet.[103]

Zu den Anwenderschnittstellen ist zum einen die **Dialogkomponente** zu zählen, mittels derer die Benutzer auf die unterschiedlichen Funktionen des Expertensystems zugreifen.[104] Durch die **Erklärungskomponente** sollen die Benutzer sowie die ihr spezifisches Wissen einbringenden Experten den Entscheidungs- und Schlussfolgerungsprozess des Expertensystems nachvollziehen und kritisch beurteilen können.[105] Und schließlich ist als dritte und letzte Form der Schnittstellen zu den Systemanwendern die **Wissenserwerbskomponente** zu nennen, durch die das Fachwissen der Experten – oftmals durch die Unterstützung von darauf spezialisierten Wissensmanagern – abgebildet und in das System eingegeben werden soll.[106]

---

99 Vgl. Schmitz, Expertensysteme, Sp. 612.

100 Vgl. Süchtung/Paul, Bankmanagement, S. 449.

101 Vgl. zum Begriff der Wissensexternalisierung nochmals Abs. 2.2.2.

102 Vgl. Dietrich, Kreditprüfung, S. 291. Die oben beschriebene und in Abb. 22 erkennbare Wissensbasis ist nicht gleichzusetzen mit der in dieser Studie vorgestellten **organisationalen Wissensbasis** (vgl. Abs. 2.3.3.). Vielmehr handelt es sich bei der Wissensbasis eines Expertensystems um das auf einen spezifischen Problemkreis begrenzte Wissen. Zu einen Bestandteil der aktuellen organisationalen Wissensbasis wird dieses Wissen insbesondere dann, wenn eine Anbindung des Expertensystems an die übrigen Komponenten der bankbetrieblichen Informations- und Kommunikationstechnologie erfolgt.

103 Vgl. Puppe, Expertensysteme, S. 12.

104 Vgl. Schierenbeck/Hölscher, BankAssurance, S. 451.

105 Vgl. Picot/Reichwald/Wigand, Unternehmung, S. 177.

106 Vgl. Bodendorf/Robra-Bissantz, Wissensbasierte Systeme, Sp. 2282.

Abb. 22: Schematischer Aufbau eines bankbetrieblichen Expertensystems[107]

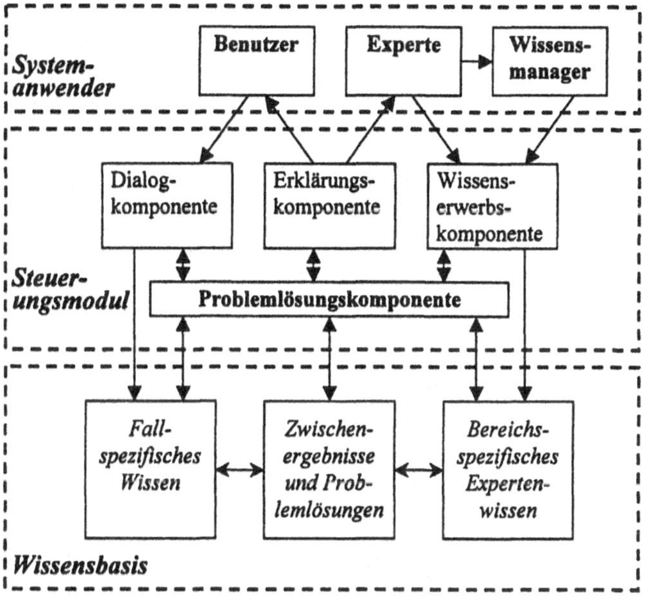

Der wohl wichtigste Bestandteil des Steuerungsmoduls ist die sog. **Problemlösungskomponente.** Dieser mancherorts auch als „Inferenzkomponente" bezeichnete Bestandteil eines Expertensystems analysiert, inwieweit das in der Wissensbasis abgespeicherte Wissen auf die mittels der Dialogkomponente eingegebenen fallspezifischen Sachverhalte angewendet werden kann und welche Lösungsvorschläge im Rahmen mehrerer Schlussfolgerungsschritte („Inferenzen") abzuleiten sind.[108] Derartige Schlussfolgerungen vollziehen sich in Expertensystemen entweder in Form einer sog. „Vorwärtsverkettung", bei der für die besonderen Bedingungen einer aktuellen Problemstellung anwendbare Regeln gesucht und ausgeführt werden, oder durch eine „Rückwärtsverkettung", bei der ausgehend von einer gegebenen Zielstellung entsprechende Regeln ausgewählt

---

107 Quelle der Abb. 22: Eigene Darstellung in Anlehnung an Puppe, Expertensysteme, S. 13, Schmitz, Expertensysteme, Sp. 615 und Bodendorf/Robra-Bissantz, Wissensbasierte Systeme, Sp. 2282.

108 Vgl. Bodendorf/Robra-Bissantz, Wissensbasierte Systeme, Sp. 2283.

und benötigte Daten ggf. beim Benutzer erfragt werden.[109] Die einzelnen Regeln, die diesen Schlussfolgerungen zugrunde liegen, bestehen grundsätzlich aus einem Bedingungsteil und einem Anwendungsteil („Wenn-dann-Beziehung“) und lassen sich miteinander verknüpft als Regelwerk oder „Regelbaum“ darstellen.[110]

Bei der Kreditwürdigkeitsprüfung könnten sich einzelne Bestandteile eines solchen Regelbaums beispielsweise auf die Bereiche 'Bedienbarkeit', 'Zahlungsmoral' oder 'Sicherheiten' beziehen.[111] Bei der Frage nach der Bedienbarkeit von **Krediten des Privatkundengeschäftes** würde etwa das verfügbare Einkommen des Kreditnehmers, die Sicherheit seiner beruflichen Stellung oder die Höhe der Kreditraten kritisch zu prüfen sein. Zur Untersuchung der Zahlungsmoral könnten interne Informationen aus Kundendatenbanken oder SCHUFA-Unterlagen Auskunft über das bisherige Zahlungsverhalten des Antragstellers geben. Je nachdem, welche Schlussfolgerungen das Expertensystem aus den beiden vorgenannten Komponenten zieht, ist im Bereich der Kreditsicherheiten zu prüfen, ob dort Mängel bei den Merkmalen 'Bedienbarkeit' oder 'Zahlungsmoral' ggf. ausgeglichen werden können.

Bei der **Kreditvergabe im Firmenkundengeschäft** erfolgt eine Beurteilung des kreditsuchenden Unternehmens. Dabei spielt in den darauf ausgerichteten Expertensystemen einerseits die finanzielle Situation des Unternehmens eine Rolle, die bspw. im Rahmen einer kennzahlengestützten Jahresabschlussanalyse erfasst und beurteilt werden kann.[112] Andererseits werden darüber hinaus in zunehmendem Maße auch qualitative Merkmale berücksichtigt, wie etwa die Marktposition und das Marktpotenzial eines Unternehmens, die Abhängigkeit von Lieferanten, der Kapazitätsauslastungsgrad, technische Ausstattung, Kennzahlen des Personalbereiches, Kompetenzen der Geschäftsführung u. a. m.[113]

Die Ergebnisse, die Expertensysteme im Rahmen der bankbetrieblichen Kreditwürdigkeitsprüfung zu liefern in der Lage sind, variieren von einfachen Bewertungskennziffern, die eine Bonitätsbeurteilung in Bezug auf eine Vergleichsgruppe oder Risikoklasse ermöglichen, bis hin zu umfassenden, ausformulierten Gutachten.[114] Die Expertensysteme bieten den verantwortlichen Entscheidungsträgern damit eine sinnvolle Beurteilungshilfe und tragen auf diese Weise zu einer **Verbesserung der Beratungs- und Entscheidungsqualität** im bankbe-

---

109 Vgl. Schmitz, Expertensysteme, Sp. 618.
110 Vgl. Bodendorf/Robra-Bissantz, Wissensbasierte Systeme, Sp. 2282 f.
111 Vgl. hierzu und im Folgenden Bodendorf/Robra-Bissantz, Wissensbasierte Systeme, Sp. 2284.
112 Vgl. Mertens/Borkowski/Geis, Expertensystem-Anwendungen, S. 251.
113 Vgl. hierzu ausführlich Leins, Unternehmensanalyse, S. 105 ff.
114 Vgl. Bodendorf/Robra-Bissantz, Wissensbasierte Systeme, Sp. 2286.

trieblichen Kreditgeschäft bei. Als weitere Vorteile lassen sich die Reduktion von Routinetätigkeiten, die Erhöhung der Entscheidungsgeschwindigkeit sowie die Gewährleistung einer einheitlichen Kreditpolitik der Banken nennen.[115]

Aus der Perspektive der im Grundlagenteil dieser Studie erarbeiteten Erkenntnisse können zwei weitere wichtige Vorteile des Einsatzes von Expertensystemen im Rahmen der bankbetrieblichen Kreditwürdigkeitsprüfung angeführt werden. Zum einen handelt es sich, wie bereits angedeutet, bei der computertechnischen Erfassung und Verarbeitung des Erfahrungswissens ausgewiesener Kreditsachverständiger um einen Ansatz zur Externalisierung deren impliziten Wissens. Eine solche **Wissensexternalisierung** kann demnach nicht nur mit den im Rahmen dieser Arbeit ausführlich dargelegten organisationsstrukturellen und personalwirtschaftlichen Gestaltungsoptionen angestrebt werden, vielmehr können diesbezüglich auch technologische Faktoren eine wichtige Rolle spielen.[116] Zum anderen kann die Erfassung des impliziten Wissens bankbetrieblicher Kreditexperten auch als eine Möglichkeit zur **Wissensbewahrung** angesehen werden. Durch die Erfassung und Speicherung des Wissens in Expertensystemen bleibt dieses auch bei einem möglichen Ausscheiden des Wissensträgers aus dem Unternehmen langfristig erhalten.

Kritisch anzumerken ist im Zusammenhang mit dem Einsatz bankbetrieblicher Expertensysteme, dass dem grundlegenden Ansinnen, durch Computertechnologie menschliche Kognitionsprozesse abbilden zu wollen, trotz der voranschreitenden Entwicklung der Datenverarbeitungshardware und -software nach wie vor deutliche Grenzen gesetzt sind. Während sich beispielsweise ein „menschlicher Experte“ in einer Situation, in der er mit seinem Spezialwissen bei einer konkreten Problemstellung keine Lösungsmöglichkeiten erarbeiten kann, in der Lage ist, auf sein eher unverbindliches Alltagswissen zurückzugreifen, sinkt die „Kompetenz“ eines Expertensystems an der Grenze seiner Wissensbasis abrupt auf Null.[117] Darüber hinaus ist auch die „Lernfähigkeit“ von Expertensystemen äußerst limitiert. Während Menschen bei neuen Aufgabenstellungen altes Wissen modifizieren oder auf verschiedenen Wegen neues Wissen erwerben können, ist bei Expertensystemen jeweils eine **aufwendige Umgestaltung und Aktualisierung der Wissensbasen** erforderlich.[118]

Jedoch ist nicht nur die ständige Anpassung und Fortentwicklung der Wissensbasis eines Expertensystems mit einem hohen Aufwand verbunden, vielmehr kann auch die **Ersterfassung der relevanten Daten** als problematisch angese-

---

115 Vgl. Dietrich, Kreditprüfung, S. 294 f.

116 Bezüglich der oben angesprochenen strukturellen und personalwirtschaftlichen Aspekte vgl. nochmals die Abschnitte 3.2.2., 3.3. und 4.1.3.

117 Vgl. Kurbel, Entwicklung, S. 198.

118 Vgl. Dietrich, Kreditprüfung, S. 298.

hen werden. Tatsächlich bereitet es nämlich auch ausgewiesenen Experten eines bestimmten Fachbereichs – auch bei der Inanspruchnahme der Unterstützungsleistung von Wissensmanagern – ausgesprochene Schwierigkeiten, ihre individuellen Problemlösungsansätze so darzustellen, dass diese in das Regelwerk eines Expertensystems überführt werden können.[119] Als Hauptschwierigkeiten können in diesem Zusammenhang die detaillierte Ermittlung und Abbildung aller Determinanten und abhängigen Variablen des betrachteten Problemfeldes sowie die Erfassung der Beziehungen der relevanten Einflussfaktoren untereinander genannt werden.[120] Demnach ist die Externalisierung impliziten Wissens, die im Argumentationsverlauf bereits als besonderer Vorteil der bankbetrieblichen Expertensysteme eingeschätzt wurde, nicht ohne größeren Aufwand und möglicherweise nur in einigen wenigen Fällen vollständig erreichbar.

Zum Abschluss dieses Unterabschnitts soll mit dem **„Case Based Reasoning“** („CBR“) auf eine neuere Variante der wissensbasierten Systeme aufmerksam gemacht werden, bei der zumindest einige der oben angesprochenen negativen Aspekte der Expertensysteme entfallen. Das Case Based Reasoning (zu deutsch: „fallbasiertes Schließen“) beruht auf der grundlegenden Annahme, dass aktuelle Aufgabenstellungen unter Zuhilfenahme von zuvor bearbeiteten Fällen bewältigt werden können. Bei der Untersuchung einer spezifischen Problemstellung wird demnach zunächst einmal geprüft, ob in der Vergangenheit ein ähnlich gelagerter Fall schon einmal behandelt wurde und somit möglicherweise auf die dort zugrunde gelegten Lösungsansätze zurückgegriffen werden kann.[121] Diese fallbezogenen Denkschemata treten bei Menschen in vielerlei Alltagssituationen typischerweise auf, zum Beispiel im Bereich der Medizin, wenn sich ein Arzt bei der Erstellung einer Diagnose an die Krankheitssymptome eines vormals behandelten Patienten erinnert oder bei Juristen, die bei einem aktuellen Fall versuchen, Parallelen zu Gerichtsentscheiden aus der Vergangenheit herzustellen.[122]

Beim Einsatz des CBR im Rahmen der bankbetrieblichen Kreditwürdigkeitsprüfung bilden die bislang erfolgreich abgewickelten Kreditgeschäfte die Wissensbasis – oder auch: die Fallbasis – des Systems. Der **Prozess einer CBR-basierten Kreditwürdigkeitsprüfung** kann grundsätzlich in vier Subprozesse untergliedert werden. Erstens wird ein aktuell zu prüfendes Kreditgeschäft mit den Fällen der Wissensbasis des Systems auf größtmögliche Ähnlichkeit vergli-

119 Vgl. Lehner, Memory, S. 345.
120 Vgl. Meyer zu Selhausen, Bank-Informationssysteme, S. 496 f.
121 Vgl. Althoff/Bartsch-Spörl, Decision, S. 9.
122 Vgl. Lehner, Memory, S. 345.

chen.[123] Zweitens werden zu jedem der im ersten Schritt herausgefilterten Fallbeispiele die dort zugrunde gelegten Lösungsansätze herangezogen und auf die aktuelle Problemstellung übertragen. In einem dritten Schritt erfolgt eine Überprüfung der Tauglichkeit und Richtigkeit sowie, falls erforderlich, eine Modifikation der gefundenen Lösungsansätze.[124] Konkret könnte es sich hierbei beispielsweise um eine Anpassung der Kreditlaufzeit oder um eine Änderung in der Kreditbesicherung handeln. Der vierte Subprozess beinhaltet die Speicherung der während des Prüfprozesses gewonnenen Erkenntnisse mit dem Ziel einer späteren Wiederverwendung. Dieser letzte Schritt trägt somit zu einer ständigen Anreicherung und Aktualisierung der Wissensbasis des Systems bei.[125]

Gegenüber den Expertensystemen erweist sich nicht nur der Anpassungs- und Aktualisierungsprozess der Wissensbasis von CBR-Systemen, sondern auch die Erfassung der Ursprungsdaten als vergleichsweise unproblematisch. Ein solches wissensbasiertes System kann auf der Grundlage der bereits computermäßig erfassten Kreditgeschäfte einer Bank sukzessive aufgebaut werden. Das System kann bspw. mit 70 Prozent der vorhandenen Daten konzipiert und schließlich anhand der übrigen 30 Prozent auf Tauglichkeit und Richtigkeit der Ergebnisse geprüft werden.[126] Weitere Vorteile des fallbasierten Schließens sind in der Einfachheit, Nachvollziehbarkeit und der daraus folgenden relativ großen Akzeptanz bei der Mitarbeiterschaft sowie in der Tatsache zu sehen, dass die Erfassung von Ausnahmefällen, wie sie in der Kreditwürdigkeitsprüfung häufig zu beobachten sind, mittels einer Ähnlichkeitsbeurteilung eher möglich erscheint, als bspw. in der regelbasierten Entscheidungsfindung eines bankbetrieblichen Expertensystems.[127] Ob und inwieweit sich der vergleichsweise junge Ansatz des Case Based Reasoning in der Praxis der Kreditinstitute zukünftig als eine sinnvolle Ergänzung und Unterstützung im Rahmen der Kreditwürdigkeitsprüfung etablieren wird, muss jedoch zunächst abgewartet werden.

Die obigen Ausführungen haben gezeigt, dass nicht nur beim Electronic Banking an der Schnittstelle zur Bankkundschaft, sondern auch im bankinternen Einsatz innovative Komponenten der Informations- und Kommunikationstechnologie zur Verfügung stehen, die eine Aufbereitung, Speicherung und Übertragung bankbetrieblich relevanten Wissens ermöglichen. Anhand der Beispiele des Einsatzes von Expertensystemen und des CBR im Rahmen der bankbetrieb-

---

123 Vgl. Schiemann/Woltering, Entscheidungsunterstützung, S. 363. Zu einer knappen Darstellung der zur Ermittlung der **„Ähnlichkeit“** von Fällen beim CBR verwendbaren mathematischen Ansätze vgl. bspw. Lehner, Memory, S. 347 f.

124 Vgl. Lehner, Memory, S. 347.

125 Vgl. Althoff/Bartsch-Spörl, Decision, S. 9.

126 Vgl. Bodendorf/Robra-Bissantz, Wissensbasierte Systeme, Sp. 2288.

127 Vgl. Bodendorf/Robra-Bissantz, Wissensbasierte Systeme, Sp. 2289.

lichen Kreditwürdigkeitsprüfung wurde gezeigt, dass insbesondere die wissensbasierten Systeme zur Verbesserung des bankinternen Wissenstransfers beitragen können. Ohne auf die Fülle der weiteren möglichen Einsatzbereiche des Electronic Banking im Rahmen dieser Arbeit näher eingegangen zu sein, ist insgesamt dennoch deutlich erkennbar, dass die Informations- und Kommunikationstechnologie einen großen Einfluss auf die Struktur und die Geschäftsprozesse der Kreditinstitute im Allgemeinen und auf den bankbetrieblichen Wissenstransfer im Besonderen ausübt.

5.3. Wissensbarrieren als Instrumente der bankbetrieblichen Insiderregulierung

5.3.1. Zum Begriff des Insiderwissens

In nahezu allen bisherigen Unterabschnitten dieser Studie wurde das bankbetriebliche Wissen als eine Ressource dargestellt, die innerhalb der Kreditinstitute im Sinne einer Erweiterung und Anreicherung der organisationalen Wissensbasis nach Möglichkeit weiterentwickelt und verbreitet werden sollte. In diesem Zusammenhang wurde beispielsweise auf verschiedene Barrieren der Wissensentwicklung und des Wissenstransfers aufmerksam gemacht, die es zu identifizieren und mittels organisationsstruktureller, personalwirtschaftlicher und, wie zuletzt gezeigt, mittels technologischer Gestaltungsoptionen abzubauen gilt.[128] Beim Insiderwissen als Sonderproblem des bankbetrieblichen Wissensmanagements verhält es sich jedoch, wie in den folgenden drei Unterabschnitten darzulegen sein wird, genau umgekehrt. Aufgrund von rechtlichen Bestimmungen sowie aus unternehmensethischen Erwägungen ist der **Transfer des bankbetrieblichen Insiderwissens** zwischen bestimmten Geschäftsfeldern und Abteilungen der Institute **unerwünscht** und demzufolge zu unterbinden. Dies soll in den Kreditinstituten durch den bewussten Aufbau speziell darauf ausgerichteter Wissensbarrieren, den sog. „Chinese Walls“, gewährleistet werden.[129]

Das Insiderwissen ist jedoch kein ausschließlich auf den Banken- und Finanzsektor beschränktes Phänomen. Vielmehr können auch Mitarbeiter von Wirtschafts- und Verwaltungsorganisationen anderer Bereiche prinzipiell Träger von Insiderwissen sein. Zu denken wäre beispielsweise an eine Firma, die ein Preisausschreiben veranstaltet und die eigenen Angestellten aufgrund ihres Informationsvorsprungs bewusst von der Teilnahme ausschließt oder an einen für den Straßenbau zuständigen Beamten, der sein Insiderwissen über die städtische

---

[128] Vgl. hierzu insbesondere die Abschnitte 3.2. und 3.3.

[129] Vgl. ausführlich Abs. 5.3.2.

Baupolitik nicht dazu nutzen darf, um bestimmte Grundstücke auf eigene Rechnung zu kaufen oder zu verkaufen.[130] Es kann demnach zum einen gesagt werden, dass das Insiderwissen auf einer grundsätzlichen Informationsasymmetrie bzw. auf einem Wissensvorsprung eines Individuums beruht. Zum anderen ist festzuhalten, dass nicht der „Besitz" von Insiderwissen aus rechtlicher oder ethischer Perspektive beanstandenswert ist, sondern vielmehr der **bewusste Missbrauch dieses Wissens** mit dem Ziel der persönlichen Vorteilsnahme.[131]

Im Bereich der Kreditinstitute ist das Problem des Insiderwissens aus mehreren Gründen von ausgesprochen hoher Relevanz. Einerseits kann in diesem Zusammenhang an die in dieser Studie bereits dargelegte besondere gesellschaftliche Exponiertheit der Banken erinnert werden. Unter anderem aufgrund der unter dem Schlagwort der **„Macht der Banken"** subsumierbaren verschiedenen Kritikpunkte sowie aufgrund der damit in Verbindung stehenden vielfältigen gesetzlichen Aufsichtsbestimmungen werden die Aktivitäten der Kreditinstitute durch die allgemeine Öffentlichkeit sowie durch den Gesetzgeber besonders intensiv begutachtet.[132] Andererseits trägt auch die **Vertrauensempfindlichkeit** der Bankleistungen zu einer ausgeprägten Sensibilität der Öffentlichkeit in Bezug auf die korrekte und rechtsgetreue Abwicklung von Bankgeschäften bei. Der wohl wichtigste Grund für die besondere Relevanz des Insiderwissens in Kreditinstituten ist jedoch in der Tatsache zu erblicken, dass durch die Funktion der **Banken als Finanzintermediäre** eine Vielzahl einzelner bankbetrieblicher Bereiche tagtäglich mit insiderrelevanten Informationen in Berührung kommen. Auf welche Weise dies in der Bankenpraxis vonstatten gehen kann und welche Interessenkonflikte dadurch gegebenenfalls bei den Mitarbeitern der betreffenden Abteilungen hervorgerufen werden können, mag das folgende Fallbeispiel verdeutlichen.[133]

> Bei einer routinemäßigen Kreditüberwachung wird entdeckt, dass einer Aktiengesellschaft möglicherweise die baldige Insolvenz droht. In einem solchen Fall könnte der Kreditsachbearbeiter (oder der Leiter der Kreditabteilung) dieses Insiderwissen an den Depot A-Manager der Bank weitergeben. Dieser wäre somit in der Lage, die vorhandenen Aktienbestände des Kreditinstituts zu verkaufen, noch bevor die Insolvenz-Gefahr von anderen Marktteilnehmern erkannt wird und der Aktienkurs infolgedessen zu sinken beginnt. Ebenso könnte das Wissen um die drohende Insolvenz an die bankbetrieblichen Kundenberater weitergegeben werden. Diese könnten einerseits ihre eigenen privaten Aktienbestände überprüfen

130 Vgl. Koslowski, Ethik, S. 85 f.

131 Vgl. Koslowski, Unternehmensethik, S. 437 f.

132 Vgl. nochmals Abs. 2.3.2.

133 Das obige Fallbeispiel wurde sinngemäß übernommen aus Hartmann-Wendels/Pfingsten/Weber, Bankbetriebslehre, S. 716.

und ggf. neu zusammenstellen sowie andererseits Kauf- oder Verkaufsempfehlungen gegenüber den Bankkunden aussprechen. Bei einer Kaufempfehlung würde es sich um eine wissentliche Täuschung der Kunden handeln, beispielsweise um – wie oben geschildert – den Eigenbestand des Kreditinstituts an Aktien der betreffenden Gesellschaft abzustoßen. Bei einer Verkaufsempfehlung würde es sich um einen gut gemeinten, für die Kunden vorteilhaften Hinweis handeln.

Das obige Praxisbeispiel zeigt zum einen, dass viele unterschiedliche Geschäftsbereiche von Kreditinstituten, wie etwa die Anlageberatung, der Wertpapierhandel oder das Kreditgeschäft, potenziell mit insiderrelevanten Tatsachen in Kontakt kommen können. Dies betrifft in besonderem Maße den kontinentaleuropäischen Typus der Universalbank, bei dem im Gegensatz zum angloamerikanischen Trennbankensystem alle Bank- und Finanzdienstleistungen innerhalb eines Instituts oder einer Instituts-Gruppe angeboten werden.[134] Zum anderen verdeutlicht das Fallbeispiel, dass die Mitarbeiter der verschiedenen Abteilungen durch den Umgang mit dem Insiderwissen **vielfältigen Interessenkonflikten** ausgesetzt sein können. Diese verschiedenen Konfliktsituationen der Bankmitarbeiter lassen sich mittels der in dieser Studie bereits mehrfach erwähnten Prinzipal-Agenten-Theorie veranschaulichen.[135]

Bei einer eingehenderen Betrachtung der bankbetrieblichen **Insider-Problematik aus dem Blickwinkel der Agency-Theorie** ist ein vielschichtiges Geflecht aus unterschiedlichen Prinzipal-Agenten-Beziehungen erkennbar.[136] Dies beruht u. a. auf der dieser Studie zugrunde gelegten Position des methodologischen Individualismus, die eine (gedankliche) Trennung zwischen den Interessenlagen der Bankmitarbeiter und den Interessen des Kreditinstituts selbst erlaubt.[137] Darüber hinaus ist – wie im obigen Praxisbeispiel angedeutet und an anderer Stelle dieser Arbeit ausführlicher beschrieben – auch das Verhältnis zwischen Bankmitarbeitern und Bankkunden als Prinzipal-Agenten-Beziehung interpretierbar.[138] Insgesamt lassen sich auf diese Weise vier verschiedene Ebenen von Interessenkonflikten in Bezug auf das bankbetriebliche Insiderwissen identifizieren.

Die erste dieser **vier Konfliktebenen** betrifft das Verhältnis zwischen dem Kreditinstitut (als Prinzipal) und den Bankmitarbeitern (als Agenten). Hier wäre beispielsweise ein Fall vorstellbar, in dem eine Bank eine finanzielle Beteili-

---

134 Vgl. bspw. Hofstetter, Interessenkonflikte, S. 6 ff.

135 Vgl. hierzu nochmals Abs. 2.3.2.

136 Vgl. Schweizer, Insiderverbote, S. 159.

137 Vgl. hierzu nochmals die knappe methodologische Grundpositionierung in der Einleitung dieser Arbeit.

138 Vgl. die Abschnitte 2.3.2. und 3.1.1.

gung an einer Versicherungsgesellschaft vorbereitet. Die mit der Planung dieser Beteiligung betrauten Bankmitarbeiter könnten ihre Kenntnisse zu ihrem eigenen Vorteil zum Kauf von Aktien der betreffenden Gesellschaft nutzen, da nach der Bekanntgabe der Beteiligungsabsicht mit einem Kursanstieg zu rechnen ist.[139] Als zweite Konfliktebene ist das Beziehungsverhältnis zwischen der Bank (als Agent) und den Bankkunden (als Prinzipale) zu nennen. Wie in dem weiter oben angesprochenen Beispiel beschrieben, kann in diesem Verhältnis ein Kreditinstitut seinen Wissensvorsprung durch den gezielten Kauf oder Verkauf von Wertpapieren im Eigenhandelsgeschäft zuungunsten der Kundschaft und zum eigenen Vorteil ausnutzen.

Die dritte Ebene der bankbetrieblichen Interessenkonflikte betrifft das Verhältnis der einzelnen Mitarbeiter der Kreditinstitute zur Bankkundschaft, wobei in der überwiegenden Zahl der Fälle davon auszugehen ist, dass ein Bankmitarbeiter (als Agent) einen Wissensvorsprung gegenüber dem Kunden (als Prinzipal) besitzt. Das Konfliktpotenzial beruht in diesem Beziehungsverhältnis in der potenziellen Möglichkeit, dass Bankmitarbeiter durch den missbräuchlichen Einsatz ihres Insiderwissens Geschäfte auf eigene Rechnung zum Nachteil der Kunden tätigen. Allerdings ist auch der umgekehrte Fall vorstellbar, in dem die Bankkunden (als Agenten) einen Wissensvorsprung gegenüber der Bank bzw. den Bankmitarbeitern besitzen. Als Beispiel für diesen vierten und letzten Typus von bankbetrieblichen Interessenkonflikten kann ein Kreditgeschäft angeführt werden, bei dem der Kreditnehmer sich durch die gezielte Zurückhaltung bestimmter Informationen einen Vorteil zu verschaffen versucht.[140]

Die insgesamt vielfältigen Gelegenheiten zum Missbrauch von Insiderwissen im Banken- und Finanzsektor können auch als **Problemfeld der Wirtschafts- und Unternehmensethik** angesehen werden. Insbesondere dann, wenn eine ausgeprägte Gewinnorientierung von nach kapitalistischen Grundsätzen handelnden Organisationsmitgliedern mit allgemeinen Rechts- oder Vollzugsdefiziten sowie mit einem durch Mangel an Solidarität und Verantwortung zu kennzeichnenden Werteverfall zusammentreffen, wird die Forderung nach einem an ethischen Prinzipien orientierten Wirtschaften erhoben.[141] Der Begriff 'Ethik' hat seinen Ursprung in dem griechischen Wort 'Ethos' („Sitte, Gebrauch, Gewohnheit") und wird im Allgemeinen als Wissenschaft von der Moral, als Moralphilosophie bzw. Sittsamkeitslehre verstanden.[142] Demnach ist die Moral, die

---

139 Vgl. Schweizer, Insiderverbote, S. 160.

140 Vgl. hierzu nochmals Abs. 3.1.1.

141 Vgl. Hanisch, Grundprobleme, S. 17 und 104.

142 Vgl. Kreikebaum, Unternehmensethik, S. 9. Auf eine ausführlichere Darlegung des Ethikbegriffs sowie der verschiedenen Ansätzen und Teildisziplinen der Ethik soll in dieser Studie verzichtet werden. Vgl. hierzu bspw. Kreikebaum, Unternehmensethik, S. 71 ff., Staffelbach, Management-Ethik, S. 187 ff. und Steinmann/Löhr, Grundlagen, S. 7 f.

umgangssprachlich oftmals recht undifferenziert mit der Ethik synonym gebraucht wird, als Untersuchungsobjekt der Ethik zu bezeichnen.

Unter Moral kann ein **Regelsystem aus Prinzipen, Normen und Wertvorstellungen** verstanden werden, welches das Verhalten von Menschen bestimmt.[143] Folglich beschäftigt sich die Ethik mit der grundsätzlichen Fragestellung, welche einzelnen Normen und Prinzipien im alltäglichen menschlichen Miteinander oder in bestimmten, besonders konfliktträchtigen Ausnahmesituationen zu betrachten und anzuwenden sind.[144] Handelt es sich dabei, wie in der letztgenannten Formulierung angedeutet, um die Vorgabe eines adäquaten bzw. gewünschten Verhaltens, so betrifft dies die Teildisziplin der so genannten „normativen Ethik“, geht es demgegenüber um eine Beschreibung oder empirische Erfassung der moralischen Auffassungen von einzelnen Individuen oder Personenmehrheiten, kann von einer „deskriptiven Ethik“ gesprochen werden.[145]

Sowohl die Wirtschaftethik als auch die Unternehmensethik stellen Teilbereiche der Ethik dar. Ethische Reflektionen über die Gestaltung gesamtwirtschaftlicher Zusammenhänge und Rahmenbedingungen können als Wirtschaftsethik bezeichnet werden.[146] Die Unternehmensethik beschäftigt sich hingegen mit dem **moralischen Verhalten von bzw. in Unternehmen.**[147] Diese zuletzt genannte Formulierung beruht wiederum auf dem Prinzip des methodologischen Individualismus. Einerseits wird auf die Möglichkeit verwiesen, dass ein Unternehmen selbst (quasi eigenständig) gemäß bestimmter Moralvorstellungen handelt, andererseits sind es die Individuen, die sich in Unternehmen getreu (oder nicht getreu) den vorherrschenden moralischen Wertvorstellungen verhalten.[148]

Anhand der Frage, ob sich ein Individuum oder eine Organisation gemäß der allgemein anerkannten moralischen Prinzipien verhält, kann der **Zusammenhang zwischen ethischen und rechtlichen Problemstellungen** aufgezeigt werden. Ebenso wie die moralischen Normen und Wertvorstellungen dient das Recht prinzipiell dazu, die Lebensverhältnisse von Individuen zu regeln.[149] Oftmals werden dabei allgemein anerkannte und in bestimmten Situationen als opportun eingeschätzte moralische Prinzipien in geltendes Recht überführt. Bezogen auf ökonomische Fragestellungen kann gefolgert werden, dass die Wirtschaftsethik der Vorbereitung sowie der Hinführung zum Wirtschaftsrecht dien-

143 Vgl. Rebstock, Unternehmungsethik, S. 37.
144 Vgl. Staffelbach, Management-Ethik, S. 140.
145 Vgl. Kreikebaum, Unternehmensethik, S. 10.
146 Vgl. Steinmann/Löhr, Problembestände, S. 6.
147 Vgl. Kreikebaum, Unternehmensethik, S. 8.
148 Vgl. hierzu auch Abs. 5.3.3.
149 Vgl. Gröschner, Fundierung, S. 105.

lich sein kann.[150] Der Unterschied zwischen Moralität und Legalität kann in der Tatsache gesehen werden, dass Rechtspflichten heteronom, von außen auferlegt und ggf. mit Zwang durchgesetzt werden.[151] Demgegenüber erfolgt die Beachtung moralischer Pflichten autonom, gesteuert von den inneren Empfindungen und Wertvorstellung eines Individuums. Ein moralisch nicht akzeptables Verhalten eines Individuums kann i. d. R. allenfalls durch Reaktionen in dessen persönlichem Umfeld, nicht jedoch mittels rechtlicher Maßregeln sanktioniert werden. Letzteres ist nur dann möglich, wenn die betreffenden moralischen Prinzipien und Wertvorstellungen bereits in Gesetzesnormen überführt worden sind.

Im Zusammenhang mit der **Insider-Problematik in Kreditinstituten** kann als kurzes Zwischenfazit das Folgende festgehalten werden. In der Banken- und Finanzbranche stehen besonders viele Institutionen, Geschäftbereiche und Individuen in direktem oder indirektem Kontakt mit insiderrelevanten Tatbeständen. Sich durch den Einsatz dieses Insiderwissens einen persönlichen Nutzen verschaffen zu wollen, könnte zunächst als durchaus legitim eingeschätzt werden, denn die Akquisition von Wissen zur eigenen Vorteilsnahme ist in nahezu allen ökonomischen Handlungsbereichen zu beobachten.[152] Zu denken wäre beispielsweise an spezielle Fertigungstechniken, Patente oder, wie in dieser Studie ausführlich beschrieben, an die Einstellung und Eingliederung hoch qualifizierter Wissensträger.[153] Folglich ist der Erwerb und der Gebrauch von besonderem, anderen nicht bekanntem Wissen als durchaus erstrebenswert anzusehen. Jedoch verstößt der Einsatz von Insiderwissen zur persönlichen Vorteilsnahme in vielen Fällen gegen bestimmte Moralvorstellungen. Auf der Ebene der Wirtschaftsethik betrifft dies gesamtwirtschaftliche Probleme des Insiderhandels am Kapitalmarkt. Aus dem Blickwinkel der Unternehmensethik sind Fragen des Transfers von insiderrelevantem Wissen innerhalb der Kreditinstitute sowie innerhalb der übrigen betroffenen Organisationen angesprochen, und schließlich sind die persönlichen Prinzipien und Wertvorstellungen derjenigen Personen von Relevanz, die an den Wertpapierbörsen oder in Banken mit dem Insiderwissen tagtäglich umzugehen haben.[154]

Zum Abschluss dieses Unterabschnitts sollen – anknüpfend an den Gedanken des Zusammenhangs von Moral und Recht (bzw. von Ethik und Jurisprudenz) – die grundlegenden **gesetzlichen Bestimmungen zum Umgang mit bankbetrieblichem Insiderwissen** in knapper Form dargestellt werden. Im Jahr 1995 trat im Zuge des Zweiten Finanzmarktförderungsgesetztes unter anderem auch

[150] Vgl. Koslowski, Unternehmensethik, S. 412.
[151] Vgl. Gröschner, Fundierung, S. 114.
[152] Vgl. Koslowski, Unternehmensethik, S. 414.
[153] Vgl. Abs. 4.1.
[154] Vgl. Koslowski, Ethik, S. 63.

das Wertpapierhandelsgesetz (WpHG) in Kraft, welches im Kern die Umsetzung der EG-Richtlinie zur Insiderregulierung und der EG-Transparenzrichtlinie in deutsches Recht beinhaltete. Mit dem Bundesaufsichtsamt für den Wertpapierhandel (BAWe) wurde eine neue Behörde eingerichtet, die die Umsetzung der Vorschriften des WpHG überwachen sollte, um so „Missständen entgegenzuwirken, die sich nachhaltig für den Wertpapierhandel und den Wertpapiermarkt auswirken können".[155]

Es kann demzufolge festgestellt werden, dass der Insiderhandel in Deutschland erst seit 1995 durch ein einheitliches Gesetz erfasst und detailliert geregelt wird.[156] Vor dem genannten Datum galt in Bezug auf die Veröffentlichung kursrelevanter Tatsachen der § 44a des Börsengesetztes i. V. m. § 70 der Börsenzulassungsverordnung.[157] Die Überwachung von Insidergeschäften beruhte in den Banken darüber hinaus auf freiwilligen Vereinbarungen und wurde konkret vornehmlich durch das zuständige Kontrollwesen der bankbetrieblichen Revisionsabteilungen vollzogen.[158] Insbesondere aufgrund der Internationalisierung der Kapitalmärkte sah man sich in Deutschland jedoch zunehmend gezwungen, die anderenorts bereits seit längerem etablierten gesetzlichen Verordnungen aufzugreifen und sich durch die Einführung des WpHG sowie durch den Aufbau des BAWe als Kontrollbehörde internationalen Gepflogenheiten und Standards anzupassen.[159]

Zunächst werden im Wertpapierhandelsgesetz die relevanten Begrifflichkeiten eingegrenzt. Ein **Insider**, so besagt es § 13 des Gesetzes ist, wer „Kenntnis von einer nicht öffentlich bekannten Tatsache hat, die sich auf einen oder mehrere Emittenten von Insiderpapieren oder auf Insiderpapiere bezieht und die geeignet ist, im Falle ihres öffentlichen Bekanntwerdens den Kurs der Insiderpapiere erheblich zu beeinflussen". **Insiderpapiere** sind gem. § 12 WpHG grundsätzlich alle an einer inländischen Börse oder an einer Börse der Mitgliedsstaaten der Europäischen Union zum Handel zugelassenen Wertpapiere. **Insiderinformationen** werden demzufolge insbesondere durch zwei Charakteristika determiniert. Sie sind erstens nicht öffentlich bekannt und zweitens dazu geeignet, den Kurs

155 Lange, Informationspflichten, S. 275. Wie an anderer Stelle dieser Studie bereits dargelegt, wurde das oben genannte BAWe am 01.05.2002 im Sinne des Gesetztes über die Bundesanstalt für Finanzdienstleistungsaufsicht (FinDAG) mit den bis dahin eigenständigen Bundesaufsichtsämtern für das Kreditwesen (BAKred) und das Versicherungswesen (BAV) zur **Bundesanstalt für Finanzdienstleistungsaufsicht (BAFin)** vereinigt.

156 Vgl. Nöth, Informationsaggregation, S. 165.

157 Vgl. BAWe, Insiderhandelsverbote, S. 11.

158 Vgl. Stafflage, Anlageberatung, S. 72.

159 Vgl. bspw. Schweizer, Insiderverbote, S. 24 und Steinhauer, Insiderhandelsverbot, S. 25.

eines Insiderpapiers erheblich zu beeinflussen. Im Folgenden wird der Begriff der Insiderinformation und der Terminus '**Insiderwissen**' synonym gebraucht.[160]

Beide Begriffe, die Insiderinformation und das Insiderwissen, sind im Sinne des Wertpapierhandelsgesetzes – und im Sinne der Bankenaufsicht – wertneutral verwendbar. Eine Vielzahl der Mitarbeiter von Kreditinstituten sind in diesem Verständnis als Insider zu betrachten und somit (potenzielle) Träger von Insiderwissen. Weiterführend wird in diesem Zusammenhang zwischen **Primärinsidern und Sekundärinsidern** unterschieden. Personen, die über einen unmittelbaren Zugang zu Insidertatsachen verfügen, etwa als Mitglied des Geschäftsführungs- oder Aufsichtsorgans eines Wertpapiere-emittierenden Unternehmens, werden als Primärinsider bezeichnet.[161] Unter Sekundärinsidern versteht man hingegen Personen, die, ohne Primärinsider zu sein, Kenntnis von Insidertatsachen haben, unabhängig von der Art der Kenntniserlangung oder der Herkunft der Informationen.[162] Weder Primär- noch Sekundärinsider dürfen gem. § 14 WpHG unter Ausnutzung von Insiderwissen auf eigene oder auf fremde Rechnung Insiderpapiere kaufen oder verkaufen. Primärinsider dürfen darüber hinaus ihr Insiderwissen nicht unbefugt transferieren und sollen keine Kauf- oder Verkaufsempfehlungen für Insiderpapiere aussprechen.[163]

Diese Bestimmungen werden in weiteren Paragraphen des Wertpapierhandelsgesetzes durch **besondere Verhaltenspflichten und Vorschriften** konkretisiert. So finden sich in den §§ 31 ff. des WpHG allgemeine und besondere Verhaltensregeln, Organisationspflichten, Aufzeichnungs- und Bewahrungspflichten sowie weitere Prüfungs- und Überwachungsregeln. Allerdings erfolgt keine Vorgabe spezieller Methoden oder Instrumente zur konkreten Umsetzung der unternehmensinternen Insider-Überwachung.[164] Vielmehr sollen die Banken in Abhängigkeit ihrer institutspezifischen Besonderheiten gem. § 33 WpHG „über angemessene interne Kontrollverfahren verfügen, die geeignet sind, Verstößen gegen Verpflichtungen nach diesem Gesetz entgegenzuwirken". Offenbar ist den Kreditinstituten von gesetzgeberischer Seite hier ein gewisser Gestaltungsspielraum eingeräumt worden, um den Umgang mit dem bankbetrieblichen Insiderwissen ganz bewusst nicht ausschließlich auf strafrechtliche Insidernormen zu beschränken, sondern ebenso moralische Prinzipien und Wertvorstellungen

---

160 Während in der Gesetzesgrundlage selbst von der **Insidertatsache** die Rede ist, wird im Sprachgebrauch der Fachliteratur oftmals die **Insiderinformation** verwendet. Aber auch der in dieser Arbeit präferierte Begriff '**Insiderwissen**' findet sich in erläuternden Texten zur Insiderhandelsproblematik. Vgl. beispielsweise BAWe, Insiderhandelsverbote, 17 ff.

161 Vgl. BAWe, Insiderhandelsverbote, S. 15.

162 Vgl. Schweizer, Insiderverbote, S.124.

163 Vgl. BAWe, Insiderhandelsverbote, S. 17.

164 Vgl. Schweizer, Insiderverbote, S. 172.

im Sinne einer insgesamt an ethischen Grundsätzen orientierten Geschäftstätigkeit der Banken mit einzubeziehen.[165]

5.3.2. „Chinese Walls“ als Barrieren des bankbetrieblichen Insiderwissens

Ein mögliches und in den Kreditinstituten inzwischen geläufiges Konzept zum Umgang mit bankbetrieblichem Insiderwissen ist der Aufbau speziell darauf ausgerichteter Wissensbarrieren. Wie in vielen anderen Bereichen der Bankenpraxis bedient man sich auch hier mit dem Terminus '**Chinese Walls**' eines angelsächsischen Begriffs. Dieser Begriff bezieht sich metaphorisch auf die chinesische Mauer, die einem Betrachter aufgrund ihrer Höhe und Ausdehnung als unüberwindbare Barriere erscheint und einem davor Stehenden „nicht einmal einen Blick, geschweige denn ein Hinüberwechseln in die dahinterliegenden Regionen gestattet.“[166] Entgegen dem unmittelbaren Begriffsverständnis sind im vorliegenden Problemkontext mit den Chinese Walls jedoch weniger physikalische Einrichtungen gemeint, sondern vielmehr organisatorische Maßnahmen und Regeln zur Beschränkung des bankinternen Wissenstransfers.[167] Mit Hilfe der Chinese Walls sollen bestimmte Vertraulichkeitsbereiche innerhalb der Kreditinstitute voneinander abgegrenzt werden, um auf diese Weise die Übertragungswege des bankbetrieblichen Wissens überwachen und somit eine unerlaubte Weitergabe von Insiderwissen verhindern zu können.[168]

Dass der Begriff 'Chinese Walls' und die damit in Verbindung stehende bankbetriebliche Insider-Problematik erstmals in den USA auftauchte und in grundlegender Weise problematisiert wurde, mag zunächst verwundern, denn die Gefahr eines unerwünschten Transfers von Insiderwissen ist, wie im Vorabschnitt bereits festgestellt wurde, in kontinentaleuropäischen Universalbanken im Vergleich zum amerikanischen Trennbankensystem höher einzuschätzen. Jedoch ist ein missbräuchlicher Einsatz von Insiderwissen auch durch die in den USA von Rechts wegen vorgeschriebene Trennung von Investment Banking und Commercial Banking in eigenständige Unternehmenseinheiten keineswegs ausgeschlossen. Dies soll im Folgenden ein kurzer Blick auf ein Fallbeispiel aus der US-amerikanischen Bankenpraxis verdeutlichen, das gemeinhin als **Ursprung des bankbetrieblichen Chinese Walls-Prinzips** angesehen wird.[169]

---

[165] Vgl. Tippach, Rechtspflichten, S. 220.
[166] Hoffmann, Informationsflüsse, S. 141.
[167] Vgl. Tippach, Rechtspflichten, S. 232.
[168] Vgl. Schweizer, Insiderverbote, S. 117.
[169] Das obige Praxisbeispiel wurde sinngemäß entnommen aus Tippach, Rechtspflichten, S. 231 f. und Hoffmann, Informationsflüsse, S. 143 f.

Im Rahmen der Vorbereitung einer Emission von Schuldverschreibungen der US-Firma Donald Aircraft durch das Brokerhaus Merrill Lynch im Jahr 1966 erfuhren Mitarbeiter der Emissionsabteilung, dass Donald Aircraft entgegen den allgemeinen Markterwartungen im laufenden Jahr keine Gewinne erwirtschaften würde. Dieses Wissen wurde innerhalb des Unternehmens Merrill Lynch an die dort tätigen Anlageberater übermittelt. Die Berater gaben dieses Wissen ihrerseits an ausgewählte Kunden weiter, so dass diese in der Lage waren, ihre Donald Aircraft-Aktien noch vor dem allgemeinen Bekanntwerden des zu erwartenden Gewinneinbruchs zu veräußern. Andere Kunden der Bank, die diese Information nicht erhielten, erlitten nach deren öffentlicher Bekanntgabe und des daraufhin sinkenden Aktienkurses z. T. hohe finanzielle Verluste.[170] Nach einem Untersuchungsverfahren durch die amerikanische Aufsichtsbehörde SEC musste sich Merrill Lynch dazu verpflichten, organisationsinterne Maßnahmen zu treffen, um einen derartigen Wissenstransfer zukünftig zu vermeiden. Durch ein verbindliches Statement erklärte sich damit „erstmals ein Finanzinstitut bereit, den unternehmensinternen Informationsaustausch zwischen einzelnen Abteilungen zu unterbinden und damit das Chinese-Wall-Prinzip einzuführen."[171]

Hinsichtlich der verschiedenen bankbetrieblichen Vertraulichkeitsbereiche, die mittels der Chinese Walls abgegrenzt werden sollen, sind in erster Linie die sog. **Emittentenkontaktbereiche** von Relevanz.[172] Zu den Emittentenkontaktbereichen sind diejenigen bankbetrieblichen Funktionen und Abteilungen zu zählen, die aufgrund ihrer Geschäftstätigkeit mit Emittenten von Insiderpapieren in Verbindung kommen können und innerhalb derer somit prinzipiell die Möglichkeit zur Aneignung und Ausnutzung emittentenbezogener Insidertatsachen besteht.[173] Als Beispiele für Bankunternehmensbereiche mit Zugang zu derartigem Insiderwissen können das Firmenkundenkreditgeschäft, das Wertpapierkonsortialgeschäft, die Unternehmensberatung, Mergers & Acquisitions, Rechnungswesen und Controlling sowie die Geschäftsleitung der Bank angeführt

170 Aufgrund der Tatsache, dass nur einige ausgewählte Kunden informiert wurden, konnte sich Merrill Lynch im oben angesprochenen Untersuchungsverfahren nicht auf eine allgemeine Informationspflicht gegenüber ihrer Kundschaft berufen. Vgl. Dingeldey, Bankrecht, S. 81.

171 Hoffmann, Informationsflüsse, S. 144.

172 Zu den bankbetrieblichen Vertraulichkeitsbereichen sind neben den Emittentenkontaktbereichen auch die sog. **Marktkontaktbereiche** zu zählen. Da diese Bereiche, wie z. B. die Vermögensverwaltung oder die Wertpapierabwicklung, jedoch ein vergleichsweise geringes Konfliktpotenzial in Bezug auf bankbetriebliches Insiderwissen aufweisen, werden sie hier lediglich fußnotenartig erwähnt. Vgl. weiterführend bspw. Schweizer, Insiderverbote, S. 179 f.

173 Vgl. Lipton/Mazur, Chinese Wall, S. 466 f.

werden.[174] Die genannten Bereiche lassen sich weiter untergliedern in solche, die ein originäres, tätigkeitsbedingtes Interesse an insiderrelevanten Informationen aufweisen (z. B. die für das Eigenhandelsgeschäft zuständige Abteilung) sowie in „weniger sensible“ Bereiche, in denen kein direktes tätigkeitsbedingtes Interesse an Insiderwissen vorherrscht.[175] Zu den letztgenannten Geschäftsbereichen können beispielsweise die Personal- oder die Marketingabteilung eines Kreditinstituts gezählt werden.

Grundsätzlich können zur Errichtung von Chinese Walls in Kreditinstituten eine Vielzahl unterschiedlicher Separationsmaßnahmen zum Einsatz kommen. Zunächst wäre in diesem Zusammenhang daran zu denken, einzelne bankbetriebliche Abteilungen nach dem Vorbild des amerikanischen Trennbankensystems durch die Bildung **rechtlich eigenständiger Einheiten** voneinander abzugrenzen. Ein derartiges Vorgehen ist jedoch für sich betrachtet als wenig zweckmäßig einzustufen, da eine rechtliche Trennung einzelner Unternehmensbereiche allein den Transfer von bankbetrieblichem Insiderwissen kaum zu unterbinden vermag.[176] Dies zeigt nicht zuletzt das oben angesprochene Fallbeispiel des Brokerhauses Merrill Lynch.

Als alternative bzw. ergänzende Maßnahme bietet sich eine **räumliche Separation der relevanten Vertraulichkeitsbereiche** an, etwa durch die Unterbringung der betreffenden Abteilungen in verschiedenen Stockwerken innerhalb eines Bankgebäudes, durch eine Auslagerung in andere Gebäude oder gar durch eine Domizilierung der Geschäftseinheiten in unterschiedlichen Städten.[177] Neben der räumlichen Trennung der Abteilungen selbst ist darüber hinaus an die Überwachung der verschiedenen gemeinsam genutzten Einrichtungen, wie beispielsweise Konferenzräume, Bibliotheken, Kopierräume oder Schreibbüros, zu denken.[178] Unter dem Aspekt der räumlichen Separation von Vertraulichkeitsbereichen ist jedoch nicht nur der abteilungsübergreifende Wissenstransfer zu überwachen, auch innerhalb der verschiedenen Unternehmensbereiche sind die Möglichkeiten zum Transfer des bankbetrieblichen Insiderwissens kritisch zu prüfen.[179] In diesem Zusammenhang können einzelne Unterabteilungen und Projektgruppen oder bspw. die Mitarbeiter einer bestimmten Hierarchiestufe

---

174 Vgl. Schweizer, Insiderverbote, S. 178.
175 Vgl. Schweizer, Insiderverbote, S. 179.
176 Vgl. Scharpf, Compliance, S. 59.
177 Vgl. Schweizer, Insiderverbote, S. 184.
178 Vgl. McVea, Chinese Wall, S. 128 f.
179 Bei der Abgrenzung verschiedener Unternehmensbereiche kann auch von **„primären Chinese Walls“** gesprochen werden. Wissensbarrieren innerhalb des gleichen Geschäftsbereichs werden **„sekundäre Chinese Walls“** genannt. Vgl. Bülow, Vertraulichkeit, S. 290.

zum Ziel Insider-bezogener Separationsmaßnahmen werden.[180] Mögliche Mittel zur Abgrenzung des Insiderwissens innerhalb eines Unternehmensbereiches können beispielsweise in der bewussten Vermeidung von kommunikationsfördernden Großraumbüros oder in der Installation spezieller Sicherheitstüren mit einer automatisierten Identitätskontrolle zum Schutz besonders vertrauensempfindlicher Bereiche gesehen werden.[181]

Durch die verschiedenen räumlichen Separationsmaßnahmen kann vor allem der unbeabsichtigte Transfer von Insiderwissen, der beispielsweise in einem kollegialen Gespräch zwischen Mitarbeitern unterschiedlicher Vertraulichkeitsbereiche eher „zufällig" im Büroflur vonstatten gehen kann, eingedämmt werden. Eine bewusste missbräuchliche Übermittlung von insiderrelevanten Informationen zwischen Mitarbeitern der räumlich voneinander getrennten Abteilungen dürfte allerdings insbesondere angesichts der modernen Informations- und Kommunikationstechnologie weiterhin möglich sein. Die letztgenannte Gefahr eines missbräuchlichen Wissenstransfers kann ggf. durch zusätzliche Separationsmaßnahmen eingegrenzt werden. Beispielsweise kann die Möglichkeit der telefonischen Übermittlung insiderrelevanter Informationen durch technische Mittel unterbunden werden, die eine direkte Durchwahl zwischen Telefonapparaten unterschiedlicher bankbetrieblicher Vertraulichkeitsbereiche unmöglich macht.[182]

Als weitere Maßnahme zur Errichtung von Chinese Walls kann die **Überprüfung und Modifikation von bankbetrieblichen Geschäftsabläufen** genannt werden. Hierbei ist bspw. an eine Beschränkung des Zugangs zu bestimmten Geschäftsunterlagen auf einen dazu berechtigten Mitarbeiterkreis zu denken.[183] Darüber hinaus besteht die Möglichkeit, den Adressatenkreis von unternehmensinternen Mitteilungen, wie z. B. Aktenvermerken oder Revisionsberichten, zu überprüfen und im Vorfeld exakt zu definieren.[184] Ferner könnte es sich als sinnvoll erweisen, besonders sensible Informationen in Protokollen als solche zu kennzeichnen oder die Tagesordnungspunkte von Sitzungen und Ausschüssen einer kritischen Prüfung zu unterziehen. Hinsichtlich der letztgenannten Möglichkeit könnten die insiderrelevanten Themenbereiche ggf. anderen bankbetrieblichen Entscheidungsorganen übertragen werden, oder die Teilnahmerechte an den betreffenden Ausschüssen könnten, soweit zulässig, beschränkt werden.[185]

---

180 Vgl. Scharpf, Compliance, S. 60 f.
181 Vgl. Scharpf, Compliance, S. 62.
182 Vgl. Schweizer, Insiderverbote, S. 184 f.
183 Vgl. Tippach, Rechtspflichten, S. 233.
184 Vgl. Eisele, Insiderrecht, S. 1021 f.
185 Vgl. Scharpf, Compliance, S. 64.

Die Anzahl der zur Abgrenzung eines bestimmten bankbetrieblichen Bereichs zum Einsatz kommenden Einzelmaßnahmen legt – metaphorisch gesprochen – die **„Höhe" der jeweiligen Chinese Wall** fest.[186] Je mehr Separationsmaßnahmen zur Trennung verschiedener Vertraulichkeitsbereiche angewandt werden und je besser diese aufeinander abgestimmt sind, desto geringer ist die Wahrscheinlichkeit eines unerlaubten Transfers von Insiderwissen. Kommen zur Abgrenzung besonders sensibler Geschäftsbereiche eine Vielzahl einzelner Separationsmaßnahmen zum Einsatz und werden diese besonders genau überwacht, kann von einer so genannten **undurchlässigen Chinese Wall** gesprochen werden.[187] Insbesondere diese sehr strenge Form der bankbetrieblichen Insiderüberwachung kann jedoch aus mehreren Gründen kritisch hinterfragt werden.

Zum einen liefen derartig rigide Abgrenzungsmaßnahmen auf ein Verbot jeglicher sozialer Kontakte zwischen den Mitarbeitern der verschiedenen Vertraulichkeitsbereiche hinaus.[188] Eine solche Verfahrensweise widerspräche jedoch dem **Grundbedürfnis von Menschen nach sozialer Interaktion** und ließe sich darüber hinaus in der Unternehmenspraxis, bspw. in Kantinen, auf Fluren, in Fahrstühlen oder bei Betriebsfesten, nur sehr schwer umsetzen. Weiterhin ist anzumerken, dass mittels der undurchlässigen Chinese Walls nicht nur die Übertragung des bankbetrieblichen Insiderwissens, sondern darüber hinaus möglicherweise ebenso der legale und zudem erwünschte bzw. notwendige Wissenstransfer unterbunden wird.[189] Wie in dieser Studie ausführlich dargelegt, kann die Entwicklung und der Austausch von bankbetrieblich relevantem Wissen in vielerlei Hinsicht zur Anreicherung der organisationalen Wissensbasis und letztlich zum Erfolg eines Kreditinstituts beitragen.[190] Ferner sei an das Beispiel des bankbetrieblichen Relationship Managements erinnert, bei dem gerade die Zusammenführung bestimmter bankbetrieblicher Kompetenzbereiche als eine besondere Serviceleistung gegenüber den Bankkunden hervorzuheben ist.[191]

In Anbetracht der oben genannten Kritikpunkte wurden in der Bankenpraxis verschiedene Verfahren entwickelt, um in bestimmten Situationen die Strenge der Abgrenzungsmaßnahmen ggf. abmildern zu können. Einerseits ist in diesem Zusammenhang der Aufbau bzw. die Beschaffenheit der Chinese Walls näher zu betrachten. Neben den bereits erwähnten undurchlässigen Wissensbarrieren können auch teilweise durchlässige, so genannte **„semi-permeable" Chinese Walls**, konzipiert werden, bei denen der Transfer bereits öffentlich bekannter

---

186 Vgl. Schweizer, Insiderverbote, S. 184.
187 Vgl. bspw. Schweizer, Insiderverbote, S. 181.
188 Vgl. Scharpf, Compliance, S. 63.
189 Vgl. Tippach, Rechtspflichten, S. 233.
190 Vgl. hierzu insb. die Abschnitte 3.2.2., 3.3. und 5.2.
191 Vgl. Abs. 3.2.2.

Informationen uneingeschränkt möglich ist.[192] Andererseits kann in Betracht gezogen werden, in besonderen Ausnahmefällen ein bewusstes Überschreiten oder Durchbrechen der Chinese Walls zu gestatten.

Unter der strengen Nebenbedingung, das bankbetriebliche Insiderverbot gem. § 14 WpHG zu achten, können zum einen die sog. erlaubten Übertritte („**permitted breaches**") genannt werden, die einen Wissenstransfer bei allgemeinen Produkt- oder Geschäftsbereichsinformationen, bei öffentlich zugänglichen Einschätzungen zu Unternehmensdaten oder Marktentwicklungen sowie bei insiderrelevanten Informationen gegen Vorlage einer schriftlichen Genehmigung des betreffenden Kunden gestatten.[193] Zum anderen können in Abhängigkeit vom jeweils vorliegenden spezifischen Fall spontane Übertritte (sog. „**adhoc-breaches**") als legitim erachtet werden, bei denen beispielsweise die Mitarbeiter der bankbetrieblichen Bereiche 'Corporate Finance', 'Trading & Sales', 'Konsortialgeschäft' und 'Mergers & Acquisitions' ihre Aktivitäten untereinander abstimmen, um somit die Betreuungsprozesse zu verbessern und die Ansprache desselben Kunden durch verschiedene bankbetriebliche Abteilungen zu vermeiden.[194]

Insgesamt kann festgestellt werden, dass es sich beim Aufbau und bei der Überwachung von Chinese Walls um eine besonders diffizile Angelegenheit handelt. Zum einen ist die Identifikation, die Separation und die Überwachung der bankbetrieblichen Vertraulichkeitsbereiche eine ausgesprochen komplexe und schwierige Aufgabenstellung. Zum anderen sind die einzelnen zum Einsatz kommenden Separationsmaßnahmen durchaus kritisch zu betrachten. Teilweise widersprechen sie dem Bedürfnis von Bankmitarbeitern nach sozialer Interaktion, teilweise stehen sie einem aus betriebswirtschaftlicher Sicht erforderlichen Wissenstransfer entgegen. Zudem ist eine vollständige Abschottung bestimmter Vertraulichkeitsbereiche in der Unternehmenspraxis nur schwerlich zu gewährleisten. Das gilt insbesondere für den Fall eines bewussten, missbräuchlichen Transfers von insiderrelevantem Wissen. Um diesen Problemstellungen besser Herr werden zu können, werden die organisatorischen Abgrenzungsmaßnahmen der Chinese Walls in der Bankenpraxis um eine Reihe weiterer Instrumente ergänzt. Die Aufgabe der Zusammenstellung, Koordination und Überwachung aller Maßnahmen und Regeln der bankbetrieblichen Insiderregulierung obliegt insgesamt, wie zum Abschluss dieses Kapitels im Folgenden dargelegt werden soll, der Compliance-Funktion der Kreditinstitute.

---

192 Vgl. Schweizer, Insiderverbote, S. 183.
193 Vgl. Bülow, Vertraulichkeit, S. 291 f.
194 Vgl. Bülow, Vertraulichkeit, S. 292.

5.3.3. Konzeption einer bankbetrieblichen Compliance-Organisation

Der Begriff 'Compliance' ist der angelsächsischen Bankensprache entnommen und bedeutet **Handeln in Übereinstimmung mit geltenden Regeln.**[195] Aus dieser recht allgemein gehaltenen Begriffsbestimmung ist ersichtlich, dass über die in den Vorabschnitten thematisierten Vorschriften des Wertpapierhandelsgesetzes zum Umgang mit bankbetrieblichem Insiderwissen hinaus auch weitere Gesetzestexte, wie z. B. das Geldwäschegesetz, sowie unternehmensinterne Bestimmungen und Anweisungen angesprochen sind. Die Mitarbeiter der bankbetrieblichen Geschäfts- und Servicebereiche sollen durch Compliance bei der Durchführung ihrer Geschäftstätigkeiten gemäß der Gesetzesvorgaben, Regeln, Usancen und internen Richtlinien unterstützt und bei auftretenden Interessenkonflikten beraten werden.[196] Obgleich der Begriff 'Compliance' demnach eine ganze Reihe verschiedener Gesetze und Regelungen umfasst, steht sowohl in der Bankenpraxis als auch in den folgenden Ausführungen der insiderrechtliche Bezug deutlich im Vordergrund.[197]

Auf freiwilliger Basis hat im April des Jahres 1992 die Deutsche Bank als erstes deutsches Kreditinstitut ein Compliance-System eingeführt.[198] Wie bereits erwähnt, wurde eine umfassende Überwachung der bankbetrieblichen Insiderproblematik rechtsverbindlich erst durch die Inkraftsetzung des Wertpapierhandelsgesetzes im Januar 1995 fixiert. Die in § 33 WpHG eingeforderten Organisationspflichten wurden anschließend durch die im Dezember 1998 vom Bundesaufsichtsamt für den Wertpapierhandel erlassene sog. **„Compliance Richtlinie“** konkretisiert.[199] Es finden sich in dieser Richtlinie Angaben über einzelne Maßnahmen und Instrumente der bankbetrieblichen Insiderüberwachung, wie zum Beispiel über die im Vorabschnitt beschriebenen Chinese Walls und die damit in Zusammenhang stehenden Möglichkeiten eines „erlaubten“ oder „spontanen“ bereichsübergreifenden Wissenstransfers. Ebenso wird der Aufbau einer eigenständigen Compliance-Stelle empfohlen, in bestimmten Fällen sogar zwingend vorgeschrieben.[200]

Trotz der detaillierten Regelungen der Compliance-Richtlinie muss von der Feststellung, die gesetzlichen Vorschriften zur bankbetrieblichen Insiderregulie-

195 Vgl. Weiss, Compliance-Funktion, S. 137.
196 Vgl. Eisele, Insiderrecht, S. 1021.
197 Vgl. Tippach, Rechtspflichten, S. 213.
198 Vgl. Weiss, Compliance-Funktion, S. 136.
199 Die genaue Bezeichnung der Compliance-Richtlinie lautet „Richtlinie des Bundesaufsichtsamts für den Wertpapierhandel zur Konkretisierung der Organisationspflichten von Wertpapierdienstleistungsunternehmen gem. § 33 Abs. 1 WpHG vom 2. Dezember 1998“.
200 Vgl. Jütten, Compliance-Richtlinie, S. 129.

rung gäben den Kreditinstituten insgesamt einen ausreichenden Gestaltungsspielraum bei der Konzeption und Umsetzung einzelner Maßnahmen zur Bekämpfung des Insidermissbrauchs, im Wesentlichen nicht abgerückt werden.[201] Vielmehr bieten sich für die Banken auch angesichts der einzelnen Bestimmungen der Compliance-Richtlinie vielerlei Spielräume in Bezug auf die konkrete Durchführung der Insiderüberwachung. In Abhängigkeit von der jeweiligen Größe, Struktur und Geschäftstätigkeit der Institute ist über Art und Umfang der zu treffenden organisatorischen Maßnahmen individuell zu bestimmen, wobei einmal jährlich eine Angemessenheitskontrolle durch unabhängige Prüfinstanzen durchgeführt wird.[202]

Die Einrichtung einer eigenständigen, unmittelbar der Geschäftsleitung unterstellten und den übrigen Abteilungen gegenüber weisungsunabhängigen Compliance-Stelle ist durch die genannte Richtlinie für solche Institute verbindlich vorgeschrieben, die i. d. R. Zugang zu so genannten **Compliance-relevanten Informationen** verfügen.[203] Zu den Compliance-relevanten Informationen werden neben dem Insiderwissen zusätzlich diejenigen Informationen gezählt, die „keine insiderrechtliche Qualität aufweisen, aber zu einer Benachteiligung des Kunden infolge von Interessenkonflikten jedweder Art führen können."[204] Diese begriffliche Erweiterung des zu überwachenden Wissens erklärt sich dadurch, dass, wie eingangs bereits angedeutet, mittels der Compliance-Organisation neben der Insiderproblematik auch andere Vorschriften und Richtlinien erfasst werden sollen.

In der Bankenpraxis hat die überwiegende Zahl der Kreditinstitute die Vorgaben dahingehend umgesetzt, dass sie eigenständige Compliance-Abteilungen eingerichtet haben, die jeweils von einem Compliance-Beauftragten, auch „Compliance-Offficer" genannt, geleitet werden.[205] Neben der im Vorabschnitt beschriebenen Abgrenzung von Vertraulichkeitsbereichen mittels der Chinese Walls umfasst eine bankbetriebliche Compliance-Organisation eine Vielzahl weiterer möglicher Maßnahmen zur Insiderüberwachung.[206] Zu nennen sind in diesem Zusammenhang die Erstellung interner Regeln und Richtlinien zum Umgang mit Compliance-relevantem Wissen, die Information, Aufklärung und Ausbildung der Mitarbeiter, die Beratung derselben bei auftretenden Interes-

---

201 Vgl. hierzu nochmals die Schlusspassagen des Abs. 5.3.1.

202 Vgl. Jütten, Compliance-Richtlinie, S. 227 f.

203 Vgl. Jütten, Compliance-Richtlinie, S. 229.

204 Hofstetter, Interessenkonflikte, S. 183.

205 Vgl. Stafflage, Anlageberatung, S. 78.

206 Unter dem Begriff der **Compliance-Organisation** sollen sowohl die Compliance-Abteilungen selbst als auch sämtliche von ihr initiierten und überwachten Maßnahmen und Regelungen verstanden werden. Vgl. Hoffmann, Informationsflüsse, S. 152.

senkonflikten sowie verschiedene umfassende Überwachungstätigkeiten.[207] Zu den **Überwachungsmaßnahmen einer Compliance-Abteilung** ist zum einen die Kontrolle aller Wertpapiertransaktionen, insbesondere der Eigenhandels- und Mitarbeitergeschäfte, und zum anderen die laufende Beobachtung von Kursen, Umsätzen sowie der weiteren Informationslage über börsennotierte Unternehmen zu zählen.[208] Unterstützt wird die Überwachung des bankbetrieblichen Insiderwissens gemäß Abs. 3.3.3. der Compliance-Richtlinie durch so genannte Beobachtungs- bzw. Sperrlisten.

Eine **Beobachtungsliste** (engl.: „watch-list") ist von der Compliance-Abteilung streng vertraulich zu führen und beinhaltet Angaben über Compliance-relevante Informationen, über die betreffenden Insiderpapiere sowie über diejenigen Mitarbeiter, die innerhalb des Kreditinstituts Kenntnis von diesen Informationen haben.[209] Unabhängig davon, ob die Bankmitarbeiter in einem Vertraulichkeitsbereich arbeiten oder nicht, sind sie in jedem Fall verpflichtet, der Compliance-Abteilung unverzüglich Meldung zu erstatten, sollten sie Kenntnis von Compliance-relevanten Informationen erhalten.[210] Diese Meldungen können, wie die Abb. 23 zeigt, mittels eines speziellen Meldebogens erfasst und übermittelt werden. In dem beispielhaft abgebildeten Meldebogen ist erkennbar, dass eine ganze Reihe verschiedener Gründe, wie z. B. ein Übernahme- oder Abfindungsangebot, eine Fokussierung auf neue Kerngeschäfte oder eine Dividendenänderung, zu einer Aufnahme von bestimmten Gesellschaften und Wertpapieren in die Beobachtungsliste der bankbetrieblichen Compliance-Abteilung führen können.

Durch die Erfassung Compliance-relevanter Informationen in der Beobachtungsliste ist es möglich, jedes Eigenhandelsgeschäft der Bank und jedes Mitarbeitergeschäft dahingehend zu überprüfen, ob dem jeweiligen Ausführenden eine für das gehandelte Wertpapier relevante Insiderinformation zur Verfügung gestanden haben könnte.[211] Sollte sich der Verdacht einer unlauteren Ausnutzung von Insiderwissen erhärten, ist es dem zuständigen Compliance-Mitarbeiter vorbehalten, die betreffende Wertpapiertransaktion zu verbieten bzw. zu stornieren. Allein die Möglichkeit, bei einem missbräuchlichen Einsatz von Insiderinformationen durch das Überwachungsinstrument der „watch-list" auffällig werden zu können und ggf. mit weitreichenden Konsequenzen rechnen zu müssen, dürfte in der Bankenpraxis eine hohe abschreckende Wirkung ent-

207 Vgl. Hofstetter, Interessenkonflikte, S. 6.
208 Vgl. Hofstetter, Interessenkonflikte, S. 201 f.
209 Vgl. Tippach, Rechtspflichten, S. 216.
210 Vgl. Hofstetter, Interessenkonflikte, S. 191.
211 Vgl. Tippach, Rechtspflichten, S. 216.

falten.[212] Dies wiederum sollte sich positiv auf die Festigkeit der bankbetrieblichen Chinese Walls auswirken.

Abb. 23: Meldebogen für die Beobachtungsliste der Compliance-Stelle[213]

Sparte/Bereich/Abteilung/Betriebsstelle ____________________ Name ____________________

Name der Gesellschaft ____________________ ____________________

____

betroffene Wertpapierkennnummer

____

Grund der Meldung:

0 wesentliche Ertrags-/Liquiditätsveränderung	0 Kapitalmaßnahme
0 Übernahme-/Abfindungsangebot	0 Ratingverfahren
0 Beherrschungs-/Gewinnabführungsvertrag	0 Dividendenänderung
0 Eingliederung/Verschmelzung	0 Rückkaufsangebot
0 Vermögensübertragung/Umwandlung	0 Auflösung der Gesellschaft
0 gravierende Researchergebnisveränderung	0 Großorders
0 Vorzeitige Rückzahlung von Anleihen	0 Sonstiges
0 Rückzug aus/Aufnahme von neuen Kerngeschäftsfeldern	____________________
	____________________
0 Erwerb/Veräußerung wesentlicher Beteiligungen	____________________

Information erhalten am (Datum/Uhrzeit) ____________________

Von (Name/ggf. Funktion)____________________

____________________ ____________________

(Datum / Unterschrift) (Eingang bei Compliance-Stelle)

In einer **insiderrechtlichen Sperrliste**, auch „restricted list" oder „stop-list" genannt, werden diejenigen Wertpapiere aufgeführt, über die innerhalb der Bank kurssensitive Informationen vorliegen.[214] Die Aufnahme von Effekten in eine Sperrliste kommt insbesondere dann in Betracht, wenn sich Compliance-relevante Informationen aus der „watch-list" verdichten, sowie bei Neuemissionen oder bei Übernahmeverhandlungen von Wertpapier-emittierenden Unter-

212 Vgl. Stafflage, Anlageberatung, S. 81.

213 Quelle der Abb. 23: Leicht modifiziert nach Appel/Haueisen, Compliance, S. 80.

214 Vgl. Hoffmann, Informationsflüsse, S. 156.

nehmen.[215] Im Gegensatz zu der streng vertraulichen Beobachtungsliste werden die Informationen der „restricted list" den Mitarbeitern des Kreditinstituts bekannt gegeben.[216] Es ist den Mitarbeitern untersagt, für sich selbst oder auf Rechnung Dritter Wertpapiere, die in dieser Liste enthalten sind, zu kaufen oder zu verkaufen. Ferner dürfen die Bankberater gegenüber Kunden keinerlei Anlageempfehlung bezüglich der betreffenden Effekten aussprechen.[217]

Bei der **Entscheidung über die Aufnahme von Wertpapieren in eine bankinterne Sperrliste** werden die dafür zuständigen Compliance-Mitarbeiter mit zweierlei Problemstellungen konfrontiert. Zum einen wird mit einer steigenden Anzahl von Papieren in der „restricted list" die Bandbreite, innerhalb derer das Kreditinstitut Eigenhandel betreiben sowie Anlageempfehlungen aussprechen darf, zunehmend eingeengt.[218] Damit wird sowohl die Möglichkeit der Gewinnerwirtschaftung durch den Kauf und Verkauf von Effekten als auch die Qualität der bankbetrieblichen Beratungsleistungen beeinträchtigt. Zum anderen ist anzumerken, dass allein von der Aufnahme eines Wertpapiers in die Sperrliste eine Signalwirkung ausgehen kann und sich ein Mitarbeiter dadurch zu einem missbräuchlichen Ausnutzen dieser Information animiert fühlen könnte. Zwar wird den Bankbediensteten der Grund, warum ein bestimmtes Papier in der Sperrliste geführt wird, nicht genannt. Einem erfahrenen Wertpapierspezialisten dürfte es jedoch kaum Schwierigkeiten bereiten, Rückschlüsse zu ziehen, ob es sich um eine negative oder eine positive Information über das betreffende Wertpapier gehandelt haben könnte, die zur Aufnahme in die Sperrliste geführt hat.[219] Obgleich die Sperrlisten in der Compliance-Richtlinie des BAWe explizit als mögliches Überwachungsinstrument empfohlen werden, wird aus den oben genannten Gründen zumindest der extensive Einsatz der „restricted lists" in der Bankenpraxis durchaus kritisch gesehen.[220]

Neben der Abgrenzung von Vertraulichkeitsbereichen durch die Chinese Walls und der umfassenden Überwachung des bankbetrieblichen Wissenstransfers mittels der „watch-lists" und „restricted lists" kann die **Information, die Auf-**

---

[215] Vgl. Hofstetter, Interessenkonflikte, S. 194. Anhand des oben genannten Beispiels einer **Übernahmeverhandlung** kann verdeutlicht werden, dass das von der Compliance-Abteilung überwachte Wissen weiter zu fassen ist als es der Begriff 'Insiderwissen' zulassen würde. Obgleich die Information einer Übernahmeverhandlung von Unternehmen bereits öffentlich bekannt sein kann (und damit der Tatbestand des Insiderwissen nicht mehr erfüllt ist), könnte es aufgrund der Informationslage ggf. zu Fehlberatungen von Kunden kommen, so dass die Aufnahme des betreffenden Wertpapiers in eine bankbetriebliche Sperrliste in Betracht gezogen werden kann. Vgl. Tippach, Rechtspflichten, S. 217.

[216] Vgl. Appel/Haueisen, Compliance, S. 79.

[217] Vgl. Scharpf, Compliance, S. 69 f.

[218] Vgl. Stafflage, Anlageberatung, S. 84.

[219] Vgl. Stafflage, Anlageberatung, S. 83.

[220] Vgl. bspw. Scharpf, Compliance, S. 72.

klärung und die Ausbildung der Mitarbeiter als weiterer wichtiger Tätigkeitsbereich der Compliance-Abteilung genannt werden.[221] Als Informationsquellen können dabei bankinterne Richtlinien, Beraterregeln oder Leitsätze für Mitarbeitergeschäfte zum Einsatz kommen. Bezüglich der Mitarbeiterleitsätze können sich die Kreditinstitute an einer gemeinsamen Verlautbarung der Bundesaufsichtsämter für das Kreditwesen und den Wertpapierhandel vom Juli 2000 orientieren, in der Anforderungen an Verhaltensregeln für Mitarbeiter von Banken und Finanzdienstleistungsinstituten festgelegt werden. Diese Vorgaben können in Abstimmung mit dem jeweiligen Betriebsrat umgesetzt und den Mitarbeitern eines Kreditinstituts als Leitfaden bei Fragen der Durchführbarkeit oder der Offenlegung von Eigengeschäften zur Verfügung gestellt werden.[222]

Die Information, Aufklärung und Ausbildung der bankbetrieblichen Mitarbeiter kann über derartige Leitsätze und Richtlinien hinaus in Form von **Orientierungsveranstaltungen, Seminaren und Workshops** erfolgen, wobei Fallstudien oder bereichsspezifische Problemstellungen erörtert werden können.[223] Auf diese Weise werden die Mitarbeiter für einen rechtsgetreuen und vertrauensvollen Umgang mit Compliance-relevanten Informationen sensibilisiert und auf möglicherweise auftretende Interessenskonflikte gezielt vorbereitet. Darüber hinaus trägt eine umfassende Informations- und Aufklärungsarbeit zu Maßnahmen und Instrumenten der Insiderüberwachung zur Glaubwürdigkeit und Akzeptanz der bankbetrieblichen Compliance-Organisation bei. Dies ist vor allem deshalb von Bedeutung, weil das Gefühl einer ständigen Kontrolle durch die Compliance-Abteilung bei den Mitarbeiter gegebenenfalls Abwehrreaktionen, etwa in Form eines absichtlichen Unterlaufens der getroffenen Überwachungsmaßnahmen, hervorrufen kann.[224]

Wie bereits im Zusammenhang mit den Chinese Walls festgestellt, so gilt für den Bereich der bankbetrieblichen Compliance-Organisation insgesamt, dass es sich um einen **ausgesprochen diffizilen, „wissenssensitiven" Problemkomplex** handelt.[225] Die Fülle der tagtäglich anfallenden Insider- bzw. Compliance-relevanten Informationen sowie die weltweite Verknüpfung der Informations- und Kommunikationsnetze erschwert die Erfassung des bankbetrieblichen Wissenstransfers sowie die Abgrenzung und Überwachung der verschiedenen Vertraulichkeitsbereiche. Zur Bekämpfung des Insidermissbrauchs in Kreditinstituten stehen eine ganze Reihe verschiedener Maßnahmen und Instrumente zur Verfügung, die im einzelnen betrachtet einen missbräuchlichen Transfer von

221 Vgl. Hofstetter, Interessenkonflikte, S. 188.
222 Vgl. Baur, Mitarbeiterleitsätze, S. 612 ff.
223 Vgl. Eisele, Insiderrecht, S. 1023 f.
224 Vgl. Schweizer, Insiderverbote, S. 167.
225 Vgl. hierzu nochmals die grundlegende Charakterisierung von Kreditinstituten als **wissenssensitive Unternehmen** in Abs. 2.3.2. dieser Studie.

Insiderwissen möglicherweise eingrenzen, aber in letzter Konsequenz wohl nicht vollständig verhindern können. Zudem ist das – im Rahmen dieser Arbeit nicht näher untersuchte – **Problemfeld des Nachweises eines Insiderverstoßes** zu beachten. Zum einen muss damit gerechnet werden, dass den Mitarbeitern, die ihr Insiderwissen vorsätzlich zur persönlichen Vorteilsnahme einzusetzen gedenken, die Prüfmechanismen der bankbetrieblichen Compliance-Organisation durchaus geläufig sind und sie diese deshalb möglicherweise umgehen können. Zum anderen ist der Nachweis eines Insiderverstoßes dann besonders schwierig, wenn die Vorteilsnahme nicht in einem nachprüfbaren Handelsabschluss, sondern vielmehr in der bewussten Entscheidung eines Mitarbeiters oder eines Bankkunden zu suchen ist, aufgrund der jeweils gegebenen Informationslage bestimmte Wertpapiere *nicht* zu kaufen oder zu verkaufen.[226]

Alles in allem kann eine bankbetriebliche Compliance-Organisation bei gut aufeinander abgestimmten organisatorischen Einzelmaßnahmen und einem funktionierenden Überwachungssystem eine Vielzahl der unbeabsichtigten und der vorsätzlichen Insiderverstöße in Kreditinstituten verhindern bzw. revidieren und somit den bankbetrieblichen Wissenstransfer im Sinne der rechtlichen Bestimmungen regulieren. Durch das Gesamtkonzept einer Compliance-Organisation, einerseits das bankbetriebliche Insiderwissen gemäß der Gesetzesvorgaben abzugrenzen und zu überwachen und andererseits durch Informations- und Aufklärungsmaßnahmen die Mitarbeiter für die Insiderproblematik zu sensibilisieren, wird neben der Aufdeckung und Verfolgung von Insiderverstößen insbesondere der präventive Charakter der getroffenen Maßnahmen hervorgehoben. Damit leistet Compliance einen wichtigen Beitrag zu einer insgesamt an ethischen Grundsätzen orientierten Banktätigkeit.[227] Dies wiederum wirkt sich nicht nur auf die bankbetrieblichen Geschäftsabläufe sowie auf die Unternehmenskultur, sondern darüber hinaus insbesondere auch auf das Vertrauen von Kunden und Aktionären der Kreditinstitute in positiver Weise aus.

226 Vgl. Tippach, Rechtspflichten ,S. 226.
227 Vgl. Tippach, Rechtspflichten, S. 230.

6. Schlussbetrachtung

Die Hauptintention der vorliegenden Studie bestand darin aufzuzeigen, auf welche Weise ein bewusster, planvoller und effizienter Umgang mit der Unternehmensressource 'Wissen' derzeit, vor allem aber auch zukünftig zu einer nachhaltigen Verbesserung der wirtschaftlichen Situation von Kreditinstituten beitragen kann. Die nicht gerade zahlreichen Veröffentlichungen, die ein ähnliches Anliegen verfolgen, beschränken sich nahezu ausschließlich auf sehr spezielle, beispielsweise technologische oder personalwirtschaftliche Teilaspekte des Umgangs mit bankbetrieblich relevantem Wissen.[1] Jedoch existieren gerade in Kreditinstituten derartig viele unterschiedliche Ansatzpunkte und Gestaltungsbereiche zum Management des Wissens, dass eine umfassende, möglichst viele Teilaspekte aufgreifende Konzeption eines bankbetrieblichen Wissensmanagements angebracht erschien. Dem Erfordernis, diese verschiedenen Einzelaspekte in einem sinnvollen, gut nachvollziehbaren Argumentationsablauf darzubieten, wurde vor allem durch die Einteilung des bankbetrieblichen Wissensmanagements in die Kernprozesse 'Wissensentwicklung', 'Wissensakquisition' und 'Wissenstransfer' gerecht zu werden versucht.

Um die einzelnen Problembereiche und Gestaltungsfelder dieser drei Kernprozesse fundiert und zugleich prägnant analysieren zu können, wurden im zweiten Kapitel dieser Studie zunächst die **Grundlagen des bankbetrieblichen Wissensmanagements** dargelegt. In Abs. 2.1. erfolgte eine Eingrenzung zum Begriff und zu den verschiedenen Ausprägungsformen des Wissens. Anschließend wurden in Abs. 2.2. mit dem Bausteinmodell des Wissensmanagements und dem Modell der Wissensspirale zwei Konzepte zum Umgang mit der Unternehmensressource 'Wissen' präsentiert, die in integrativer Weise personalwirtschaftliche, unternehmensstrategische und auch technologiebezogene Aspekte des Wissensmanagements berücksichtigen. Weder bei der Begriffseingrenzung des Wissens noch bei den Konzepten des Wissensmanagements wurde eine allumfassende, sämtliche Definitionen und Modelle einbeziehende Darstellung angestrebt. Vielmehr sollten diejenigen Gesichtspunkte hervorgehoben werden, die für ein grundsätzliches Verständnis erforderlich und für die Ausgestaltung eines speziell auf Banken ausgerichteten Wissensmanagements von besonderer Relevanz sind.

Zum Abschluss des zweiten Kapitels wurde in Abs. 2.3. dargelegt, warum das Wissensmanagement gerade in der Bankenbranche als erforderlich und besonders lohnenswert angesehen werden kann. In diesem Zusammenhang wurde zunächst durch eine Darstellung der vielfältigen gesamtwirtschaftlichen Funktio-

---

[1] Vgl. bspw. Vopel, Wissensmanagement, S. 17 ff., Probst/Knaese, Risikofaktor, S. 16 ff., Wilmes, Vorgehen, S. 89 ff. oder Breuer, Wissensmanagement, Sp. 2303 ff.

nen der Kreditinstitute sowie ihrer exponierten Stellung in der öffentlichen Wahrnehmung auf die besondere Rolle der Banken in der Wissensgesellschaft hingewiesen. Ferner wurden die Banken als wissenssensitive Unternehmen charakterisiert, in denen ein verantwortungsbewusster und vertrauensvoller Umgang mit der Unternehmensressource 'Wissen' stets geboten ist. Abschließend wurden die Komponenten und Merkmale der bankbetrieblichen Wissensbasis dargestellt, auf deren Anreicherung sowie Aus- und Umgestaltung sich sämtliche der in den Folgekapiteln dargestellten Handlungsfelder und Gestaltungsmaßnahmen des bankbetrieblichen Wissensmanagements beziehen.

In Kapitel 3 wurde mit der **Wissensentwicklung in Kreditinstituten** der erste der drei Kernprozesse des bankbetrieblichen Wissensmanagements präsentiert. Hierbei ging es in erster Linie darum, das innerhalb der Kreditinstitute bereits vorhandene Wissen als „immateriellen Unternehmenswert" bzw. als „verborgenes Potenzial" zu identifizieren und im Sinne einer Anreicherung der bankbetrieblichen Wissensbasis durch gezielte Gestaltungsmaßnahmen fortzuentwickeln. Einführend wurde die Wissensentwicklung in Abs. 3.1. als ein Prozess des organisationalen Lernens vorgestellt. In diesem Zusammenhang wurde auf bestimmte (bspw. rechtliche oder technologische) Einflussfaktoren des organisationalen Lernens in Kreditinstituten sowie auf verschiedene Transformationsprozesse innerhalb der bankbetrieblichen Wissensbasis aufmerksam gemacht.

In Abs. 3.2. wurden verschiedene Lernbarrieren dargestellt und analysiert, die eine Entwicklung des bankbetrieblich relevanten Wissens stören oder gar gänzlich verhindern können. Es zeigte sich, dass die verschiedenen Prozesse der Wissensentwicklung in Kreditinstituten durch strukturelle, kognitive, motivationale sowie durch macht- bzw. mikropolitische Lernbarrieren blockiert werden können. Diesen unterschiedlichen Ausprägungsformen bankbetrieblicher Lernbarrieren kann, wie zum Abschluss des Abschnitts 3.2. dargelegt wurde, mittels diverser struktureller Gestaltungsvarianten begegnet werden. Diesbezüglich wurde neben den grundlegenden makrostrukturellen Weichenstellungen und den Gestaltungsoptionen der bankbetrieblichen Mikrostruktur – wie bspw. Job Enlargement oder Job Enrichment – vor allem auf die verschiedenen lateralstrukturellen Regelungen aufmerksam gemacht. Hierbei wurde insbesondere auf die Verbindungsposition des bankbetrieblichen Relationship-Managers sowie auf die Koordinatorenstelle des Wissensmanagers hingewiesen.

Im Anschluss an die strukturellen Maßnahmen zur Überwindung bankbetrieblicher Lernbarrieren wurden im letzten Unterabschnitt des dritten Kapitels (Abs. 3.3.) die personalwirtschaftlichen Gestaltungsoptionen der bankbetrieblichen Wissensentwicklung aufgezeigt. In diesem Zusammenhang wurde zunächst erörtert, welche Qualifikationen derzeit sowie zukünftig für die Mitarbeiter der Kreditinstitute von Relevanz sind und auf welche Weise diese innerhalb der

Banken durch gezielte Maßnahmen entwickelt werden können. Anschließend ist auf die Möglichkeit hingewiesen worden, die Wissensentwicklung der Bankmitarbeiter durch externe Institutionen im Rahmen einer überbetrieblichen Weiterbildung voranzutreiben. Dies wurde anhand mehrerer Beispiele aus der Bankenpraxis, wie beispielsweise den verschiedenen Weiterbildungskonzepten bestimmter Hochschuleinrichtungen oder dem Electronic Learning-Konzept „s-win" der Sparkassen-Finanzgruppe, verdeutlicht. Als wichtige Komponente der bankbetrieblichen Wissensentwicklung wurde zum Abschluss des dritten Kapitels eine adäquate, die individuelle Bereitschaft zur Aufnahme sowie zur Weitergabe bankbetrieblichen Wissens nachhaltig unterstützende Anreizgestaltung hervorgehoben.

Kapitel 4 beschäftigte sich mit der **Akquisition bankbetrieblich relevanten Wissens**. Eine solche Wissensakquisition ist für die Kreditinstitute vor allem dann eine sinnvolle Gestaltungsalternative zur Anreicherung und Erweiterung der bankbetrieblichen Wissensbasis, wenn Maßnahmen der Wissensentwicklung allein als nicht mehr ausreichend angesehen werden oder wenn etwa eine Ausweitung der bankbetrieblichen Geschäftstätigkeiten in neue Marktsegmente erfolgen soll. In Anknüpfung an den personalwirtschaftlich ausgerichteten letzten Unterabschnitt des Vorkapitels wurde die bankbetriebliche Wissensakquisition in Abs. 4.1. ebenfalls zunächst als eine Aufgabe der Personalwirtschaft charakterisiert und analysiert.

Einleitend wurde auf die Notwendigkeit aufmerksam gemacht, sich im Rahmen der bankbetrieblichen Personalgewinnung um die auch von Konkurrenzinstituten sowie von Unternehmen anderer Branchen umworbenen hoch qualifizierten Wissensträger, die so genannten „High Potentials", aktiv zu bemühen. Beispielhaft wurde auf die Möglichkeiten von speziell darauf ausgerichteten Internet-Auftritten der Kreditinstitute, auf das sog. „College Recruiting" sowie auf das Instrument der Bankenplanspiele hingewiesen. Ferner wurden verschiedene Personalauswahlverfahren zur Selektion des bankbetrieblichen Wissens vorgestellt und analysiert. Hierbei erwiesen sich beispielsweise situative Fragestellungen in Einstellungsinterviews sowie verschiedene Formen der Verhaltensbeobachtung in bankbetrieblichen Assessment Centern als besonders zweckdienlich. Schließlich zeigte sich, dass von einer erfolgreichen Anreicherung der bankbetrieblichen Wissensbasis durch Maßnahmen der Personalgewinnung erst dann gesprochen werden kann, wenn die neu akquirierten Mitarbeiter – und mit ihnen das hinzuzugewinnende Wissen – durch besondere Personaleingliederungsprogramme in die bankbetrieblichen Strukturen und Abläufe integriert werden können. Mentoring, Patensysteme sowie Trainee-Programme wurden diesbezüglich als besonders förderlich eingestuft.

Im zweiten Hauptabschnitt zur bankbetrieblichen Wissensakquisition erfolgte ein Perspektivenwechsel von der personalwirtschaftlichen hin zu einer unternehmensstrategischen Sichtweise. Damit wurden weniger einzelne Personen, sondern vielmehr Unternehmen bzw. Unternehmensteile als Träger des relevanten Wissens und somit als Zielobjekte der bankbetrieblichen Wissensakquisition betrachtet. Zunächst wurde in Unterabschnitt 4.2. beschrieben, inwieweit die Wissensakquisition ein Bestandteil des strategischen Bankmanagements sein kann. Es wurde festgestellt, dass es sich bei einzelnen Analyseschritten der strategischen Bankplanung letztlich um einen Prozess der Identifikation und Bewertung derzeit vorhandener oder zukünftig benötigter bankbetrieblicher Wissensressourcen handelt. Ferner wurden verschiedene Arten bankbetrieblicher Unternehmenszusammenschlüsse dargestellt und anhand einiger Praxisbeispiele eingehender untersucht.

Am Beispiel der verschiedenen Typen von Bankenkooperationen zeigte sich, dass eine Wissensakquisition zwischen Kreditinstituten in zeitlich begrenzter oder auf einen speziellen Geschäftsbereich beschränkter Weise erfolgen kann. Anhand der bankbetrieblichen Akquisitionen und Fusionen wurde deutlich, dass es sich bei Zusammenschlüssen von Kreditinstituten um hochgradig komplexe Aufgabenstellungen handeln kann, die eine grundlegende, in manchen Fällen über mehrere Monate oder sogar Jahre andauernde strategische Vorplanung notwendig machen. Schließlich wurde darauf aufmerksam gemacht, dass – wie bereits bei der Eingliederung neuer Mitarbeiter in den personalwirtschaftlich ausgerichteten Ausführungen zur bankbetrieblichen Wissensakquisition – der Integration des zu akquirierenden Wissens ein hohe Aufmerksamkeit zu widmen ist. Diesbezüglich wurde auf die besondere Bedeutung der Organisationskulturen bei bankbetrieblichen Akquisitions- und Integrationsprozessen verwiesen.

Im fünften Kapitel wurde der **Wissenstransfer in Kreditinstituten** behandelt, wobei in Abs. 5.1. zum Zwecke der Problemeinführung zunächst eine kommunikationstheoretische Grundlegung erfolgte. Mittels mehrerer kommunikationstheoretischer Modelle wurde untersucht, unter welchen Bedingungen die soziale Präsenz von Kommunikationspartnern – beispielsweise im Rahmen einer „face-to-face-Interaktion“ – erforderlich ist, und wann ggf. auf sie verzichtet werden kann. Zudem wurde geklärt, welche Arten von Kommunikationskanälen in diesem Zusammenhang grundsätzlich in Betracht kommen können.

Aufbauend auf diesen grundlegenden kommunikationstheoretischen Erkenntnissen wurden in Abschnitt 5.2. die verschiedenen Einsatzbereiche der bankbetrieblichen Informations- und Kommunikationstechnologie einer eingehenden Analyse unterzogen. Zunächst wurden die unterschiedlichen Ausprägungsformen und Entwicklungslinien von Electronic Banking überblicksartig aufgezeigt. Anschließend wurde am Beispiel der Vertriebssysteme von Kreditinstituten geprüft, auf welche Weise der bankbetriebliche Wissenstransfer durch Komponenten der modernen Computertechnologie unterstützt und verbessert werden kann. Es ist deutlich geworden, dass durch den Einsatz von multifunktionalen SB-Geräten oder durch Telefon-, Online- und Internet-Banking in zunehmendem Maße auch solche Bankleistungen angeboten und abgewickelt werden können, die vormals als kaum standardisierbar und aufgrund ihrer Komplexität als nicht auf elektronischem Wege vermittelbar galten. Allerdings wurde ebenso festgestellt, dass die soziale Präsenz von Mitarbeitern in vielen Bereichen des Bankvertriebs nach wie vor erforderlich ist. Dies gilt zum einen für hochgradig erklärungsbedürftige und vertrauensempfindliche Bankleistungen und zum anderen für den Fall, dass der persönliche Kontakt zu Bankkunden aus geschäftsstrategischen Gründen – etwa im Sinne des Relationship Banking-Gedankens – bewusst angestrebt wird.

Weiterhin wurde am Beispiel des Einsatzes von sog. wissensbasierten Systemen im Rahmen der bankbetrieblichen Kreditwürdigkeitsprüfung dargelegt, dass auch der bankinterne Wissenstransfer durch Elemente der Informations- und Kommunikationstechnologie optimiert werden kann. Es zeigte sich, dass die Bankmitarbeiter bei den Analyse- und Entscheidungsprozessen der Kreditwürdigkeitsprüfung durch Expertensysteme oder durch das Case Based Reasoning unterstützt und entlastet werden können. Jedoch wurde auch deutlich, dass dem Ansinnen der wissensbasierten Systeme, menschliche Kognitionsprozesse computertechnisch nachbilden zu wollen, trotz der voranschreitenden Technologieentwicklung nach wie vor deutliche Grenzen gesetzt sind.

Zum Abschluss des fünften Kapitels – und somit zum Abschluss der Gesamtbetrachtung zum bankbetrieblichen Wissensmanagement – wurde in Abs. 5.3. mit der Insiderregulierung ein Aspekt des Wissenstransfers problematisiert, der sich von den übrigen Passagen dieses Kapitels in grundlegender Weise unterscheidet. Während zuvor die Übertragung des bankbetrieblichen Wissens durch die Auswahl adäquater Kommunikationskanäle oder durch technologische Komponenten unterstützt bzw. beschleunigt werden sollte, wird der Transfer von Insiderwissen durch den bewussten Aufbau spezieller Wissensbarrieren, den sog. Chinese Walls, gezielt blockiert. Mittels der Chinese Walls werden in Kreditinstituten bestimmte Vertraulichkeitsbereiche voneinander abgetrennt, um auf diese Weise einen unbeabsichtigten oder einen bewussten, missbräuchlichen Transfer von Insiderwissen zu unterbinden. Es stellte sich heraus, dass dieses Anliegen in der Bankenpraxis mit einigen Umsetzungsproblemen behaftet ist, so dass neben den organisationsstrukturellen Gestaltungsvarianten der Chinese Walls weitere Maßnahmen zur Eingrenzung des Insiderwissen zur Anwendung kommen.

Die Gestaltung und Kontrolle der Chinese Walls sowie weiterer Instrumente der Insiderüberwachung, etwa Beobachtungs- oder Sperrlisten, obliegt insgesamt, wie zum Abschluss des Kapitels 5 erläutert wurde, der Compliance-Abteilung der Kreditinstitute. Es wurde deutlich, dass Compliance über die Umsetzung der rechtlichen Bestimmungen sowie über den Aufbau und die Überwachung der organisatorischen Maßnahmen der Insiderregulierung hinaus die Bankmitarbeiter für das Problemfeld des bankbetrieblichen Insiderwissens – bspw. durch die Vorgabe von Mitarbeiterleitlinien sowie durch spezielle Orientierungsveranstaltungen oder Schulungsmaßnahmen – sensibilisieren soll. Damit leistet die Compliance-Organisation einen Beitrag zu einer insgesamt an ethischen Grundsätzen ausgerichteten Geschäftstätigkeit der Kreditinstitute.

Zusammenfassend lässt sich feststellen, dass unter dem bankbetrieblichen Wissensmanagement eine Vielzahl unterschiedlicher Teilaspekte und Handlungsbereiche subsumierbar sind, die durch die Zuordnung zu den Kernprozessen 'Wissensentwicklung', 'Wissensakquisition' und 'Wissenstransfer' klar hervorgehoben und in sinnvoller Weise miteinander verknüpft werden können. Wenngleich auf die Möglichkeit der Benennung von Wissensmanagern oder auf die Etablierung separater Wissensmanagement-Abteilungen in dieser Studie explizit hingewiesen wurde (vgl. Abs. 3.2.2.), so ist aufgrund der vielfältigen Aufgabestellungen des bankbetrieblichen Wissensmanagements dennoch zu konstatieren, dass sich die in den Kreditinstituten zu ergreifenden Maßnahmen weder auf eine besondere Abteilung noch auf eine bestimmte Hierarchiestufe begrenzen lassen. Vielmehr hat sich gezeigt, dass durch die unterschiedlichen personalwirtschaftlichen, unternehmensstrategischen oder technisch-organisatorischen Fragestellungen des bankbetrieblichen Wissensmanagements nahezu alle Geschäftseinheiten und Abteilungen einbezogen sind und somit letztlich jeder einzelne Bankmitarbeiter aufgefordert ist, einen Beitrag zur Entwicklung, zur Akquisition oder zum Transfer des bankbetrieblich relevanten Wissens zu leisten.

Wenn oben gesagt wurde, dass eine Vielzahl unterschiedlicher Problemfelder und Gestaltungsbereiche des bankbetrieblichen Wissensmanagements durch die Zuordnung zu den Bereichen 'Wissensentwicklung', 'Wissensakquisition' und 'Wissenstransfer' eingehend dargelegt und analysiert werden konnten, soll nicht verschwiegen werden, dass einige wenige relevante Teilaspekte im Rahmen dieser Studie lediglich ansatzweise berücksichtigt wurden. Ganz bewusst wurde beispielsweise der **Bereich der Wissensbewertung** nahezu gänzlich ausgespart, da es sich hierbei um einen so umfassenden Forschungszweig handelt, dass er im Rahmen dieser Arbeit nicht in zufriedenstellender Weise hätte dargelegt werden können. Grundsätzlich geht es bei der Wissensbewertung um verschiedene Möglichkeiten zur Messung und Beurteilung des betrieblichen Erfolgsfaktors 'Wissen'.[2]

In Bezug auf einige der in dieser Studie präsentierten Teilbereiche des bankbetrieblichen Wissensmanagements ließen sich in diesem Zusammenhang recht konkrete Lösungsansätze benennen. So könnten beispielsweise die in Abs. 3.3. vorgestellten personalwirtschaftlichen Gestaltungsoptionen der bankbetrieblichen Wissensentwicklung in Form von Kosten-Nutzen-Relationen erfasst werden, die auch im Rahmen von Personalentwicklungsmaßnahmen zur Anwendung kommen.[3] Auch zur Bewertung der in Abschnitt 4.1. thematisierten Personaleinstellungen können verschiedene Berechnungsmodelle herangezogen werden.[4] Ebenso lassen sich Ansätze zur Bewertung der in Abs. 4.2. angesprochenen bankbetrieblichen Unternehmensakquisitionen benennen.[5] Und schließlich könnte auch der Einsatz von Komponenten der Informations- und Kommunikationstechnologie in Kreditinstituten einer differenzierten Kostenanalyse unterzogen werden (vgl. Abs. 5.2.).

Abgesehen von der Tatsache, dass diese einzelnen Bewertungsansätze bei einer genaueren Betrachtung eine Vielzahl von konkreten Zurechnungsschwierigkeiten und Umsetzungsproblemen aufweisen können, ist anzumerken, dass es sich bei der Bewertung der Unternehmensressource 'Wissen' um eine sehr viel grundlegendere, umfassendere Fragestellung handelt. Das grundsätzliche Ziel der Wissensbewertung besteht darin, die Veränderungen in der organisationalen Wissensbasis sichtbar zu machen und zu interpretieren.[6] Diesbezüglich sind in der Wissenschaft wie auch in der Unternehmenspraxis eine Reihe verschiedener Ansätze und Modelle entwickelt worden. So wird in einem recht rudimentären Berechnungsansatz beispielsweise die Differenz zwischen Marktwert und Buchwert eines börsennotierten Unternehmens betrachtet und als „intellektuelles Kapital" interpretiert, wobei sich der Marktwert aus dem Börsenkurs multipliziert mit der Anzahl der ausgegebenen Aktien ergibt.[7] Darüber hinaus existieren einige sehr umfangreiche, viele einzelne Bewertungskriterien erfassende

---

[2] Vgl. Probst/Raub/Romhardt, Wissen, S. 324.

[3] Bei Kosten-Nutzen-Relationen von Personalentwicklungsmaßnahmen werden einerseits die durch die Beschäftigung von Ausbildern, die Bereitstellung von Sachmitteln oder die Freistellung der Mitarbeiter verursachten Kosten und andererseits der Entwicklungs- bzw. Lernerfolg der Teilnehmer von Personalentwicklungsmaßnahmen betrachtet und analysiert. Vgl. Hentze/Kammel, Personalwirtschaftslehre 1, S. 399. Einen Ansatz der Bewertung von Maßnahmen der Wissensentwicklung in Banken liefert bspw. Gerlich, Evaluation, S. 89 ff.

[4] Vgl. bspw. Scholz, Personalmanagement, S. 565 ff.

[5] Vgl. bspw. Becker, Bankakquisitionen, S. 27 ff. oder Wilkens/Zemke, Fusionen, S. 274 ff.

[6] Vgl. Probst/Raub/Romhardt, Wissen, S. 324.

[7] Vgl. North/Probst/Romhardt, Ansätze, S. 160.

Analysemodelle.[8] Insgesamt ist jedoch festzustellen, dass der Bereich der Bewertung des organisationalen Wissens als ein „weitgehend ungelöstes Problem des Wissensmanagements“[9] bezeichnet werden kann, so dass insbesondere auf diesem Teilgebiet zukünftig einige Erkenntnisfortschritte zu erwarten sind.

Jedoch ist nicht nur bei der Wissensbewertung, sondern auch in allen anderen Bereichen des bankbetrieblichen Wissensmanagements bereits zum jetzigen Zeitpunkt absehbar, dass einzelne Fragestellungen des Umgangs mit der Unternehmensressource 'Wissen' in zunehmendem Maße in den Mittelpunkt der Interessen von Wissenschaft und Bankenpraxis rücken und sich auf diese Weise diverse Fortschritte und Verbesserungen bei den verschiedenen Teilprozessen des bankbetrieblichen Wissensmanagement ergeben werden. So ist im Bereich der **Wissensentwicklung** zu vermuten, dass sich die Kreditinstitute verstärkt ihrer bereits vorhandenen Wissensressourcen bewusst werden und diese mittels innovativer Gestaltungsmaßnahmen ausbauen und fortentwickeln. Neben den internen Instrumenten der Wissensentwicklung ist dabei vor allem an eine intensive Nutung der überbetrieblichen, insbesondere der Internet-basierten Wissensentwicklungs-Maßnahmen zu denken.

Auch in den im Rahmen dieser Studie vorgestellten Handlungsbereichen der bankbetrieblichen **Wissensakquisition** wird es vornehmlich darum gehen, sich der besonderen Bedeutung der hinzuzugewinnenden Mitarbeiter sowie der verschiedenen Formen der Unternehmenszusammenschlüsse von Kreditinstituten deutlicher bewusst zu werden. So sind die durch Maßnahmen der Personalgewinnung akquirierten „High Potentials“ nicht lediglich als Fachkräfte zur Bewältigung bestimmter bankinterner Aufgabenstellungen, sondern darüber hinaus insbesondere als Träger der Ressource 'Wissen' zu begreifen, deren Eingliederung in die bankbetrieblichen Strukturen und Abläufe eines spezifisch abgestimmten Managements bedarf. Ebenso sollten die unternehmensstrategischen Kooperationen, Akquisitionen und Fusionen der Banken nicht ausschließlich als Instrumente zur Stärkung der Wettbewerbsposition oder zum Eintritt in neue Marktsegmente, sondern zugleich als Quellen zur Anreicherung und zum Ausbau der bankbetrieblichen Wissensbasis verstanden werden.

Im Bereich des **Wissenstransfers** wird die voranschreitende Technologieentwicklung dafür sorgen, dass die Übertragung des Wissens innerhalb der Banken sowie im Kontakt mit den Bankkunden noch komfortabler und schneller als

---

[8] Hinzuweisen ist in diesem Zusammenhang bspw. auf verschiedene Bewertungsvarianten, die auf dem Analysemodell der sog. **Balanced Scorecard** beruhen. Vgl. dazu Edvinsson/Brünig, Aktivposten, S. 157 ff. Zu weiteren Bewertungsansätzen vgl. überblicksartig North/Probst/Romhardt, Ansätze, S. 158 ff., Bürgel/Luz, Wissensbilanzierung, S. 18 ff. und North, Wissen, S. 55 ff. sowie vertiefend Sveiby, Wissenskapital, S. 207 ff.

[9] Probst/Raub/Romhardt, Wissen, S. 324.

derzeit vonstatten gehen kann. In zunehmendem Maße wird es gelingen, auch äußerst komplexe bankbetriebliche Geschäftsvorgänge durch Komponenten der Informations- und Kommunikationstechnologie zu unterstützen oder diese gar gänzlich auf elektronischem Wege abzuwickeln. Allerdings wird auch zukünftig auf die fachlichen und vor allem auf die sozialen Kompetenzen der Bankmitarbeiter beim Transfer von besonders erklärungsbedürftigem und vertrauensempfindlichem bankbetrieblichem Wissen nicht verzichtet werden können. Ferner ist zu bedenken, dass einem umfassenden, vernetzten Wissenstransfer in Kreditinstituten nicht zuletzt durch die verschiedenen Überwachungsmaßnahmen der bankbetrieblichen Compliance-Organisation deutliche Beschränkungen auferlegt sind.

Literaturverzeichnis

Achleitner, P.; Dresig, T., [Mergers]; Mergers & Acquisitions, in: W. Gerke, M. Steiner (Hrsg.), Handwörterbuch des Bank- und Finanzwesens (HWF), Enzyklopädie der Betriebswirtschaftslehre, Bd. 6, 3., völlig überarb. und erw. Aufl., Stuttgart 2001, Sp. 1559-1570

Albach, H., [Transaktionen]; Kosten, Transaktionen und externe Effekte im betrieblichen Rechnungswesen, in: Zeitschrift für Betriebswirtschaft (ZfB), 58. Jg., 1988, H. 11, S. 1143-1170

Albrecht, F., [Unternehmensressource]; Strategisches Management der Unternehmensressource Wissen – Inhaltliche Ansatzpunkte und Überlegungen zu einem konzeptionellen Gestaltungsrahmen, Frankfurt a. M. 1993

Alexander, V.; Bohl, M. T., [Finanzsystem]; Das Finanzsystem in Deutschland, in: J. v. Hagen, J. H. v. Stein (Hrsg.), Obst/Hintner, Geld-, Bank- und Börsenwesen. Handbuch des Finanzsystems, 40., völlig überarb. Aufl., Stuttgart 2000, S. 447-470

Althoff, K.-D.; Bartsch-Spörl, B., [Decision]; Decision support for case-based applications, in: Wirtschaftsinformatik, 38. Jg., 1996, H. 1, S. 8-16

Althoff, K.; Thielepape, M., [Psychologie]; Psychologie in der Verwaltung, 6., überarb. u. erg. Aufl., Hamburg 2000

Amelingmeyer, J., [Wissensbasis]; Wissensmanagement. Analyse und Gestaltung der Wissensbasis von Unternehmen, Wiesbaden 2000

Ansoff, H. I., [Management]; Strategic Management, London 1979

Appel, K.; Haueisen, G . K., [Compliance]; Compliance bei Banken. Vertrauensbildende Maßnahmen im Wertpapiergeschäft, in: Deutsches Netzwerk für Wirtschaftsethik (Hrsg.), Unternehmensethik in der Wirtschaftspraxis, München et al. 2000, S. 67-84

Argyle, M., [Körpersprache]; Körpersprache und Kommunikation. Das Handbuch zur nonverbalen Kommunikation, 8. Aufl., Paderborn 2002

Argyris, C., [Defenses]; Overcoming Organizational Defenses. Facilitating Organizational Learning, Boston 1990

Arnoldt, R.-C.; Martin, A., [Zahlungsverkehr]; Elektronischer Zahlungsverkehr, in: J. v. Hagen, J. H. v. Stein (Hrsg.), Obst/Hintner, Geld-, Bank- und Börsenwesen. Handbuch des Finanzsystems, 40., völlig überarb. Aufl., Stuttgart 2000, S. 601-611

Arrow, K. J., [agency]; The economics of agency, in: J. W. Pratt, J. Zeckhauser (Hrsg.), Principals and agents: The structure of business, Boston 1985, S. 37-51

Ashauer, G., [Sparkassen]; Sparkassen, Sparkassenorganisation, in: W. Gerke, M. Steiner (Hrsg.), Handwörterbuch des Bank- und Finanzwesens (HWF), Enzyklopädie der Betriebswirtschaftslehre, Bd. 6, 2., überarb. und erw. Aufl., Stuttgart 1995, Sp. 1748-1759

Ashauer, G., [Personalwirtschaft]; Personalwirtschaft im Wandel, in: E. Priewasser, N. Kleinheyer (Hrsg.), Handbuch Veränderungsmanagement und Restrukturierung im Kreditgewerbe: Festschrift für Udo Güde, Frankfurt a. M. 2000, S. 293-306

Atkinson, J. W., [Motivationsforschung]; Einführung in die Motivationsforschung, Stuttgart 1975

Backhaus, J., [Fortbildung]; Aus- und Fortbildung im Kreditwesen, 6., überarb. Aufl., Stuttgart 1989

Backhaus, J., [Qualifizierung]; Qualifizierung und Weiterbildung, in: P. Siebertz, J. H. v. Stein (Hrsg.), Handbuch Banken und Personal, Frankfurt a. M. 1999, S. 477-496

Bartmann, D., [Personal]; Welches Personal braucht die virtuelle Bank?, in: P. Siebertz, J. H. v. Stein (Hrsg.), Handbuch Banken und Personal, Frankfurt a. M. 1999, S. 781-796

Bartmann, D.; Stahl, E.; Wimmer, A., [Electronic Banking]; Electronic Banking, in: W. Gerke, M. Steiner (Hrsg.), Handwörterbuch des Bank- und Finanzwesens (HWF), Enzyklopädie der Betriebswirtschaftslehre, Bd. 6, 3., völlig überarb. und erw. Aufl., Stuttgart 2001, Sp. 559-612

Bartscher, T. R.; Fritsch, S., [Personalmarketing]; Personalmarketing, in: E. Gaugler, W. Weber (Hrsg.), Handwörterbuch des Personalwesens (HWP), Enzyklopädie der Betriebswirtschaftslehre, Bd. 5, 2., neubearb. und erg. Aufl., Stuttgart 1992, Sp. 1747-1758

Baumard, P., [Knowledge]; Tacit Knowledge in Organizations, London, Thousand Oaks, New Delhi 1999

Baur, G., [Mitarbeiterleitsätze]; Die neuen Mitarbeiterleitsätze, in: Die Bank – Zeitschrift für Bankpolitik und Bankpraxis, o. Jg., 2000, H. 9, S. 611-615

BAWe (Hrsg.), [Insiderhandelsverbote]; Insiderhandelsverbote und Ad hoc-Publizität nach dem Wertpapierhandelsgesetz. Erläuterungen und Empfehlungen zur Behandlung kursbeeinflussender Tatsachen gem. §§ 12 ff. Wertpapierhandelsgesetz, 2. Aufl., Frankfurt a. M. 1998

Bea, F. X., [Entscheidungen]; Entscheidungen des Unternehmens, in: F. X. Bea, E. Dichtl, M. Schweitzer (Hrsg.), Allgemeine Betriebswirtschaftslehre, Bd. 2: Führung, 8., neubearb. Aufl., Stuttgart 2001, S. 303-410

Bea, F. X.; Haas, J., [Management]; Strategisches Management, 3., neu bearb. Aufl., Stuttgart 2001

Becker, D., [Bankakquisitionen]; Bewertung von Bankakquisitionen unter Einbeziehung von Zusammenschlußeffekten, Berlin 1999

Becker, F., [Potentialbeurteilung]; Potentialbeurteilung, in: E. Gaugler, W. Weber (Hrsg.), Handwörterbuch des Personalwesens (HWP), Enzyklopädie der Betriebswirtschaftslehre, Bd. 5, 2., neubearb. und erg. Aufl., Stuttgart 1992, Sp. 1921-1929

Becker, F., [Anreizsysteme]; Anreizsysteme als Führungsinstrumente, in: A. Kieser, G. Reber, R. Wunderer (Hrsg.), Handwörterbuch der Führung (HWFü), Enzyklopädie der Betriebswirtschaftslehre, Bd. 10, 2., neugestaltete Aufl., Stuttgart 1995, Sp. 34-45

Bell, D., [Gesellschaft]; Die nachindustrielle Gesellschaft, Frankfurt a. M., New York 1985

Benner, W., [Planspiele]; Planspiele für Kreditinstitute. Konzeption eines Simulationsmodells und Gestaltung des Spielrahmens, Göttingen 1970

Benner, W., [Bereich]; Zum liquiditätsmäßig-finanziellen Bereich (LFB) des Bankbetriebs, in: H.-D. Deppe (Hrsg.), Bankbetriebliches Lesebuch: Ludwig Mühlhaupt zum 65. Geburtstag, Stuttgart 1978, S. 341-390

Benner, W., [Existenzbedingungen]; Betriebliche Prozesse, finanzwirtschaftliche Existenzbedingungen und finanzielles Gleichgewicht, in: H.-D. Deppe (Hrsg.), Neue betriebswirtschaftliche Studienbücher, Bd. 1: Geldwirtschaft und Rechnungswesen, Göttingen 1989, S. 154-198

Benner, W., [Intermediation]; Finanzielle Haftung und Intermediation als Konstituenten moderner Geldwirtschaften – Einige Basisüberlegungen, in: W. Benner, G. Liebau (Hrsg.), Finanzielle Haftung in der Geldwirtschaft: Hans-Dieter Deppe zum 60. Geburtstag, Stuttgart 1990, S. 135-163

Benölken, H.; Wings, H., [Lean Banking]; Lean Banking – Wege zur Marktführerschaft: von der Konzeption zur Realisation, Wiesbaden 1994

Bernet, B., [Relationship Banking]; Konzeptionelle Grundlagen des modernen Relation-ship Banking, in: B. Bernet, P. P. Held (Hrsg.), Relationship Banking. Kundenbeziehungen profitabler gestalten, Wiesbaden 1998, S. 3-36

Bernet, B., [Planung]; Planung und Strategieentwicklung in Banken, in: J. v. Hagen, J. H. v. Stein (Hrsg.), Obst/Hintner, Geld-, Bank- und Börsenwesen. Handbuch des Finanzsystems, 40., völlig überarb. Aufl., Stuttgart 2000, S. 1120-1145

Berthel, J., [Karriereanreize]; Karriereanreize für Mitarbeiter, in: G. Schanz (Hrsg.), Handbuch Anreizsysteme in Wirtschaft und Verwaltung, Stuttgart 1991, S. 481-498

Berthel, J., [Informationsbedarf]; Informationsbedarf, in: E. Frese (Hrsg.), Handwörterbuch der Organisation (HWO), Enzyklopädie der Betriebswirtschaftslehre, Bd. 2, 3., völlig neu gestaltete Aufl., Stuttgart 1992, Sp. 872-886

Berthel, J., [Personal-Management]; Personal-Management. Grundzüge für Konzeptionen betrieblicher Personalarbeit, 6., überarb. und erw. Aufl., Stuttgart 2000

Bieg, H., [Rechnungslegung]; Die externe Rechnungslegung der Kreditinstitute und Finanzdienstleistungsinstitute, München 1998

Bieg, H., [Bilanzpolitik]; Bilanzpolitik der Kreditinstitute und Finanzdienstleistungsinstitute, in: W. Gerke, M. Steiner (Hrsg.), Handwörterbuch des Bank- und Finanzwesens (HWF), Enzyklopädie der Betriebswirtschaftslehre, Bd. 6, 3., völlig überarb. und erw. Aufl., Stuttgart 2001, Sp. 346-356

Bisani, F., [Personalwesen]; Personalwesen und Personalführung. Der State of the Art der betrieblichen Personalarbeit, 4., vollst. überarb. und erw. Aufl., Wiesbaden 1995

Bitz, M., [Finanzdienstleistungen]; Finanzdienstleistungen, 5., neu bearb. und erw. Aufl., München, Wien 2000

Bleeke, J. A.; Ernst, D., [Alliances]; The way to win cross-border Alliances, in: Harvard Business Review, 69. Jg., 1991, H. 6, S. 127-135

Bodendorf, F.; Robra-Bissantz, S., [Wissensbasierte Systeme]; Wissensbasierte Systeme im Bankbereich, in: W. Gerke, M. Steiner (Hrsg.), Handwörterbuch des Bank- und Finanzwesens (HWF), Enzyklopädie der Betriebswirtschaftslehre, Bd. 6, 3., völlig überarb. und erw. Aufl., Stuttgart 2001, Sp. 2280-2302

Böhler, H., [Portfolio-Analysetechniken]; Portfolio-Analysetechniken, in: N. Szyperski, (Hrsg.), Handwörterbuch der Planung (HWPlan), Enzyklopädie der Betriebswirtschaftslehre, Bd. 9, Stuttgart 1989, Sp. 1548-1559

Boos, K.-H.; Schulte-Mattler, H., [Rating]; Basel II: Externes und internes Rating, in: Die Bank – Zeitschrift für Bankpolitik und Bankpraxis, o. Jg., 2001, H. 5, S. 346-354

Börner, C. J., [Öffentlichkeitsarbeit]; Öffentlichkeitsarbeit von Banken: ein Managementkonzept auf der Basis gesellschaftlicher Exponiertheit, Wiesbaden 1994

Bothe-Fehl, I., [Karriere]; Karriere machen in Bank und Versicherung – Erfolgsprogramme für Berufseinstieg und Weiterbildung, Wiesbaden 2001

Brehm, M., [Kompetenz]; Verminderung von Kompetenz und Verantwortung. Analyse des Karrieremusters Downward Movement, Frankfurt a. M. et al. 1998

Brehm, M., [Emotionsarbeit]; Emotionsarbeit und emotionale Kompetenz, in: Wirtschaftswissenschaftliches Studium (WiSt) – Zeitschrift für Ausbildung und Hochschulkontakt, 30. Jg., 2001, H. 7, S. 350-354

Breuer, R.-E., [Wissensmanagement]; Wissensmanagement (Human Resource Management in Banken), in: W. Gerke, M. Steiner (Hrsg.), Handwörterbuch des Bank- und Finanzwesens (HWF), Enzyklopädie der Betriebswirtschaftslehre, Bd. 6, 3., völlig überarb. und erw. Aufl., Stuttgart 2001, Sp. 2303-2316

Broschinski, G., [Produktivitätsfaktoren]; Produktivitätsfaktoren einer Call Center-Vermögensberatung, in: Die Bank – Zeitschrift für Bankpolitik und Bankpraxis, o. Jg., 1997, H. 5, S. 265-269

Bühler, W., [Modelltypen]; Modelltypen der Aufbauorganisation von Kreditinstituten, in: J. H. v. Stein, J. Terrahe (Hrsg.), Handbuch Bankorganisation, 2., überarb. und erw. Aufl., Wiesbaden 1995, S. 107-163

Bullinger, H.-J.; Wörner, K.; Prieto, J., [Modelle]; Wissensmanagement – Modelle und Strategien für die Praxis, in: H. D. Bürgel (Hrsg.), Wissensmanagement. Schritte zum intelligenten Unternehmen, Berlin et al. 1998, S. 21-39

Bülow, S., [Vertraulichkeit]; Chinese Walls: Vertraulichkeit und Effizienz, in: Die Bank – Zeitschrift für Bankpolitik und Bankpraxis, o. Jg., 1997, H. 5, S. 290-293

Bürgel, H.-D.; Luz, J., [Wissensbilanzierung]; Wissen Nutzen – Nutzen messen. Wie die Wissensbilanzierung als Erfolgsindikator des Wissensmanagement eingesetzt werden kann, in: io-Management, 69. Jg., 2000, H 10, S. 18-24

Buric, C., [Richtlinien]; Keine Scheu vor den neuen Richtlinien, in: bankmagazin – Die Zeitschrift für Bankmanagement, Finanzvertrieb und E-Business, 50 Jg., 2001, H. 10, S. 34

Bürklin, W., [Management]; Das Management des Wissens, in: Die Bank – Zeitschrift für Bankpolitik und Bankpraxis, o. Jg., 2001, H. 3, S. 153

Bürkner, H.-P.; Krause, R.-H., [Bankorganisation]; Bankorganisation, in: J. v. Hagen, J. H. v. Stein (Hrsg.), Obst/Hintner, Geld-, Bank- und Börsenwesen. Handbuch des Finanzsystems, 40., völlig überarb. Aufl., Stuttgart 2000, S. 1145-1164

Burski, H.-J., [Ideenmanagement]; Ideenmanagement: Dresdner Bank vergibt Höchstprämien, in: Die Bank – Zeitschrift für Bankpolitik und Bankpraxis, o. Jg., 2001, H. 5, S. 386

Büschgen, H. E., [Kreditinstitute]; Organisation der Kreditinstitute, in: E. Frese (Hrsg.), Handwörterbuch der Organisation (HWO), Enzyklopädie der Betriebswirtschaftslehre, Bd. 2, 3., völlig neu gestaltete Aufl., Stuttgart 1992, Sp. 1189-1200

Büschgen, H. E., [Bankmarketing]; Bankmarketing, Düsseldorf 1995

Büschgen, H. E., [Organisation]; Prinzipien, Aufgaben und Teilbereiche der Organisation, in: J. H. v. Stein,. Terrahe (Hrsg.), Handbuch Bankorganisation, 2., überarb. und erw. Aufl., Wiesbaden 1995, S. 31-64

Büschgen, H. E., [Bankbetriebslehre]; Bankbetriebslehre. Bankgeschäfte und Bankmanagement, 5., vollst. überarb. und erw. Aufl., Wiesbaden 1998

Büschgen, H. E., [Grundlagen]; Grundlagen des Bankmanagements, 2., völlig neu konzipierte Auflage, Frankfurt 1999

Büschgen, H. E., [Vergütungssysteme]; Leistungsorientierte Vergütungssysteme als Instrument zur Synchronisation von Mitarbeiterinteressen und Gesamtbankzielen, in: H. Schierenbeck, B. Rolfes, S. Schüller (Hrsg.), Handbuch Bankcontrolling, 2. überarb. und erw. Aufl., Wiesbaden 2001, S. 531-546

Chandler, A. D., [Strategy]; Strategy and Structure. Chapters in the History of the Industrial Enterprise, 20. Aufl., Cambridge, Massachusetts, London 1998

Christ, M.; Frank, G. P., [Weiterbildung]; Business TV in der Weiterbildung, in: K. Schwuchow, J. Gutmann (Hrsg.), Jahrbuch Personalentwicklung und Weiterbildung 1999/2000, Neuwied 1999, S. 124-128

Coase, R. H., [Nature]; The Nature of the Firm, in: Economica, 4. Jg., 1937, S. 386-405

Daft, R. L.; Lengel, R. H., [Richness]; Organizational Information Requirements, Media Richness and Structural Design, in: Management Science – Journal of the Institute for Operations Research and the Institute of Management Sciences, Bd. 32., 1986, H. 5, S. 554-571

Davenport, T. H.; Prusak, L., [Praxisbuch]; Wenn Ihr Unternehmen wüsste, was es alles weiß... Das Praxisbuch zum Wissensmanagement, Landsberg/Lech 1998

Deal, T. E.; Kennedy, A. A., [Cultures]; Corporate Cultures. The Rites and Rituals of Corporate Life, Reading/Massachusetts et al. 1982

Della Schiava, M.; Rees, W. H., [Wissensmanagement]; Was Wissensmanagement bringt, Wien, Hamburg 1999

Deppe, H.-D., [Konzeption]; Eine Konzeption wissenschaftlicher Bankbetriebslehre in drei Doppelstunden, in: H.-D. Deppe (Hrsg.), Bankbetriebliches Lesebuch: Ludwig Mühlhaupt zum 65. Geburtstag, Stuttgart 1978, S. 3-98

Deppe, H.-D., [Haftung]; Finanzielle Haftung heute – Obsoletes Relikt oder marktwirtschaftliche Fundamentalleistung?, in: H.-D. Deppe (Hrsg.), Neue betriebswirtschaftliche Studienbücher, Bd. 1: Geldwirtschaft und Rechnungswesen, Göttingen 1989, S. 199-228

Deutsche Bank (Hrsg.), [Geschäftsbericht]; Results 2001 – Geschäftsbericht, Frankfurt a. M. 2002

Deutsche Bank (Hrsg.), [Verzeichnis]; Verzeichnis des Anteilsbesitzes 2001 – List of shareholdings 2001, Frankfurt a. M. 2002

Dietrich, R., [Kreditprüfung]; Integrierte Kreditprüfung. Die Integration der computergestützten Kreditprüfung in der Gesamtbanksteuerung, Sternenfels, Berlin 1998

Dincher, R., [Fluktuation]; Fluktuation, in: E. Gaugler, W. Weber (Hrsg.), Handwörterbuch des Personalwesens (HWP), Enzyklopädie der Betriebswirtschaftslehre, Bd. 5, 2., neubearb. und erg. Aufl., Stuttgart 1992, Sp. 873-883

Dingeldey, T., [Bankrecht]; Das chinese wall-Prinzip im Bankrecht der Vereinigten Staaten, in: Recht der internationalen Wirtschaft – Betriebsberater International, 29. Jg., 1983, S. 81-84

Dresdner Bank (Hrsg.), [Geschäftsbericht]; Geschäftsbericht 2000, Frankfurt a. M. 2001

Drewes, W.; Drewes, G., [Electronic banking]; Electronic banking, in: W. Gerke, M. Steiner (Hrsg.), Handwörterbuch des Bank- und Finanzwesens (HWF), Enzyklopädie der Betriebswirtschaftslehre, Bd. 6, 2., überarb. und erw. Aufl., Stuttgart 1995, Sp. 489-500

Dube, J., [Informationsmanagement]; Informationsmanagement in Banken, Wiesbaden 1995

Dubs, R., [Ausbildung]; Die Ausbildung in Kreditinstituten vor dem Hintergrund veränderter Anforderungen, in: P. Siebertz, J. H. v. Stein (Hrsg.), Handbuch Banken und Personal, Frankfurt a. M. 1999, S. 433-475

Dufey, G.; Hommel, U., [Acquisitions]; Mergers & Acquisitions, in: J. v. Hagen, J. H. v. Stein (Hrsg.), Obst/Hintner, Geld-, Bank- und Börsenwesen. Handbuch des Finanzsystems, 40., völlig überarb. Aufl., Stuttgart 2000, S. 963-986

Duncan, R. B.; Weiss, A., [Learning]; Organizational Learning: Implications for Organizational Design, in: Research in Organizational Behavior, o. Jg., 1979, H. 1, S. 75-123

Eckardstein, D. v., [Entlohung]; Von der anforderungsabhängigen zur qualifikationsorientierten Entlohnung?, in: G. Schanz (Hrsg.), Handbuch Anreizsysteme in Wirtschaft und Verwaltung, Stuttgart 1991, S. 215-231

Edvinsson, L.; Brünig, G., [Aktivposten]; Aktivposten Wissenskapital. Unsichtbare Werte bilanzierbar machen, Wiesbaden 2000

Eggers, B.; Ahlers, F., [Schlüsselfaktoren]; Schlüsselfaktoren eines erfolgreichen High-Potential-Personalmarketing, in: A. Thiele, B. Eggers (Hrsg.), Innovatives Personalmarketing für High-Potentials, Göttingen et al. 1999, S. 39-45

Eichwald, B.; Pehle, H., [Kreditarten]; Die Kreditarten, in: J. v. Hagen, J. H. v. Stein (Hrsg.), Obst/Hintner, Geld-, Bank- und Börsenwesen. Handbuch des Finanzsystems, 40., völlig überarb. Aufl., Stuttgart 2000, S. 742-814

Eilenberger, G., [Bankbetriebswirtschaftslehre]; Bankbetriebswirtschaftslehre. Grundlagen – internationale Bankleistungen – Bankmanagement, 7., durchgesehene Aufl., München, Wien 1997

Eisele, D., [Insiderrecht]; Insiderrecht und Compliance, in: Wertpapier-Mitteilungen, 47. Jg., 1993, S. 1021-1026

Emmerich, G.; Reus, P., [Vorsorge]; Zur Vorsorge für „allgemeine Bankrisiken" – Handelsrechtliche Gestaltungswahlrechte und ökonomische Implikationen, in: W. Benner (Hrsg.), IFBG-Studien, Nr. 2, Göttingen 1995

Endres, M., [Lean Management]; Lean Management im Kreditgewerbe, in: W. Gerke, M. Steiner (Hrsg.), Handwörterbuch des Bank- und Finanzwesens (HWF), Enzyklopädie der Betriebswirtschaftslehre, Bd. 6, 2., überarb. und erw. Aufl., Stuttgart 1995, Sp. 1349-1356

Erdmann, U., [Entlohnung]; Die Entlohnung von Führungskräften in Kreditinstituten, Frankfurt a. M. 1991

Erichson, B; Hammann, P., [Informationen]; Beschaffung und Aufbereitung von Informationen, in: F. X. Bea, E. Dichtl, M. Schweitzer (Hrsg.), Allgemeine Betriebswirtschaftslehre, Bd. 2: Führung, 8., neubearb. Aufl., Stuttgart 2001, S. 319-375

Feldhaus, R.; Renziehausen, D., [Kompetenz]; Unternehmerische Kompetenz im Firmenkundengeschäft, in: Die Bank – Zeitschrift für Bankpolitik und Bankpraxis, o. Jg., 1998, H. 5, S. 276-281

Feldhoff, E.; Wiskemann, G., [Unterstützung]; Unterstützung des Wissensmanagements durch die Gestaltung von Entgeltsystemen, in: Personal – Zeitschrift für Human Resource Management, 53. Jg., 2001, H. 5, S. 250-254

Festinger, L., [Dissonanz]; Theorie der kognitiven Dissonanz, Bern, Stuttgart, Wien 1978

Fiedler, F. E.; Mai-Dalton, R., [Kontingenztheorie]; Führungstheorie – Kontingenztheorie, in: A. Kieser, G. Reber, R. Wunderer (Hrsg.), Handwörterbuch der Führung (HWFü), Enzyklopädie der Betriebswirtschaftslehre, Bd. 10, 2., neugestaltete Aufl., Stuttgart 1995, Sp. 940-953

Finzer, P.; Mungenast, M., [Personalauswahl]; Personalauswahl, in: E. Gaugler, W. Weber (Hrsg.), Handwörterbuch des Personalwesens (HWP), Enzyklopädie der Betriebswirtschaftslehre, Bd. 5, 2., neubearb. und erg. Aufl., Stuttgart 1992, Sp. 1583-1596

Fischer, H.; Steffens-Duch, S., [Beschäftigungsfähigkeit]; Employability: Beschäftigungsfähigkeit sichern, in: Die Bank – Zeitschrift für Bankpolitik und Bankpraxis, o. Jg., 2000, H. 5, S. 336-340

Fischer, H.; Steffens-Duch, S., [Unternehmenskultur]; Unternehmenskultur bei Akquisitionen und Fusionen – das Beispiel Deutsche Bank und Bankers Trust, in: Personal – Zeitschrift für Human Resource Management, 53. Jg., 2001, H. 1, S. 49-53

Fischer, H.; Steffens-Duch, S., [Wegbereiter]; Wegbereiter einer gelungenen Fusion, in: Personalwirtschaft, o. Jg., 2001, H. 9, S. 38-45

Fischer, L., [Emissionsgeschäft]; Das Emissionsgeschäft, in: J. v. Hagen, J. H. v. Stein (Hrsg.), Obst/Hintner, Geld-, Bank- und Börsenwesen. Handbuch des Finanzsystems, 40., völlig überarb. Aufl., Stuttgart 2000, S. 945-963

Fischer, T., [Sicherheit]; Sicherheit im Online Banking, in: J. Birkelbach (Hrsg.), Cyber Finance – The Next Generation. Finanzgeschäfte im Internet, 3. Aufl., Wiesbaden 2001, S. 273-283

Fischer, T. R., [Erlebniswelt]; Erlebniswelt Bankfiliale, in: O. Betsch, E. van Hooven, G. Krupp (Hrsg.), Handbuch Privatkundengeschäft. Entwicklung, State of the art, Zukunftsperspektiven, Frankfurt a. M. 1998, S. 605-617

Franck, D., [Lernen]; Innovatives Lernen in der Lernenden Bank, in: K. Schwuchow, J. Gutmann (Hrsg.), Jahrbuch Personalentwicklung und Weiterbildung 1998/99, Neuwied 1998, S. 105-109

Franke, D., [Wissensmanagement]; Wissensmanagement: Gefragt ist ein langer Atem, in: Die Bank – Zeitschrift für Bankpolitik und Bankpraxis, o. Jg., 2002, H. 3, S. 176-179

Frese, E., [Organisation]; Grundlagen der Organisation. Konzept – Prinzipien – Strukturen, 7. Aufl., Wiesbaden 1998

Frey, D.; Schuster, B., [Excellence]; Wege zum Center of Excellence, in: Absatzwirtschaft, 39. Jg., 1996, H. 2, S. 42-46

Friederichs, P., [Managementpotentialanalyse]; Managementpotentialanalyse und -prognose, in: H. Meier, U. Schindler (Hrsg.), Human Resources Management in Banken. Strategien, Instrumente und Grundsatzfragen, Wiesbaden 1996, S. 145-169

Frischknecht, M., [Planung]; Strategische Planung globaler Universalbanken. Ein praxisorientiertes Konzept unter Berücksichtigung neuer Potentiale der Informations- und Telekommunikationstechnologie, Bern, Stuttgart, Wien 1996

Gabele, E.; Kretschmer, H., [Unternehmensgrundsätze]; Unternehmensgrundsätze. Empirische Erhebungen und praktische Erfahrungsberichte zur Konzeption, Einrichtung und Wirkungsweise eines modernen Führungsinstrumentes, Frankfurt a. M. 1986

Gälweiler, A., [Unternehmensführung]; Strategische Unternehmensführung, Frankfurt a. M., New York 1987

Gaugler, E., [Personalberatung]; Personalberatung, in: E. Gaugler, W. Weber (Hrsg.), Handwörterbuch des Personalwesens (HWP), Enzyklopädie der Betriebswirtschaftslehre, Bd. 5, 2., neubearb. und erg. Aufl., Stuttgart 1992, Sp. 1608-1619

Gebert, D., [Kommunikation]; Kommunikation, in: E. Frese (Hrsg.), Handwörterbuch der Organisation (HWO), Enzyklopädie der Betriebswirtschaftslehre, Bd. 2, 3., völlig neu gestaltete Aufl., Stuttgart 1992, Sp. 1110-1121

Gerke, W., [Agency-Theorie]; Agency-Theorie, in: W. Gerke, M. Steiner (Hrsg.), Handwörterbuch des Bank- und Finanzwesens (HWF), Enzyklopädie der Betriebswirtschaftslehre, Bd. 6, 3., völlig überarb. und erw. Aufl., Stuttgart 2001, Sp. 24-36

Gerke, W.; Pfeufer, W., [Finanzintermediation]; Finanzintermediation, in: W. Gerke, M. Steiner (Hrsg.), Handwörterbuch des Bank- und Finanzwesens (HWF), Enzyklopädie der Betriebswirtschaftslehre, Bd. 6, 2., überarb. und erw. Aufl., Stuttgart 1995, Sp. 727-735

Gerlach, D.; Duhl, M., [Personalinformationssysteme]; Personalinformationssysteme, in: P. Siebertz, J. H. v. Stein (Hrsg.), Handbuch Banken und Personal, Frankfurt a. M. 1999, S. 161-182

Gerlich, P., [Evaluation]; Controlling von Bildung, Evaluation oder Bildungs-Controlling? Überblick, Anwendung und Implikationen einer Aufwand-Nutzen-Betrachtung von Bildung unter besonderer Berücksichtigung wirtschafts- und sozialpsychologischer Aspekte am Beispiel akademischer Nachwuchskräfte in Banken, München, Mering 1999

Geyer, G., [Telefontraining]; Telefontraining in Banken. Finanzdienstleistungen erfolgreich verkaufen, 3., vollst. überarb. Aufl., Wiesbaden 1994

Gloystein, P., [Filialorganisation]; Neuere Anforderungen an die Filialorganisation einer Großbank, in: H. Schierenbeck, H. Moser (Hrsg.), Handbuch Bankcontrolling, Wiesbaden 1994, S. 139-166

Gloystein, P., [Bankorganisation]; Bankorganisation, in: W. Gerke, M. Steiner (Hrsg.), Handwörterbuch des Bank- und Finanzwesens (HWF), Enzyklopädie der Betriebswirtschaftslehre, Bd. 6, 2., überarb. und erw. Aufl., Stuttgart 1995, Sp. 206-217

Godersky, C., [Intimität]; Intimität in organisationalen Beziehungen. Theoretische Grundlagen, Entstehung und Wirkung, Frankfurt a. M. et al. 2000

Gödlike, P., [Aufgaben]; Wissensmanagement – aktuelle Aufgaben und Probleme, in: io-Management, 61. Jg., 1992, H. 4, S. 67-70

Goleman, D., [Erfolgsquotient]; EQ^2. Der Erfolgsquotient, München, Wien 1999

Goleman, D.; Kaufman, P.; Ray, M., [Kreativität]; Kreativität entdecken, München, Wien 1997

Groß-Heitfeld, R., [Personalmarketing]; Personalmarketing bei der WestLB. Ansprache von Top-Bewerbern durch maßgeschneiderte Instrumente, in: A. Thiele, B. Eggers (Hrsg.), Innovatives Personalmarketing für High-Potentials, Göttingen et al. 1999, S. 101-110

Gröschner, R., [Fundierung]; Zur rechtsphilosophischen Fundierung einer Unternehmensethik, in: H. Steinmann, A. Löhr (Hrsg.), Unternehmensethik, 2., überarb. und erw. Aufl., Stuttgart 1991, S. 103-123

Grote, M., [Personalentwicklung]; Organisations- und Personalentwicklung in Banken. Strategie und Realisation, 4., veränd. Aufl., Frankfurt a. M. 2000

Güldenberg, S., [Lernbarrieren]; Lernbarrieren und die Verhinderung des Verlernens in Organisationen, in: Dr. Wieselhuber & Partner (Hrsg.), Handbuch Lernende Organisation. Unternehmens- und Mitarbeiterpotentiale erfolgreich erschließen, Wiesbaden 1997, S. 227-235

Güldenberg, S., [Wissenscontrolling]; Wissensmanagement und Wissenscontrolling in lernenden Organisationen – ein systemtheoretischer Ansatz, 3., aktualisierte Aufl., Wiesbaden 2001

Gutenberg, E., [Produktion]; Grundlagen der Betriebswirtschaftslehre, Bd. 1: Die Produktion, 24., unveränderte Aufl., Berlin, Heidelberg, New York, 1983

Häcki, R. L., [Intelligenz]; Organisationale Intelligenz. Wie Unternehmen wirkungsvolle Dynamik und ein optimales Verhaltensrepertoire entwickeln. Dargestellt am Beispiel von Banken, Bern, Stuttgart, Wien 1997

Hahn, D., [Unternehmensführung]; Strategische Unternehmensführung – Grundkonzept, in: D. Hahn, B. Taylor (Hrsg.), Strategische Unternehmensplanung – Strategische Unternehmensführung. Stand und Entwicklungstendenzen, 5., neu bearb. und erw. Aufl., Heidelberg 1990, S. 31-51

Hanisch, D. A., [Grundprobleme]; Beiträge des kritischen Rationalismus zur Lösung wirtschafts- und unternehmensethischer Grundprobleme, Frankfurt a. M. et al. 1996

Hartmann-Wendels, T.; Pfingsten, A.; Weber, M., [Bankbetriebslehre]; Bankbetriebslehre, 2., überarb. Aufl., Berlin et al. 2000

Hasebrook, J.; Steffens, U., [Digitalfernsehen]; Weiterbildung per Digitalfernsehen, in: Die Bank – Zeitschrift für Bankpolitik und Bankpraxis, o. Jg., 1997, H. 11, S. 676-679

Hauschildt, J.; Leker, J., [Kreditwürdigkeitsprüfung]; Kreditwürdigkeitsprüfung (inkl. automatisierte), in: W. Gerke, M. Steiner (Hrsg.), Handwörterbuch des Bank- und Finanzwesens (HWF), Enzyklopädie der Betriebswirtschaftslehre, Bd. 6, 3., völlig überarb. und erw. Aufl., Stuttgart 2001, Sp. 1460-1471

Heckhausen, H., [Motivation]; Motivation und Handeln, 2., völlig überarb. u. erg. Aufl., Berlin et al. 1989

Heidack, C., [Vorschlagswesen]; Vorschlagswesen, Betriebliches, in: E. Gaugler, W. Weber (Hrsg.), Handwörterbuch des Personalwesens (HWP), Enzyklopädie der Betriebswirtschaftslehre, Bd. 5, 2., neubearb. und erg. Aufl., Stuttgart 1992, Sp. 2299-2316

Heideloff, F.; Baitsch, C., [Wissen]; Wenn Wissen Wissen generiert. Erläuterungen rund um ein Fallbeispiel, in: P. Pawlowsky (Hrsg.), Wissensmanagement. Erfahrungen und Perspektiven, Wiesbaden 1998, S. 68-83

Hein, M., [Einführung]; Einführung in die Bankbetriebslehre, 2., überarb. Aufl., München 1993

Heintzeler, F., [Terrorismus]; Dem Terrorismus die finanziellen Grundlagen entziehen, in: Frankfurter Allgemeine Zeitung (FAZ), o. Jg., Nr. 232, vom 06.10.2001, S. 14

Hellwig, M., [Bedeutung]; Die volkswirtschaftliche Bedeutung des Finanzsystems, in: J. v. Hagen, J. H. v. Stein (Hrsg.), Obst/Hintner, Geld-, Bank- und Börsenwesen. Handbuch des Finanzsystems, 40., völlig überarb. Aufl., Stuttgart 2000, S. 3-37

Hentze, J.; Kammel, A., [Personalwirtschaftslehre 1]; Personalwirtschaftslehre 1. Grundlagen, Personalbedarfsermittlung, -beschaffung, -entwicklung, und -einsatz, 7., überarb. Aufl., Bern, Stuttgart, Wien 2001

Herbst, D., [Erfolgsfaktor]; Erfolgsfaktor Wissensmanagement. Das professionelle 1x1, Berlin 2000

Hilgard, E. R.; Bowler, G. H., [Theorien]; Theorien des Lernens, Bd. 1, Stuttgart 1975

Hinterhuber, H. H., [Unternehmensführung]; Strategische Unternehmensführung, Bd. II: Strategisches Handeln, 5., neubearb. Aufl., Berlin et al. 1992

Höche, T., [Geldwäschebekämpfung]; Neues Instrumentarium zur Geldwäschebekämpfung, in: Die Bank – Zeitschrift für Bankpolitik und Bankpraxis, o. Jg., 1998, H. 10, S. 618-623

Hoffmann, T., [Informationsflüsse]; Rechtliche Schranken interner Informationsflüsse in Kreditinstituten. Vom internen Bankgeheimnis zu den Chinese Walls im Insiderrecht, Baden-Baden 1998

Höfle, K.; Huber, M., [Coaching]; Coaching, in: K. A. Geißler, G. v. Landsberg, M. Reinartz (Hrsg.), Handbuch Personalentwicklung und Training, Köln 1990, S. 1-28

Hofstetter, B., [Interessenkonflikte]; Interessenkonflikte im Universalbankensystem. Eine Systematisierung der Interessenkonflikte innerhalb und ausserhalb des Wertpapiermarktes, unter Einschluss der Insiderproblematik, Bern 1999

Honko, J., [Innovationsfähigkeit]; Internationale Vergleiche der Stärken und Schwächen der Innovationsfähigkeit einiger Industrieländer, in: Zeitschrift für Betriebswirtschaft (ZfB), 60. Jg., 1990, H. 12, S. 1315-1340

Hornung, F. A., [Integrationsmanagement]; Integrationsmanagement. Die Integration von Banken im M&A-Prozess unter besonderer Berücksichtigung der Behandlung von Dissynergien, Bern, Stuttgart, Wien 1998

Huber, K.-H., [Einführungsprogramme]; Einführungsprogramme für neue Mitarbeiter, in: E. Gaugler, W. Weber (Hrsg.), Handwörterbuch des Personalwesens (HWP), Enzyklopädie der Betriebswirtschaftslehre Bd. 5, 2., neubearb. und erg. Aufl., Stuttgart 1992, Sp. 793-773

HypoVereinsbank (Hrsg.), [Personalentwicklung]; Personalentwicklung im HypoVereinsbank-Konzern, München 1999

Jacob, A.-F., [Aufbauorganisation]; Instrumente der Aufbauorganisation, in: J. H. v. Stein, J. Terrahe (Hrsg.), Handbuch Bankorganisation, 2., überarb. und erw. Aufl., Wiesbaden 1995, S. 195-214

Jäger, W.; Leonardi, H., [Hochschule]; Hochschule für Bankwirtschaft mit neuem Studiengang, in: Die Bank – Zeitschrift für Bankpolitik und Bankpraxis, o. Jg., 1992, H. 12, S. 730-735

Jansen, S. A., [Unternehmensakquisitionen]; Mergers & Acquisitions. Unternehmensakquisitionen und -kooperationen. Eine strategische, organisatorische und kapitalmarkttheoretische Einführung, 2., durchges. Aufl., Wiesbaden 1999

Jarchow, H.-J., [Politik]; Theorie und Politik des Geldes, Bd. I, 10., überarb. und wesentlich erw. Aufl., Göttingen 1998

Joerger, K., [Lernpsychologie]; Einführung in die Lernpsychologie, 9. Aufl., Freiburg im Breisgau 1983

Justus, A., [Wissenstransfer]; Wissenstransfer in Strategischen Allianzen. Eine verhaltenstheoretische Analyse, Frankfurt a. M. et al. 1998

Jütten, H., [Compliance-Richtlinie]; Compliance-Richtlinie schließt Regelungslücke, in: Die Bank – Zeitschrift für Bankpolitik und Bankpraxis, o. Jg., 1999, H. 2, S. 126-129

Karsch, W., [Karrierewege]; Karrierewege deutscher Großbankenvorstände, in: Die Bank – Zeitschrift für Bankpolitik und Bankpraxis, o. Jg., 2001, H. 12, S. 866-870

Kern, H., [Relationship]; Relationship Management als Betreuungsansatz für multinationale Unternehmen, in: Die Bank – Zeitschrift für Bankpolitik und Bankpraxis, o. Jg., 1998, H. 11, S. 666-671

Kersting, M., [Diagnostik]; Diagnostik und Personalauswahl mit computergestützten Problemlöseszenarien? Zur Kriteriumsvalidität von Problemlöseszenarien und Intelligenztests, Göttingen et al. 1999

Kets de Vries, M. F. R., [Entscheidungsfindung]; Dysfunktionale Entscheidungsfindung und organisatorische Pathologien, in: C. Scholz, J. Zentes (Hrsg.), Strategisches Euro-Management, Stuttgart 1995, S. 247-258

Kieser, A., [Einarbeitung]; Einarbeitung neuer Mitarbeiter, in: L. v. Rosenstiel, E. Regnet, M. Domsch (Hrsg.), Führung von Mitarbeitern. Handbuch für erfolgreiches Personalmanagement, Stuttgart 1991, S. 126-136

Kieser, A. et al., [Einführung]; Die Einführung neuer Mitarbeiter in das Unternehmen, 2., überarb. Aufl., Frankfurt a. M. 1990

Kilgus, E., [Bank-Management]; Strategisches Bank-Management, Bern, Stuttgart, Wien 1994

Kilgus, E., [Strukturgestaltung]; Grundlagen der Strukturgestaltung von Banken, in: J. H. v. Stein, J. Terrahe (Hrsg.), Handbuch Bankorganisation, 2., über-arb. und erw. Aufl., Wiesbaden 1995, S. 67-106

Kirsch, W., [Wegweiser]; Wegweiser zur Konstruktion einer evolutionären Theorie der strategischen Führung, 2., überarb. und erw. Fassung, München 1997

Klimecki, R. G.; Gmür, M., [Personalmanagement]; Personalmanagement. Strategien – Erfolgsbeiträge – Entwicklungsperspektiven, 2., neubearb. u. erw. Aufl., Stuttgart 2001

Knecht, H.; Spillmann, S., [Integration]; Integration neuer Mitarbeiter, in: P. Siebertz, J. H. v. Stein (Hrsg.), Handbuch Banken und Personal, Frankfurt a. M. 1999, S. 299-317

Koch, S., [Bildungsarbeit]; Einsatz von CBT in der betrieblichen Bildungsarbeit der deutschen Sparkassenorganisation, in: N. Kailer (Hrsg.), Innovative Weiterbildung durch Computer Based Training. Ergebnisse einer europaweiten Studie, Wien 1998, S. 106-124

König, E., [Kompetenz]; Soziale Kompetenz, in: E. Gaugler, W. Weber (Hrsg.), Handwörterbuch des Personalwesens (HWP), Enzyklopädie der Betriebswirtschaftslehre, Bd. 5, 2., neubearb. und erg. Aufl., Stuttgart 1992, Sp. 2046-2056

Koslowski, P., [Ethik]; Ethik der Banken und der Börse. Finanzinstitutionen, Finanzmärkte, Insider-Handel, Tübingen 1997

Koslowski, P., [Unternehmensethik]; Wirtschafts- und Unternehmensethik, in: F. X. Bea, E. Dichtl, M. Schweitzer (Hrsg.), Allgemeine Betriebswirtschaftslehre, Bd. 1: Grundfragen, 8., neubearb. Aufl., Stuttgart 2000, S. 411-451

Kossbiel, H., [Personalbedarfsermittlung]; Personalbedarfsermittlung, in: E. Gaugler, W. Weber (Hrsg.), Handwörterbuch des Personalwesens (HWP), Enzyklopädie der Betriebswirtschaftslehre, Bd. 5, 2., neubearb. und erg. Aufl., Stuttgart 1992, Sp. 1596-1608

Kothe, C., [Wertpapiertransaktionen]; Weltweite Zahlungsverkehrs- und Wertpapiertransaktionen im S.W.I.F.T.-Netz, in: J. Moormann, T. Fischer (Hrsg.), Handbuch Informationstechnologie in Banken, Wiesbaden 1999, S. 559-572

Kövesi-Grafinger, E.; Schmoll, A., [Wettbewerbsfaktor]; Wettbewerbsfaktor interne Servicequalität, in: Die Bank – Zeitschrift für Bankpolitik und Bankpraxis, o. Jg., 1998, H. 3, S. 132-136

Krcmar, H., [Kommunikationstechnologien]; Zum Einfluß der Informations- und Kommunikationstechnologien auf Bankbetriebe, in: D. Hummel, W. Bühler, L. Schuster (Hrsg.), Banken in globalen und regionalen Umbruchsituationen. Systementwicklung, Strategien, Führungsinstrumente: Festschrift für Johann Heinrich von Stein zum 60. Geburtstag, Stuttgart 1997, S. 81-97

Krebs, T.; Thiel, C., [Sicherheit]; Sicherheit in der elektronischen Geschäftsabwicklung, in: J. Moormann, T. Fischer (Hrsg.), Handbuch Informationstechnologie in Banken, Wiesbaden 1999, S. 147-163

Kreikebaum, H., [Humanisierung]; Humanisierung, in: E. Frese (Hrsg.), Handwörterbuch der Organisation (HWO), Enzyklopädie der Betriebswirtschaftslehre, Bd. 2, 3., völlig neu gestaltete Aufl., Stuttgart 1992, Sp. 816-826

Kreikebaum, H., [Führung]; Strategische Führung, in: A. Kieser, G. Reber, R. Wunderer (Hrsg.), Handwörterbuch der Führung (HWFü), Enzyklopädie der Betriebswirtschaftslehre, Bd. 10, 2., neugestaltete Aufl., Stuttgart 1995, Sp. 2006-2014

Kreikebaum, H., [Unternehmensethik]; Grundlagen der Unternehmensethik, Stuttgart 1996

Kreuzer, M., [Bankvertriebswege]; Elektronische Bankvertriebswege. Die zukünftige Entwicklung und Bedeutung elektronischer Kommunikationskanäle und ihre Eignung zum Absatz von Bankleistungen im Privatkundengeschäft, Heidelberg 1998

Krulis-Randa, J., [Unternehmungskultur]; Einführung in die Unternehmungskultur, in: C. Lattmann (Hrsg.), Die Unternehmenskultur. Ihre Grundlagen und ihre Bedeutung für die Führung von Unternehmen, Heidelberg 1990, S. 1-20

Krupp, G., [Allfinanzpolitik]; Allfinanzpolitik, in: W. Gerke, M. Steiner (Hrsg.), Handwörterbuch des Bank- und Finanzwesens (HWF), Enzyklopädie der Betriebswirtschaftslehre, Bd. 6, 2., überarb. und erw. Aufl., Stuttgart 1995, Sp. 55-67

Ksyk, G.; Walter, P., [Bildungsportale]; Bildungsportale dezentraler Unternehmensgruppen – eLearning in der Sparkassen-Finanzgruppe, in: U. Beck, W. Sommer (Hrsg.), LearnTec 2001 – 9. Europäischer Kongress und Fachmesse für Bildungs- und Informationstechnologie, Tagungsband 2, Karlsruhe 2001, S. 623-629

Kumar, B. N., [Joint Venture]; Organisation des Joint Venture, in: E. Frese (Hrsg.), Handwörterbuch der Organisation (HWO), Enzyklopädie der Betriebswirtschaftslehre, Bd. 2, 3., völlig neu gestaltete Aufl., Stuttgart 1992, Sp. 1077-1086

Kurbel, K., [Entwicklung]; Entwicklung und Einsatz von Expertensystemen. Eine anwendungsorientierte Einführung in wissensbasierte Systeme, Berlin et al. 1989

Kurtzke, C.; Popp, P., [Management-Tools]; Das wissensbasierte Unternehmen. Praxiskonzepte und Management-Tools, München 1999

Lange, M., [Informationspflichten]; Informationspflichten von Finanzdienstleistern. Zivilrechtliche Vorfeldpflichten bei Anlagegeschäften an Finanz- und Terminmärkten unter Berücksichtigung der §§ 31, 32 WpHG, Berlin 2000

Lange, T. A., [Internet Banking]; Internet Banking – Eine Potentialanalyse, in: T. A. Lange (Hrsg.), Internet Banking. Der Bankvertrieb im Umbruch, Wiesbaden 1998, S. 15-34

Langer, T.; Weber, M., [Finanzintermediäre]; Banken als Finanzintermediäre, in: J. v. Hagen, J. H. v. Stein (Hrsg.), Obst/Hintner, Geld-, Bank- und Börsenwesen. Handbuch des Finanzsystems, 40., völlig überarb. Aufl., Stuttgart 2000, S. 201-231

Lapke, G., [Berufsbildung]; Berufsbildung in japanischen Großbetrieben, in: Grundlagen der Weiterbildung, 5. Jg., 1994, H. 5, S. 249-253

LB Kiel (Hrsg.), [Grundsätze]; Landesbank Schleswig Holstein Girozentrale – Grundsätze der Zusammenarbeit und Führung, Kiel 1995

Lehmann, M., [Strategieformulierung]; Strategieformulierung im Bankgeschäft, in: Die Bank – Zeitschrift für Bankpolitik und Bankpraxis, o. Jg., 1999, H. 5, S. 305-309

Lehner, F., [Künstliche Intelligenz]; Künstliche Intelligenz, in: P. Mertens et al. (Hrsg.), Lexikon der Wirtschaftsinformatik, Berlin et al. 1997, S. 237-238

Lehner, F., [Memory]; Organisational Memory. Konzepte und Systeme für das organisatorische Lernen und das Wissensmanagement, München, Wien 2000

Leins, H., [Unternehmensanalyse]; Wissensbasierte Unternehmensanalyse. Effizienzsteigerung der Bonitätsbeurteilung im Firmenkundengeschäft, Wiesbaden 1993

Liebau, G., [Leistung]; Finanzielle Haftung als wirtschaftliche Leistung und ihr Einsatz im betrieblichen Leistungsprozess, in: W. Benner, G. Liebau (Hrsg.), Finanzielle Haftung in der Geldwirtschaft: Hans-Dieter Deppe zum 60. Geburtstag, Stuttgart 1990, S. 3-52

Ling, B., [Mitarbeiterberatung]; Mitarbeiterberatung, in: E. Gaugler, W. Weber (Hrsg.), Handwörterbuch des Personalwesens (HWP), Enzyklopädie der Betriebswirtschaftslehre, Bd. 5, 2., neubearb. und erg. Aufl., Stuttgart 1992, Sp. 1388-1388

Link, J., [Unternehmensplanung]; Organisation der strategischen Unternehmensplanung, in: D. Hahn, B. Taylor (Hrsg.), Strategische Unternehmensplanung – Strategische Unternehmensführung. Stand und Entwicklungstendenzen, 5., neu bearb. und erw. Aufl., Heidelberg 1990, S. 609-634

Lippe, G.; Esemann, J.; Tänzer, T., [Bankkaufleute]; Das Wissen für Bankkaufleute. Das umfassende und praxisorientierte Kompendium für die Aus- und Weiterbildung, 9., neubearb. und erw. Auflage, Wiesbaden 2001

Lipton, M.; Mazur, R. B., [Chinese Wall]; The Chinese Wall Solution to the Conflict Problems of Securities Firms, in: New York University Law Review, 50. Jg., 1975, S. 459-511

Lohmann, F., [Loyalität]; Loyalität von Bankkunden. Bestimmungsgrößen und Gestaltungsmöglichkeiten, Wiesbaden, 1997

Loiselle, J., [Handlungskompetenz]; Interkulturelle Handlungskompetenz. Eine Determinante für den Erfolg von Joint Ventures, Frankfurt a. M. et al. 2000

Looss, W., [Coaching]; Coaching für Manager. Problembewältigung unter vier Augen, 3. Aufl., Landsberg/Lech 1993

Lössl, E., [Instrumente]; Eignungsdiagnostische Instrumente, in: E. Gaugler, W. Weber (Hrsg.), Handwörterbuch des Personalwesens (HWP), Enzyklopädie der Betriebswirtschaftslehre, Bd. 5, 2., neubearb. und erg. Aufl., Stuttgart 1992, Sp. 750-763

Luhmann, N., [Vertrauen]; Vertrauen. Ein Mechanismus der Reduktion sozialer Komplexität, Stuttgart, 1973

Lullies, V.; Bollinger, H.; Weltz, F., [Wissenslogistik]; Wissenslogistik. Über den betrieblichen Umgang mit Wissen bei Entwicklungsvorhaben, Frankfurt a. M., New York 1993

Maassen, O., [Integrationsprozeß]; Personalfunktion im Integrationsprozeß, in: K. Schwuchow, J. Gutmann (Hrsg.), Jahrbuch Personalentwicklung und Weiterbildung 1999/2000, Neuwied 1999, S. 48-50

Maassen, O.; Vorbeck, M., [Personalmarketing]; Personalmarketing, in: P. Siebertz, J. H. v. Stein (Hrsg.), Handbuch Banken und Personal, Frankfurt a. M. 1999, S. 183-201

Maltzan, B.-A. v., [Private Banking]; Private Banking, in: J. v. Hagen, J. H. v. Stein (Hrsg.), Obst/Hintner, Geld-, Bank- und Börsenwesen. Handbuch des Finanzsystems, 40., völlig überarb. Aufl., Stuttgart 2000, S. 923-937

March, J. G.; Olsen, J. P., [Learning]; the Uncertainty of the Past: Organizational Learing under Ambiguity, in: European Journal of Political Research, o. Jg., 1975, H. 3, S. 147-171

March, J. G.; Olsen, J. P., [Ambiguity]; Ambiguity and Choice in Organizations, 2. Aufl., Bergen 1979

Marr, R.; Kötting, M., [Implementierung]; Implementierung, organisatorische, in: E. Frese (Hrsg.), Handwörterbuch der Organisation (HWO), Enzyklopädie der Betriebswirtschaftslehre, Bd. 2, 3., völlig neu gestaltete Aufl., Stuttgart 1992, Sp. 827-841

Mattes, H., [Securitization]; Securitization, in: W. Gerke, M. Steiner (Hrsg.), Handwörterbuch des Bank- und Finanzwesens (HWF), Enzyklopädie der Betriebswirtschaftslehre, Bd. 6, 2., überarb. und erw. Aufl., Stuttgart 1995, Sp. 1702-1709

McVea, H., [Chinese Wall]; Financial Conglomerates and the Chinese Wall. Regulating Conflicts of Interest, Oxford 1993

Meier, H., [Personalentwicklung]; Personalentwicklung. Konzepte, Leitfäden und Checklisten für Klein- und Mittelbetriebe, Wiesbaden 1991

Meier, H., [Untersuchung]; Personalentwicklung in Banken – ernüchternde Realität. Erste Ergebnisse einer empirischen Untersuchung in Deutschland, in: Bankarchiv – Zeitschrift für das gesamte Bank- und Börsenwesen, 42. Jg., 1994, H. 7, S. 518-523

Meier, H., [Planung]; Strategische Planung und Personalentwicklung in Banken und Sparkassen. Anspruch, Schein und Wirklichkeit, Wiesbaden 1995

Mentzel, W., [Unternehmenssicherung]; Unternehmenssicherung durch Personalentwicklung. Mitarbeiter motivieren, fördern und weiterbilden, 7., aktualisierte Aufl., Freiburg im Breisgau 1997

Mertens, P.; Borkowski, V.; Geis, W., [Expertensystem-Anwendungen]; Betriebliche Expertensystem-Anwendungen, 3., überarb. und aktualisierte Aufl., Berlin et al. 1993

Meyer zu Selhausen, H., [Effizienzkriterien]; Effizienzkriterien für bankbetriebliche EDV-Anwendungssysteme, in: D. Hummel, W. Bühler, L. Schuster (Hrsg.), Banken in globalen und regionalen Umbruchsituationen. Systementwicklung, Strategien, Führungsinstrumente: Festschrift für Johann Heinrich von Stein zum 60. Geburtstag, Stuttgart 1997, S. 99-114

Meyer zu Selhausen. H., [Bank-Informationssysteme]; Bank-Informationssysteme. Eine Bankbetriebswirtschaftslehre mit IT-Schwerpunkten, Stuttgart 2000

Mintzberg, H., [Structuring]; The Structuring of Organizations. A Synthesis on the Research, Englewood Cliffs 1979

Mintzberg, H.; Ahlstrand, B.; Lampel, J., [Strategy]; Strategy Safari. Eine Reise durch die Wildnis des strategischen Managements, Wien 1999

Moormann, J., [Bankinformatik]; Umbruch in der Bankinformatik – Status Quo und Perspektiven für eine Neugestaltung, in: J. Moormann, T. Fischer (Hrsg.), Handbuch Informationstechnologie in Banken, Wiesbaden 1999, S. 3-20

Moormann, J.; Gärtner, C., [Führungsinformationssysteme]; Führungsinformationssysteme und Lean Reporting in der Sparkassenorganisation, in: Sparkasse, 111. Jg., 1994, H. 12, S. 574-577

Moser, K.; Schmook, R., [Sozialisation]; Berufliche und organisationale Sozialisation, in: H. Schuler (Hrsg.), Lehrbuch der Personalpsychologie, Göttingen et al. 2001, S. 215-239

Mühlhaupt, L., [Macht]; Macht der Banken, in: H. Schierenbeck (Hrsg.), Bank- und Versicherungslexikon, 2., völlig überarb. und erw. Aufl., München, Wien 1994, S. 467-474

Näser, C.; Blang, H.-G., [Competency]; Competency Based-Compensation, in: J. Kienbaum (Hrsg.), Visionäres Personalmanagement, 3., erw. und aktualisierte Aufl., Stuttgart 2001, S. 67-81

Neuberger, O., [Machttheorie]; Führungstheorien – Machttheorie, in: A. Kieser, G. Reber, R. Wunderer (Hrsg.), Handwörterbuch der Führung (HWFü), Enzyklopädie der Betriebswirtschaftslehre, Bd. 10, 2., neugestaltete Aufl., Stuttgart 1995, Sp. 953-968

Nonaka, I., [Company]; The Knowledge-Creating Company, in: Harvard Business Review (HBR), 69. Jg., 1991, H. 6, S. 96-104.

Nonaka, I., [Wissen]; Wie japanische Unternehmen Wissen erzeugen, in: Harvard Manager – Theorie und Praxis des Managements, 14. Jg., 1992, H. 2, S. 95-103

Nonaka, I., [Innovationsmanagement]; Innovationsmanagement als ein Prozeß der Wissensschöpfung. Ein neues Modell für das wissenserzeugende Unternehmen, in: M. Esser, K. Kobayashi (Hrsg.), Kaishain. Personalmanagement in Japan, Göttingen, Stuttgart 1994, S. 248-277

Nonaka, I.; Takeuchi, H., [Organisation]; Die Organisation des Wissens. Wie japanische Unternehmen eine brachliegende Ressource nutzbar machen, Frankfurt a. M., New York 1997

North, K., [Unternehmensführung]; Wissensorientierte Unternehmensführung. Wertschöpfung durch Wissen, 2., aktualisierte und erw. Aufl., Wiesbaden 1999

North, K., [Wissen]; Wissen messen, in: T. Heimer, P. Roßbach (Hrsg.), Management der Ressource Wissen in Banken, Frankfurt a. M. 2001, S. 55-69

North, K.; Probst, G. J. B.; Romhardt, K., [Ansätze]; Wissen messen – Ansätze, Erfahrungen und kritische Fragen, in: Zeitschrift Führung und Organisation (zfo), 67. Jg., 1998, H. 3, S. 158-166

Noß, M., [Arbeitsplatz]; Selbstgesteuertes Lernen am Arbeitsplatz – Theoretische Überlegungen und empirische Ergebnisse zur Ausbildung von Bankkaufleuten, Wiesbaden 2000

Nöth, M., [Informationsaggregation]; Informationsaggregation und Insidererkennung in Finanzmärkten, Wiesbaden 1998

Nowak, R., [Kommunikationssysteme]; Transaktions-, Informations- und Kommunikationssysteme, in: J. H. v. Stein, J. Terrahe (Hrsg.), Handbuch Bankorganisation, 2., überarb. und erw. Aufl., Wiesbaden 1995, S. 311-336

Oehler, A., [Relationship-Management]; Betreuung durch Relationship-Manage-ment, in: Die Bank – Zeitschrift für Bankpolitik und Bankpraxis, o. Jg., 1995, H. 3, S. 137-142

O. V., [Rückschlag]; Deutsche Bank erleidet in Amerika empfindlichen Rückschlag, in: Frankfurter Allgemeine Zeitung (FAZ), o. Jg., Nr. 150 vom 02.07.1998, S. 17

O. V., [Verstärkung]; Deutsche Bank sucht nach einer Verstärkung, in: Frankfurter Allgemeine Zeitung (FAZ), o Jg., Nr. 83 vom 11.07.1998, S. 16

O. V., [Allianz]; Deutsche Bank und Nippon Life schmieden strategische Allianz, in: Frankfurter Allgemeine Zeitung (FAZ), o. Jg., Nr. 268 vom 11.11.1998, S. 23

O. V., [BW-Bank]; BW-Bank sieht Klagen gelassen entgegen, in: Frankfurter Allgemeine Zeitung (FAZ), o Jg., Nr. 83 vom 23.03.2000, S. 26

O. V., [Flowtex]; Der Flowtex-Krimi, in: Frankfurter Allgemeine Zeitung (FAZ), o. Jg., Nr. 222 vom 24.09.2001, S. 23

O. V., [Geständnis]; Schmider legt umfassendes Geständnis ab, in: Frankfurter Allgemeine Zeitung (FAZ), o. Jg., Nr. 226 vom 28.09.2001, S. 31

Palm, G; Grosch, U., [Notenbanken]; Notenbanken, in: W. Gerke, M. Steiner (Hrsg.), Handwörterbuch des Bank- und Finanzwesens (HWF), Enzyklopädie der Betriebswirtschaftslehre, Bd. 6, 2., überarb. und erw. Aufl., Stuttgart 1995, Sp. 1464-1474

Paul, S., [Marketing]; Marketing, in: J. v. Hagen, J. H. v. Stein (Hrsg.), Obst/Hintner, Geld-, Bank- und Börsenwesen. Handbuch des Finanzsystems, 40., völlig überarb. Aufl., Stuttgart 2000, S. 1211-1295

Pauluhn, B., [Channels]; Multiple Channels als Komfortlösung, in: O. Betsch, E. van Hooven, G. Krupp (Hrsg.), Handbuch Privatkundengeschäft. Entwicklung, State of the art, Zukunftsperspektiven, Frankfurt a. M. 1998, S. 557-572

Pauluhn, B., [Entwicklungswege]; Praxisbeispiel: Entwicklungswege im Vertrieb, in: P. Siebertz, J. H. v. Stein (Hrsg.), Handbuch Banken und Personal, Frankfurt a. M. 1999, S. 497-512

Pautzke, G., [Wissensbasis]; Die Evolution der organisatorischen Wissensbasis. Bausteine zu einer Theorie des organisatorischen Lernens, München 1989

Penzel, H.-G.; Pietig, C., [MergerGuide]; MergerGuide – Handbuch für die Integration von Banken, Wiesbaden 2001

Perridon, L.; Steiner, M., [Finanzwirtschaft]; Finanzwirtschaft der Unternehmung, 8., überarb. Aufl., München 1995

Phillips, B., [Bildungswesen]; Das Bildungswesen der Sparkassenorganisation von den Anfängen bis zur Gegenwart, in: Gesellschaft zur Förderung der wissenschaftlichen Forschung über das Spar- und Girowesen (Hrsg.), Das Personal- und Bildungswesen der Sparkassenorganisation – historische Entwicklungen und Zukunftsperspektiven, Stuttgart 1993, S. 71-85

Pfeiffer, H., [Verflechtungen]; Die Macht der Banken. Die personellen Verflechtungen der Commerzbank, der Deutschen Bank und der Dresdner Bank mit Unternehmen, Frankfurt a. M., New York 1993

Pfiffner, M.; Stadelmann, P., [Kopfarbeiter]; Wissen wirksam machen. Wie Kopfarbeiter produktiv werden, Bern, Stuttgart, Wien 1998

Pfingsten, A., [Kreditvergabe]; Die Kreditvergabe, in: J. v. Hagen, J. H. v. Stein (Hrsg.), Obst/Hintner, Geld-, Bank- und Börsenwesen. Handbuch des Finanzsystems, 40., völlig überarb. Aufl., Stuttgart 2000, S. 665-741

Picot, A.; Franck, E., [Informationsmanagement]; Informationsmanagement, in: E. Frese (Hrsg.), Handwörterbuch der Organisation (HWO), Enzyklopädie der Betriebswirtschaftslehre, Bd. 2, 3., völlig neu gestaltete Aufl., Stuttgart 1992, Sp. 886-900

Picot, A.; Maier, M., [Informationssysteme]; Informationssysteme, computergestützte, in: E. Frese (Hrsg.), Handwörterbuch der Organisation (HWO), Enzyklopädie der Betriebswirtschaftslehre, Bd. 2, 3., völlig neu gestaltete Aufl., Stuttgart 1992, Sp. 923-936

Picot, A.; Dietl, H.; Franck, E., [Organisation]; Organisation. Eine ökonomische Perspektive, Stuttgart 1997

Picot, A.; Reichwald, R.; Wigand, R. T., [Unternehmung]; Die grenzenlose Unternehmung. Information, Organisation und Management. Lehrbuch zur Unternehmensführung im Informationszeitalter, 4., vollständig überarb. und erw. Aufl., Wiesbaden 2001

Polanyi, M., [Wissen]; Implizites Wissen, Frankfurt a. M. 1985

Poole, M. S., [Communication]; Communication, in: N. Nicholson, R. Schuler, A. H. van de Ven (Hrsg.), Encyclopedic Dictionary of Organizational Behavior, Malden, Oxford 1998, S. 77-80

Popper, K. R., [Erkenntnis]; Objektive Erkenntnis. Ein evolutionärer Entwurf, 4., verb. und erg. Aufl., Hamburg 1984

Porter, M. E., [Wettbewerbsvorteile]; Wettbewerbsvorteile (Competitive Advantage). Spitzenleistungen erreichen und behaupten, Frankfurt a. M., New York 1989

Porter, M. E.; Millar, V. E., [advantage]; How information gives you competitive advantage, in: Harvard Business Review (HBR), 63. Jg., 1985, H. 4, S. 149-160

Pott, O.; Wielage, G., [Internet-Banking]; Internet-Banking. Schnelles, sicheres und effizientes Konto- und Aktienmanagement, Kilchberg 2000

Prahl, R.; Naumann, T. K., [Anforderungen]; Anforderungen an befreiende Bankkonzernabschlüsse nach IAS, in: Die Bank – Zeitschrift für Bankpolitik und Bankpraxis, o. Jg., 1998, H. 8, S. 476-479

Priewasser, E., [Bankbetriebslehre]; Bankbetriebslehre, 7., erw. u. vollst. überarb. Aufl., München, Wien 2001

Probst, G. J. B.; Büchel, B. S. T., [Lernen]; Organisationales Lernen. Wettbewerbsvorteil der Zukunft, 2., aktualisierte Aufl., Wiesbaden 1998

Probst, G. J. B.; Knaese, B., [Risikofaktor]; Risikofaktor Wissen. Wie sich Banken vor Wissensverlusten schützen, Wiesbaden 1998

Probst, G. J. B.; Raub, S., [Wissensmanagement]; Kompetenzorientiertes Wissensmanagement, in: Zeitschrift Führung und Organisation (zfo), 67. Jg., 1998, H. 3, S. 132-138

Probst, G. J. B.; Raub, S.; Romhardt; K., [Wissen]; Wissen managen. Wie Unternehmen ihre wertvollste Ressource optimal nutzen, 3. Aufl., Frankfurt a. M. 1999

Puppe, F., [Expertensysteme]; Einführung in Expertensysteme, Berlin et al. 1988

Rapp, A., [Bankpreise]; Bankpreise und Kundenverhalten. Eine empirische Analyse unter besonderer Berücksichtigung wissenschaftstheoretischer und verhaltenstheoretischer Erkenntnisse, Frankfurt a. M. et al. 1992

Rastetter, D., [Commitment]; Commitment. Bindung neuer Mitarbeiter an das Unternehmen, in: Personal – Zeitschrift für Human Resource Management, 50. Jg., 1998, H. 12, S. 626-631

Reber, G., [Lernen]; Organisationales Lernen, in: E. Frese (Hrsg.), Handwörterbuch der Organisation (HWO), Enzyklopädie der Betriebswirtschaftslehre, Bd. 2, 3., völlig neu gestaltete Aufl., Stuttgart 1992, Sp. 1240-1255

Rebstock, W., [Unternehmungsethik]; Unternehmungsethik. Werte und Normen für die Unternehmung, Spardorf 1988

Reetz, L., [Schlüsselqualifikationen]; Zur Bedeutung der Schlüsselqualifikationen in der Berufsbildung, in: L. Reetz, T. Reitmann (Hrsg.), Schlüsselqualifikationen – Fachwissen in der Krise?, Hamburg 1990, S. 16-35

Rehäuser, J.; Krcmar, H., [Wissensmanagement]; Wissensmanagement in Unternehmen, in: G. Schreyögg, P. Conrad (Hrsg.), Managementforschung, Bd. 6: Wissensmanagement, Berlin, New York 1996, S. 1-40

Rehm, H., [Zahlungsverkehr]; Zahlungsverkehr, inkl. internationalem Zahlungsverkehr, in: W. Gerke, M. Steiner (Hrsg.), Handwörterbuch des Bank- und Finanzwesens (HWF), Enzyklopädie der Betriebswirtschaftslehre, Bd. 6, 3., völlig überarb. und erw. Aufl., Stuttgart 2001, Sp. 2317-2333

Reichwald, R., [Kommunikation]; Kommunikation, in: M. Bitz et al. (Hrsg.), Vahlens Kompendium der Betriebswirtschaftslehre, Bd. 2, 3. Aufl., München 1993, S. 447-494

Reichwald, R., [Kommunikationsmodelle]; Kommunikation und Kommunikationsmodelle, in: W. Wittmann, W. Kern, R. Köhler (Hrsg.), Handwörterbuch der Betriebswirtschaftslehre (HWB), Bd. 2, 5. Aufl., Stuttgart 1993, Sp. 2174-2188

Reichwald, R.; Goecke, R., [Bürokommunikationstechnik]; Bürokommunikationstechnik und Führung, in: A. Kieser, G. Reber, R. Wunderer (Hrsg.), Handwörterbuch der Führung (HWFü), Enzyklopädie der Betriebswirtschaftslehre, Bd. 10, 2., neugestaltete Aufl., Stuttgart 1995, Sp. 164-182

Reinboth, H.; Leonardi, H., [Weiterbildung]; Weiterbildung in der Kreditwirtschaft, in: W. Gerke, M. Steiner (Hrsg.), Handwörterbuch des Bank- und Finanzwesens (HWF), Enzyklopädie der Betriebswirtschaftslehre, Bd. 6, 2., überarb. und erw. Aufl., Stuttgart 1995, Sp. 1972-1980

Reinmann-Rothmeier, G. et al., [Wissensmanagement]; Wissensmanagement lernen. Ein Leitfaden zur Gestaltung von Workshops und zum Selbstlernen, Weinheim, Basel 2001

Reinmann-Rothmeiner, G.; Mandl, H., [Umgang]; Wissensmanagement. Den Umgang mit Wissen lernen, in: managerSeminare – Das Weiterbildungsmagazin, o. Jg., 2002, H. 54, S. 18-24

Reus, P., [Bankenmärkte]; Merkmale und ökonomische Effekte elektronischer Märkte unter besonderer Berücksichtigung der Bankenmärkte, in: T. Burkhardt, K. Lohmann (Hrsg.), Banking und Electronic Commerce im Internet (neue betriebswirtschaftliche Studienbücher, Bd. 16), Berlin 1998, S. 47-82

Riedler, W. M., [Development-Banking]; Development-Banking. Bankbetriebliches Personalmanagement, Düsseldorf, Bonn 1994

Ringlstetter, M., [Allianzen]; Strategische Allianzen, in: H. Corsten, M. Reiß (Hrsg.), Handbuch Unternehmensführung. Konzepte – Instrumente – Schnittstellen, Wiesbaden 1995, S. 695-704

Rinker, A.; Tegeder, P., [Geschäftsprozessoptimierung]; Geschäftsprozessoptimierung in Banken, in: H. Schierenbeck, B. Rolfes, S. Schüller (Hrsg.), Handbuch Bankcontrolling, 2. überarb. und erw. Aufl., Wiesbaden 2001, S. 653-667

Ritterbex, H. D., [Versicherungsgeschäft]; Versicherungsgeschäft über den Bankschalter, in: O. Betsch, E. v. Hooven, G. Krupp (Hrsg.), Handbuch Privatkundengeschäft. Entwicklung, State of the art, Zukunftsperspektiven, Frankfurt a. M. 1998, S. 631-646

Roemer, M., [Direktvertrieb]; Direktvertrieb kundenindividueller Finanzdienstleistungen. Ökonomische Analyse und systemtechnische Gestaltung, Heidelberg 1998

Romhardt, K., [Wissensperspektive]; Die Organisation aus der Wissensperspektive. Möglichkeiten und Grenzen der Intervention, Wiesbaden 1998

Rosenstiel, L. v., [Wertewandel]; Wertewandel, in: A. Kieser, G. Reber, R. Wunderer (Hrsg.), Handwörterbuch der Führung (HWFü), Enzyklopädie der Betriebswirtschaftslehre, Bd. 10, 2., neu gestaltete und ergänzte Aufl., Stuttgart 1995, Sp. 2176-2189

Rosenstiel, L. v., [Werthaltungen]; Entwicklung von Werthaltungen und interpersonelle Kompetenz – Beiträge der Sozialpsychologie, in: K. Sonntag (Hrsg.), Personalentwicklung in Organisationen. Psychologische Grundlagen, Methoden und Strategien, 2., überarb. u. erw. Aufl., Göttingen et al. 1999, S. 99-122

Roth, M. T., [Bankers Trust]; Bankers Trust ist das letzte, was die Deutsche Bank braucht, in: Frankfurter Allgemeine Zeitung (FAZ), o. Jg., Nr. 254 vom 01.11.2000, S. 50

Rüdiger, M.; Vanini, S., [Tacit]; Das Tacit knowledge-Phänomen und seine Implikationen für das Innovationsmanagement, in: Die Betriebswirtschaft (DBW), 58. Jg., 1998, H. 4, S. 467-480

Sackmann, S. A., [Unternehmenskultur]; Möglichkeiten der Gestaltung von Unternehmenskultur, in: C. Lattmann (Hrsg.), Die Unternehmenskultur. Ihre Grundlagen und ihre Bedeutung für die Führung von Unternehmen, Heidelberg 1990, S. 153-188

Sarrazin, J., [Bankenkooperation]; Internationale Bankenkooperation, in: W. Gerke, M. Steiner (Hrsg.), Handwörterbuch des Bank- und Finanzwesens (HWF), Enzyklopädie der Betriebswirtschaftslehre, Bd. 6, 2., überarb. und erw. Aufl., Stuttgart 1995, Sp. 934-942

Sattelberger, T., [Coaching]; Gedankenskizze zu Nachwuchsermittlung, Projektarbeit und Coaching, in: T. Sattelberger (Hrsg.), Innovative Personalentwicklung. Grundlagen, Konzepte, Erfahrungen, Wiesbaden 1989, S. 155-174

Schanz, G., [Grundlagen]; Grundlagen der verhaltenstheoretischen Betriebswirtschaftslehre, Tübingen 1977

Schanz, G., [Personalentwicklung]; Verhaltenswissenschaftliche Aspekte der Personalentwicklung, in: H.-C. Riekhof (Hrsg.), Strategien der Personalentwicklung. Beiersdorf, Bertelsmann, Esso, IBM, Opel, Otto Versand, Phillips, VW, Wiesbaden 1986, S. 3-21

Schanz, G., [Erkennen]; Erkennen und Gestalten. Betriebswirtschaftslehre in kritisch-rationaler Absicht, Stuttgart 1988

Schanz, G., [Methodologie]; Methodologie für Betriebswirte, 2. Aufl., Stuttgart 1988

Schanz, G., [Gestaltung]; Motivationale Grundlagen der Gestaltung von Anreizsystemen, in: G. Schanz (Hrsg.), Handbuch Anreizsysteme in Wirtschaft und Verwaltung, Stuttgart 1991, S. 3-30

Schanz, G., [Organisation]; Organisation, in: E. Frese (Hrsg.), Handwörterbuch der Organisation (HWO), Enzyklopädie der Betriebswirtschaftslehre, Bd. 2, 3., völlig neu gestaltete Aufl., Stuttgart 1992, Sp. 1459-1471

Schanz, G., [Organisationsgestaltung]; Organisationsgestaltung. Management von Arbeitsteilung und Koordination, 2., neubearb. Aufl., München 1994

Schanz, G., [Grundfragen]; Wissenschaftstheoretische Grundfragen der Führungsforschung, in: A. Kieser, G. Reber, R. Wunderer (Hrsg.), Handwörterbuch der Führung (HWFü), Enzyklopädie der Betriebswirtschaftslehre, Bd. 10, 2., neu gestaltete und ergänzte Aufl., Stuttgart 1995, Sp. 2189-2198

Schanz, G., [Intuition]; Intuition als Managementkompetenz, in: Die Betriebswirtschaft (DBW), 57. Jg., 1997, H 5., S. 640-654

Schanz, G., [Manager]; Der Manager und sein Gehirn. Neurowissenschaftliche Erkenntnisse im Dienst der Unternehmensführung, Frankfurt a. M. et al. 1998

Schanz, G., [Personalwirtschaftslehre]; Personalwirtschaftslehre. Lebendige Arbeit in verhaltenswissenschaftlicher Perspektive, 3., völlig neubearb. Aufl., München 2000

Schanz, G., [Wissenschaftsprogramme]; Wissenschaftsprogramme der Betriebswirtschaftslehre, in: F. X. Bea, E. Dichtel, M. Schweitzer (Hrsg.), Allgemeine Betriebswirtschaftslehre, Bd. 1: Grundfragen, 8., neubearb. Aufl., Stuttgart 2000, S. 80-158

Schanz, G., [Erfolgsfaktor]; Erfolgsfaktor 'implizites Wissen', in: D. v. d. Oelsnitz, A. Kammel (Hrsg.), Kompetenzen moderner Unternehmensführung: Joachim Hentze zum 60. Geburtstag, Bern et al. 2001, S. 103-120

Schanz, G.; Thobe, W.; Westenbaum A., [Grundlagen]; Grundlagen des Wissensmanagements, in: G. Schanz (Hrsg.), Elektronische Publikationen des Instituts für Unternehmensführung, Bd. 1: Grundlagen und Handlungsfelder des Wissensmanagements, Göttingen 2000, S. 6-12

Schanz, G.; Thobe, W.; Westenbaum A., [Analyse]; Analyse ausgewählter Handlungsfelder des Wissensmanagements, in: G. Schanz (Hrsg.), Elektronische Publikationen des Instituts für Unternehmensführung, Bd. 1: Grundlagen und Handlungsfelder des Wissensmanagements, Göttingen 2000, S. 59-71

Scharpf, M. A., [Compliance]; Corporate Governance, Compliance und Chinese Walls, Regensburg 2000

Schaufelberger, M., [Personalgespräch]; Personalgespräch, in: E. Gaugler, W. Weber (Hrsg.), Handwörterbuch des Personalwesens (HWP), Enzyklopädie der Betriebswirtschaftslehre, Bd. 5, 2., neubearb. und erg. Aufl., Stuttgart 1992, Sp. 1700-1711

Scheidl, K., [Bankorganisation]; Bankorganisation, in: H. Schierenbeck (Hrsg.), Bank- und Versicherungslexikon, 2., völlig überarb. und erw. Aufl., München, Wien 1994, S. 94-99

Schein, E. H., [Culture]; Organizational Culture and Leadership, San Francisco, Washington, London 1985

Schiemann, I.; Woltering, A., [Entscheidungsunterstützung]; Fallbasierte Entscheidungsunterstützung und Data Mining, in: P. Chamoni, P. Gluchowski (Hrsg.), Analytische Informationssysteme. Data Warehouse, On-Line Analytical Processing und Data Mining, Berlin 1998, S. 355-386

Schierenbeck, H., [Organisation]; Organisation von Bankkonzernen und Verbundsystemen, in: J. H. v. Stein, J. Terrahe (Hrsg.), Handbuch Bankorganisation, 2., überarb. und erw. Aufl., Wiesbaden 1995, S. 3-30

Schierenbeck, H., [Betriebswirtschaftslehre]; Grundzüge der Betriebswirtschaftslehre, 14., unwes. veränd. Aufl., München, Wien 1999

Schierenbeck, H., [Bankmanagement]; Ertragsorientiertes Bankmanagement, Bd. 1: Grundlagen, Marktzinsmethode und Rentabilitäts-Controlling, 7., vollst. überarb. und erw. Aufl., Wiesbaden 2001

Schierenbeck, H.; Hölscher, R., [BankAssurance]; BankAssurance. Institutionelle Grundlagen der Bank- und Versicherungsbetriebslehre, 4. vollständig überarb. und erw. Aufl., Stuttgart 1998

Schlag, B., [Leistungsmotivation]; Lern- und Leistungsmotivation, Opladen 1996

Schmeiser, W., [Cash Management]; Cash Management, in: J. v. Hagen, J. H. v. Stein (Hrsg.), Obst/Hintner, Geld-, Bank- und Börsenwesen. Handbuch des Finanzsystems, 40., völlig überarb. Aufl., Stuttgart 2000, S. 654-664

Schmidt, R. H., [Organisationstheorie]; Organisationstheorie, transaktionskostenorientierte, in: E. Frese (Hrsg.), Handwörterbuch der Organisation (HWO), Enzyklopädie der Betriebswirtschaftslehre, Bd. 2, 3., völlig neu gestaltete Aufl., Stuttgart 1992, Sp. 1854-1865

Schmidt, S.; Uepping, H., [Erfahrungskompetenz]; Erfahrungskompetenz als Wettbewerbsvorteil, in: K. Schwuchow, J. Gutmann (Hrsg.), Jahrbuch Personalentwicklung und Weiterbildung 1999/2000, Neuwied 1999, S. 216-220

Schmitz, P., [Expertensysteme]; Expertensysteme, in: E. Frese (Hrsg.), Handwörterbuch der Organisation (HWO), Enzyklopädie der Betriebswirtschaftslehre, Bd. 2, 3., völlig neu gestaltete Aufl., Stuttgart 1992, Sp. 611-626

Scholl, W., [Informationspathologien]; Informationspathologien, in: E. Frese (Hrsg.), Handwörterbuch der Organisation (HWO), Enzyklopädie der Betriebswirtschaftslehre, Bd. 2, 3., völlig neu gestaltete Aufl., Stuttgart 1992, Sp. 900-912

Scholz, C., [Matrix-Organisation]; Matrix-Organisation, in: E. Frese (Hrsg.), Handwörterbuch der Organisation (HWO), Enzyklopädie der Betriebswirtschaftslehre, Bd. 2, 3., völlig neu gestaltete Aufl., Stuttgart 1992, Sp. 1302-1315

Scholz, C., [Personalmanagement]; Personalmanagement. Informationsorientierte und verhaltenstheoretische Grundlagen, 4., verb. Aufl., München 1994

Schreyögg, A., [Coaching]; Coaching. Eine Einführung für Praxis und Ausbildung, 5. Aufl., Frankfurt a. M., New York 2001

Schreyögg, G., [Organisationskultur]; Organisationskultur, in: E. Frese (Hrsg.), Handwörterbuch der Organisation (HWO), Enzyklopädie der Betriebswirtschaftslehre, Bd. 2, 3., völlig neu gestaltete Aufl., Stuttgart 1992, Sp. 1525-1537

Schreyögg, G., [Unternehmungskultur]; Unternehmungskultur, in: H. Corsten, M. Reiß (Hrsg.), Handbuch Unternehmensführung. Konzepte – Instrumente – Schnittstellen, Wiesbaden 1995, S. 111-121

Schreyögg, G., [Organisation]; Organisation. Grundlagen moderner Organisationsgestaltung, 3., überarb. u. erw. Aufl., Wiesbaden 1999

Schröder, G. A., [Bürokommunikation]; Bürokommunikation, Telekommunikation, Electronic Banking, in: J. H. v. Stein, J. Terrahe (Hrsg.), Handbuch Bankorganisation, 2., überarb. und erw. Aufl., Wiesbaden 1995, S. 401-420

Schubert, T., [Bankgeschäft]; Strategische Allianzen im internationalen Bankgeschäft, Wiesbaden 1995

Schuler, H., [Berufseignungsdiagnostik]; Psychologische Berufseignungsdiagnostik und ihre Anwendung in Kreditinstituten, in: P. Siebertz, J. H. v. Stein (Hrsg.), Handbuch Banken und Personal, Frankfurt a. M. 1999, S. 227-274

Schüppel, J., [Lernbarrieren]; Wissensmanagement. Organisatorisches Lernen im Spannungsfeld von Wissens- und Lernbarrieren, Wiesbaden 1996

Schuster, L., [Investment]; Investment Banking, in: H. Schierenbeck (Hrsg.), Bank- und Versicherungslexikon, 2., völlig überarb. und erw. Aufl., München, Wien 1994, S. 355-360

Schuster, L., [Wandel]; Theorie und Politik der Banken im Wandel, München 1996

Schütt, P., [Mehrwert]; Wissensmanagement. Mehrwert durch Wissen – Nutzenpotenziale ermitteln – Den Wissenstransfer organisieren, Stuttgart 2000

Schwaab, M.-O., [Attraktivität]; Die Attraktivität deutscher Kreditinstitute bei Hochschulabsolventen. Eine empirische Untersuchung zum Personalmarketing, Stuttgart 1991

Schweizer, T., [Insiderverbote]; Insiderverbote – Interessenkonflikte und Compliance. Auswirkungen der Insiderregulierung auf deutsche Banken, Berlin 1995

Shannon, C. E.; Waever, W., [Communication]; The Mathematical Theory of Communication, Urbana, Chicago 1998

Siebdrat, H., [Informationssysteme]; Multimediale und wissensbasierte Systeme in der Finanzwirtschaft. Entwurf, Implementierung und Auswirkungen neuer Informationssysteme in Banken, Wiesbaden 1994

Siebertz, P., [Personalwesen]; Personalwesen, in: J. v. Hagen, J. H. v. Stein (Hrsg.), Obst/Hintner, Geld-, Bank- und Börsenwesen. Handbuch des Finanzsystems, 40., völlig überarb. Aufl., Stuttgart 2000, S. 1164-1211

Simon, H. et al., [Personalmarketing]; Effektives Personalmarketing. Strategien, Instrumente, Fallstudien, Wiesbaden 1995

Skinner, B. F., [Verhaltenswissenschaft]; Die Funktion der Verstärkung in der Verhaltenswissenschaft. Contingencies of Reinforcement, München 1974

Sonntag, K.; Schaper, N., [Handlungskompetenz]; Förderung beruflicher Handlungskompetenz, in: K. Sonntag (Hrsg.), Personalentwicklung in Organisationen. Psychologische Grundlagen, Methoden und Strategien, 2., überarb. u. erw. Aufl., Göttingen et al. 1999, S. 211-244

Sonntag, K.; Schaper, N., [Personalentwicklung]; Wissensorientierte Verfahren der Personalentwicklung, in: H. Schuler (Hrsg.), Lehrbuch der Personalpsychologie, Göttingen et al. 2001, S. 241-263

Sorg, S., [Informationspathologien]; Informationspathologien und Erkenntnisfortschritt in Organisationen, München 1982

Spinner, H. F., [Wissensordnung]; Die Wissensordnung. Ein Leitkonzept für die dritte Grundordnung des Informationszeitalters, Opladen 1994

Sprißler, W.; Kemmer, M., [Rechnungswesen]; Externes Rechnungswesen, in: J. v. Hagen, J. H. v. Stein (Hrsg.), Obst/Hintner, Geld-, Bank- und Börsenwesen. Handbuch des Finanzsystems, 40., völlig überarb. Aufl., Stuttgart 2000, S. 1295-1408

Staffelbach, B., [Management-Ethik]; Management-Ethik. Ansätze und Konzepte aus betriebswirtschaftlicher Sicht, Bern, Stuttgart, Wien 1994

Stafflage, A., [Anlageberatung]; Die Anlageberatung der Banken. Das Kreditinstitut im Spannungsverhältnis zwischen Informationspflicht und Insiderhandelsverbot, Berlin 1996

Starbuck, W. H., [Learning]; Learning by knowledge-intensive firms, in: Journal of Management Studies, o. Jg., H. 6, S. 713-740

Stegmüller, R., [Mentoring]; Mentoring, in: A. Kieser, G. Reber, R. Wunderer (Hrsg.), Handwörterbuch der Führung (HWFü), Enzyklopädie der Betriebswirtschaftslehre, Bd. 10, 2., neugestaltete Aufl., Stuttgart 1995, Sp. 1510-1517

Stehr, C., [Stellenmärkte]; Elektronische Stellenmärkte, in: Personalführung, o. Jg., 1998, H. 3, S. 48-54

Stein, D., [Herausforderungen]; Die SCHUFA reagiert auf die Herausforderungen des Marktes, in: Die Bank – Zeitschrift für Bankpolitik und Bankpraxis, o. Jg., 2000, H. 8, S. 554-557

Stein, J. H. v., [Bankleistung]; Arten und Wesensmerkmale der Bankleistung, in: J. v. Hagen, J. H. v. Stein (Hrsg.), Obst/Hintner, Geld-, Bank- und Börsenwesen. Handbuch des Finanzsystems, 40., völlig überarb. Aufl., Stuttgart 2000, S. 555-557

Stein, J. H. v.; Kerstien, H.; Gärtner, U., [Bankunternehmenspolitik]; Bankunternehmenspolitik, in: J. v. Hagen, J. H. v. Stein (Hrsg.), Obst/Hintner, Geld-, Bank- und Börsenwesen. Handbuch des Finanzsystems, 40., völlig überarb. Aufl., Stuttgart 2000, S. 1101-1119

Steiner, G., [Lerntheorien]; Lerntheorien, in: E. Gaugler, W. Weber (Hrsg.), Handwörterbuch des Personalwesens (HWP), Enzyklopädie der Betriebswirtschaftslehre, Bd. 5, 2., neubearb. und erg. Aufl., Stuttgart 1992, Sp. 1264-1274

Steiner, M., [Cash Management]; Cash Management, in: W. Gerke, M. Steiner (Hrsg.), Handwörterbuch des Bank- und Finanzwesens (HWF), Enzyklopädie der Betriebswirtschaftslehre, Bd. 6, 3., völlig überarb. und erw. Aufl., Stuttgart 2001, Sp. 465-479

Steinhauer, M., [Insiderhandelsverbot]; Insiderhandelsverbot und Ad-hoc-Publizität. Eine rechtsvergleichende Analyse zivilrechtlicher Haftungsansprüche von Anlegern in den USA und Deutschland, Baden-Baden 1999

Steinmann, H.; Löhr, A., [Grundlagen]; Grundlagen der Unternehmensethik, Stuttgart 1991

Steinmann, H.; Löhr, A., [Problembestände]; Grundfragen und Problembestände einer Unternehmensethik, in: H. Steinmann, A. Löhr (Hrsg.), Unternehmensethik, 2., über-arb. und erw. Aufl., Stuttgart 1991, S. 3-32

Steinmüller, W., [Informationstechnologie]; Informationstechnologie und Gesellschaft. Einführung in die Angewandte Informatik, Darmstadt 1993

Storck, E., [Bankgeheimnis]; Bankgeheimnis, in: W. Gerke, M. Steiner (Hrsg.), Handwörterbuch des Bank- und Finanzwesens (HWF), Enzyklopädie der Betriebswirtschaftslehre, Bd. 6, 2., überarb. und erw. Aufl., Stuttgart 1995, Sp. 176-178

Süchting, J., [Absatzbeziehungen]; Die Bankloyalität als Grundlage zum Verständnis der Absatzbeziehungen von Kreditinstituten, in: Kredit und Kapital, 5. Jg., 1972, H. 3, S. 269-300

Süchting, J., [Bankloyalität]; Die Theorie der Bankloyalität – (immer noch) eine Basis zum Verständnis der Absatzbeziehungen von Kreditinstituten?, in: J. Süchting, H.-M. Heitmüller (Hrsg.), Handbuch des Bankmarketing, 3., vollst. neu bearb. Aufl., Wiesbaden 1998, S. 1-25

Süchting, J.; Paul, S., [Bankmanagement]; Bankmanagement, 4., vollst. überarb. und erw. Aufl., Stuttgart 1998

Sveiby, K. E., [Wissenskapital]; Wissenskapital – das unentdeckte Vermögen. Immaterielle Unternehmenswerte aufspüren, messen und steigern, Landsberg/Lech 1998

Svoboda, M., [Kompetenzentwicklung]; Strategische Kompetenzentwicklung im Personalbereich, in: Die Bank – Zeitschrift für Bankpolitik und Bankpraxis, o. Jg., 2000, H. 7, S. 457-459

Svoboda, M., [Personalmanagement]; Personalmanagement 2002 – Strategische Kompetenzentwicklung im Personalbereich der Deutschen Bank AG, in: J. Kienbaum (Hrsg.), Visionäres Personalmanagement, 3., erw. und aktualisierte Aufl., Stuttgart 2001, S. 51-66

Terberger-Stoy, E., [Bankenaufsicht]; Bankenaufsicht, in: W. Gerke, M. Steiner (Hrsg.), Handwörterbuch des Bank- und Finanzwesens (HWF), Enzyklopädie der Betriebswirtschaftslehre, Bd. 6, 3., völlig überarb. und erw. Aufl., Stuttgart 2001, Sp. 217-230

Thiesse, F.; Bach, V., [Tools]; Tools und Architekturen für Business Knowledge Management, in: V. Bach, P. Vogler, H. Österle (Hrsg.), Business Knowledge Management. Praxiserfahrungen mit Intranet-basierten Lösungen, Berlin et al. 1999, S. 85-115

Thom, N., [Anreizaspekte]; Anreizaspekte im Betrieblichen Vorschlagswesen, in: G. Schanz (Hrsg.), Handbuch Anreizsysteme in Wirtschaft und Verwaltung, Stuttgart 1991, S. 595-614

Tippach, S. U., [Rechtspflichten]; Das Insider-Handelsverbot und die besonderen Rechtspflichten der Banken, Köln 1995

Topp, S., [Pre-Fusionsphase]; Die Pre-Fusionsphase von Kreditinstituten. Eine Untersuchung der Entscheidungsprozesse und ihrer Strukturen, Berlin 1999

Vollmar, B. H., [Online-Transaktionen]; Vertrauen in Online-Transaktionen – Überlegungen am Beispiel des elektronischen Bankgeschäfts im Internet, in: J. Holst, M. Wilkens (Hrsg.), Finanzielle Märkte und Banken – Innovative Entwicklungen am Beginn des 21. Jahrhunderts: W. Benner zum 60. Geburtstag, Berlin 2000, S. 175-199

Vopel, O., [Wissensmanagement]; Wissensmanagement im Investment Banking. Organisierte Wissensarbeit bei komplexen Finanzdienstleistungen, Wiesbaden 1999

Wahren, H.-K., [Unternehmen]; Das lernende Unternehmen. Theorie und Praxis des organisationalen Lernens, Berlin, New York 1996

Walter, P.; Koch, S., [Wandel]; Selbst organisiertes Lernen im Wandel – vom Studienbrief zum Internet?, in: Deutscher Sparkassen Verlag (Hrsg.), Taschenbuch für Aus- und Weiterbildung, Stuttgart 2002, S. 417-471

Warth, W., [Bancassurance]; Bancassurance – Potentiale der Banken, in: Die Bank – Zeitschrift für Bankpolitik und Bankpraxis, o. Jg., 1997, H. 5, S. 280-286

Watzlawick, P.; Beavin, J. H.; Jackson, D. D., [Kommunikation]; Menschliche Kommunikation. Formen, Störungen, Paradoxien, 10., unveränderte Aufl., Bern et al. 2000

Weber, M., [Bankgeheimnis]; Das deutsche Bankgeheimnis, in: Die Bank – Zeitschrift für Bankpolitik und Bankpraxis, o. Jg., 1996, H. 2, S. 84-89

Weigert, P., [Informationsverarbeitung]; Daten- und Informationsverarbeitung, in: J. H. v. Stein, J. Terrahe (Hrsg.), Handbuch Bankorganisation, 2., überarb. und erw. Aufl., Wiesbaden 1995, S. 359-402

Weimer, T.; Wisskirchen, C., [Fusionswelle]; Sechs Thesen zur Fusionswelle im Bankenbereich, in: Die Bank – Zeitschrift für Bankpolitik und Bankpraxis, o. Jg., 1999, H. 11, S. 758-764

Weiss, U., [Compliance-Funktion]; Compliance-Funktion in einer deutschen Universalbank, in: Die Bank – Zeitschrift für Bankpolitik und Bankpraxis, o. Jg., 1993, H. 3, S. 136-139

Weiss, U., [Organisation]; Organisation und Personalpolitik, in: J. H. v. Stein, J. Terrahe (Hrsg.), Handbuch Bankorganisation, 2., überarb. und erw. Aufl., Wiesbaden 1995, S. 703-712

Welteke, E., [Bundesbank]; Die Aufgaben der Deutschen Bundesbank im Europäischen System der Zentralbanken, in: E. Priewasser, N. Kleinheyer (Hrsg.), Handbuch Veränderungsmanagement und Restrukturierung im Kreditgewerbe: Festschrift für Udo Güde, Frankfurt a. M. 2000, S. 15-20

Westenbaum, A., [Berufsbild]; Das Berufsbild des Wissensmanagers – Idealtypische Tätigkeitsprofile und Erscheinungsbilder in der Unternehmenspraxis, in: Zeitschrift Führung + Organisation (zfo), 69. Jg., 2000, H. 6, S. 362-367

Wieandt, A.; Miller, A., [Firmenkundengeschäft]; Europäisches Firmenkundengeschäft – Strategien und Organisationsansätze, in: Die Bank – Zeitschrift für Bankpolitik und Bankpraxis, o. Jg., 2001, H. 1, S. 8-14

Wiegand, M., [Prozesse]; Prozesse organisationalen Lernens, Wiesbaden 1996

Wieland, W., [Platon]; Platon und die Formen des Wissens, 2., durchges. und um einen Anh. und ein Nachw. erw. Aufl., Göttingen 1999

Wienkamp, H., [Anreizförderung]; Anreizförderung durch systematisches Gehaltsmanagement, in: H. Meier, U. Schindler (Hrsg.), Human Resources Management in Banken: Strategien, Instrumente und Grundsatzfragen, Wiesbaden 1996, S. 261-290

Wilensky, H. L., [Intelligence]; Organizational Intelligence. Knowledge and Policy in Government and Industry, New York, London 1967

Wilkens, M.; Zemke, G., [Fusionen]; Fusionen: Welchen Wert hat eine Bank, in: Die Bank – Zeitschrift für Bankpolitik und Bankpraxis, o. Jg., 2000, H. 4, S. 274-281

Williamson, O. E., [Institutionen]; Die ökonomischen Institutionen des Kapitalismus: Unternehmen, Märkte, Kooperationen, Tübingen 1990

Willke, H., [Wissensmanagement]; Systemisches Wissensmanagement, Stuttgart 1998

Wilmes, J., [Vorgehen]; Vom Wissensmanagement zum Knowledge-based Business – Das Vorgehen in der Deutschen Bank, in: T. Heimer, P. Roßbach (Hrsg.), Management der Ressource Wissen in Banken, Frankfurt a. M. 2001, S. 89-103

Wiswede, G., [Kommunikation]; Kommunikation, in: P. G. v. Beckerath, P. Sauermann, G. Wiswede (Hrsg.), Handwörterbuch der Betriebspsychologie und Betriebssoziologie, Stuttgart 1981, S. 226-231

Wiswede, G., [Wirtschaftspsychologie]; Einführung in die Wirtschaftspsychologie, 2., neubearb. und erw. Aufl., München, Basel 1995

Wittmann, W., [Unternehmung]; Unternehmung und unvollkommene Information, Köln-Opladen 1959

Wöhrle, G., [Telemachs]; Telemachs Reise. Väter und Söhne in Ilias und Odyssee, oder: ein Beitrag zur Erforschung der Männlichkeitsideologie in der homerischen Welt. Untersuchungen zur Antike und zu ihrem Nachleben, Göttingen 1999

Wolf, M., [Weiterbildung]; Wissensmanagement und Weiterbildung, in: K. Schwuchow, J. Gutmann (Hrsg.), Jahrbuch Personalentwicklung und Weiterbildung 1998/99, Neuwied 1998, S. 56-61

Womack, J. P.; Jones, D. T.; Roos, D., [Revolution]; Die zweite Revolution in der Autoindustrie. Konsequenzen aus der weltweiten Studie aus dem Massachusetts Institute of Technologie, 8., durchges. Aufl., Frankfurt a. M., New York 1994

Wunderer, R., [Führungsgrundsätze]; Führungsgrundsätze, in: A. Kieser, G. Reber, R. Wunderer (Hrsg.), Handwörterbuch der Führung (HWFü), Enzyklopädie der Betriebswirtschaftslehre, Bd. 10, 2., neugestaltete Aufl., Stuttgart 1995, Sp. 720-736

Wunderer, R.; Bruch, H., [Führungskonzeptionen]; Führungskonzeptionen, in: P. Siebertz, J. H. v. Stein (Hrsg.), Handbuch Banken und Personal, Frankfurt a. M. 1999, S. 587-631

Zahn, E., [Informationstechnologie]; Informationstechnologie und Informationsmanagement, in: F. X. Bea, E. Dichtl, M. Schweitzer (Hrsg.), Allgemeine Betriebswirtschaftslehre, Bd. 2: Führung, 8., neubearb. Aufl., Stuttgart 2001, S. 376-428

Zobel, J. G., [Anreizsysteme]; Anreizsysteme im Knowledge Management – ein integrierter Ansatz zur Mitarbeitermotivation, in: Personal – Zeitschrift für Human Resource Management, 53. Jg., 2001, H. 5, S. 262-267

Schriften des Instituts für Unternehmensführung der Georg-August-Universität Göttingen

Herausgegeben von Günther Schanz

- Band 1 Günther Schanz: Der Manager und sein Gehirn. Neurowissenschaftliche Erkenntnisse im Dienst der Unternehmensführung. 1998.
- Band 2 Marion Brehm: Verminderung von Kompetenz und Verantwortung. Analyse des Karrieremusters *Downward Movement*. 1998.
- Band 3 Angelika Justus: Wissenstransfer in Strategischen Allianzen. Eine verhaltenstheoretische Analyse. 1999.
- Band 4 Carla Godersky: Intimität in organisationalen Beziehungen. Theoretische Grundlagen, Entstehung und Wirkungen. 2000.
- Band 5 Janka Loiselle: Interkulturelle Handlungskompetenz. Eine Determinante für den Erfolg von Joint Ventures. 2000.
- Band 6 Falk Berster: Ökologisch bedachtes Verhalten in Wirtschaftsorganisationen. Bestimmungsfaktoren und Gestaltungsmöglichkeiten. 2002.
- Band 7 Wiltrud Thobe: Externalisierung impliziten Wissens. Ein verhaltenstheoretisch fundierter Beitrag zum organisationalen Lernen. 2003.
- Band 8 Alexander Westenbaum: Bankbetriebliches Wissensmanagement. Entwicklung, Akquisition und Transfer der Unternehmensressource Wissen in Kreditinstituten. 2003.